高等院校教材

司法口才教程

王 冷　吕泓臣　编著

中国政法大学出版社

一身正气
媚骨人皆弃私
无处寬

戈壁司徒台才教授
诲存

书燕未入室中枕

第一章 绪 论 1

第一节 口语与口才概述 / 1
　　一、口语概述 / 1
　　二、口才概述 / 4
　　三、口才的历史沿革 / 7
　　四、我国口才的现状及发展前景 / 15
第二节 司法口才学与相关学科 / 17
　　一、司法口才 / 17
　　二、司法口才学 / 18
　　三、司法口才学与相关学科 / 18
课后阅读与研讨 / 21

第二章 谈 话 30

第一节 谈话概述 / 30
　　一、谈话的概念 / 30
　　二、谈话的特征 / 30
　　三、谈话的分类与要领 / 34
　　四、谈话的技巧 / 41
　　五、谈话的方法 / 51
课后阅读与研讨 / 56
第二节 求职应聘谈话 / 62
　　一、求职应聘谈话的概念 / 62
　　二、求职应聘谈话的种类 / 62
　　三、求职应聘谈话的特征 / 63

四、求职应聘谈话的准备 / 65
五、求职应聘谈话的技巧 / 69
课后阅读与研讨 / 76
第三节 司法谈话 / 77
一、司法谈话的概念和种类 / 77
二、司法谈话的特点 / 77
三、司法谈话的技巧 / 79
课后阅读与研讨 / 107

第三章 司法宣读 112

第一节 宣读概述 / 112
一、宣读的概念 / 112
二、司法宣读的特点 / 113
三、司法宣读的分类 / 114
第二节 司法宣读的基本要求 / 116
一、宣读者的仪表 / 116
二、宣读者的准备 / 117
三、宣读者的语言 / 119
第三节 司法宣读技巧的运用 / 122
一、停顿 / 123
二、语速 / 124
三、重音 / 125
四、语调 / 126
课后阅读与研讨 / 127

第四章 演 讲 133

第一节 演讲概述 / 133
一、演讲的概念 / 133
二、演讲的特征 / 135
三、演讲的分类 / 138
四、演讲的作用 / 140

　　　　五、演讲的语言特色 / 143
　　　　六、演讲的组成要素 / 148
　　　　七、演讲技巧 / 157
　课后阅读与研讨 / 161
　第二节　即兴演讲 / 173
　　　　一、即兴演讲概述 / 173
　　　　二、即兴演讲的准备 / 176
　　　　三、即兴演讲的模式 / 177
　　　　四、即兴演讲的技巧 / 182
　　　　五、即兴演讲中失误的补救 / 186
　　　　六、常见的即兴演讲练习 / 188
　课后阅读与研讨 / 192
　第三节　比赛演讲 / 197
　　　　一、比赛演讲的概念及分类 / 197
　　　　二、比赛演讲的特征 / 197
　　　　三、比赛演讲的评判标准和评判方法 / 198
　　　　四、比赛演讲的组织 / 200
　　　　五、比赛演讲的技巧运用 / 200
　　　　六、比赛演讲的训练 / 202
　课后阅读与研讨 / 204
　第四节　法庭演讲 / 208
　　　　一、法庭演讲的概念 / 208
　　　　二、法庭演讲的特征 / 209
　　　　三、法庭演讲的分类 / 210
　　　　四、法庭演讲的语言特征 / 218
　　　　五、法庭演讲的规范性特征及运用 / 223
　　　　六、法庭演讲中常用的表现方式 / 227
　　　　七、法庭演讲过程 / 232
　课后阅读与研讨 / 235

第五章 论 辩 248

第一节 论辩概述 / 248
    一、论辩的概念 / 248
    二、论辩的要素 / 248
    三、论辩的特点 / 249
    四、论辩的类型 / 250
    五、论辩者的素质和能力 / 251
课后阅读与研讨 / 255
第二节 竞赛论辩 / 256
    一、竞赛论辩的概念和特点 / 257
    二、竞赛论辩的模式 / 260
    三、辩题的选定 / 263
    四、竞赛论辩技巧 / 265
    五、竞赛论辩的评判标准 / 268
课后阅读与研讨 / 269
第三节 法庭论辩 / 285
    一、法庭论辩的概念 / 285
    二、法庭论辩的特点 / 286
    三、法庭论辩的内容 / 288
    四、公诉人的法庭论辩 / 289
    五、律师的法庭论辩 / 296
    六、法庭论辩中的诡辩与反诡辩 / 312
课后阅读与研讨 / 327

参考书目 / 328

后 记 / 330

第一章

绪 论

第一节 口语与口才概述

一、口语概述

口语就是口头言语,是在口头上使用语言,以语音为媒介直接表情达意,通过口说耳听进行交际的言语活动,也就是口头表达。为了确切弄清楚口语的含义,对以下几个问题还应有具体的了解。

(一) 语言、言语

语言是音和义结合的符号系统,它是人类所特有的交际工具,也是人类赖以进行思维的工具。但在日常生活中,其他一些工具如旗语、红绿灯、电报代码以及手势、面部表情、躯体姿态等也能起到一定的交际作用,但这些毕竟不能同音、义结合的语言相比,因此,我们可以确切地说:"语言是人类最重要的交际工具"(列宁语)。言语,是指人们为了特定的目的在特定的语境中运用语言传情达意的过程和结果。言语交际就是对语言的具体运用。作为运用语言的过程,言语是一种行为——言语行为;作为运用语言的结果,言语是一种成品——言语作品。言语作品是指说出的话,言语行为就是指说话,言语指的就是这种概念。比如我们说某人怎么不"言语"了,就是说他怎么不"说话"了。

具体地说,语言和言语的区别是:语言是全民的,言语则是个人的;语言的材料和组合规则是有限的,具体的话语则是无限的;人们可以根据交际的需要自由讲话,但必须使用全民共有的语言材料并遵守其组合规则,随意生造和违反规则只能造成交际的困难。

语言和言语的关系是共性和个性的关系,共性寓于个性之中,语言存在于言语之中。现代语言学的奠基人德·索绪尔用一个奇特的公式形象地比喻了语言和言语的关系:$1+1+1+\cdots\cdots=1$,公式左边的"1"代表个人言语,等号右边的"1"代表全民语言,众多个人言语概括起来,就成了全民运用的语言,因而可以畅通无阻地运用于全体社会成员各种场合的言语交际。

(二) 口语、书面语

语言,就其存在形态,可分为口语和书面语。

1. 口语。口语是语言的基本形态，它以语音的形式存在。它是在口头交际中使用的主要诉诸听觉并借助各种辅助手段表情达意的口头语言。口语是人类的有声语言，它包括声音和意义两个部分。在人们的交际中，它是口说耳听借助语音传递信息的交际语言。

2. 书面语。书面语是语言的书面形态，它以文字的形式存在。书面语是在有了文字以后，在口语的基础上产生和发展起来的。书面语的使用打破了口语在时间和空间上的局限，扩大了语言的交际作用，它是借助文字传递信息的交际语言。

（三）口语、书面语的区别

书面语是在口语的基础上形成的。口语和书面语都是用来传递信息、交流思想的媒体，它们的功能是一致的，但二者又有区别。①口语是"说"的语言，表现为声音，靠的是听觉，被称为"耳治的语言"；书面语是"写"的语言，靠的是视觉，被称为"目治的语言"。②口语和书面语的传递方式不同。口语的表达，是说者和听者在同一场合直接见面，以言来语去的方式进行交流，说者和听者的身份不具有固定性，即并不只是你说我听，或我说你听，而是互相交替着进行，传递的信息也是交互传出，交互接受的，是双方面对面的直接沟通。而书面语从它一产生就具有独语性质，作者与读者不直接见面，而是一个人像自言自语似地、悄悄地把信息输入到储存器——文章里。读者只能通过视觉作用在字里行间感知作者的思想感情，间接地实现作者与读者之间的信息沟通。

（四）口语区别于书面语的特点

1. 语音的易逝性。口语是有声言语，它凭借语音来表情达意。声音的各种要素如音色、音高、音的强、弱、长、短等，在口语表达中都起作用。但声音稍纵即逝，所以口语具有易逝性的特点。所谓易逝性，就是指一句话一旦说出，就难以收回，便成了最终的形式不能更改了。从时间上来说，声音只有在正在说的时候听得见，话说完了，声音也就消逝了，说的这段话就再也不存在了。从空间上来说，一个人说话，只有在面对面的同一场合对方才能听得到，隔远了，声音也消逝了。口语的这种易逝性，要求说话者要注意声音的清晰度和表达的一次准确性，而听话者要注意力集中，迅速地听辨、判断并组织应答的语言。比如：①在新加坡国际大专辩论会上，英国剑桥大学辩手季麟扬说："……我们李光耀总统当初在推行道德建设的时候……"，一语说错，难以收回。所以，复旦大学四辩蒋昌建立即反驳道："首先指出对方一个常识性的错误，李光耀是总理而不是总统。"弄得对方非常尴尬。②一次，在法庭审理结束后，审判员用变通的语言问被告："……也就是说，你还上诉吗？"由于吐字不清，发音不准，审判员将"诉"说成"树"，结果引起了误会。

书面语则可以把转瞬即逝的口语，通过文字的形式记录、固定下来，用以长期保留。这是口语和书面语最本质的区别。

2. 交流的直接性。口语是交际双方在同一时空和境地面对面进行的言语交际活动，因为口语是使用语言和非语言的复合行为，要经常借助言语动作（态势语），所以说话者在表意的同时，也把自己的思想感情通过语调的高低、语速的快慢、语音的轻重、音量的大小、语气的急缓、音色的变化以及眼神、表情、手势、姿势状态等具体形态直接展现在听者面前，并且能从声音的停连及重音的变换中显示出说话的层次和重点，使听话者能从说话者的声调、动作、表情里感知更多的"言外之音"；说话者也可以充分利用这些声调、动作和表情丰富自己的谈话内容，表达丰富多彩的思想感情。

随着时代的进步发展，口语交流又出现了新的变化，人们借助电脑、电子通讯器材也可以方便地进行口语交流，但是交流人员却不一定是在同一境地。在此情况下，一些网络语言的出现在一定程度上弥补了口语不能在同一境地交流的不足，有时会产生与面对面交流所不同的另一感受。

书面语由于不具有交流的直接性特点，所以无法产生像口语那样形象、生动的效果。为弥补这一缺陷，作者常常在书面语里用"大声地说"、"神色慌张又吞吞吐吐地说"等修饰性词语或注释性词语加以补充和强调。尽管如此，书面语仍显得单调、抽象。

3. 形式的简散性。口语表达一般是双方或多方在随想随说的情况下进行的。作为表述者，接受对方输出的语言信息，运用思维组织自己储存的有关信息，并以恰当的口语作出反映，这几个环节几乎是同步进行的。因此，作为表述语言，口语来不及被深入细致地推敲、斟酌。从受话者的角度来说，由于对方的发言只有声音和意义，没有形体，加之声音稍纵即逝，而且连续出现，对于复杂的长句，人们难以在短暂的时间内反复推敲，所以口语的言语形式表现出简略和松散的特点，即在口语中短句多，自然句多，修饰成分少，多用省略句，而且停顿多，语流时断时续，语序灵活等。例如：一位男青年给女朋友买了一条漂亮的裙子，一边拿出来给她看，一边说："喜欢吗？""喜欢。""给。"只六个字，就完成了交际。不像书面语那样，是经过精心设计、多次修改而结构完整、语法规范的成熟作品。

4. 内容的灵活性。在交际过程中，言语的内容不是固定的。交谈的一方随时会遇到另一方的发问和诘难，你虽无准备，但又不能不答或不表态，因此，需要你迅速地作出反映和处理，或转换谈话话题，或调整谈话内容。另一方面，口语交际，总是在一定的环境中进行，交谈的话题会受到周围环境的影响而显得灵活多变，环境中的任何事物都可以成为谈话的话题，话题的灵活多变造成了内容的灵活多变。而话题的具体内容又是由参与交谈者的兴趣、爱好、心理情绪、知识储备、职业特点等多方面的因素相互作用所决定的。所以说，交谈者的主观因素和客观因素总是影响甚至操纵着交谈的内容，口语交际会使内容发生始料不及的变化。而书面语的内容是作者经过仔细思考和推敲后写出来的，主要表达作者固定的、前后一致的思想感情，传递一定的信息，所以，它不像口语那样灵活多变。但是，当它作为朗读之类的再生口语表达时，人们也需要根据场合、对象随时调整表达的语气、语调和语速，甚至可以对内容进行增删。

二、口才概述

有的口才理论认为口才指一个人说话、演讲、论辩等多方面口头表达的能力，但是这是不全面的。从人们的语言交际实践看，口才主要表现为一个人说话的口头言语的表达说明、吸引、说服、感人、创造和控制等各种能力的综和，是以语言为外壳的德、才、学、识的综合反映。

说话能把意思讲准确，讲明白，使听者一听了然，但这也不是很容易的。如有的高级技术人员，就不见得说得出来，而有的学者很有学问，写过不少专著，但一上课，别人就打瞌睡，这就是说话表达能力不行。通过说话把别人的注意力吸引住的能力，也就是吸引周围的人倾听自己说话，使之愿意听，听得进，并有所乐、有所得，就是口才的吸引表达。若无目的性、漫无边际地讲话，是浪费别人时间，也解决不了实际问题，说话要使人听得心悦诚服，就是口才的说服表达。说话者以自己的激情感动听者，获得以情动人的效应，即用语言感动人，就是口才的感人表达。根据思想表达的需要创造语言的能力，或者说是创造性地运用语言来表达自己思想的即为说话的创造表达。准确把握说话分寸，针对不同的听话人和不同的情况，准确预料和有效控制听话人对自己语言所能作出的反应，既要把意思说到，又不说过头，说得恰如其分就是说话的控制表达。中国有句古话："听君一席话，胜读十年书"，跟那些真正具有口才的人交谈令人精神振奋。

口才在我国的发展源远流长，有着悠久的历史。它的发展可以上溯到公元前21世纪的夏朝。其后又经过两次发展高潮：其一是春秋战国时期；其二是无产阶级革命时期。随着改革开放新时期的到来，我国口才的发展已经进入第三次高潮。有人说，口才在我国是不发达的，这种看法是片面的。我国的一些政治、哲学、教育等著作中，都有丰富的谈说之道，而且它们精深之处和独到的见解，往往胜于西方。

（一）口才是社会发展的必然产物

打开历史的篇章，掸去岁月的风尘，我们便可以发现，凡是文明的国家和民族，自古以来都非常重视口才的理论与实践。因为口才是随社会的需要而产生的。它的发展取决于社会的政治、经济和思想文化的发展。在一般情况下，凡经济繁荣、政治民主、思想活跃、文化发达的社会，口才就兴旺发达；反之，凡经济落后、政治专横、思想禁锢、文化保守的社会，口才就衰微落后。在西方，人类文明发祥地之一的古希腊，哲人辈出，辩家鹊起。当时，在以雅典为中心的城邦中，公民有权参加各种活动，他们可以出席讨论和表决国家大事的公民大会，可以在法庭陪审、起诉或为自己申辩，这些活动无一不要求公民必须充分运用自己的口舌来为自己的利益而奋斗。因此以智者为代表的雄辩家便应运而生。所以《政治学说史》的作者萨拜因曾这样描述说："雅典人生活在一种盛行口头辩论和对话的环境中"，这是古希腊奴隶主民主制社会繁荣的标志和需要。

我国的春秋战国之交，是中国社会由奴隶制向封建制转换的紧要关头。当时，春秋"五霸"、战国"七雄"，大国之间极力兼并，战争频仍，各国统治者为扩充势力不惜一切招揽人才，为自己出谋献策，一时间，奇策异智之士活跃在政治、军事、外交等各个领域。这些人都刻苦读书求知，揣摩天下大事，掌握了丰富的斗争经验和谋略权术，他们的言论一旦被统治者采纳，便足以左右当时的政治局势，他们自己也成了所谓"一怒而天下惧，安居则天下息"的人物。这些人"朝为布衣，夕为卿相"，靠的全是口才。《战国策·秦策》有这样的记载："式于政，不式于勇，式于廊庙之内，不式于四境之外。"也就是说，能用政治解决的不诉诸武力，能用外交手段解决的不诉诸战争，以"不战能屈人之兵"为上。因此，在军事斗争中得不到的东西，可以在外交的论辩或辞令中得到。这样的沃土，怎能不造就灿若星辰、口若悬河的口才大家呢？但是，当周厉王"兴巫弥谤"、秦始皇"焚书坑儒"、汉武帝"罢黜百家"、明清两代"大兴文字狱"以及"四人帮"横行霸道时，社会趋于黑暗，人们的思想遭到空前的禁锢，百姓的口诀是"祸从口出"、"少说为佳"；官场的信条是"多磕头，少说话"；文人学士也认为"言多必失"、"莫谈国事"，所以便"明哲保身"、"难得糊涂"起来。在这种情况下，中国人个个缄言默口，全国舆论一律。于是乎，辩论之风与思想之光同息，雄辩之士与大略之才齐寡。口才因之受到遏制而衰微了。

综上所述，我们不难看出：社会发达，口才兴旺；社会落后，口才衰微。口才是随社会的发展而发展，又随社会的落后而衰微的，口才是社会发展的必然产物。

（二）口才是人的素养的综合反映

口才是准确、恰当、生动、形象地进行表情达意，论辩是非，传递信息的一种能力。它是一个人口头言语才能的综合，能使人听得心悦诚服。口才很好的人，并不一定讲得很多，妙就妙在他了解别人的想法，对症下药，三言两语就能使人折服。下面举一个有关口才的实例。

一天，一位外宾到一家文物店去参观，在一幅画前驻足良久，眼里流露出羡慕的目光，口中赞叹不已。这时，一位老店员便走过来用流利的外语与外宾交谈，老店员栩栩如生地介绍，把外宾带进了美妙的意境中。外宾兴味盎然，随即按下录音机按钮准备收录。这时，老店员从容不迫地说："先生，说实话，这画不是真品，而是仿制品。"外宾听后陡然一惊，大为失望。老店员话锋一转，说："先生，真品只有一幅，为国家所珍藏。但仿制者是原作者的得意门生。这仿制品与原作品相比，几乎可以乱真，并且仿中有创。中国有句名言，叫'青出于蓝而胜于蓝'，何况仿制者也是一位高手，他的作品也堪称为艺术珍品呐。"说完，他又详细介绍了仿制者的生平轶事。于是，外宾转嗔为喜，不仅连称"诚实"，而且花了数千元买下了此画。在这里，老店员跌宕起伏、引人入胜的介绍，包含着他对祖国经贸事业的无限热爱，同时，也寄寓着他对美学欣赏、语言文字、顾客心理、销售技巧等多方面的学识和才能，展现出他高度的表情达意的语言技巧。如果老店员不能透视顾客心理，没有丰富的知识学问，并且思维混乱、语无伦次的话，就不会出现外宾欣然购画的场面。

由此可见，口才是人的素养、能力和智慧的综合反映。这种综合性体现在以下几个方面：

1. 心理、生理的综合。口语表达活动，是通过心想、口说、耳听、目视等心理、生理活动的默契配合，协调一致而共同完成的。这些因素缺一不可，它们共同构成口语表达的基础，是口才形成的有机组成部分，为口才艺术的展现服务。

2. 素质、能力的综合。一个人具有优秀的口才，是其素质、能力、全面综合的反映。这里所说的素质主要是指思想境界、道德情操、知识学问等；所说的能力是指观察能力、思维能力、记忆能力、表达能力、应变能力、交际能力等。素质和能力综合成一种文化储备，这种储备在特定的语境中，通过想像和联想，能促进说话者取得所需材料和方式，从而源源不断地供应口语表达者的需要。正像我们平常所说的，"问渠哪得清如许，为有源头活水来"。王国维也说："所见者真，所知者深，辞就可以脱口而出。"总之，要养成好的口才，只有在知识、素质、能力上"厚积"，才能在口头上"薄发"。只有"胸藏万汇"，才能"口才千钧"。

3. 手段、方式的综合。与书面表达相比，口语表达具有有声性和表情性两大特点，再加上表达方式的多样性特点，可以说，口才是通过多种手段、多种方式综合表现出来的。就有声性而言，口语表达通过语调的高低、强弱，语气的缓急、长短、粗细等因素，增强了语言的活力，促使语流进程千姿百态，有时甚至可以遮掩不完善的内容。就表情性而言，讲说者不仅可以通过词句和语调来表达，而且，还可以通过面部表情、手势、身姿、动作等体态语来表达或补充完善。手段方式的多样化可以充分展示出口语表达的才能，促使表达效果更加圆满。

三、口才的历史沿革

（一）我国口才的发展概况

1. 口才发展的最早时期。我国口才的发展，可以上溯到公元前21世纪的夏王朝，夏的建立从禹开始。禹在征伐"三苗"时，就有誓师之辞。誓，多为君王的训诰之辞，是古代的一种公文文体。禹的儿子启可算是我国第一个演讲家。据《尚书·甘誓》载，夏启在与有扈氏大战于甘时，有一篇战前动员令，全部讲话内容如下：

"大战于甘，乃召六卿。王曰：'嗟！六事之人，予誓告汝：有扈氏威侮五行，怠弃三政，天用剿绝其命。今予惟恭行天之罚。左不攻于左，汝不恭命；右不攻于右，汝不恭命；御非其马之正，汝不恭命。用命赏于祖，弗用命戮于社，予则孥戮汝。'"

大意是：夏启将与有扈氏在甘地大战，于是便召集了六军将领，王说："喂！六军将领们，我向你们发誓：有扈氏侮慢金木水火土五行，不敬重天、地、人三正。因为他失道，所以上天要消灭他。现在我奉天命来惩罚他们。左军不从左边进攻，你们没有执行我的命令；右军不从右边进攻，你们没有执行我的命令；驾战车的御者没有驾正战车，你们也没有执行我的命令。执行命令者，将在祖庙前进行奖赏；不执行命令者，将在社稷前受到惩罚，包括你们的子孙。"

全文仅七八十字，文辞虽短，但却符合儒家主张的"言有物、言有序、言有文"的言辞标准。誓辞中，内容充实，出师有理，奖惩分明，层次井然。先讲出师原因，再谈奖惩根据，义正辞严，情感浓烈，句式整齐且排比，造成了磅礴的气势，极富文采。早在公元前21世纪就有这样的战争动员令，又是国王面对六军将领的慷慨陈辞，与历史上各级将领的战争动员演讲没有什么区别，所以我们不能否认它演讲的性质。这是有文字记载的最早的演讲稿，它比古希腊的演讲活动早1500年。另据《上书·盘庚》记载，早在公元前14世纪的殷商时代，帝王盘庚曾三次向他的臣民发布命令，讲辞中，有理论、有根据、有劝告、有警策，言之有序，同时，也相当有文采。它们实则是对象不同的三次演讲。

2. 口才发展的鼎盛时期。我国口才发展的鼎盛时期是春秋战国。原因有二：

第一，如前所说，这是我国由奴隶制向封建制转变的大变革的时期。新兴地主阶级为夺取政权，扩充势力，不惜一切招揽人才，社会上出现了"士"的阶层。在那个"邦无定交，士无定主"的时代，他们可以游食四方，朝秦暮楚，因而，他们有恃无恐，放言无忌，屡说"士贵"、"王者不贵"，非常放肆。即便如此，他们仍可以"朝为布衣，夕为卿相"。这些人往返于各国之间，凭三寸不烂之舌，献计献策，协调各国关系。在外交上，有张仪连横，苏秦合纵；在军事上，有孙子兵法、吴起兵法、曹刿论战、烛之武退师；此外，还有讽谏齐王的邹忌，善于辞令的晏婴，令张仪、苏秦"悲说坑中"的鬼谷子，以及主张"宽猛相济"的子产，等等。他们有的奔走呼号、纵横游说；有的辩疑驳难、讲道兴学。一时间，奇策异智之士活跃在社会的各个阶层，促使并形成了口才蓬勃发展的局面。

第二，社会的大动荡、大变革带来了学术上的百家争鸣。各派言论无拘无束，专门的政论文且不说，学术上的论辩也具有明显的政治倾向。特别是孔子，他开创了私家讲学之风，起到了"金鸡一鸣天下晓"的作用。于是，诸子百家聚徒讲学，著书立说，各有特点，各具风格。其中法家犀利尖刻，商鞅是其代表者，他主张严刑峻法，"以刑去刑"。他说："重刑者，民不敢犯，故无刑也。"法家的集大成者韩非，在总结了前期法家三派（任法的李悝、任术的申不害、任势的慎到）得失的基础上，提出了"法、术、势"三者紧密结合的完整的法治理论思想。儒家严谨正大，孔子是儒家学派的创始人，他提出了一系列维护"礼治"、提倡"德治"、重视"人治"的法律思想，建立了以"仁"为核心，以"复礼"为目的的思想体系。他主张"为国以礼"、"为政以德"，"德主"而"刑辅"。孟子继承和发展了孔丘以"仁"为核心的"德治"思想，使之成为比较系统的"仁政"学说，并提出了作为这一学说的理论根据的"性善论"。荀子是继孔孟之后的儒家大师，但与孔孟不同，他是儒法合流的先行者。在许多重大问题上，荀子都与孟子唱对台戏。孟子"法先王"，他则"法后王"；孟子道"性善"，他则倡"性恶"；孟子主张"王道"、反对"霸道"，他则"王、霸"并提；孟子"重德轻刑"，他则"德刑结合"；如此等等。墨家周密实证，墨翟是墨家学派的创始人，以"兼爱"、"非攻"为基本精神，以"杀人者死，伤人者刑"为主要原则。墨家的"兼"是强调"天下人皆相爱"，主张"富不侮贫"，"贵不傲贱"，含有平等的意义。他的"非攻"思想有一点非常可贵，就是主张和平，却不主张无条件地反对一切战争。他反对攻，却主张守，并支持"诛"，认为"汤放桀"，"武王伐纣"是诛而不是攻。因此，他只"非攻"而不"非战"。道家跌宕奔放，道家学派以老子、庄子为主要代表，其创始人是老子。老子崇尚"无为"，倡导"无为而治"，即"处无为之事，行不言之教"。庄子则主张绝对"无为"，否定一切文化和法律道德。凡此种种，不一而足，真是百家争鸣，百花齐放。如人行于山阴道上，应接不暇。这为口才的发展提供了广阔的社会背景。再加上当时没有纸张和印刷术，购买绢帛太昂贵，使用竹简太笨重，这就造成了立说容易著书难的局面。因此，言传辩驳的"立说"便成了主要的交际工具，百家诸子也就成了"率其群徒，辩其谈说"的能言善辩的口才大家了。他们的口才展现也各有特点，各具风格：孔子言简意远，循循善诱；孟子锋芒毕露，大气磅礴；庄子恣意纵情，奇态浪漫；韩非驳难离析、淋漓尽致……金舌卷动之际，珠连玉接，霞光映射，潮呼浪涌，有着惊人的表达效果。

诸子百家，不仅能说会辩，而且他们对口才理论的阐述也相当精辟。孔子强调说话要以"德"为基础，指出"有德必有言"（《论语·宪问》）。另据《论语·述而》载："子以四教：文、行、忠、信"（文指文采，行指行为，忠、信指道德标准）。他把语言文采与行为道德相提并论，提倡"辞达而已矣"，反对"言过其行"，说"君子耻其言而过其行"。他主张说话要讲究修辞，说："情欲信，辞欲巧"（《论语·学而》）。他反对花言巧语，因"巧言乱德"，说："巧言令色，鲜矣仁"（《论语·学而》）。他重视口头能力的训练，把它纳为孔门四科（德行、政事、文学、言语，相当于现在的四个系）之一，培养出了众多口才出众的弟子。孟子紧随其后，以好辩而闻名当世，是先秦时期有名的论辩大师，他提出"言近而旨远"（言辞浅近，而意义深远）。如《孟子·尽心》篇："鱼，我所欲也；熊掌，亦我所欲也，二者不可得兼，舍鱼而取熊掌者也。生，也我所欲也；义，亦我所欲也，二者不可得兼，舍生而取义也。"这就是"言近而旨远"，不以文害辞，不以辞害意，这种内容决定形式的观点是正确的。

荀子更是口才表达技巧方面的一代大家。他在《非相》篇中明确地提出了说话的原则、方法和态度，他说："谈说之术：矜庄以莅之，端诚以处之，坚强以持之，譬称以喻之，分别以明之，欣驩芬芗以送之，宝之，珍之，贵之，神之，如是，则说常无不受。虽不悦人，人莫不贵，夫是之谓为贵其所贵。"大意是：谈说艺术要有严肃庄重的态度，要正直真诚地谈说，要有坚强的信心，要用比喻的方法让人明白，要热情和善地把自己要宣讲的内容传送给对方，并十分重视、珍贵、尊重自己所宣传的东西，那么你的言论就一定会被人们所接受。虽然不一定让人们喜欢，但是人们没有不敬重珍视的，这就是所谓能够使自己所珍视的东西也受到人们的重视。"君子必辩"是他的又一著名论点。为对这一论点进行充分阐述，他写了《非十二子》与道、法、名、墨等各派诸子展开了辩论，旨在宣传礼仪之道，反对其他异说惑众。他反对"为辩而辩"，认为"以期胜人为意"（《性恶》），实"下勇也"。荀子说这种辩不是"辩"是"争"，是"可卑之争"。这在今天依然有指导意义，弥足珍贵。法家的集大成者韩非的《说难》、《亡征》也谈了不少论说之道。

庄子善辩，他的论辩总是以生动活泼的寓言说明道理。比如：庄子与惠子游于濠梁之上。庄子曰："鯈鱼出游从容，是鱼之乐也。"惠子曰："子非鱼，安知鱼之乐?"庄子曰:"子非我,安知我不知鱼之乐?"惠子曰:"我非子,固不知子矣;子固非鱼也,子之不知鱼乐之,全矣!"庄子曰:"请循其本。子曰:'汝安知鱼乐'云者,既已知我知之而问我。我知之濠上也。"这里,庄子是用偷换概念的手法进行诡辩的。"汝安知鱼乐?"本是一句反诘问语,即"你怎么知道鱼快乐呢?"庄子说惠子问的是:"你哪儿知道鱼快乐?",他把所问的问题换成了问的地点,所以,他说"我是在濠堤上知道的"。

墨子的《小取》则说:"夫辩者,将以明是非之分,审治乱之纪,明同异之处,察明实之理,处利害,决嫌疑",将论辩的目的说得一清二楚。原文大意是:论辩是用来明辨是非的分界,审查治乱的法纪,分清相同与不同,观察内容和形式,处决利益,澄清嫌疑的好办法。《墨子》一书是最重辩的。墨家为了同各家论辩,在《经上》、《经下》、《经说上》、《经说下》以及《大取》、《小取》中都讲到论辩之学,反映了当时百家争鸣的特点。

鬼谷子的《鬼谷子》将谈话的方法、技巧分为:听辞(收集信息)、观象(察言观色)、探(试探对方)、引(引到对方讲出实情),其是一部关于说服术的理论,代表着我国先秦时期口才理论发展的高度。

3. 口才衰微于秦以后的封建社会。秦统一中国后,丞相李斯认为,战国时代"百家争鸣"的局面是"天下散乱,莫之能一",为加强专制的中央集权,除政治上实现"海内为郡县,法令由一统"(《史记·秦始皇本纪》)外,在思想上也必须"别黑白而定一尊"(《史记·秦始皇本纪》),推行文化专制主义。因此他主张"焚诗书"、"禁私学",严禁人们谈论《诗》、《书》,非议法律,违者要施以严刑、遭到"弃市"、"灭族"的制裁。"焚书坑儒"的结果,使口才的发展自秦始趋于低潮。在其后的两千多年封建社会里,由于政治上的专制、思想上的禁锢,文化上又实行"以文取士"的制度,口语一直不被重视。再加上孔子、老子的一些消极言论,如孔子的"君子讷于言而敏于行";老子的"信言不美,美言不信"、"善者不辩,辩者不善";傅玄的"病从口入,祸从口出",以及俗语"话到嘴边留半句,不可全抛一片心"、"言多必失"、"语多伤人"等。士大夫普遍以笔代口,文言其声,重文而轻言。自此,那种纵横天下,"如丸走板,如水建瓴"的舌辩古今的精华再也没有出现过。但是,这并不等于说论辩之士就此消亡,只是其不像战国时期那样,作为一个阶层相对独立而存在罢了。

历史毕竟是向前的,生产在发展,社会在进步,加上朝廷实行奏章言事和纸张、印刷术的相继发明,在舌辩衰微的总趋势下,还是出现了一些演讲家和理论家,特别是他们创作的一些有关口才的理论著作,相当引人注目。

西汉时期,目录学家、文学家、经学家刘向的《说苑》共20卷,其中《善说》一卷28则专门论演讲与口才。其中一则说明了谈说之术的重要以及谈说的技巧、善说的标准。刘向并发挥自己"采集传记行事"的写作特长,一连举了四个实例详细地阐述了自己的观点:"主父偃曰:'人而无辞,安所用之。'昔子产修其辞,而赵武致其能;王孙满明其言,而楚王以惭;苏秦行其说而六国以安;蒯通陈其说,而身得以全。夫辞者,乃所以尊君、重身、安国、全性者也。故辞不可不修,而说不可不善。"(《说苑·善说》)其后的27则是从不同角度列举了能言善辩之士论说国事、分析时势、品评是非、拯救朋友、保存自身等轶事来加以说明,这是自春秋至秦汉时对谈说之术的一个总结。

另外,汉代桓宽的《盐铁论》实际是以桑弘羊为代表的法家和以贤良文学为代表的儒家在借论盐、铁之名而展开的一场面对面的治国究竟是用王道或霸道、法治或人治、刑罚或德化等的大论辩。在"二论相打"中,唇枪舌剑,往返皆有正理,真是刀光剑影,令人目不暇接。

就辩论而言,诸葛亮"舌战群儒"更是亘古不可多得的精品。在论辩中,论辩的双方都不是等闲之辈,各种论辩方法运用娴熟。举例论证、比喻论证、引言论证、对比论证、归谬反驳、反辱相讥、揭悖反驳等,比比皆是。诸葛亮以渊博的知识、超群的见解、雄辩的才能以一当十,以少胜多,充分地显示出其高瞻远瞩、力排众议的云水胸襟和处变不惊的大家风范。

魏晋南北朝时期,临川王刘义庆撰写的《世说新语》共3卷36门。其中"言语"门较多地记述了当时士族的清淡之风,有不少说话的佳作。另外,值得一提的是这个时期的宗教变文演讲和书院学术演讲比较盛行,不仅使口语表达得到了很好地训练,而且也给口才的发展增加了色彩。

齐梁时期,刘勰在《文心雕龙》一书里第一次把谈说之辞作为一门艺术,科学地加以研究和总结,并建立了相关的理论,集中在《议对》和《论说》篇中(这里的"议"有议论的意思,但和一般的议论不同,它主要是指向帝王陈说。"对"是指"对策"。"论"是指论理,主要用严密的理论来判断是非。"说"是使人悦服,即用具体的利害关系和生动的比喻来说服对方)。他把口才理论的要点归结为:"以忠信为本,以辩才为锋,以时利义贞为枢要,以顺情入机为技巧,以探事献说为宗旨,以功成计合为目的,以独步当时,留声后世为最高艺术追求。"另外,齐梁间著名的无神论者范缜,其立足真理的自信和"不卖论取官"的品格在论坛上也是熠熠生辉,让人拍案击节,叹为观止的。

唐朝时期,中国的政治、经济都进入了相当发达的时期。经济的繁荣带来了文化及文学艺术的发展与繁荣。按照口才发展的规律,口才的发展理应兴旺发达。但事实却并非如此。由于唐代实行了科举制度,使文章成了"经国之大业,不朽之圣事",人们普遍重视"写"而轻视"说"。加上儒学的进一步深化,使文人学士多以孔子的"君子讷于言而敏于行"作为人之信条,整个社会书面语兴旺，口头语衰微。值得一提的是唐代一件鲜为人知的事，就是唐僧的口才。去印度取经的唐僧，经常参与由印度佛教宗派之间、宗派与异教之间的论辩，唐僧在论辩中屡屡取胜，享有极高的声誉。特别是公元644年，戒日王在曲女城为唐僧举行的"无遮"（"无遮"的意思是没有限制，任何人都可以参加）大会上，当时印度有以18个国王为首的官、民、僧、俗等几十万人参加自由辩论。唐僧作为"论主"，把自己的论点写成大字挂在高处，并按当时当地惯例："示一切人，其间若有一字无理，能难破者，请斩首（另有一说为断舌）相谢。"大会举行18天，竟无一人敢破。

宋代时期，由于商业经济繁荣，市民阶层日益壮大，"说"的活动又兴盛起来。宋代文学体裁有宋"话本"，"话本"就是说话人的底本，是当时说话人口耳相传记录下来的底本。当时，民间有"说书"，宫廷有"谈说"，寺庙有"俗讲"。这些构成了当时口才的全貌。另据《武林旧事》卷三《社会》条记载，800多年前，南宋临安城内成立了一个行会组织"雄辩社"，这是见诸文字的第一个论辩组织。它的重要任务就是有组织地对说话人进行口才及论辩技巧的训练。据记载，"雄辩社"的人都是"谈古论今，舌辩滔滔"的，其艺术魅力已达到了移人情感，动人心弦，催人泪下的地步。一直到清王朝时，由于满族人的入侵，汉民族受到歧视，清政府不仅实行科举制度，在思想上束缚人们的自由，而且大兴"文字狱"，钳制人们的思想自由，谈说之术彻底衰微了。

4. 我国口才发展第二个高峰：随着清王朝的覆灭，我国的口才发展出现了第二个高峰。鸦片战争后，优秀的中华儿女为拯救中国、复兴中华，积极奔走，寻找真理。演讲艺术焕发着青春的活力。早在1916年，黄炎培先生就将论辩赛的规则介绍到中国来。1918年，李大钊发表了《庶民的胜利》这篇不朽演讲，这是我国无产阶级演讲的第一声春雷。接着邓中夏又组织了"北京大学平民教育演讲团"，为唤起民众的觉醒而走出校门去演讲。

在辛亥革命以前的民主革命时期，为宣传民主与革命，传播民主思想，鼓动群众反清，秋瑾组织了"演讲练习会"，不仅自己演讲，而且还自任会长培养演说人才，她的《敬告中国二万万女同胞》被誉为中国妇女的解放宣言。另外，梁启超、蔡元培、廖仲恺、康有为、谭嗣同、章太炎、陈天华、邹容、孙中山等，都是这个时期的演讲大家。"五·四"运动就是一场以演讲为主体的群众性运动。

在抗战时期，一些民主人士如肖楚女、瞿秋白、恽代英、朱自清、闻一多、鲁迅等，他们的演讲思想深邃、语言犀利，那种对民主的追求，对和平的向往，对真理的坚定与执着，都达到了感天地泣鬼神的地步，很能鼓舞人的斗志。另外，被誉为"七君子"的沈钧儒、章乃器、王造时、李公朴、邹韬奋、沙千里和史良也都是有才有识、能言善辩的口才大家。

最值得一提的是罗隆基,其被誉为演讲台上的雄狮,受到人们的尊重和推崇。1919年,他热情洋溢的演讲点燃了清华园中的"五·四"之火。"一二·九"前夕,他又用富有鼓动性的演讲,激励青年投身到抗日斗争中去。

为建立新中国而斗争的无产阶级革命领袖,如李大钊、蔡畅、彭湃、毛泽东、刘少奇、周恩来、邓小平、谢觉哉、朱德、陈毅等人的谈话、演讲、辩论,极大地丰富了口才的内容。其中,毛泽东的《中国人民从此站起来了》、周恩来的《在万隆会议上的演说》都是饮誉中外的著名演讲。在这个时期,有人编写或翻译了一些口才学专著。比如:余楠秋的《演讲学概要》、程湘帆的《演讲学》、杨炳乾的《演讲学大纲》、任华明的《演讲谈话雄辩术》、王德崇的《国语演说辩论词作法》等,这些著作对我国的口才发展起了一定的推动作用,但因没有形成完整的体系,所以没有在我国口才发展史上发挥应有的作用。

(二)西方口才的发展概况

世界上第一部系统论述演讲法则和辩论技巧的书是公元前460年希腊的著名科学家克莱克西所著的《演讲艺术》。他最先提出了"开头"、"主题"、"结尾"三段论,并沿用至今。口才学源于古希腊,在古希腊的历史上,曾出现了一个以教授修辞学、论辩术为业的学派——"智者学派"。他们纯熟地掌握了口头语言的规则和形式,得心应手地掌握了逻辑规律,特别是掌握了判断与论证的规律,使演讲成了人们从事社会活动和政治斗争的锐利武器。公元前5世纪,被称为职业演说家和律师的普罗泰戈拉,对论辩学的理论有独到的见解。在辩论学上作出最重要贡献的是被后世称为"奠定西方文化基础"的三位哲学大师——苏格拉底、柏拉图和亚里斯多德。

苏格拉底(公元前469~前399年),他具有雄辩的口才,喜欢以论辩的方式传播学术思想,传授知识,以"对话"锋芒锐利而名垂千古。但他没有著作,有关他的资料主要见于柏拉图的《对话录》和色诺芬的《回忆录》。德国一位学者卡尔·雅斯贝尔斯在《苏格拉底、佛陀、孔子和耶稣》一书中曾说过:"他的一生是谈话的一生。"公元前390年,苏格拉底在雅典创立一所修辞学校,对后世影响很大。

柏拉图(公元前427年~前347年),他是苏格拉底的学生、亚里斯多德的老师。他继承和发扬了苏格拉底的"对话"艺术,把对话这种口才形式发展为"当众演讲中表达最为复杂的见解"的完美形式。他的名著《捷艾杰特篇》是对口才学本质的论述以及对口才学某些重要原则与理论的论证。他认为演讲是一种社会现象,是传授知识、培养美德、增添智慧的一种社会手段。他关于论辩的重要著作是《高尔吉亚篇》和《费德罗斯篇》。他在前一篇中对"智者"及"修辞学"持基本的否定态度。但在后一篇中，他不但不全盘否定修辞学，而且还主张将它提高到哲学的高度，与伦理学相联系，并主张"用言辞赢得人们的心"。

继柏拉图之后，另一位演讲大师是狄摩西尼（约公元前384年～前322年）。他是以律师身份从事法庭演讲，并以之为起点而开始演说活动的。他对口才学的实质及演讲者个人的修养提出了一系列重要的见解，表现出他对口才学理论的关切与探讨。他的演说代表着古希腊演说的高峰。

亚里斯多德（公元前384年～前322年），他是柏拉图的学生，是西方逻辑的奠基人。他在诸多学术领域的理论研究上都作出了卓越的贡献。他不仅自己具有出众的口才，而且在许多著作中有自己对口才学的见解。例如：他的《修辞学》一书，系统地谈了说服的手段、听众的心理、演讲的技巧等，是对古代演讲系统的概括和总结。它是古希腊关于论述演讲学方面的惟一的一部较为完整地保存至今的作品，它的价值在于向我们证明了早在公元前5世纪就有人专门研究口才这门学科了。

继古希腊后，古罗马的演讲在世界演讲史上也占有重要的地位。相传古罗马教育制度的目的就是培养"雄辩家"。学校开设了修辞与演说术课程。著名学者西赛罗（公元前106年～前43年）作为罗马最伟大的演讲家而名垂青史，在政治和诉讼方面享有极高的声誉。他在《雄辩术》中阐明了演说的目的和方法，指出教育可以培养出政治活动家，但只有好的雄辩家才能成为好的政治活动家，雄辩应和文史知识并重。在他留下的58篇演说中，最著名的是《为米罗辩护》。该演说主张演说家要有充分的法律、文学、哲学、历史等方面的知识，有束缚对手、左右听众的能力。西赛罗有关论辩的著作有《论演讲术》。

在古罗马以后，口才也出现了一个低潮。整个中世纪，口才主要表现为宗教的传道，教会神学演讲一直都是封建统治者宣传教义、进行思想统治的工具。到了13～16世纪，教会演讲慢慢衰落，17～18世纪，它完全丧失了昔日的地位。

近代，在资产阶级启蒙运动中，演讲的内容主要是自由、平等、博爱。著名的演讲家有罗伯斯庇尔。资产阶级登上政治舞台后，建立了议会式的权力机构，议会演讲成了政治家们经常性的职业需要。其中著名的政治家有：乔治·华盛顿、温斯顿·丘吉尔、富兰克林·罗斯福等。

在共产主义运动的行列里，演讲家同时也是革命的理论家和杰出的政治活动家，如李卜·克内西、蔡特金、季米特洛夫等，列宁更是一位令人折服的演讲大家。

纵观欧、美及俄国的口才发展历史，虽然它们的口才活动晚于我国，但其发展相当迅速。美国著名成人教育家戴尔·卡耐基年轻时就把演讲当作当代社会出人头地的捷径而潜心研究，并写出了畅销世界的《语言突破》，教育人们克服畏惧，树立自信，最大限度地发挥自己的口才。

在美英等国，许多小学都有"说话"课，中学有论辩课，并且有专门的演讲教授及专家。二战期间，美国人把原子弹、金钱、演说作为三大武器。后来，欧美人又把舌头、美元和电脑作为战略武器。可以明显地看出，虽然科学代替了武力炫耀，但是，"舌头"的地位并没有改变。有则伊索寓言讲到：当主人让他以世界上最美好的东西做菜时，他端出的是一盘舌头；当主人要他以世界上最坏的东西做菜时，他端出的还是一盘舌头。其并且还发表了寓意深刻的议论：一切美好的语言、高尚的感情、精辟的见解，无不依靠舌头来表达；而一切阴谋诡计、诽谤陷害、搬弄是非，也无不来自那小小的舌头。可见，舌头在人们生活及社会发展中所起的作用。早在1922年，美、英两国有识之士就发起和组织了国际雄辩赛，至今已有40多个国家和地区参赛。目前，美国已有300多所大学设有说学系或演说学系。自1976年以来，美国仅获得"说学"硕士学位以上的专门人才就有十万人左右。他们往往把一个人口才的好坏，作为衡量一个人能力大小的标尺。美国总统自华盛顿始，无一不是能言善辩的口才大家。

四、我国口才的现状及发展前景

我国口才的现状与时代的发展格格不入。当今社会，经济迅速发展，社交频繁。国与国之间、行业与行业之间、人与人之间，需要交往与合作。政治上的会谈，贸易上的洽谈，军事上的谈判，文化上的交流，信息的搜集与传递，领导的施政演说，法律工作者的演讲、谈话和论辩等，这一切都要求人们有较高的口语表达能力，不仅说话要准确、简洁、清晰，而且还应具有一定的深度和广度，以及较高的谈话技巧。当今社会又是一个电子设备高度发达的社会，电话的普及、电视与电脑的广泛使用，使人们利用声音传递信息越来越普遍，因此，口语使用的范围越来越广，频率越来越高，这就要求人们在纷纭复杂的人际交往中精明聪慧，能言善辩，一语中的，即讲究谈话效率。

可是，在当今中国，不论从事何种职业的人，除少数口语表达优秀者外，整个国民口语表达能力并不高。有些人在重要场合讲话时，总是手不脱稿，眼不离稿，音不清晰，语不连贯，甚至像韩愈说的"足将进则趑趄，口将言则嗫嚅"，不能落落大方，侃侃而谈。召开一般会议时，谁都不肯先发言，待到"千呼万唤始出来"，也是"犹抱琵琶半遮面"，不是语塞耳赤，就是"散打式"地发言，像"对口词"，似"三句半"，不能用恰如其分的语言表达自己的思想。还有些人西装革履、风度翩翩，但一开口不是"出口成章"，而是"出口成脏"。请看一则见诸报端的脏话："哥儿们！今儿个的球怎么样？那可真叫盖了，妈的那前卫真叫绝，愣他妈的没人挡得住。对方的守门儿纯粹傻蛋一个，球都进去了，还扑呢！扑个屁呀！"为此，《中国青年报》曾载文说："休看他衣冠楚楚，昂首阔步；一开口脏话连篇，原形毕露，'他妈的'……破口而出，'格老子'……一串连珠，似这等出口成脏，真道是走一处污染一处。"

我国的口才之所以出现这种状况，固然有其根深蒂固的历史原因，但现实生活与环境对人的影响也是不可忽视的。在我国，一个人从小到大，无论是在家庭、学校还是社会，都没有一个接受口语训练的机会。更有甚者，无论是家长、老师还是社会舆论，都对人们语言表达的权利和欲望进行压制。尽管少数学校开设了关于演讲或论辩的课程，但其注重的还是"书本"上的有关理论，始终没有跳出掌握书本知识的狭窄圈子，更谈不上直接进行口语训练。

随着改革开放的深入发展，人们的交往日益频繁，运用口头进行交际的场合越来越多，特别是人们的法律意识逐步提高，运用法律武器保护自身利益的人越来越多，人们越来越认识到口头表达能力的重要，学习口才知识、训练口才技能已成为生活中不可忽视的内容。自从1981年上海的一些大学恢复了演讲活动，创办了第一个演讲会后，1983年上海"振兴中华职工读书活动报告团"又受到中央领导的接见，读书演讲活动已经遍及全国。李燕杰、景克宁、曲啸等关于国家前途命运、个人历史责任、人生观、道德观等的演讲，受到了人们的普遍关注。特别是"保边防献青春"的演讲活动，极大地鼓舞着千千万万的中国人。现在，人们注重演讲，注重论辩，也注重口头表达的训练。在教育上，我国也开始狠抓学生的口语表达能力。全国的幼儿师范和师范学校都开设了"说话"课，师范学院开设了"教师口语"课，全国的政法院校开设了"司法口才"课，有的普通学校开设了"演讲及论辩"课，一些大学正在酝酿成立演讲系。演讲赛、论辩赛已成为人们喜爱的一项群众性活动，并在全国各地行业之间、部门之间广泛开展。一个全民族学习语言、锻炼口才的高潮正在掀起，随着这一运动的深入发展，我们已经迎来了我国口才发展的第三次高潮。

随着科学技术的发展与网络的普及，我国现今又出现了一种新的语言方式——网络语言。网络语言也是一种文化，除了汉语中原有的词语外，也演变了一些词义，或扩大或转移，或变化其情感色彩，大量的新兴字词也参与其中，对于网民来说，网络语言有着独特的魅力。如"这样子"被说成"酱紫"，不说"版主"说"斑竹"，"555"是哭的意思，"886"代表再见（拜拜喽），这些大多都是与汉语的发音相似引申而来的；还有BBS、BLOG、PK（VS的升级版，即Player Killing）等大量的英文缩写或音译词；还有一些创新或约定俗成的语言，如"恐龙"、"美眉"、"霉女"、"青蛙"、"菌男"、"东东"、"宅男（女）"等。

据调查，我国现阶段大约有4 000多万网民，他们在网络以及现实生活中大量使用网络语言，网络语言的出现和普遍应用对书面语言产生了强烈的冲击和影响。像一些字母型、数字型、符号型、标点型的网络语言打破了汉语的常规使用规则，扰乱了书面语言的常规性原则，影响了书面语言的交际功能等。但不管怎么样，既然网络语言已经出现并广泛使用，我们就要面对这一事实，并且重新来审视传统的书面语言。就目前的趋势而言，网络语言是一种新的语言交流方式，代表了语言的一个发展方向，了解和认识网络语言为语言的交流提供了方便。

对于网络语言，专家们的态度经历了一个从"不屑一顾"到"研讨研究"的过程。目前网络语言已引起了国家语言文字改革委员会的重视，但是还处于研究探讨阶段，首先对网络语言要有一个比较好的了解和认识，然后才能决定何时规范，怎样规范。

第二节　司法口才学与相关学科

一、司法口才

司法口才是口才学的一个分支。它是指我国的司法工作人员在司法或与司法密切相关的工作中的说话才能，司法口才是司法工作者的必备之才。我国的司法工作者，按其身份可分为公安人员、检察人员、审判人员、律师、监管人员、公证人员、民事调解人员以及其他负责法制宣传的人员等。这是司法口才的主体，他们因直接或间接地与国家的司法权和司法行政权联系在一起，而被严格地限制在国家的法律工作者这一基本概念范围内。法定的身份是构成司法口才的第一要素。

司法口才这一特殊的身份要素，必然决定司法口才表达对象的特殊性。司法口才表达者的对象除面对社会不特定的人——接受宣传、教育、法律咨询的人和司法系统内部的人外，就是指刑事诉讼中的犯罪嫌疑人、被告人、犯人以及其他违法犯罪分子；民事或经济案件中的当事人及其他诉讼参与人（代理人、证人、鉴定人等）。

司法口才的这种特殊的主体和对象必然决定司法口才表达内容的特殊性。首先，它必须体现出"以事实为根据，以法律为准绳"的原则。其次，还要体现出公平、正直的原则。在这两种前提下，司法口才表达者还要使用正确的普通话，只有这样，才能展现出司法口才的具体内容，即揭露、证明、惩罚、教育、改造违法犯罪分子的活动；预防和解决民事、经济争议的活动；宣传法制的活动等。

根据以上特征，我们可以将司法口才的概念界定为：司法口才是我国的法律工作者面对着特殊的对象和特殊对象实施的特殊行为时，以事实为根据，以法律为准绳，借助科学的世界观和方法论，直接使用口头语言，正确高效地实施法律或协助促进法律实施的综合才能。

二、司法口才学

司法口才学是研究司法口语表达的技巧、方法及其作用、意义和构成的边缘学科。它是一门新兴的学科,也是一门与多种学科相关的边缘学科。其中,与司法口才学最为密切的学科是法学、语言学、心理学、逻辑学。

三、司法口才学与相关学科

(一)司法口才学与法学

法学,又叫法律科学,是研究法或法律这一特定现象产生和发展的规律的科学,属于社会科学的一种。也就是说,法学是以法律作为自己的研究对象,主要研究法的本质、形式和作用,研究法的产生和发展的规律,研究法律的制定以及如何运用法律来解决实际生活中的问题。这其中的"如何运用法律解决实际生活中的问题"实质上就是"法实施"的问题,而司法口才学正是研究如何运用口语实施法律和促进法律实施的科学。

在我国,一切法律工作者在司法实践中,凡诉诸口头表达的时候,如对罪犯进行审讯,对被害人或有关证人进行询问、谈话,在法庭上的宣读、辩论、演讲、公证、民事调解、法制宣传演讲等,都离不开法律科学的基本理论和各实体法、程序法的具体规定。由于各部门法对自己任务的实现都有一系列具体要求和明确规定以及严格的程序,那么,司法口才的运用必须符合这些要求和规定,并严格依照法定程序来进行。如刑事诉讼法中规定,公安机关、检察机关在侦察阶段的任务是查明案件事实真相,揭露和证实犯罪,同时对其实施的程序也作了明确的规定。因此,上述人员在进行口语表达时,必须严格遵守这些规定,依法定程序对犯罪嫌疑人进行讯问,收集并审查证据,弄清犯罪事实、情节和性质,最后依法提出起诉意见书;对于经查证发现不应对犯罪嫌疑人追究刑事责任的,应立即作出撤销案件的决定或不起诉的决定;等等。由此看来司法口才学是以社会主义法学基本理论为依据的联系部门法的一门独具特色的学科。它与法学有着紧密的联系。

(二)司法口才学与语言学

语言学是研究语言现象及语言规律的一门社会科学。语言,就其本质来说,是一种社会现象;就其职能来说,是人类交流思想、表情达意、传递信息等的交际工具。语言学研究的内容最主要的是语音、词汇和语法。司法口才学是研究口语表达的技巧、方法、作用及其意义和构成的,这就要求司法工作者的口语表达,不仅要使用标准的普通话,而且要符合逻辑、合乎语法、讲究修辞。也就是说,口语表达要准确,不悖事理,要合乎客观思维规律;口语表达要通顺,合乎组词造句规则;口语表达要有感染力、鲜明、生动、简洁、有力,要取得理想的表达效果。

这一切都说明，司法口才学和语言学都是研究人类的语言现象的，两者之间密不可分，所不同的只是司法口才学研究的范围没有语言学研究的范围广，司法口才学仅仅局限在对司法工作者口语表达的语言现象的研究。首先，在语音方面，司法工作者在进行口语表达时，如能恰当地运用语音的轻重，声调、语调的高低，不仅能塑造庄重、严肃的司法工作者的良好形象，而且还能增强语义的表达效果。其次，在词汇和语法方面，词汇和语法是语言学研究的重要内容。司法口才学则要求司法口语表达者必须依据词汇及语法的基本原理，准确、恰当地运用法律语言并遵循语法规则，任何概念不清，用词不准的现象，都会破坏严肃的法庭气氛，影响司法工作者的形象和法律的尊严。如"被告人杨××已构成侵犯财产罪"。这句话句子成分残缺不全。杨××怎么会构成侵犯财产罪呢？侵犯财产的只能是人的行为。在修辞上，司法口才要求多用消极修辞法。如叙述杀人情节："被告人周××于1998年4月26日6时许，身藏两把菜刀，窜至被害人张××工厂车间后，抽刀对张××头部连砍13刀，张××当场被杀死。"而不能这样叙述："杀人魔鬼周××在×年×月×日太阳刚刚升起的时辰，身藏两把雪亮雪亮的菜刀，窜到了可怜的张××工厂车间后，抽出杀人刀，对准张××头部疯狂地连砍了4刀，苦命的张××活活地被杀人魔鬼夺去了年轻的生命。"虽然这种表达在语法上并没有错，但却不符合司法口语表达的言词要求。

（三）司法口才学与心理学

心理学是研究心理的科学，即研究人的感觉、知觉、记忆、思维、情感、意志，以及兴趣、才能、性格等心理现象的本质及其规律的科学。心理学作为一门探讨人的心理规律的科学，势必对口才学产生影响。因为人们的心灵是一切科学和艺术之母，没有心理这一主观活动，人的一切实践活动都是不可能的。事实上，犯罪心理学、社会心理学、司法心理学、教育心理学等这些心理学的分支，都直接或间接地影响着和支配着司法口才学的研究。在司法工作中，不论是侦查时的审讯，或调查取证时的询问，以及法庭上的辩论，等等，都离不开对人的心理的分析。在心理学上，审讯可以看作是对谎言的揭露。因此，要掌握供认心理，首先应把握欺骗心理。对审讯而言，欺骗可以定义为"为了个人利益歪曲或否认事实的选择性行为"。这"为了个人利益"，几乎是所有罪犯在犯罪前所共有的心理。而在犯罪后，又几乎都有侥幸隐瞒心理。司法口语表达者，只有根据一般人的心理活动规律去探讨特殊对象的特殊心理活动规律，才能收到口语表达的较好的效果。由此看来，司法口才学的研究是建立在心理学特别是心理学的基本理论和实践经验的基础上的。司法口才学的深入研究与发展，又为心理学的研究提供更多的具体事例。

（四）司法口才学与逻辑学

逻辑学是形式逻辑与辩证逻辑的总称。司法口才学与形式逻辑和辩证逻辑都有密切的联系，但在此，我们只谈形式逻辑与司法口才学的联系。形式逻辑研究的主要是思维的形式和思维的规律。思维形式主要包括概念、判断和推理。思维的规律主要包括同一律、矛盾律和排中律。现在，我们从形式逻辑所研究的内容，分别看看它与司法口才学的联系。

1. 在思维形式方面：概念是反映事物的范围和特有属性的思维形式。任何概念都必须通过词语来表达。因此，我们在思维过程中，必须准确地了解概念的内涵与外延，了解概念与词语之间的联系与区别。司法口才学要求司法工作者运用词语进行口头表达时，必须十分准确地把事物的概念叙述清楚，不能含混不清，更不能自相矛盾。例如：要正确使用刑事诉讼法中"证据"这一概念，就要了解它的内涵是"证明案件真实情况的一切事实"，它的外延是"物证"、"书证"、"证人证言"、"被害人陈述"、"被告人供述和辩解"、"鉴定结论"、"勘验、检查笔录"、"视听资料"几个方面，只有了解了这些内容，才算明确了"证据"这个概念。由此可见，司法口才与形式逻辑学在概念的要求上，用词的精确度上是完全一致的。

2. 在思维形式方面，司法口才与判断、推理有密切的联系。判断是对事物有所断定的思维形式。判断作为一种思想，是客观事物在人的头脑里的反映。事物是客观存在的，但判断却有真假之分。凡符合客观事实的判断是真的，而不符合客观事实的判断是假的。判断是通过人的语句来表达的，语句错了，判断就错了。司法工作者在口语表达时，无论是遣词还是造句，都应该符合对客观事实的判断。例如：有这样一句对犯罪嫌疑人的问话："你是否愿意老实交待自己的罪行？"这是一个暗含"你有罪"的问话。不管你回答"是"还是"不是"，都是承认自己是有罪的。如果被问的人只是有犯罪嫌疑而并非真的有罪的话，那么，问话者在问话前显然是作出了不符合客观事实的判断。推理也是如此，正确推理的前提必须是真实的，推理的形式必须符合逻辑学的有关规则，不能犯逻辑推理的错误。否则，便不会得出正确的结论。

3. 在思维规律方面，形式逻辑的三条基本规律是同一律、矛盾律和排中律。这三条基本的规律要求人们的思想必须有确定性，不能自相矛盾和模棱两可。司法工作者的口语表达也不得违背逻辑学的这三条基本规律。在"以事实为根据、以法律为准绳"的前提下，要始终保持思想的前后一致，不得自相矛盾，不得模棱两可。这是司法口才学与形式逻辑学的共同之处。

课后阅读与研讨

演说、辩论与法庭

贺卫方

两千年前的古希腊文明给后世留下了许多宝贵的遗产，除了当时的学人对哲学、政治学等学问极具深度的思考外，民主实践以及人们对于不同政体利弊得失的讨论也是对今天的社会影响深远的一项内容。值得注意的是，民主政治所得以运行的技术也得到了积极的探索和实践，演讲与辩论的传统就是其中突出的方面。

普鲁塔克在《希腊罗马名人传》里描述过著名政治家伯里克利的演说风格："他向民众演说时，像'雷鸣'，像'闪电'，像是'舌头上有一根可怕的霹雳棒'。"阿克顿勋爵也称赞伯里克利，说："他取得优势的手段是说话的艺术。他的统治靠劝服。一切决定都经过公开细致的辩论，一切影响都服从思想的优势。"感谢和普鲁塔克同时代的历史学家修昔底德，他在《伯罗奔尼撒战争史》里收入了伯里克利著名的葬礼演说。伯里克利讴歌了雅典的民主制度："我们的制度之所以被称为民主政治，是因为政权是在全体公民手中，而不是在少数人手中。解决私人争执的时候，每个人在法律上都是平等的；让一个人负担公职优先于他人的时候，所考虑的不是某一个特殊阶级的成员，而是他们有真正的才能。任何人，只要他能够对国家有所贡献，绝对不会因为贫穷而在政治上默默无闻。正因为我们的政治生活是自由而公开的，我们彼此间的日常生活也是这样的。"他激励雅典人学习死去的将士："你们要下定决心：要自由，才能有幸福；要勇敢，才能有自由。"铿锵有力的辞句和崇高而动人的情感在时隔两千年后的今天读来仍令人感叹不已。

公共生活中的演说很自然延伸到了当时的法庭活动上。古希腊并没有专业化的司法阶层出现；审判照例是由人民本身主持的。那是真正意义上的人民法院。参与审判的人民代表动辄数以百计，让审判者能够了解争议事项原委并作出公正判决的最好方法是让两造辩论。著名的智者高尔吉亚留下的两篇修辞学范文之一便是"为帕拉墨得辩护"。帕拉墨得乃特洛伊战争时的希腊英雄，却被奥德赛诬陷通敌叛变。在这篇法庭演说里，高尔吉亚以第一人称为帕拉墨得作出了细致而有力的辩护。辩护词层层剥笋，从客观上不具能力和主观上不可能有动机两方面

论证了通敌指控的荒诞不经,最后他向法庭上的希腊人民代表们表达了严正的请求:

"……关于你们我还要再说几句,如果判决取决于群众情绪的话,恸哭、祈求、讨人同情是可以起作用的;但在你们这些全希腊最优秀的人面前我无需耍弄这些手段,我只诉诸正义和真理。……如果我这番话能在听众面前澄清是非、阐明真相,那么判决是不难的;要不然我请求你们留下我的生命,等待时间考验再依事实作出判决。你们面临严重的抉择,如果不正当地处死了我,你们将遭到全希腊人的谴责。那时我一无所知,你们的行为却昭然若揭;受到谴责的将是你们而不是控告我的人,因为判决是由你们作出的。你们处死了一个有益于希腊并有益于联盟的希腊人,再没有比这更大的罪过了。"

据史书上说,高尔吉亚长于归谬,极富力量,而且语词的运用极为考究,排比、对称等句式强化了言辞对听众的感召力。他还"善于利用动作、手势和装饰,在重要场合下他都穿着节日盛装。……他的风格和姿态显得刚健有力、精力充沛,他言辞非凡给人留下深刻的印象。对于伟大的题材他能运用相应的雄伟风格;而且他习惯于突然中断自己的讲话,以便制造气氛使自己的讲演显得更有魅力。"

在法庭上慷慨陈词的传统在后世的西方得到了延续。虽然从古罗马开始,司法逐渐走向职业化,律师所面对和要说服的是受过法律训练的职业法官,而不是外行民众,但是法庭之上的唇枪舌剑依然是查清案件事实的最有效方法。在英国,陪审团的广泛运用成为言辞辩论的重要推动力。陪审员是社区代表,在教育不发达的时代,他们中的许多人都是所谓"斗大的字认不了一口袋"的文盲,律师就不能够通过提交书面文件而只能通过言说的方式说服他们,于是,律师又仿佛回到了古希腊的法庭,说服外行、辩难让人的策略与技巧又变得十分关键。近世以降,英、美法律界舌战大师辈出、经典辩词不绝于耳,当然不是偶然的。

说过西方,再回到中国。当观察本国历史的时候,我们发现,虽然在春秋战国时代曾出现过斡旋争端、说服君主的纵横家,也曾出现过邓析、公孙龙一类的辩者,但是,主流学说向来对于这种"能胜人口,不能服人心"的修辞和论辩之术痛加排斥。尽管孔子也说"质胜文则野,文胜质则史。文质彬彬,然后君子",但是大致言之,在孔子心目中,君子似乎大多不善辞令——"君子讷于言而敏于行","刚毅木讷近仁"——"有德者必有言,有言者不必有德","巧言令色,鲜矣仁","巧言、令色、足恭,左丘明耻之,丘亦耻之"。我们可以想像,如果面对一个口若悬河的律师,孔子的评价恐怕会是"骄而不泰"那样的话吧。

于是,一个饶有兴味的现象就出现了:在我国的文学史上,各种各样题材的优秀作品可谓汗牛充栋,但是演讲词却是一篇也没有,当然法庭上的辩论也没有留下——实际上,法庭之上是否存在过两造之间具有辩论风格的指控和辩护也是大可怀疑的。中西之间为什么会有这样的巨大差异,法庭演说的存在与否对于司法权的运作、人权保护乃至法学发展具有怎样的影响,都是特别值得思考和研究的问题,当然,也是由于篇幅所限,这篇小文来不及展开的论题了。前次我谈演说、辩论与法庭辩论,掉了不少书袋,到了该分析为什么在法庭审判中辩论非常重要的时候,篇幅已经超过2 000字,于是赶快打住。在这篇小文里,我们可以接着这个话题,从法庭程序的内在性质上讨论法庭辩论的价值。

通常起诉到法院的案件可以分作两大类别,一种是对于事实问题的争议,一种是对于法律条文含义的争议。例如,前文所引的高尔吉亚为帕拉墨得的辩护,涉及的是叛国罪,这里就需要有证据证明他有里通外国的行为,那么证人就必须到法庭上来,三头六面地相互对质,从而使相关事实能够得到印证。值得注意的是,尽管人们设计了各式各样的方法让证人讲出真相,如宣誓以及对伪证者加以处罚等,然而,法庭上的虚假证词仍然是层出不穷。究其原因,故意作伪证当然占相当的比例,不过,也有不少证词失实是由于时间推移等原因所造成的证人记忆错误。无论怎样的原因,总需要通过法庭的辩论和质证去伪存真,使真相水落石出。

精心地设计询问技巧,机敏地揭露证人言词的自相矛盾之处,或者通过归谬法让作伪的人陷于难以自圆其说的窘境之中,所有这些,都是一个法庭律师的基本功。19世纪美国著名律师威尔曼(Francis L. Wellman)在他的《交叉询问的艺术》一书里指出:"笨拙的证人在作伪证时常会以不同的方式露出马脚:声音,茫然的眼神,在证人席上紧张扭动的身躯,尽可能复述事先编造故事的精确措辞的明显努力,尤其是与其身份不符的语言的使用。"威尔曼也引用了林肯担任律师的经典辩例,形象地说明询问证人技巧的重要:格雷森被控于8月9日开枪杀死洛克伍德,现场有苏维恩作为目击证人。案件看来证据确凿,难以推翻。在法庭上,林肯开始了对于惟一证人苏维恩的询问:

林肯:在目睹枪击之前你一直和洛克伍德在一起吗?

证人:是的。

林肯:你站得非常靠近他们?

证人:不,有大约20尺远吧。

林肯:不是10尺么?

证人：不，20尺，也许更远些。

林肯：你们是在空旷的草地上？

证人：不，在林子里。

林肯：什么林子？

证人：桦木林。

林肯：八月里树上的叶子还是相当密实的吧？

证人：相当密实。

林肯：你认为这把手枪是当时所用的那把吗？

证人：看上去很像。

林肯：你能够看到被告开枪射击，能够看到枪管伸起这样的情况？

证人：是的。

林肯：开枪的地方离布道会场地多远？

证人：有一公里多远。

林肯：当时的灯光在哪里？

证人：在牧师的讲台上。

林肯：有一公里多远？

证人：是的，我已经第二次回答了。

林肯：你是否看到洛克伍德或格雷森点着蜡烛？

证人：不！我们要蜡烛干嘛？

林肯：那么，你如何看到枪击？

证人：借着月光！（傲慢地）

林肯：你在晚上10点看到枪击；在距离灯光1公里远的桦木林里，看到了枪管，看到了开枪；你距离他有20尺远；你看到这一切都借着月光？离会场灯光一公里远的地方看到这些事情？

证人：是的，我刚才已经告诉过你。

法庭上的听众热情高涨，仔细地听取询问的每一个字。只见林肯从口袋里掏出一本蓝色封面的天文历，不紧不慢地翻到其中一页，告诉法官和陪审团，那一天前半夜是不可能有月光的；月亮要到后半夜1点才会爬出来。更富戏剧性的是，在伪证被揭穿之后，林肯一个回马枪杀过来，转而指控这位证人才是真凶。最终真相大白，杀人者果然便是苏维恩本人。

我们不厌其烦地引用这段法庭辩论，是因为不如此则无法显示在某些疑难案件的审理中律师辩论对于揭露事实真相的巨大意义。实际上，司法体系能够使纠纷和案件得以公正地解决并进而妥贴地保护人权，在很大程度上正是依赖法庭程序的设计，尤其是两造之间唇枪舌剑的辩论，有助于证词谬误的揭露，有助于冤狱的避免。不仅仅事实方面的争议，法律条文含义的解释方面的争议也经常需要通过辩论而获得解决。

虽然法庭辩论是如此重要，但是要让辩论顺利开展，还需要有配套的制度环境。首先是要有大量优秀律师和检察官的积极参与。律师和检察官在职业实践中积累了丰富的辩论和询问技巧，好比优秀的医生能够轻易地发现患者的病情，富于经验的律师可以更迅捷地揭露被刻意或无意掩盖的真相。威尔曼告诉我们，从事法庭辩论和询问的律师"需要有出众的天赋、逻辑思考的习惯、对广泛常识的清晰把握、无穷的耐心和自制力、通过直觉而透视人心的能力、从表情判断个性进而觉察动机的能力、精确有力的行为特点、对于与案件相关知识的精湛理解、极度的谨慎以及——这是最重要的——质证过程中敏锐地揭露证词弱点的能力"。这样的律师对于揭示真相的重要性是不言而喻的。

除律师以及检察官之外，证据规则（尤其是确保证人出庭接受质证的规则）是法庭辩论得以顺利进行的另一个要件。案件事实方面的争议需要通过证人证言来廓清，如果该出庭作证的证人不出庭，律师以及检察官再优秀、再努力，也难免堂吉诃德战风车的尴尬。在刑事案件中，证人是否出庭更是涉及到对被告人的人权保护的大问题。当我们听说目前我国刑事审判中证人的出庭率不足10%时，感到极度忧虑，原因正在于此。

法庭论辩能够顺利开展的第三个要件是主审法官对案件的判断握有完整的权力。很明显，律师以及检察官在法庭之上的慷慨陈词、口若悬河，目的都在于说服他们眼前的裁判者。如果端坐在审判席上的法官并不是真正的裁判者，而是法庭之外的其他人或机构，那么法庭审判就沦为纯粹的表演，口若悬河变成了废话连篇，律师或检察官不免会想：法官面前的废话1吨何如院长那里的微言1克管用？于是，庭审的走过场、私下的"勾兑"以及法官尊严的日益丧失就成为必然的了。

口才并非与生俱来

美国前总统林肯为了练好口才，常常徒步30英里，去法院旁听律师们的抗辩，认真倾听，用心模仿。此外他还向布道的传教士学习，回来后也学他们的样子。他曾经以树、树桩、成行的玉米作为演讲的听众。

日本前首相田中角荣，少年时曾患有口吃病，但他并没有气馁，为了克服口吃，他常常朗诵、慢读课文，为了准确发音，他对着镜子纠正嘴和舌根的部位，严肃认真，一丝不苟。

我国早期无产阶级革命家、演讲家肖楚女,在重庆国立第二女子师范教书时,除了认真备课外,他每天天刚亮就跑到学校后面的山上,找一处僻静的地方,把一面镜子挂在树枝上,对着镜子练演讲,从镜子中观察自己的表情和动作。

著名的数学家华罗庚,不仅具有非凡的数学才华,而且从小就注意培养自己的口才,背了唐诗四五百首,以此来锻炼自己的"口舌"。

这些名人与伟人为我们训练口才树立了光荣的榜样,我们要想练就一副过硬的口才,就必须像他们那样,一丝不苟,刻苦训练,正如华罗庚先生在总结练"口才"的体会时说的:"勤能补拙是良训,一分辛苦一分才。"练口才不仅需要刻苦的精神,而且还要掌握一定的方法。科学的方法可以使你事半功倍,加速你口才的形成。在此介绍几种简单、易行、效果好的口才训练方法。

1. 速读法。"速读"也就是快速朗读。重点在读,而非看,在嘴而非眼。这种训练方法有助于锻炼人的口齿伶俐,准确发音,吐字清晰的能力。方法:最好以演讲辞或文辞优美的散文作为训练材料。先拿来字典、词典把文章中不认识或弄不懂的字、词查出来,搞清楚,弄明白,然后开始朗读。一般开始朗读的时候速度较慢,逐次加快,一次比一次读得快,最后达到你所能达到的最快速度。要求:读的过程中不要有停顿,发音要准确,吐字要清晰,速读中的"速"要建立在吐字清楚、发音干净利落的基础上,而不是为了快而快。速读法的优点是不受时间、空间、人员的限制,无论在何时何地只要手头有一篇文章就可以练习。

2. 背诵法。记忆是练口才必不可少的一种素质。没有好的记忆力,要想培养出口才是不可能的。只有大脑中充分地积累了知识,你才可能张口即出,滔滔不绝。如果你大脑中是一片空白,那么你再伶牙俐齿,也"巧妇难为无米之炊"。记忆与口才一样,它并不是一种天赋的才能,后天的锻炼对它同样起着至关重要的作用,而这种能力的培养主要靠背诵。"诵"是对表达能力的一种训练。这里的"诵"也就是我们常说的"朗诵"。它要求在准确把握文章内容的基础上进行声情并茂的表达。背诵法,不同于我们前面讲的速读法。速读法的着眼点在"快"上,而背诵法的着眼点在"准"上,即背诵的演讲辞或文章一定要准确,不能有遗漏或错误的地方,而且在吐字、发音上也一定要准确无误。

3. 复述法。复述法简单地说,就是把别人的话重复地叙述一遍。这种训练方法的目的在于锻炼人的记忆力、反应力和语言的连贯性。其方法是:选一段长短合适、有一定情节的文章,读过之后复述一遍,反复多次地进行,直到能完全把这个作品复述出来。复述的时候,对比原文,看你能复述出多少,重复进行,看经多少遍自己才能把全部的内容复述下来。这种练习绝不单单在于背诵,而在于锻炼语言的连贯性。这要求我们在开始时,只要能把基本情节复述出来就可以，在记不住原话的时候，可以用自己的话把意思复述出来；第二次复述时就要求不仅仅是复述情节，而且要求能复述一定的人物语言或描写语言；第三次复述时，就应准确地复述出人物的语言和基本的描写语言，逐次提高要求。在进行这种练习之前，最好能根据自己的实际情况和所选文章的情况，制定一个具体的要求。比如：选了一段共有 10 句话的文章，那么第一次复述时就要把基本情节复述出来，并能把几个关键的句子复述出来；第二次就应该能复述出 5~7 个句子；第三次就应能复述 8~10 个句子。当然，速度进展得越快，也就说明你的语言连贯性和记忆力越强。开始练习时，最好选择句子较短、内容活泼的材料进行，这样便于你把握、记忆、复述。随着训练的深入，你可以逐渐选一些句子较长，情节少的材料，进行练习。这样由易到难，循序渐进，效果会更好。

4. 模仿法。模仿的过程也是一个学习的过程，那么我们练口才也可以利用模仿法，向在某方面有专长的人模仿。日积月累，我们的口语表达能力就能得到提高。其方法是：①模仿专人。你也可以把你喜欢的、又适合你模仿的播音员、演员的声音作为模仿的对象。②随时模仿。我们每天都听广播，看电视、电影，那么你就可以随时跟着播音员、演播员、演员进行模仿，注意他的声音、语调、神态及动作，边听边模仿，边看边模仿，久而久之，你的口语能力就得到了提高，而且这会增加你的词汇，增长你的文学知识。

5. 描述法。简单地说，描述法也就是把你看到的景、事、物、人用描述性的语言表达出来。描述法可以说是比以上的几种训练法更进了一步。这里没有现成的演讲辞、散文、诗歌等作为你的练习材料，而是要求你自己去组织语言进行描述。所以描述法训练的主要目的就在于训练同学们的语言组织能力和语言的条理性。无论是演讲、说话、论辩都需要有较强的组织语言的能力，没有这种能力也就不可能有一张悬河之口，组织语言的能力是口语表达能力的一项基本功。其方法是以一幅画或一个景物作为描述的对象。第一步，观察。对要描述的对象进行观察。比如，我们所要描述的对象是"秋天的小湖边"，那么我们就要观察一下这个湖的周围都有些什么。有树？有假山？有凉亭？还有游人？并且树是什么样子？山是什么样子？凉亭在这湖光山色、树影的衬托下又是个什么样子？这秋天里的游人此时又该是一种什么心情呢？这一切都需要你用自己的眼睛去观察，用你的心去体验。只有有了这种观察，你的描述才有基础。第二步，描述。描述时一定要抓住景物的特点，要有顺序地进行描述。语言要清楚、明白，要有一定的文采。描述千万不要成流水账，平平淡淡，一定要用描述性的语言，尽量生动些、活泼些。要讲顺序，不要东一句，西一句，南一句，北一句的，描述出的东西，让人听了以后能知道你描述的到底是个什么景物。描述的时候允许有联想与想象。比如，你观察到秋天的湖边有一位白发苍苍的老爷爷，孤独地坐在斑驳陆离的树荫下，你就可能有一种联想，你可能想到了自己的爷爷，也可能想到这个老人的生活晚景，还可能想到"夕阳无限好，只是近黄昏"这个诗句……那么在描述的时候，你就可以把这一切都加进去，使你的描述更充实、生动。

6. 讲故事。法讲故事看起来很容易，要真讲起来就不那么容易了，常言说："看花容易，绣花难"呀！听别人讲故事绘声绘色，很吸引人，有些朋友听起故事来甚至都可以忘了吃饭、睡觉，可是自己一讲起来，仿佛就不是那么回事了，干干巴巴，毫无吸引力。因此，讲故事也是一种才能，并不是人人都可以把故事讲好的。学习讲故事是练口才的一种好方法。讲故事，可以训练人的多种能力。因为故事里面既有独白，又有人物对话，还有描述性的语言、叙述性的语言，所以讲故事可以训练人的多种口语能力。这里的方法是：

（1）分析故事中的人物。故事的情节性是十分强的，而且故事的主题大都是通过人物的语言、行动表现出来的，所以我们在讲故事以前就要先研究人物的性格特征，以及人物之间的关系。比如，我们要讲《皇帝的新装》这个童话故事，那么你就要分析其中的几个人物，以及他们的性格，然后把国王的愚蠢无知，骗子的狡诈阴险，大臣的阿谀奉承、不分是非，乃至小孩的天真无邪都用语言表现出来，这是一项十分艰巨的工作。

（2）掌握故事的语言特点。故事的语言不同于其他文学形式的语言，其最大的特点是口语性强、个性化强。所以当我们拿到一个材料的时候，不要马上就开始练习讲，而要先把材料改造一下，改成适合我们讲的故事。

（3）反复练讲。对材料做了以上的分析、加工以后，我们就可以开始练讲。通过反复练讲达到对内容的熟悉，最后能使自己的感情与故事中人物的感情相融合，做到惟妙惟肖地表现人物性格，语言生动形象。另外，边练讲，还要边注意设计自己的表情、动作。看看你讲故事时的表情、动作是不是与你讲的内容相一致。其要求是：①发音要准确、清楚。②不要照本宣读。讲故事是不允许手里拿着故事书照着念的，那样就成了念故事了。讲故事要用自己的语言去讲。

7. 角色扮演法。角色一词，我们也是从戏剧、电影中借用来的，是指演员扮演的戏剧或电影中的人物。我们这里的角色，与戏剧、电影中讲的角色，有着相同的意义。角色扮演法，就是要我们学演员那样去演戏，去扮演作品中出现的不同的人物，当然这个扮演主要是在语言上的扮演。其方法是：①选一篇有情节、有人物的小说、戏剧为材料。②对选定的材料进行分析，特别要分析人物的语言特点。③根据作品中人物的多少，找同学，分别扮演不同的人物角色。比比看，谁最能准确地扮演自己的角色。④也可一个人扮演多种角色，以此培养自己的语言适应力。这种训练的目的，在于培养人的语言的适应性、个性，以及适当的表情、动作。

测试打分

一、积极心态训练（20分）

1. 自我暗示：每天清晨默念10遍"我一定要最大胆地发言，我一定要最大声地说话，我一定要最流畅地演讲。我一定行！今天一定是幸福快乐的一天！"（平常也自我暗示，默念或写出来，至少10遍）（10分）

2. 想象训练：至少5分钟想像自己在公众场合成功地演讲，想像自己成功。（5分）

3. 至少5分钟在镜前学习微笑，展示自己的手势及形态。（5分）

二、口才锻炼（60分）

（一）每天至少10分钟深呼吸训练。（10分）

（二）抓住一切机会讲话，锻炼口才。（50分）

1. 每天至少与5个人有意识地交流思想。（10分）
2. 每天大声朗诵或大声讲至少5分钟。（10分）
3. 每天训练自己"三分钟演讲"一次或"三分钟默讲"一次。（10分）
4. 每天给亲人、同事至少讲一个故事或完整叙述一件事情。（10分）
5. 注意讲话时的一些技巧。（10分）

（1）讲话前，深吸一口气，平静心情，面带微笑，眼神交流一遍后，开始讲话。

（2）勇敢地讲出第一句话，声音大一点，速度慢一点，说短句，语句中间不打岔。

（3）当发现紧张卡壳时，停下来有意识地深吸口气，然后随着吐气讲出来。

（4）如果表现不好，自我安慰："刚才怎么又紧张了？没关系，继续平稳地讲"；同时，用感觉和行动上的自信战胜恐惧。

（5）紧张时，可以做放松练习，深呼吸，或尽力握紧拳头，又迅速放松，连续10次。

三、辅助锻炼（20分）

1. 每天至少20分钟阅读励志书籍或口才书籍，培养自己积极心态，学习一些技巧。（4分）
2. 每天放声大笑10次，乐观面对生活，放松情绪。（4分）
3. 训练接受他人的视线、目光，培养自信和观察能力。（4分）
4. 培养微笑的习惯，要笑得灿烂、笑得真诚，锻炼亲和力。（4分）
5. 学会检讨，每天总结得与失，写心得体会。每周要全面总结成效及不足，并确定下周的目标。（4分）

第二章

谈 话

第一节 谈话概述

一、谈话的概念

在人际交往中，谈话是传递信息、交流感情、增进友谊的最生动、最主要的形式，是帮助人们社交成功的阶梯。俗语说："好话一句暖三冬"、"话不投机半句多"。因此，社交成功者，大都善于运用谈话这种语言形式。

谈话是交际双方或多方有来有往的口头信息交流活动，它是有两人或多人参与的双向或多向的沟通传播形式。作为人类最原始的传播交流方式，谈话有表情，有手势，有动作，是人们用全身心投入，几乎动用身体上各种器官的一种全方位的互动式沟通，可以说，凡有人群的地方就有谈话。和其他交流方式相比，谈话无拘无束，自由发挥，可以是上至天文地理，下至飞鸟走兽的海阔天空式的"神聊"，也可以是微笑点头的寒暄问候；可以是柴米油盐酱醋茶的家务事，也可以是国与国之间的政治、经济战略问题的谈判；可以是两个人窃窃私语，也可以是慷慨激昂，你方唱罢我方唱；如此等等。其间大量历史的、文化的、现实生活的信息通过这种形式被相互传递着。如果说演讲、论辩作为一门艺术还要讲究场合与身份的话，谈话则是上至皇宫内苑，下至平民百姓，无论从事何种职业，处于什么样的地位，每一个人都要使用的一种处身立世不可或缺的基本能力。

一个人口语水平的高低要看他谈话的效果怎么样。有的人一开口便字字珠玑，妙趣横生，有的人则常常话不对题，张口结舌；有的人讲起话来旁征博引，条理清晰，有的人却是干巴枯燥，胡子眉毛一把抓；有的人话未出口先带笑，有的人则被形容成"木乃伊"……功夫在诗外，谈话的有效性更多地表现在有声语言之外。

二、谈话的特征

当你与别人谈话时，必须始终能意识到双方同时兼有说话者和听话者的双重角色，意识到言语交往的双向性。换言之，要意识到自己的责任不仅是把自己的思想表达清楚，还应考虑怎样谈才能使对方产生兴趣，易于理解，并根据对方的各种反馈信息来调整自己的讲话内容和方式。因此，谈话具有如下的特征：

（一）平等性

交谈无论是双边的还是多边的，参与谈话的各方在人格和机会上都是平等的，没有主次之分，没有尊卑之别，每个人都可以畅所欲言，表达自己的思想感情并用自己的思想感情去影响别人。

人格平等是人与人交往时建立情感的基础，是保持良好的人际关系的诀窍。在交往中平等表现为不要骄狂，不要我行我素，不要自以为是，不要厚此薄彼，更不要傲视一切，不能以貌取人，或以职业、地位、权势压人，唯有如此，才能结交更多的朋友。交谈时，既要彬彬有礼，又不能低三下四；既要热情大方，又不能轻浮谄谀；要自尊却不能自负；要坦诚但不能粗鲁；要信人但不能轻信；要活泼但不能轻浮；要谦虚但不能拘谨；要老练持重，但又不能圆滑世故。

谈话大致可分为三种状态：①爱说也会说，左右逢源的；②爱说但一见陌生人就不知从何说起的；③不爱说也不会说的。处于第一种状态下的人往往自信心十足，常表现得游刃有余，而处于第三种状态下的人在谈话时好像是多余的，有自卑感。但不论自信也好，自卑也好，谦和也好，礼貌也好，在谈话过程中以势压人、蔑视对方，或者污言秽语、指手划脚等都是不尊重对方人格的表现，也是没有修养的表现。

机会平等是谈话平等性的另一方面，在谈话过程中，交谈双方在言语对接，内容表达，情感交流的次数、内容、意愿等方面是对等的。谈话本身的表现形式就是你一言我一语，作为交谈双方都应保持各自发言内容的完整。如果丝毫不顾忌别人的感觉，总认为自己比别人高明，自己是权威，信口开河，随意打断别人讲话，那他就不是一个好的谈话者。

  一位顾客走进一家电器商店，一台音色清纯透亮、低音浑厚、震撼力强的音响引起他的注意。一位男售货员热情地迎上来，满脸职业微笑，主动介绍这种新产品。他的介绍很在行、很流畅，从性能优势到结构特点，从价格比到售后服务，娓娓道来。起初顾客被他那热情而熟练的介绍所感动，对产品产生几分好感，本想问点什么，可是售货员连珠炮似地讲着，顾客总也插不上嘴，他不管你懂还是不懂，也不管你反应如何，依旧喋喋不休地讲下去，似乎你不掏出钱包他就决不罢休。于是，顾客心里有几分不悦了，特别是当他褒扬自己的品牌而贬低其他品牌时，顾客不免对他的动机产生了疑问：如此夸夸其谈后，产品性能是否果真高超？顿时，这种疑虑把先前产生的好感一扫而光，顾客只是出于礼貌不好意思走开。不消说，那位售货员为他白费了口舌而有几分失望和怨愤。

为什么上述售货员那滔滔不绝的介绍反而扑灭了顾客的购买欲望呢？答案就是他没给顾客说话的机会。大量事实证明，谈话的魅力并不在于你说得多么流畅，多么滔滔不绝，而在于你是否顾及到听话者的感受！最能推销产品的人并不一定是口若悬河的人，而是善于表达真诚、顾及顾客意见的人。当你用得体的话语接纳顾客意见，表达出自己的真诚时，你就赢得了对方的信任，建立起人际的信赖关系，对方也就可能因信赖你这个人而喜欢你说的话。

日常生活中，一些人自我意识强，习惯于说："听我说……"，"我告诉你吧……"，"你别胡说八道了，我认为……"，"我才不愿听你胡扯呢"等，这都是忽略了交谈的平等性特征的表现。

（二）随机性

随机性又称随意性。相对于演讲、论辩等语言形式，谈话是时时处处都可能发生的，具有很强的随机性。谈话由于有现实语境的存在，其本身就有随意、简略的特点，在面对面的交流中，表情、手势等给谈话带来了许多不言自明的东西。

第一，话题的随机性。与写文章的确定主题、选材立意、构思不同，谈话除了谈判、座谈会这些比较正规的形式之外，在一般情况下，预设主题的不多。同学老乡相聚，天南地北、事业生活，话题捕捉灵活；同事闲聊，股市菜价、明星趣闻；等，无所不包。

第二，交谈语言的随机性。写文章，要字斟句酌、推敲锤炼，谈话则是随时发生的，事前准备好的语言有时不得不随语境的改变而改变。例如：老师找一位学生谈话，本想批评他近期经常迟到早退，学习成绩下降。当这个学生来到老师的办公室时，细心的老师发现这个学生比以前瘦了不少，而且脸色发青，两眼浮肿，这时老师把事先准备好的批评语言往下咽了咽，改用关怀的口吻说：

"你最近怎么了，是不是身体不舒服？"
"不是。"学生吞吞吐吐，低着头，两眼闪出了泪花。
"怎么了，告诉老师，是不是家里出了什么事？"
"我妈妈病了，病得很厉害，爸爸在部队回不来，我要照顾妈妈……"
老师被孩子的行为感动了。
"你怎么不早点告诉老师，老师也好帮帮你。"
"好好，别哭了，放学后，我和你一起去看你妈妈。"

批评的语言变成了细心的安慰，学生充分体会到老师的爱。

第三，交谈人员的随机性。日常生活中，我们常听说："慌啥，没事坐下来聊聊"，"你们聊，我有事先走了"。可见，交谈人员随时有增减。

第四，表达方式的随机性。我们使用的汉语，是一种十分精密的语言，表达方式非常微妙，在具体的语境下，语义是可以转化的。日常生活中，褒义词被用作贬义词，贬义词被正面化的情况屡见不鲜。中国人崇尚含蓄，情侣之间爱意的表露多用贬义词："你真坏！""我恨死你了！"而讽刺、挖苦的语言又常用褒义词："你真聪明呀！""你好能干呀！"表达方式有直说和曲说之分，直说坦率利索，曲说含蓄婉转，各有妙用。

张茜在陈毅追悼会上对毛主席说："陈毅不懂事，过去反对过主席。"这是一句典型的中国式语言，在特定的历史背景下，面对影响陈毅命运的毛泽东，又身处追悼会这个特殊的场合，显得非常得体和委婉。毛泽东接过来说的"也不全怪他，他是个好人"，这一答话更显出张茜语言分寸方式把握得准确。

俗话说：看人下菜。见什么人说什么话，说话方式不同，结果也是不一样的。

（三）互动性

在谈话过程中，谈话主体的思路至少要顺着两条线发展，一条线是自己的，一条线是对方的，除了准确、得体地表达自己的思想外，还要注意适合谈话对象的兴趣，征求谈话对象的意见，并给对方创造说话的机会。高明的谈话者会在自己说的过程中穿插上"你认为怎么样？"、"你的看法呢？"以求回应。

听别人讲话时要有应答，如点头表示同意，微笑着注视对方表示关注，或者摇头表示反对等，并以"是的"、"真的吗？"、"对"、"是这样的"等语言鼓励对方说下去，从而创造和谐的谈话气氛。

（四）限制性

口无遮拦的人容易给自己招来祸害。其实很多时候，说者无心，听者有意。所以人应该学会谨慎开口，要学会三思而后行。不要让嘴巴快过思维，这样会后患无穷。对于很急迫的话一定要学会慢慢说，当情绪激动的时候，要学会克制，少承诺多做事，避免夸夸其谈。古人说嘴巴是祸福之门，很多时候祸从口出。

著名语言学家吕叔湘先生曾说："语言的地面是坎坷不平的，过往行人，小心在意。"我们每个人都有先入之见，社会有约定俗成的习惯，人们的思维存在着某种定式和局限，不论是情感的、文化的、宗教的、教育的、民族的、心理的、还是性别的甚至饮食方面的等各种因素，都影响着语言的运用和人对语言的理解。

第一，时空的限制性。喜宴上气氛欢快、祥和，人们都说一些吉利的、祝福的话，如"早生贵子"、"白头偕老"、"比翼双飞"等；葬礼上气氛沉重严肃，嘻皮笑脸、乱开玩笑是犯忌的；大庭广众之下谈论某些机密和隐私性的问题也不合时宜。美国总统里根在一次国会开会前，为了试试麦克风是否好用，张口便说："先生们，请注意，5分钟之后，我将对苏联进行轰炸。"一语既出皆哗然。里根在错误场合及错误的时间里，开了一个极为荒唐的玩笑，为此，前苏联政府提出了强烈抗议。

第二，话题的制约性。知心朋友相聚无话不说，话题随便自由，与上级和长辈交谈则要讲究礼仪、分寸；和青年人一起畅谈美好爱情和未来，和老年人一起回忆他辉煌的过去，话题要因人而异。不看对象、不分场合的信口开河常会造成各种纠纷和矛盾。中华民族悠久的历史和传统形成了我们独特的民族文化，众多的避讳在青年人中被认作守旧、呆板，但在长辈眼里却是衡量一个人是否知书识礼、谦和文雅的标准，在谈话过程中知道什么该说，什么不该说，慎重行事是最起码的要求。

三、谈话的分类与要领

（一）分类

根据不同的分类标准，谈话可分为不同的种类。从谈话的进行方式分，谈话可以分为问答式、调解式、宣讲式；从谈话的用途分，谈话可分为寒暄、说服、批评、赞美、聊天、谈判等。从谈话的形式上看，谈话可以分为三种：

第一是封闭式，一人问一人答，如了解、核实情况，对时间、地点、人物、事件逐一答对。封闭式谈话有点像对错判断或多项选择题，回答只需要一两个词。例如：

你是哪里人？你经常跑步吗？我们今晚什么时间出去吃饭，5:30、6:00还是6:30？封闭式问题可以让对方提供一些关于他们自己的信息，供问话者做进一步的了解，也能够让他们表明自己的态度。尽管它们有着明确的作用，但是如果单纯地使用封闭式问题，会导致谈话枯燥，产生令人尴尬的沉默。对方如果不停地回答封闭式问题，就会觉得自己像是在接受警察的询问。

第二是开放式对话，要想让谈话继续下去，并且有一定的深度和趣味，就要继封闭式之后进入开放式交流。开放式问题就像问答题一样，不是一两个词就可以回答的。这种问题需要解释和说明，同时向对方表示（他们也很高兴你这样做！）你对他们说的话很感兴趣，还想了解更多的内容。如：你是怎么想到学这个专业的？这10年中，这个学校有过什么样的变化？为了上课，你做了什么样的准备工作？

第三是意识流式。有一个青年跳高运动员破了世界记录，记者用意识流式的方法采访他：

记者：你打破世界记录，当时现场出现了什么情景？

他答：当时灯光"唰"照到我的身上，我又高兴又紧张。

问：当时你们全家是不是都在看电视啊？

答：是的，我妹妹高兴地从沙发上跳了起来。

问：你妹妹真可爱，现场有没有像你妹妹一样可爱的姑娘上来要你签字啊、献花啊？

答：有，一个波兰姑娘还在我脸上亲了一口，我又不懂英文，只能说 THANK YOU 。

问：波兰姑娘真活泼，听说你已经有了未婚妻，请问在你临行时，她跟你说了什么没？

答：有啊，送了个小纸包，让我上了飞机再看，我上飞机后打开一看，是一面小小的五星红旗。

问：打破世界记录后，在庄严的国歌声中，看五星红旗徐徐升起，你有什么感想？

答：我热泪盈眶，浮想联翩，我想我是世界上最幸福的人，我这一辈子一定要为祖国作出更大的贡献。

第二天，报纸头版头条，关于某某青年打破世界青年跳高记录、他的家庭、妹妹、未婚妻、签字、献花、波兰姑娘、国旗、国歌、热泪盈眶、浮想联翩等精彩的报道就出来了。

日本著名谈话艺术家德川罗声认为，我们日常与人谈话的目的，不外如下几种：一是基于意志的；二是基于感情的；三是基于求知的。第一种基于意志的有两层含义：其一，心里想什么有什么，无论是痛苦或欢乐，总想找个人倾诉出来，即一吐为快，有心事而难以启口，或不能启口是一种很大的痛苦，所以有许多人宁愿花很多代价去保持三两个知己朋友，以便彼此交流感情，排解困扰；其二，你企图用说话左右别人的意志，如你请求别人办一件事，别人答应了你，于是你就左右了别人的意志。第二种基于感情的，即我们平素所谓的联络感情，其目的是通过彼此的谈话，增进双方的感情，如寒暄等。第三种基于求知的，如你想认识某一种事物而去求教别人，属于这一类。

这种出于谈话家之口的以目的为标准的分类方法具有其科学性和实用性，它使日常的谈话有了明确的目的意识，从而可以确定与目的一致的策略、技巧。

（二）要领

善于说话的人总能使自己的生活充满情趣、愉快、温馨，但现实中没有哪一个人能自信地说我完全掌握了谈话的要领和方法，也没有哪一个人会说我对谈话一窍不通。每个人都有自己的长处和不足，话少有话少的好处，话多有话多的弊端，关键在于，你的谈话是否达到了你预期的目的，是否取得了最佳的表达效果。具体说来，谈话主要有如下要领：

1. 把握角色。昔日乡镇的旧戏台上，常有一副对联："戏台小天地，天地大戏台。"生活中也常常有人感慨："社会就是大舞台，人生就是一场戏。"从社会学的角度看，社会就是人们进行一切活动的大舞台。人的一生都是在社会这个大舞台中度过的，每时每刻，自觉或不自觉地都在扮演着一定的社会角色。

作为社会中的人，我们每个人都与社会角色脱不了干系，我们一辈子都生活在角色之中。不仅如此，人还是众多社会角色的集合体，即集众多社会角色于一身。比如：一个中年男子，他既是父亲的儿子、爷爷的孙子，又可能是妻子的丈夫，还可能是孩子的父亲；在单位上，他可能是一个领导者或是被领导者；在他所加入的摄影协会或是赛车协会之类的社会团体里，他还可能担当着主席、秘书长或是普通会员的角色……

一旦角色不清、角色冲突就会出问题。在2006年世界杯上，发生在央视的足球名嘴黄健翔身上的"解说门"就是典型的角色冲突表现。黄健翔在世界杯1/8决赛中用嘶哑的声音激动地为意大利队获胜呐喊，是因为他没有认识到自己当时所扮演的角色是中国中央电视台的足球解说员，而是把自己当成一个意大利队狂热球迷的角色，因此在解说足球时，过多地掺杂了个人情绪，偏离了公众对他的角色期望，自然会招到批评和反对。

所谓做人难，其实说的就是演好自己的社会角色难。因为不是所有的人都喜欢自己所扮演的角色，而他所喜欢的角色又未必有能力去胜任。更难的是并非所有的人都能扮演好属于自己的所有角色。于是，每个人都存在角色的难题。但人们既然非得要承担社会角色，那就应该勇敢地面对社会角色，把所承担的社会角色扮演好，把人生这场戏演好。

西方社会心理学家把角色语言概括为三个方面：第一是必须说的话；第二是允许说的话；第三是禁止说的话。美国雷电华影片公司推出的《维多利亚王烈史》中有这样一组镜头。

维多利亚理事完毕，深夜回到卧房，见房门紧闭，她便敲起门来。房内她的丈夫阿尔伯特公爵问："谁？"

她习惯地回答："我是女王！"

没有开门，她接着再敲。房内又问：
"谁？"
"维多利亚！"
门还是没有开，她徘徊半晌，再敲。房内又问："谁？"
这次她温柔地答道："你的妻子。"
门开了，一双手把她拉了进去，她不仅敲开了门，也敲开了丈夫的心扉。

高贵的女王在丈夫面前只能是妻子，这是角色定位，她的语言只有合乎这个角色要求，才是恰如其分的。

根据人们交际的对象、性质和关系等，交际可以分为四个圈：①家庭圈（血缘交际）指与父母、子女、兄妹等亲属之间的交往，他们一般是相互尊重、相互理解、相互关心和相互帮助的亲密关系，言语较体贴、亲切。②朋友圈（情缘交际）指同学、同事、邻居、同乡、战友等人之间的交往，他们一般是志趣相投、情谊深厚的可信赖关系，言语无拘无束。③事业圈（工作交际）指本单位的同事，或为了完成某种公务而与其他集团成员的个人之间的临时交往，他们是认真负责、各为其主的严肃谨慎关系，一般是不苟言笑，丁是丁，卯是卯。④公关圈（社会交际）指在社会上萍水相逢、偶然相遇的暂时性交往，如问路、乘车、乘船等，他们之间一般是彬彬有礼、言语温和。社会对各种角色都有一个最基本的要求，符合这种要求的言行就是角色言行。

2. 认清对象。俗话说："见啥人说啥话。"一个好的谈话者，在进行一场正式的谈话之前，首先要了解自己的谈话对象，认清对象可以分为外在和内在两个方面。其一是外在的，主要看对方的年龄、性别、身份等外显性因素。一般来说，年龄较大或较小的人，理解东西比较慢，说话时速度要慢一些，词语选用要尽量的浅显一些、通俗一些，而对年轻人说话速度就可以快一些，词语选择力求干净利索；知识分子以"谈笑有鸿儒"为乐，文化低的人并不以谈论山野村俗为耻；男人热衷于竞争、比赛、时事等话题，妇女却对时装、商情、家庭之类的话题更感兴趣；同性之间交流可随便些，异性之间说话就要讲究分寸。其二是内在的，这是较难把握的一种隐性因素，它包括人的性格、爱好、个人修养、文化层次等，对这些因素的判断可以通过察颜观色、侧面了解等方法去掌握，也可以通过人类所共有的亲和需求和共聚效应去打开话题，在交谈中慢慢体会。

比如：卖产品给日本人，如果货款没有到位，我们说："下次钱一定要准时！"日本人不开心说："你强制我！""希望你下次准时"，客气多了吧？日本人还是不开心，"希望"是长辈的口气，你是长辈吗？最后改成："相信你下次会准时。"日本人听了特别高兴,说:"我有困难,你们理解我,信任我,下次我一定准时!"

话说明太祖朱元璋在南京做了明朝的开国皇帝,消息像长了翅膀一样,一下子便飞到了他的家乡安徽凤阳。这可乐坏了一帮从前和朱皇帝一道在乡下放牛的穷伙伴。有一位能说会道的苦朋友来到京城,对朱元璋说:"我主万岁!当年微臣随驾扫荡芦州府,打破罐州城,汤元帅在逃,拿住豆将军,红孩儿当关,多亏菜将军。"朱元璋心中暗喜,细细一想,也的确有那么回事。说得好!说得妙!于是,朱元璋便封了个大官给这位从前的穷哥们。这个消息传至另一个苦朋友那里,这位苦朋友一想,不禁乐了起来:"不就是当年放牛偷豆吃豆的事吗?啊!哥们讲旧情,我也去说一说,讨个高官做做。"和朱元璋一见面,他就直通通地说:"我主万岁!还记得吗?从前,你我替人家看牛,有一天,我们在芦花荡里,把偷来的豆子放在瓦罐里煮着。还没等煮熟,大家就抢着吃,把罐子都打破了,撒下一地的豆子,汤都泼在泥地里。你只顾从地下满把地抓豆子吃,却不小心连红草叶子也送进嘴里。叶子梗在喉咙口,苦得你哭笑不得。还是我出的主意,叫你用青菜叶子放在手上一拍吞下去,才把红草叶子带下肚子里去了……"朱皇帝听着听着,立刻大怒:"一派胡言,推出去斩了!"

一前一后两位朋友,说的都是一样的事,叙的都是一样的情。为什么前者得官,后者送命?问题在于前者说话注意"看",看什么?看对象、看听话人的身份。前者说话时一直把听话人当皇帝看———随驾,元帅,将军,何等威风!这才是帝王的身份。可后者呢,竟照直说——偷、抢、哭笑不得,这能是皇帝所为吗?这样一说,皇帝的面子往哪儿搁?看清对象再说话,既显得自己有礼貌、有教养,听话的人也乐意听,双方的交谈自然融洽和谐。

有一次,孔子的学生仲由问:"听到了,就去干吗?"孔子回答说:"不能。"孔子的另一个学生冉求也问:"听到了,就去干吗?"孔子却说:"干吧!"公西华听了有些疑惑,就问孔子:"两个人的问题相同而你的回答却相反,我有点糊涂了,想来请教。"孔子答:"冉求做事好往后退缩,因此我鼓励他前进,而仲由做事胆大好胜,因此我要劝阻他。"

这是孔子"因人而异"运用谈话策略的典型范例。

3. 切合语境。语境,即语言环境,是指交际双方共处的对他们的心理、语言表达、行动以及交际效果有直接或间接影响的特定的客观存在，人是其中最主要的因素之一。语境既包含时间和空间因素，又包含客观和主观因素，是一个立体的网状交叉结构，各因素相互渗透，相互影响。谈话语境又有广义和狭义之分，广义的语境包括整个社会的历史文化背景、时代特征以及交际双方所扮演的角色和其他一切人为的和自然的环境。一个人的语言不可能脱离他所受浸染的历史文化和特定的时代背景，如文化大革命时期的语言方式、词语选择则不同于市场经济的今天，注重传统伦理道德的中国人与强调自我与个性的美国人的语言习惯也有差别。狭义的语境仅指口语表达的前言后语和书面语表达的上下文。

语境是正确理解语义的参照，也是判断语言准确与否的标准，语境还决定了语言的风格并成为创造良好交际气氛的手段和引导交际主体思路的桥梁。正如每个人都生活在特定的环境中一样，谈话也有各自的情境。俗话说："一方水土养一方人"、"到什么山上唱什么歌"，任何成功的交际都是主体能动地适应交际语境的结果。法庭上的唇枪舌剑要求严肃庄重，用词严谨、准确；朋友聊天活泼诙谐、生动有趣、用词随意，方言俚语，可增加气氛；教师讲课讲究语言规范，深入浅出、条理清晰……不同语境要求说话者使用不同的语言风格。如果一个人不管在什么场合都是一个面孔，一副腔调未免显得呆板，缺少情趣。

语境是无声的语言，善于运用语境的交际主体总能把人和境、境和情融为一体，创造出忘我境地，借语境中的一个元素，如天气、地点、人物，甚至是语境中的声响等打开话题，使交谈能够入情入境，协调自然。

在美国有一个心理学理论叫"踢猫理论"，讲一个总经理生意亏本了非常气愤，没有地方发火，回到自己的单位，把办公室主任叫来训了一顿；办公室主任想不通，这跟我有什么关系，回到自己的办公室，把女秘书训了一顿；女秘书也想不通，你训我干吗，下班之后，跟男朋友约会，把男朋友训了一顿；男朋友也很气，回到家门口，看到一只野猫在吃东西，上去一脚把野猫给踢飞了。这就是"踢猫理论"说的恶性循环。同时也表明隐形语境情绪对谈话效果的影响。

在国家级的外交谈判中，地点的选择是一个很敏感的问题，通常的处理方法是在谈判双方的领土上轮换举行，或者选择第三国作为谈判地点。为什么这个问题会成为一个重要而敏感的问题？人们都有这样的体会，在朋友家里说话，总有一种客人心态，说话也总是显得拘谨一些，可在自己家里接待朋友，就无拘无束了。这种主人心态，就自然形成了一种优势，虽然属于非言语因素，但它却能增强话语的表达效果。选择有利的社会环境来增强说话效果，地点属于自然环境，但一旦成为附属于某种社会力量所能施加影响的范围时，它就成了社会环境。例如，有些领导者发现问题，往往请下属到自己办公室谈话。办公室是上级办公的地方，下属来到这里，很容易联想到上下级关系，于是便产生了一种"必须服从"的心态。这样，本来是对等的谈话，因为地点这一特殊社会环境的参与，就有利于一方，而使对等的双方变成主动与被动的两方。主动一方便有一种"居高临下"的势头。当然这只是一种心理差异，绝不是"以势压人"。反之，如果为了加强联络，增进信任和友谊，领导人员则应走出"领导效应区"，到职工宿舍、食堂、俱乐部等地方去，便于放开话题，无拘无束。这类非语言因素，有时正像看不见的磁场，有着极其强大的特殊效应。

4. 分析前提。前提指语句本身所隐含的或由上下文引申出来的某种意义。前提之一指言语本身的逻辑含义。日常生活中隐含有逻辑前提的例子有很多，如：你与你妻子和好了吗？这孩子还是那样捣蛋吗？认清前提，跳出对方控制，将使你在谈话中始终处于主动地位。

  一个农夫和一个路人对话，路人想知道这位农夫是不是本地人，就问："你在此地已住了一辈子吗？"农夫精确地回答："还没有到一辈子。"农夫对"一辈子"这个前提有准确把握，才出现了极有幽默感的回答。

  《三国演义》里曹操行刺董卓未遂，亡命其父亲的好友吕伯奢家，夜里听到后堂有人说："缚而杀之，何如？"他便理解为吕伯奢要把自己捆起来杀掉，于是便来了个先发制人，杀尽了吕伯奢一家。直到他发现有一只缚住待宰的猪，才知道自己错杀了人。这"缚而杀之"的话语，在后堂人听来，语意很明确——要把猪捆起来杀掉以款待曹操，可是在曹操听来，却把人家的好意误解为恶意了。

前提之二指前言后语的关联。如果说话人在运用语言时没有注意"上下文"的关联及配合照应，听话人就无法辨别表达者究竟表达哪一种思想，容易引起理解上的歧义。因此，在交谈时，要做到言之有序，上下照应，前后关联。如几位"送温暖"的团干部和一位退休的老工人的对话：

  "您老身子真够硬朗的，今年高寿？"
  "79啦。"
  "人生七十古来稀，厂里数您最高寿吧！"
  "哪里，×××活到84呢！"
  "那您老也称得上是长寿亚军呀！"
  "不过×××去年归天了。"
  "嗐，这回可轮到您了。"

谈兴正浓的老人听到这儿,话锋顿收,脸色陡变。毛病就出在"这回可轮到您了"这句话。轮到老人什么呢?是轮到老人该当"冠军"呢,还是轮到老人"该死"呢?意思不清。"一句话惹人笑,一句话惹人跳",说话不注意上下文的配合,不注意前后语意的照应,搞不清话的前提条件,就不能充分发挥语言的交际功能,反而会给融洽的交际徒添周折。

5. 注意态度。所谓"良言一句三春暖,恶语伤人六月寒。"谈话之道讲究措词文雅、态度自然,唯有充满着温暖感情的言语才能够引起别人的共鸣,受到他人注意。假如使用的言词是冷淡而寡情的,那只能使人感到厌烦。选择各种话题努力去作优美而精纯的谈论,用清新、流利、文雅的词句表达自己的意思和观点,会收到良好的结果。谈话的成败和效果的好坏同谈话者的态度是密不可分的。谈话者交际时应注意如下几点:

第一,互相尊重、谦和诚恳。谦和是一种美德,是一个人涵养的外化,古往今来,人们给予它崇高的赞美。"诚恳是藏于土中甜美的根,所有崇高的美德由此发芽生长。"谦和诚恳是做人的基本要求,也是事业成功的法宝。

第二,讲究礼仪。礼仪包括握手、介绍、仪表、身姿、距离,同时还包括交谈时的表情、眼神、手势等诸多要素。谈话双方语言表达文明、礼貌、分寸得当,能够使谈话始终在一种友善的气氛中进行。出言不逊,恶语伤人,会引起对方的反感和不满。

第一次和人见面,要得体地先作一下自我介绍,并通过寒暄联络感情。在交谈过程中一般要面带微笑,表情专注,不能左顾右盼,让人感觉心不在焉。谈话中要有手势,但不能太多太滥,给人指手划脚的印象。谈话是面对面进行的,声音不要太大,保持在对方能听清楚的限度内即可。眼睛不能死死盯着谈话对象的某个部位,与异性交谈时,要保持适当的距离。

四、谈话的技巧

谈话是一门学问,话既要说得好,又要说得巧,把握要领能把话说好,掌握了技巧才能把话说妙、说巧。

《左传·僖公二十六年》记载,齐孝公率大军侵犯鲁国,鲁惧齐,派展喜备厚礼迎接齐侯,犒劳齐军,想借此化干戈为玉帛。孝公看见展喜,狂傲地问:"鲁人怕我们不?"这是个一般疑问句,其回答方式有两种,"怕"或"不怕",但无论是前者或后者都对鲁不利,前者有辱国格,后者明显不符合齐强鲁弱的事实,也极易激怒对方。展喜聪明地跳出限制,答道:"小人怕,君子不怕。"一句巧妙的分说,道出了一国之民的两种迥然不同的态度,既维护了国家的尊严,又承认两国强弱有别的事实,还使对方感到高深莫测。当下孝公问:"你鲁国那么穷,凭什么不怕我国呢?"展喜答:"凭先王的遗命。"接着他说:"早在齐鲁开国之初,周成王就赐给齐太公、鲁周公一个'世代子孙无相害也'的盟约,这个盟约的精神后来一直为齐的历代君王遵守着,特别是齐桓公(孝公父)还因模范执行盟约,解决诸侯危难而成为诸侯领袖,而您继位时,诸侯也都认为您必能继承桓公事业,对您高度信任。所以您这次来,除了我国那些不懂事的小人认为您会攻打我们外,君子们都认为您不会如此,认为您怎能刚即位九年就丢弃先王遗命,丢弃自己继承桓公事业的天职呢?我们就凭这一点不怕您!"有礼有节,不卑不亢,通过赞美和奉承让对方飘飘然中违心收兵。

我国古代有许多的谋士说客通过自己高超的语言技巧平息战争,化解矛盾,充分展现了语言的巨大威力。技巧并非单纯的语言问题,它是在精通人的心理、思维、习惯等要素的基础上才在不经意间自然流露出来的,是一种自觉的、有意识的行为。为此,要注意以下四个方面的问题:

(一) 寻找交谈双方的共同点和共同兴趣

话总是说给别人听的。说话人是否有口才,话说得好不好,不仅要看话语是不是恰到好处地表达了自己的思想感情,尤其要看别人能不能准确理解,乐于接受。如果你说的话别人听不懂,或者压根儿不想听,那还有什么意义呢?兴趣是双方面的。戴尔·卡耐基总结自己的经验说:"将自己的热忱和经验融入谈话中,是打动人的速简方法,也是必然要件,如果你对自己的话不感兴趣,又怎能期望他人感动。"

1. 共同点是双方沟通的桥梁。要使初次见面的人与你接近,最好的方法是找出两个人的共同点,哪怕是极小的共同点。同乡、同好、同专业、同遭遇等对于双方的沟通是至关重要的。在交谈中一再强调共同点,对方会自然而然地慢慢敞开心扉。

一个业务熟练的推销员,找某公司经理签订一份销售合同,他一踏进经理办公室,就立即找到了激起经理谈兴的引玉之砖。他见经理正在细细地掸一幅书法立轴上的灰尘,边掸边端详,便说:"啊,经理对书法一定很有研究。唔,这篆书称得上'送脚如游鱼得水,舞笔如景山兴云',写得好!用笔之法,具有多样变化。好,好极了……"经理一听,此人谈吐不俗,一定是书法同好。忙说:"请坐,请坐下细谈。"两人谈得非常投机,遂成朋友,双方业务往来自然不会有问题。

"物以类聚，人以群分"，在交谈中唤起谈话对象的认同感，创造一种水乳交融的气氛，对于交际的成功非常有帮助。

2. 兴趣是融洽交谈氛围的纽带。球迷协会、股市沙龙、知青饭店等都是共同兴趣把一群人聚在一起，他们有共同的词汇、共同的背景、共同的意愿和期待，陌生人在这里一下子就进入"角色"，找到话题，甚至平时少言寡语的人在这里也能侃侃而谈。国际上交际的白金法则是：交往以对方为中心。这个据说也是现代沟通的第一法则。所以，要戒除以自我中心的习惯。在和人交往中，尤其是刚刚开始和人交谈时，要多找找对方的兴趣和所擅长的事情。有言道：交际高手是为别人创造表现机会的人。人最感兴趣的是他自己，用一句流行歌曲的歌词说："快乐着你的快乐，悲伤着你的悲伤"，这会使人不期然走在一起。

美国一本口才教程讲了一个实例，告许我们该怎样去寻找双方都感兴趣的话题：一个人坐在火车上，已坐了好久，前面还有很远的路，这人非常渴望和他人聊聊天以消磨这无聊的时光。他看着坐在身边的旅客，很想知道他的底细，便搭讪道：

"对不起，你有火柴吗？"

旅客只点点头，从袋里拿出了一盒火柴给他，他点了支烟，把火柴还给了旅客并说："谢谢。"旅客又点了点头，把它收下放进口袋。

"真是条又长又讨厌的旅程。"他继续说。

"你有同感吗？"他有点讨好地问旅客。

"是的，真讨厌。"旅客同意但没兴趣。

"若看看一路的稻田，倒会使人高兴起来。"

他继续说："若在两个月未收获之前，那一定会更有趣。我常想我们那些政治家们在未到华盛顿上任之前，最好先到农村去看看。"

"唔、唔！"

他想在政治与农业两个方面给予对方流露兴趣的机会，也就是说无论这个旅客是政治家还是农民对这个问题都会发表一些看法或评论，但旅客没有表现出应有的兴趣。思想了一番后，他又重新开始。

"天气真好，爽快极了！"

"真是理想的赛球时节，今年秋季有好几个大学的球队都很出色呢！"

坐在他身边的乘客坐直了身子。

"你看大茅斯球队怎样？"旅客问。

"大茅斯很好，"他回答，"虽则有几个老将已经脱离，然而几个新人都很不错。"

"你听说过一个名叫希尔的球员吗?"旅客问。

他的确听到过这个名字,并立即联想到希尔可能是这位旅客的什么亲人,希尔是一个强健、有力、有技巧,而且品行很好的青年,他问:"希尔大学毕业准备干什么呢?"旅客很兴奋,眉飞色舞地谈起球赛,谈起希尔。

(二)欣赏和赞美你的谈话对象

每一个人都渴望被欣赏,这是人性中的本能欲望,是自身价值得到外界认同的体现。被别人欣赏是一种幸福,而欣赏别人是一种美德。我国有句俗话:"见人短寿,见货添钱。"前者恭维他人年轻,后者赞扬他人精明。恭维要着重赞扬其风度魅力。对女性,胖的可说"丰满",瘦的可说"清秀",身段好的可说"苗条",多言好动的可说"活泼开朗",沉默寡言的可说"文静庄重"等;对男性,高大的可说"魁梧",瘦小的可说"精悍",讲究仪容的可称"帅",比较随便的可以说"潇洒",性格优柔的可说"稳重",容易冲动的可说"果断",不善言辞的可说"不露出水"等。只要是合乎情理的赞美,就可使赞美者和被赞美者缩短距离,融洽关系,增添感情。

欣赏和赞美会使你赢得好感和打开局面。美国著名的柯达公司的创始人伊斯曼捐赠巨款在罗彻斯特建造一座音乐堂、一座纪念馆和一座戏院。为了承接这批建筑物内的座椅,许多制造商展开了激烈的竞争。但是,找伊斯曼谈生意的商人们无不乘兴而来,败兴而去,一无所获。正是在这样的情况下,"优美座位公司"的经理亚当森,前来会见伊斯曼,希望能够得到这笔价值9万美元的生意。亚当森被引进伊斯曼的办公室后,看见伊斯曼正埋头于桌子上的一堆文件,于是静静地站在旁边仔细地打量起这间办公室。过了一会,伊斯曼抬起头来,发现亚当森,便问道:

"先生有何见教?"

亚当森没有谈生意,而是说:"伊斯曼先生,在我等您的时候,我仔细地观察了您的这间办公室,我本人长期从事室内的木工装修,但从来没见过装修得这么精致的办公室。"

伊斯曼回答说:"哎呀!您提醒了我差不多忘记了的事情。这间办公室是我亲自设计的,当初刚建好的时候,我喜欢极了。但是后来一忙,一连几个星期都没有机会仔细欣赏一下这个房间。"

亚当森走到墙边,用手在木板上一擦,说:"我想这是英国橡木,是不是?意大利橡木的质地不是这样的。"

"是的。"伊斯曼高兴得站起身来回答说:"那是从英国进口的橡木,是我的一位专门研究室内细木的朋友专程去英国为我订的货。"

伊斯曼心绪极好，便带着亚当森仔细地参观起办公室来了，把办公室的所有的装饰一件一件地向亚当森作介绍，从木质谈到比例，又从比例谈到颜色，从手艺谈到价格，然后又详细介绍了他的设计经过。亚当森一直微笑着聆听，饶有兴趣。直到亚当森告别的时候，俩人都未谈及生意。

后来，亚当森不但得到了大批的定单，而且还和伊斯曼结下了终生的友谊。亚当森成功的诀窍很简单，他从伊斯曼的办公室入手，赞美他取得的成就，使伊斯曼的自尊心得到极大的满足，把他视为知己，这笔生意当然非亚当森莫属了。

具体说来，赞美可以从以下方面着手：

（1）观察对方的精神状态和容颜。对方神采奕奕，容光焕发，你可以说："啊，你今天看起来真精神！"对方兴高采烈，你可以说："看你那高兴劲，有什么喜事吧！"

（2）留心对方的衣着服饰。女性较男性更注意自己的外在形象，特别是服饰容貌。因此，男性可对女性说："你这套衣服真漂亮！""看人家小奇，天天都像时装模特。"

（3）称赞对方最得意的一点。例如："听说你儿子考上北大了，向你道喜了！""刚刚看见你女儿了，这孩子真是人见人爱呀！""你这事干得漂亮极了，好样的！"如此称赞，既分享对方的愉快，与人欢乐，又与己欢乐。

（4）求教赞美。人人都希望得到尊重和信任，企求自己的一技之长能得到展示的机会，以讨论和得体的方式向对方求教，会使对方感到自豪。如："我想向您请教如何赢得这场论辩。我知道你是这方面的专家。""我想请教您一个婚姻法上的问题，我知道，你对此很有研究。"

（5）对比赞美。用别人的短处对比谈话对象的长处，使其得到得体的赞美，不但有助于满足对方的自尊心，而且会使对方产生认同感。

一个推销员向柜台前的一位老年顾客推销羊毛衫，他说："现在年轻人手里的钱来得容易，只顾赶新潮，一见时髦玩意儿，也不管是真是假，实用不实用，掏钱就买，像您这样的老前辈，讲究物美价廉，朴实大方，优质耐用，这才是真有眼光呢！"

顾客："在理、在理。我当然不会和毛头小伙一样见识了。"

（三）讲究对话

社交性谈话，既不同于个人的自说自话，也不同于当众演讲，而是交往双方构成的听与讲相配合的对话。对话的本质并非在于你一句我一句地轮流说话,而在于相互间的呼应。真正成功的对话,应该是相互应答的过程:自己的每一句话都应是对方上一句话的继续,对对方的每句话都应作出反应,并能在自己的说话中适当引用和重复。这样,彼此间在心理上就真正沟通了。为了能成功地进行对话,应避免以下九种不正确的对话方式:①打断别人的谈话或抢接别人的话头,扰乱别人的思路;②忽略了使用解释与概括的方法,使对方一时难以领会你的意图;③由于自己注意力的分散,迫使别人再次重复谈过的话题;④像倾泻炮弹似的连续发问,使人穷于应付;对他人的提问漫不经心,言谈空洞,不着边际;⑤随便解释某种现象,妄下断语,借以表现自己是内行;⑥避实就虚,含而不露,让人迷惑不解;⑦不适当地强调某些与主题风马牛不相及的细枝末节,使人厌烦;⑧当别人对某个话题兴趣盎然时,你却感到不耐烦,强行把话题转移到自己感兴趣的方面去;⑨将正确的观点、中肯的劝告佯称为错误的,使对方怀疑你话中有戏弄之意。讲究对话,应注意以下两个方面:

1. 要学会倾听。因为听是对谈话对象的一种鼓励和尊重。有一位少女,她容貌并不漂亮,鼻子肥厚且戴着眼镜,对于文学艺术并无太多知识,也不能唱歌跳舞,可她居然和每一个女伴都合得来,而且是圈子里年轻人中最受欢迎的一个,这个女孩的求爱者比她的漂亮同伴都要多。这其中有什么秘密呢?一天晚上,一位希望得到答案的记者来拜访这位姑娘。坐定之后,

  记者说:"我可以吸烟吗?"
  "没有关系,我喜欢看男人吸烟的。"
  "真的吗?为什么呢?"
  "哦,吸烟的男人很有男子气。你吸烟很多吗?"
  "是的,吸烟是一种时髦,有很多女子似乎也很喜欢抽烟。"
  这并非新鲜的话题,姑娘似乎很感兴趣,她毫不造作地笑着,让记者先生感到一阵的安适和愉悦。
  ……
  记者又说:"我想请您给我一些帮助可以吗?"
  "假若我能够,那当然是可以的。"
  "好极了!我想请你告诉我,你之所以成功的秘密。"
  "我的成功?"
  "好,那么你坦白地告诉我,你是不是喜欢和我聊天?"
  "是的,我很喜欢,我想你又要来问我问题了。"
  "那么,你为啥喜欢和我谈天呢?"

"因为，我们之间谈话很有趣味。"

"这是因为我们所谈的正是你感兴趣的，是吗？"

"当然了。"

"那么我的秘密就尽在于此了。"

"什么尽在于此？"

"我是再无其他的秘密了。"

"这似乎还不是一个完整的解答，你能更详细地说明一下吗？"

"好的，你不是很喜欢读书吗？"

"是的，这是真的。"

"而我懂得很少是吗？"

"不，我并不这么想。"

"快说，若你要我对你坦白，那你也应对我坦白才是。"

"我承认我读的书较你为多。"

"而你又更喜欢告诉我，你曾读过的书，就像你曾掘出了若干粗糙的金刚钻，你将它磨光了戴在手上炫耀给我看一样，你就像在说：'这是我发现的，又是我磨光的。'我对此很感兴趣，而你又因为我很高兴而觉得愉快，因此，你继续炫耀给我看更多的金刚钻。我更高兴，则你将更多的炫耀给我。"

"这虽有些抽象，然而我却看出了你的真意所在了。"

"不，每个人都喜欢谈他自己，喜欢谈他所想的、所做成的事情，那是他的天性，而且他愈谈得自由自在，他这种自我表现精神就愈加明显。"

一个优秀的谈话者，是很少谈及自己的，而是将对方引出来的话题分析、整理，不断地从对方身上吸取知识和信息。在一般情况下，有的人将全部注意力放在倾听对方的谈话上，从性格上讲，这一类型的人很想理解别人的心思，表示他很关心对方，或者深爱着对方，而且具有宽容的心态，有真正的君子风度。例如，苏东坡是宋代文学家，他极具语言天赋，长于雄辩，却非常注重别人谈话的内容。有时和朋友聚会，他会静下心来，听他们高谈阔论。在一次聚会中，米芾问苏东坡："别人都说我癫狂，你是怎么看的？"苏东坡诙谐地笑道："我随大流。"众友为之大笑。即使是朋友间的不同观点，他也以"姑妄言之，且姑妄听之"的态度对待。而有的人在和别人谈话时，经常把话题扯得很远，让你摸不着头脑，或者不断地变换话题，让别人觉得莫名其妙。这些行为说明，这种谈话人有着极强的支配欲和自我表现意识，很少把别人放在眼里，这种谈话很快会被别人厌倦。

2. 听是答的前提。俗话说："听话听音，锣鼓听声。"只有听，听得准确，才能作出准确的信息反馈，否则会出现答非所问、打岔、交流中断、话题转移等副作用，直接影响谈话的效果。

"你知道现在几点了吗？"是一个特殊疑问句，它的标准答案是你看过表后，据实回答，但在实际生活中其答案却完全不同。上课铃响过后，你还没有进教室，恰好碰上班主任，他厉声问道："你知道现在几点了吗？"其间有批评责怪之义。你会答道："我来了个同学，刚把他送走，所以晚来了一会儿。"老师会原谅你："快进教室上课去。"晚自习下课好一会儿了，你还坐在教室看书，好朋友过来问："你知道现在几点了吗？"其间有几分关心和友好的提醒，你会感激地答道："你先回去睡吧，我看完这几页马上回去。"和朋友约好一块去看电影，时间快到了，你还没放下手里的活，朋友问："你知道现在几点了吗？"流露出几分的焦急和催促。你急忙答道："好了，我们马上走。"因此，了解谈话对象的真实意图，做一个有心的听众，通过谈话对象的语气、表情、用词，你会获得更多的有用信息。

在《决战谈判桌》一书中，作者讲述了他个人的一段经历。

有一次，当他穿着拖鞋走出家门，打算拿邮筒的邮件并给前院的草坪浇浇水的时候，一阵大风刮过，门被"砰"地一声关上了。他身上没带钥匙，而这时已是晚上六七点钟。万般无奈，他只好向邻居借电话，请锁匠来开锁。于是，围绕着劳费——价格问题，作者和锁匠之间就有了一番"谈判"：他（锁匠）看了我一下之后，说："价钱嘛……55块美金。"我听了之后，心里想："糟糕，家里到底有没有这些现金？搞不好得开车去银行取钱。要不要先跟邻居借一下呢……"没想到年轻的锁匠看我不吭声，以为我生气了，马上不好意思地说："好吧，好吧，50块好了。"我这下子更惊讶了，没有作声。"……哼……现在是晚饭时候了，应该算加班呢……就算你45块好啦。"其实我根本不知道行情是多少，是他的罪恶感让他自动降价。随后我终于开口了："40块钱！"这时候，他一副如释重负的样子，说道："好吧，不过你得给我现金的。"

在这场对话中，价格一降再降，不是因为作者的"旁征博引"，而恰恰是他的听，他的"沉默"，真乃"沉默是金"也。想必很多人在日常生活中都有过类似的经历。在语言交际活动中，人们不仅需要借助有声语言，而且需要借无声语言表情达意。甚至，在某些特定的语言环境中，无声语言更能表达有声语言所无法表达的思想内容，"此时无声胜有声"就是对无声语言作用十分恰当的描述。

古人云:"言而当,知(智)也;默而当,亦知(智)也。"

(四) 转移话题

在两种情况下需要转换话题:一种情况是自己对谈论的话题已失去兴趣,而对方却谈兴正浓,彼此难以谈到一块。此时,不必硬着头皮去听,而应当通过提出一个富有启发性的问题,或接过对方的某一句话,自然地扯到另一个双方都感兴趣的问题上。这样,对方的自尊和谈兴都未受到损害,甚至其还没有意识到呢!另一种情况是,自觉、敏感地观察对方的反应,知趣地感受对方的暗示和约束自己的谈兴。例如,当对方表现出厌倦神色时,就该适可而止了。

(五) 注意细节

在交谈中,倘若能注意以下细节,就能产生增进人际关系的效果。这些细节是指:

(1) 让先。让别人先说,一方面可以表现你的谦虚,另一方面可以借此机会来观察对方,给自己一个了解的时间和从容考虑的余地。

(2) 避讳。不论与什么人交谈,都应对对方有所了解,聪明地避开某些对方忌讳的话题,如个人的隐私、疾病及不愿提及的事情,否则会引起对方不快。要学会察颜观色,一旦发现自己不小心触及了对方的忌讳,对方面有不快之色或状极尴尬时,应立即巧妙避开。

(3) 谦虚。社会心理学家发现,一般人总不喜欢嘴上老挂着"我"的人。因此,应避免过于显露自己的才学,开口便"我如何如何"。须知,谦虚的态度总是易为人所接受的。在一般情况下,人们总是先接受一个人,而后才肯接受他的意见的。交际学上的卡洛法则:当你遭遇不幸的时候,你往往会最容易获得友谊和同情。当你获得成功的时候,你就会失去朋友,就是说人在过分张扬和骄傲时是容易出口,伤人的。

(4) 诚恳。交谈的态度以诚恳为宜。油腔滑调,纵然有很好的意见,但也难以为人们所接受。

(5) 幽默。恰到好处的幽默,能使人在忍俊不禁之中,体会到深刻的哲理。幽默运用适当,可为社交增添活跃愉快气氛。

(6) 口头禅。口头禅固然能体现个性,但多数是语言的累赘,即使内容相当吸引人,但如果加上若干个"这个"、"那个"、"嗯"、"啊"之类的口头禅,就如同在煮熟的白米饭中掺上一把沙子一样,令人难以下咽。所以,对作为语言累赘的口头禅,应当舍除。

(7) 插话。要尽量让对方把话说完再插话。实在需要中途插话时,也应征得对方同意,用商量的口气说:"对不起,我提个问题可以吗?"或"我插句话好吗?"这样可避免对方产生误解。

(8) 平衡。如果几个人一起交谈，你要注意不要只把注意力集中到某一个人身上而冷落了其他人。除了你的对话者外，可用目光偶尔光顾一下其他的人。对于沉默者则应设法使他开口，如问他："你对这事有什么看法？"这样便可打破沉默，机智地引出他的话来。

总而言之，如果用TACTFUL（巧妙）这个英文单字的七个字母分别代表的意义来概括谈话的技巧的话，应该是：

T（Think before you speak）：三思而后"言"。在我们和别人沟通的过程中，往往会因为一句话而引起他人的不悦，所以要避免说错话才行。而最好的方法，就是根本不去说那句话。很多人往往心直口快，根本没想到自己犀利的言词可能对别人造成的伤害。因此在要说出口之前，先想想："如果别人对我这样说，我会作何感想？"或"我的批评是有害的还是有益的？"在很多的情况下，如果能多花一些时间，设身处地为他人着想，你就不会因说错话，而引起他人的不悦了。

A（Apologize quickly when you blunder）：失言时立刻致歉。勇于认错是很重要的，所以一但当你发现自己的言语伤害到他人的时候，千万不要厚着脸皮不肯道歉。每个人偶尔都会说错话。可是自己一定要察觉自己说了不该说的话，然后马上设法更正。留意他人的言语或其他方面的反应，藉以判断是否需要道歉。如果你确实说错话了，就必须立刻道歉，勇于承认错误，不要编一大堆借口，以免越描越黑。

C（Converse, don't compete）：和别人沟通，不要和别人比赛。有的人和人交谈时，时常把它看成是一种竞赛，一定要分出个高下。如果你常在他人的话里寻找漏洞，常为某些细节争论不休，或常纠正他人的错误，藉以向人炫耀自己的知识渊博、伶牙俐齿，这样的你一定会给人留下深刻的印象，不过那是不好的印象。这些人往往忽略了沟通的技巧，因为他们把交谈当成了辩论，而不是信息、想法与感觉彼此交换的过程。所以为了与他人有更好的沟通，这种竞赛式的谈话方式必须被舍弃，而应采用一种随性、不具侵略性的谈话方式。这样当你在表达意见时，别人就比较容易听进去，而不会产生排斥感。

T（Time your comments）：挑对说话的时机。这句话的意思主要是，在你要表达意见之前，必须先确定对方已经准备好，愿意听你说话了。否则你只会浪费力气，对牛弹琴，白白错过了让别人接受你意见的大好机会。

F（Focus on behavior not on personality）：对事不对人。举例来说，你是否有朋友很难缠，老是把你气得半死？有些人就是爱抱怨、生性悲观、拖拖拉拉，又老爱编一大堆借口。如果你朋友这些行为已经威胁到你们之间的友谊，你就有权开口提醒他。此时最重要的是，你必须指明自己讨厌他哪些行为，而不是一味地想改变他的个性。一个人要改变某些特定、确切的行为，要比改变个性容易多了。

U（Uncover hidden feelings）：了解别人的感觉。如果能先试着了解对方的感觉，我们也就能比较巧妙地说出一些难以启齿的话。比方说，如果你的父母亲很担心你的投资计划不够周全，你就不要对他们说："你们为什么不能只管自己的事情，老是把我当成三岁小孩？那是我的钱，我爱怎么用就怎么用！"这种充满稚气的典型防卫性反应无法增加父母亲对你的信心。你应该想想父母说这话时心中的感觉。也许他们只是想阻止你冒失的投资，以免你重蹈他们的覆辙；而也有可能是父母亲对你往后的财务状况感到忧虑，却又不知道如何告诉你。所以，当面对别人的批评或某些让你不悦的行为时，你只要能找出背后真正的原因或需求，就能够用另外一种说词去化解一场冲突。

L（Listen for feedback）：聆听他人的回馈。一个人要和别人交谈，不仅自己要懂得如何去说，而且还要懂得如何去聆听。缺乏聆听的技巧，往往会导致轻率的批评。一个人之所以会任意地批评或发出不智的言论，往往是因为他不管别人要说什么，只想主控整个对话的场面。如果你仔细聆听别人对你意见的回馈或反应，就能确定对方有没有在听你说话，得知对方是否已了解你的观点或感觉。而你也可以看出对方所关心、所愿意讨论的重点在哪里。

五、谈话的方法

在日常交谈中人们并不刻意追求某种谈话方法，谈话给人的感觉是自然天成的。其实，如果你有意识地把一些人们经过大量实践总结出来的良法运用到日常交际中，那么你将会取得意想不到的效果。

1. 幽默法。幽默是谈话的润滑剂和调味品。恩格斯说过："幽默是具有智慧、教养和道德上优越感的表现。"莎士比亚也说："幽默和风趣是智慧的闪现。"美国大众心理学家特鲁·赫伯说得好："幽默，它是一种最有趣、最具普遍意义的传递艺术。所以我们——不管你是谁——都有一个共同的需求，把心智变成幽默注入生活。"幽默的语言往往三言两语，既饶有风趣，又鞭辟入里；既可以增强说话者的表现力，缩短听说双方的心理距离，加深了解，活跃气氛，又可以帮助人们应付复杂场合，摆脱困境，争取主动。创造幽默的方法很多，常用的有扑空、对比、暗示、痴言傻语、拟人、移就、大词小用、制造荒诞等。

（1）扑空。"扑空"在我国传统的相声中叫抖包袱，它先用煞有介事、一本正经的语气来制造悬念，使谈话对象形成一种心理期待，然后顺着说话者引导的思路去猜想结果，正当他们自以为抓住了结果的时候，说话者再出人意料地说出和期待完全相反的结论，二者形成巨大的落差，让听者绷紧的神经骤然瓦解，一张一弛间产生了幽默的效果。它用貌似肯定的形式得出否定的结论，或者用貌似否定的形式得出肯定的结论。

  一个年过半百的贵妇问肖伯纳:"您看我有多大年纪?"
  肖伯纳一本正经地说:"看您晶莹的牙齿,像18岁;看您蓬松的卷发,有19岁;看您扭捏的腰肢,顶多14岁。"
  夫人高兴地笑了起来:"你能否准确地说出我的年龄来?"
  "请把我刚才说的3个数字加起来。"

(2) 对比或者对立。生活中有一些话、一些事和特定的场合、情景以及与人的惯常思维、知识阅历相对比或对立从而产生幽默的效果。

  某大型客机起飞前,空中小姐甜甜地说:"飞机即将起飞,请大家灭掉香烟,扣好安全带。"
  乘客一一照办,5分钟后,空姐声音更甜:"现在请大家把安全带收得更紧点,实在抱歉,我们才发现应带上飞机的午饭全都忘在机场上了。"

(3) 暗示。暗示幽默指对某一事物或事件表达自己的看法时,不是通过直说,而是通过种种可能进行曲说达到幽默效果。这种幽默既保全了对方的面子,又达到了尖锐的批评目的。

  有一天,一位年轻的作者来到某编辑部,递上自己的作品,编辑看了作品以后问他:"这篇小说是你自己写的?"
  "是我自己写的。"年轻人答道:"我构思了一个多月的时间,整整坐了两天才写出来的,写作真苦!"
  "啊,伟大的契诃夫先生,你什么时候复活了啊!"编辑大发感慨。还没等编辑再往下说,年轻人就灰溜溜地逃了。

(4) 痴言傻语。痴言傻语乃是大智若愚。在人际交往中故作"痴言傻语"是高度机智的产物,尽管谈话双方都知道其中的"痴"和"傻",但客观上会因话中所含的俏皮而引发出幽默谐趣。

  国民党山东省主席韩复榘和蒋介石意见分歧,韩复榘为了保护自己故意装痴卖傻,使蒋介石放松对他的戒备。
  交通规则规定行人靠右边走。韩复榘说:"如果所有的人都靠右边走,那左边的路不就全空着了？"

操场上，士兵们打篮球，你争我抢，韩复榘看见了，就说："抢什么抢，明天给你们每人买一个。"

（5）拟人。把人的智慧、经验、品性加到动物身上从而达到幽默效果，反之亦然。

"昨天你的马骑得怎么样？"
"不太坏，问题是我那匹马太客气了。"
"太客气了？"
"是呀，当骑到一道篱笆墙时，它让我先过去了。"

（6）移就。把人们习惯于用在某领域的词换到一个新的领域。如小品《相亲》有段对话："你吧，打小归父母管，出嫁了，归丈夫管，老了又归儿女管，你啥时能给自己承包一段呢？""儿女的信，父母看就是领导审查。"移就也可以把平常不搭配的词硬拉在一起，妙趣横生。电视剧《我的青春谁做主》中有一段对话：

青楚：我这两天一直觉得非常恍惚，好像闻到了死亡的味道。
小样：什么味呀，怪瘆人的。
青楚：你怕死么？
小样：没想过，这问题离我太遥远。
青楚：死亡就是进入了另一个人生阶段，就好比你推开一扇门走进另一扇门，其实没什么可怕的。
小样：就是说出了这屋进那屋呗。那没准那屋要什么有什么，比这儿还乐呵呢。
青楚：不知道，反正去了那屋的人还没有回来过。
小样：那是，随便往回溜达也怪吓人的。
高齐：没有另一间屋子，从严谨的科学角度和唯物主义的观点来看，死亡就是物质的消亡，是死胡同。
青楚：真没想像力。

霹雳：哟，这骨灰盒呀，我一直都以为是首饰盒呢。
姥姥：活着多孝顺一点比什么都强，死了，就是穿金缕玉衣不也是一样埋吗，我看外面一万的就挺好。

　　杨尔：那个太寒酸了吧，相当于这里的经济适用房。要不，我出大头你们俩少出点。

　　姥姥：你那钱是风刮来的啊？你爸爸一辈子不愿意浪费，你让他睡别墅里面他不踏实。经济适用房挺好。

　（7）降用。降用即大词小用。在日常生活中借用政治术语等挺严肃的词来注解自己生活中那点挺平常的事，从而让人产生忍俊不禁的感觉。如一个女孩子喜欢浓墨重彩，眼睛画得像熊猫，嘴巴血红。其好友巧妙提醒她："你打扮得很漂亮，但脸上的一个中心两个基本点需要调整一下。"

　（8）制造荒诞。用极不符合人们认识规律的不真实，制造荒诞幽默的效果。例如：狗咬人是平常的，人咬狗就是荒诞的。制造荒诞常用夸张、强推、七拼八凑等手法。

　　甲对乙说："我家的狗会看报纸。"
　　乙对甲说："知道，我家的狗早就对我说了。"

　（9）双关。实言甲，却同时暗示乙，甚至丙丁，在对比中显出不协调，不合常规，从而创造幽默。或者利用词语的音、义联系进行曲解，达到幽默的效果。

　（10）悖境。和语境相悖，也可以是和交谈对象的年龄、场合和时代相悖。

　　一个人被传到法院，因为骂邻居是猪被罚200法郎。
　　"法官大人，上次我同样骂人家是猪，只罚150法郎。"
　　"很遗憾，我无能为力，因为猪肉涨价了。"

　　幽默的方法还有很多，只要平时善于思考，善于观察，你就会变成一个幽默的人。

　　2. 委婉法。委婉法即婉转法，指不直说本意，而用委曲含蓄的话来烘托暗示的方法。它是谈话中的软化艺术。英国著名语文学家查弗里·N. 利奇在《语文学》中对委婉的定义是：委婉语（希腊语是"谈法优雅"的意思）就是通过一定的措词把原来令人不悦或比较粗俗的事情说得听上去比较得体，比较文雅。谈话中的委婉有以下两种：

　（1）避讳式。避讳式委婉法指说话时遇有犯忌触讳的事物，不直说该事、该物而用另外的话来表述的方法。

一位顾客手里拿着一张纸剪的鞋样来买鞋,在挑选中态度迟疑。营业员从顾客的问话和举止中推测十有八九是买给死人穿的,就说:"脚比较软一点的照鞋样子可以穿,脚比较硬一点的可以再放大一点。"既不说"老鞋"(死人穿的鞋),也不说死者,只用"脚比较硬一点的",一个"硬"字就把事情说明了。这位本来心情沉重的顾客,听了竟笑起来,便说:"不瞒你说,这双鞋是买给死者穿的。"就买了一双大一点的。

例如,人们往往把"死"说成"去了"、"逝世"、"牺牲"、"殉职"、"捐躯"、"安息"、"永别";把上厕所说成"方便一下"、"上洗手间"等。

(2) 曲语式。曲语式委婉法指用曲折含蓄的语言和温和的语气表述的方法。

马克思与燕妮从小一起长大,是青梅竹马之交。青年马克思向比自己大4岁的燕妮求婚时,马克思是这样说的:"我已经爱上了一个人,决定向她求婚……"一直挚爱着马克思的燕妮怔住了,便问马克思:"你能告诉我你选择的恋人是谁吗?"马克思回答:"可以。"一面说一面将一个小方盒递给了燕妮,又补充说:"在里面,打开它你便会知道。不过,你只能在我离开以后才能打开它。"不一会儿,马克思告辞了,燕妮怀着惴惴不安的心情打开盒子,里面只是装着一面镜子,其他什么也没有。燕妮恍然大悟,幸福地微笑了,镜子里照出了她自己美丽的面容,原来马克思追求的正是自己。

3. 模糊法。在交谈中谈话一方常常由于职责、避讳、个人隐私、兴趣等方面的原因对一些问题不便、不能或不愿细说,同时又由于礼貌、礼节的要求使他不得不回答对方的提问,这个时候最好的方法就是模糊应对。

在北京亚运会闭幕式上,奥委会主席萨马兰奇举行记者招待会。一女记者问:"萨马兰奇先生,您是否能对您担任国际奥委会主席的10年作一个评价?"萨马兰奇回答:"小姐,能作出评价的不应该是我,而是你。"问:"几个竞争举办2000年奥运会的城市中,您会投谁的票?"萨马兰奇回答:"这个问题很好回答,自我当主席那一天起我就不参加投票了。"看似回答了问题,实则什么也没说,却显出了答话人的机智和幽默。

4. 暗示法。暗示法是一种不公开地、隐蔽地给人以启示的点化艺术。从社会心理学角度讲，它是在"无对抗条件下产生的影响"。

在美国经济大萧条时期，有位17岁的姑娘好不容易才找到一份在高级珠宝店当售货员的工作。圣诞节前一天，店里来了一位30岁左右的贫民顾客，他衣着破烂不堪，一脸悲哀愤怒，用一种不可企及的目光盯着那些高级饰品。

姑娘要去接电话，不小心把一个碟子碰翻了，六枚精美绝伦的戒指落在地上，她慌忙捡起其中的五枚，但第六枚怎么也找不着。这时她看到那位男子正向门口走去，顿时，她醒悟到戒指在那儿。当男子的手将要触及门柄时，姑娘柔和地叫道：

"对不起，先生！"

那男子转过身来，两人相视无言，足有一分钟。

"什么事？"他问，脸上的肌肉在抽搐。

"什么事？"他再次问。

"先生，这是我头回工作，现在找个事做很难，是不是？"姑娘神色黯然地说。

男子长久地审视着她。终于，一丝柔和的微笑浮现在他脸上。

"是的，的确如此。"他回答，"但是我能肯定，你在这里会干得不错。"

停了一下，他向前一步，把手伸给她。

"我可以为您祝福吗？"

姑娘立刻也伸出手，两只手紧紧握在一起，她用低低的但十分柔和的声音说："也祝您好运！"

他转过身，慢慢走向门口。

姑娘目送着他的身影消失在门外，转身走回柜台，把手中握着的第六枚戒指放到原处。

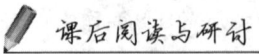

课后阅读与研讨

一、精彩对话赏析

周恩来舌辩宋美龄

1936年12月12日，张学良、杨虎城二将出于爱国热忱一举扣押了反对抗日、积极"剿共"的蒋介石,爆发了震惊中外的"西安事变"。彼时西安局势复杂,各方虎视眈眈,剑拔弩张,情况危急。一方面东北军、西北军将士主张杀蒋以揭竿起义,抗日救国;一方面南京政府两派对立,宋氏兄妹、孔祥熙在英美支持下力主和平解决"西安事变"。而何应钦等亲日派在日本支持下主张武力解决,并企图借救蒋之义派飞机轰炸西安,意欲炸死蒋介石取而代之。张、杨兵谏不遂,进退两难,唯寄希望于共产党为其解围,而妥善解决事变。

  沧海横流,方显英雄本色。周恩来置身浊流,以其丰富的政治经验和卓越的谈判艺术,在瞬息万变的"西安事变"中,运筹帷幄,力挽狂澜,显示了其超人冠绝的雄辩口才和严谨完美的外交才能。本文撷取周恩来在事变中舌辩宋美龄的精彩的历史瞬间,以赏析、借鉴其精湛绝伦的辩论语言艺术,以期从中受益。

义正辞严,初战告捷

  周恩来到西安经过周密细致的工作后,张、杨及东北军的内部说服工作已初见成效。这时宋子文、宋美龄兄妹急匆匆由南京赶赴西安与周恩来进行面谈,于是双方一场舌辩的交锋开始了。

  宋美龄急于救蒋,表面平静却内心焦急,但仍端着委员长夫人的架子说:"这次委员长不幸蒙难西安,据说是贵党背后策划的。……"周恩来用右手轻轻拍击着沙发,随声回答说:"水结成冰,是因为天冷;弹出枪膛,是受了撞针的压迫。事情非常明白,这次'西安事变'完全是蒋先生自己逼出来的。如果蒋先生树旗抗日,这不愉快的事情能发生吗?至于说是我党背后策划的,有什么根据呢?完全是不合事实的无稽之谈!"周恩来运用两句精炼的比喻道出事变的个中原因,给对方以严厉驳击;运用假设、反问,变守为攻,置对方于尴尬境地;无疑而问,连连进攻使辩驳充满了逻辑上的内在张力和动势感,如狂飙疾进,似万钧雷霆,对方只好仓促招架,穷于应付。最后周恩来蕴藉语言蓄势,回扣前言"完全是不合事实的无稽之谈",从正面予以强有力的一击,戛然而止,气势颇为雄劲、恢宏,进一步加重了驳斥的力量。

  宋美龄拿不出任何凭证来,不敢接触周恩来那严峻的目光,心里怯了几分说:"别人这么说,我并不相信。"周恩来向后靠靠说:"当然,我们是允许不明真相的人怀疑的。"说着看了看宋子文。周恩来为了争取宋氏兄妹影响蒋介石共同抗日,因而在语言策略上做到了适可而止,给对方以面子。一开场周恩来义正辞严,有理有节,维护了我党尊严,初战告捷。胸存全局,收放自如。

  宋子文脸红了,不知答什么好。在他尴尬之际,宋美龄又开言道:"可是,我觉得西安方面这样做未免有点太危险了。南京有几十万装备优良的军队,难道都视而不见、充耳不闻?以卵击石,除自取灭亡之外,还能有什么结果呢?"宋美龄又生一计,企图以势压人。宋子文看她说得太不像话了,怕把关系搞僵,给释放蒋介石增加困难，忙阻止道："你和周先生谈这些干什么？"宋美龄并非头脑发热、信口开河，她知道西北的军事实力与南京的军事实力相差悬殊，欲以武力相威胁。她不顾宋子文的劝阻，板着脸说："我想周先生知道这些情况是不无好处的！"

"关于这方面的情况，我知道的不多，不过也并非全无所闻。你们南京，一方面何应钦自任司令，校场白衣挂帅，兴师问罪；另一方面夫人你又大吵大闹，制止出兵。这些做法，究竟是谁真心救蒋先生呢？"周恩来不紧不慢地问道。周恩来对当时的形势做了深入的了解和分析，已是全局在胸，并制定了相应对策。深知蒋介石与何应钦之间的矛盾及宋美龄与何应钦之间的纠葛，于是周恩来对宋美龄的发难来了个顺水推舟，利用其矛盾，迂回出击，巧用围魏救赵、避实就虚之战术，出其不意，攻其不备，扼制其猛烈攻势，而使对方气势顿减，进攻失利。

宋美龄被周恩来问得张口结舌，半天答不上来。宋子文在一旁不停地摇头叹气。周恩来接着说："何应钦在这个问题上可以说很聪明。他的讨伐呀，轰炸呀，无非是想逼死蒋介石取而代之，作为继蒋的第一人，倘若逼不死则可以落个救蒋第一功。南京这种戏中戏的复杂情况，我想，蒋夫人，你一定比我更清楚，更明白。"周恩来进一步为其明戏，点其要害，揭其矛盾，釜底抽薪，打乱了对方的心理准备，削弱了对方的心理优势。宋美龄立时脸色煞白，像泄了气的皮球。

周恩来不容其反驳接着继续说道："如果说要打，我们已经奉陪10年了。对共产党、红军的厉害，我想夫人你不会不知道吧！何况如今国内的形势已非往昔，南京面对的敌手，也非一个共产党，一支红军，而是全国所有要求抗日的人民和军队。蒋先生无视这一现实，导致了今日的不幸。如果有人还不引以为鉴，其结果是可以想像的，那才是'以卵击石，自取灭亡'了。"周恩来在削弱对方的攻势之后，话锋一收，直逼对方营下，运用假设和对比手法正面驳击，为其敲响警钟，最后把"以卵击石，自取灭亡"之语完璧归赵，轻松还给对方。这一说使对方作茧自缚，收到了醍醐灌顶、振聋发聩之效。

求同存异，开诚布公

宋子文害怕再争执下去，达不到所来的真正目的，于是慌忙插言缓和气氛说："周先生的谈话，使我宋某深受教益。此次委座被扣西安，周先生为大局着想，四方奔走，始保其安全，某等无不感激涕零！即使愚妹，刚才在车上说起周先生的用心，还是深表感激呢！""如果真是这样，那事情就好说了。为国家民族生存，我辛苦原是责无旁贷的，说到感激是万不敢当的。"一语"如果"假设巧妙，含蓄适度，一石二鸟，不显山不露水，蕴藉言外之意，婉言道出对方语言之虚伪，并期待真诚合作。接着周恩来又说："蒋夫人，我们到这里来，原是求同的，而不是立异的，是么？"

"是这样，是求同的。"宋美龄忙说，"不过还有一事不明，不知当问不当问？"此时，她已没有了刚才傲气十足的夫人派头了。周恩来和气地说："请讲不妨。""贵党从成立的那天起就公然宣称，像我们这样的资产阶级是你们的死对头。我不明白，对这样一个不共戴天的仇敌，你们怎么突然变了呢？难道……""妹妹！"宋子文叫道。"请继续讲，"周恩来说，"很有意思。""所以，我怀疑贵党的真诚……"宋美龄吞吞吐吐地说。"我把夫人的话，不妨挑破了吧！你的意思是说，我们党想乘这个机会向你们要点什么，是吗？"宋美龄用外交辞令说："我敬佩阁下惊人的坦率。"周恩来听罢哈哈笑了。

周恩来满含感情地说："我们共产党人从不讳言自己的信仰和目的，并且在任何时候都不改变。我前面已经说过，我们是来求同而不是立异的。什么是我们求同的基础呢？那就是我们都是中国人，都是轩辕黄帝的子孙！面对着日寇的步步逼进，中华民族到了生死存亡的关头，我们不愿当亡国奴！"讲到这里，周恩来站起来，庄严激昂地说："所以，在此民族危亡之刻，我们中国共产党别无所求，亦不需要求！此话可以公诸天下的！"周恩来以民族利益为重，话语短促高昂，激情洋溢，措辞斩钉截铁、铿锵有力，情理相融，感人至深；运用设问，一问一答，语气强烈，升华题意，使对方思想共振、情感共鸣而达到了感染对方、说服对方的理想境界。

欲擒故纵，达成协议

宋氏兄妹至此心里已经踏实，连忙站起来，微微弯腰说："周先生，请原谅我们刚才的冒昧。""没有什么，话不说不明嘛。"周恩来轻轻一句，了结了刚才紧张的争执。周恩来说："……听说上海市场的公债价格在12日后曾跌4元停板，紧接着又回升起来。至今保持着事变前的水平。宋先生，请教：这是什么原因呢？""哦！这嘛，这是英美朋友帮助的结果。"宋子文回答，心里又惊又疑。周恩来怎么会如此谙熟经济行情呢？老于政治的宋子文终于清醒，周恩来全局在胸，一言一语，都紧扣主题。英美为什么需要蒋介石呢？因为如果让何应钦取蒋代之，到时日本帝国主义独占中国，就会侵犯英美在华的利益。宋氏兄妹冒险赴西安会谈，也是这个原因。"然而，令人遗憾的是，眼下蒋先生并不认他们的账！他一意孤行，甘愿受南京亲日派的摆布了！"周恩来说。宋美龄又拿出夫人的气派坚定地说："这由不得他，我能把他拧过来！"周恩来欲擒故纵，感叹道："蒋夫人，恐怕……"宋美龄拍着胸脯说："这一点请你放心！"周恩来说："那就拜托夫人了。"至此，一场扣人心弦的舌辩结束了。

周恩来凭借其广博的知识、敏捷的思维、高明的策略、犀利的语言及炽烈的情感在舌辩中峥嵘崭露，力挫宋氏兄妹之嚣张气焰使会谈取得显著成效，为和平解决"西安事变"打下了坚实的基础。

二、请设想：在下列情况下，各位名人可能会怎么说呢？

1. 丹麦著名童话作家安徒生常戴一顶破旧帽子在街上溜达。一次，有个人嘲笑他："你脑袋上边的那玩艺是个什么东西，能算是顶帽子吗？"安徒生毫不客气地回敬道："……？"（25字以内）

2. 一位旅行家向海涅讲述他所发现的一个小岛，突然说道："你猜猜看，这个小岛上有什么现象最使我感到惊奇？""什么现象？"旅行家神秘一笑："小岛上竟没有犹太人和驴子！"作为犹太人的海涅不动声色地回答："……，就可以弥补这个缺陷了！"（25字以内）

3. 一次，歌德与一位尖刻的批评家狭路相逢，两人面对面站着。那批评家十分傲慢地说："对一个傻子，我绝不让路！"歌德马上站到一边，微笑着说："……。"（10字以内）

4. 美国舞蹈家邓肯曾给肖伯纳写信说："假如我们两人结婚，生下的孩子头脑像你，面孔像我，该有多好呦。"肖伯纳一本正经地回信拒绝："……，岂不是糟透了？！"（20字以内）

5. 有人向德国著名画家门采尔诉苦：自己画一幅画只需要一天，可是卖掉它却要等上一年。门采尔认真地回答道："……。"（20字以内）

6. 有一位著名钢琴家去某城市演出，发现座位多半空着，不免尴尬。他先向听众说道："我想这个城市的人一定都很有钱，……。"话音刚落，大厅里顿时充满了笑声。音乐会就在和谐的气氛中开始了。（20字以内）

7. 一位不怀好意的西方记者问周总理："为什么中国人走路时老低着头，而西方人却昂着头走路？"周总理作了非常巧妙的回答。他说道："……。"（30字以内）

8. 在英国议会大厅，一场演讲正在进行。演讲者是保守党议员乔因森·希克斯，他在台上讲得唾沫飞溅，而坐在台下的丘吉尔首相却不时摇头，表示反对。乔因森·希克斯很恼火，冲着丘吉尔不客气地说："我想提醒尊敬的先生们注意，我只是在发表自己的见解。"丘吉尔不慌不忙地回击道："我们也想提醒尊敬的演讲者注意，……。"（10字以内）

9. 阿斯特夫人是英国议会的女议员，也是丘吉尔首相的政治对手。在一次聚会时，阿斯特夫人坐在丘吉尔首相的边上，她指着桌子上的咖啡说："如果你是我丈夫，我一定在咖啡里放毒药。"面对这一挑衅，丘吉尔慢慢端起咖啡杯，针锋相对地说："……，我一定会把咖啡喝下去。"（10字以内）

10. 彼得堡某公爵家的大厅里，不断传出乐曲声，一场舞会正在进行。诗人普希金也应邀出席，不过，那时他还年轻，而且还没有知名度。又一首歌曲响起，普希金走到一位小姐面前，彬彬有礼地发出了邀请。谁知小姐连头也没转一下，从鼻子里哼出一声说："我可不能和小孩子一起跳舞。"面对傲慢，面对轻蔑，普希金先是一笑，然后颇有"绅士"风度地说："真对不起，小姐。……。"（15字以内）

11. 吴佩孚，北洋军阀的直系首领之一。虽说他是"一介武夫"，却是前清秀才出身，有时也会来点出人意料的幽默。有一次，他少年时的同学王兆中前来投靠，提出想到河南，弄个县长什么的当当。吴佩孚知其才识平平，便在他的申请上戏批了四个字："豫民何辜。"结果，县长自然没当成，过了一段时间，王兆中又请任旅长，在申请书上慷慨陈词："兆中愿率一旅之师，讨平两广，将来班师凯旋，一定解甲归田，以种树自娱。"谁知吴佩孚又来"幽上一默"，批道："……。"（10字以内）

12. 在美国一所大学的演讲大厅里，中国当代女作家谌容的演讲赢得了一阵阵掌声。在结束演讲前，她照例留下一点时间，接受听众的提问，这时，有人提出了一个尴尬的问题："谌容女士，听说你至今还不是共产党员。请问，你对中国共产党的感情如何？"谌容从容不迫，笑着说道："这位先生的情报真灵通，我确实还不是一个共产党员。不过，我的丈夫可是个老共产党员呀！……！"（30字以内）

13. 有一天，乾隆皇帝对刘罗锅说："如果你能猜到我在想什么，我就赏赐你一个玉瓶。"虽然刘宰相并不在意这个价值连城的玉瓶，但为了捉弄一下皇上，便随口答道："……。"乾隆皇帝不得不把玉瓶给了他。（15字以内）

参考答案：

1. 你帽子底下那个玩艺是什么东西，能算个脑袋吗。
2. 如果真是那样，那么我和你到小岛上走一趟。
3. 我恰好相反。
4. 要是生的孩子头脑像你，面孔像我。
5. 换一下，画上一年，准在一天里卖出。
6. 我看到你们每个人都买了两三个座位的票。
7. 因为中国人正在走上坡路，而西方人正在走下坡路。
8. 我们只是在摇自己的头。
9. 如果你是我的妻子。
10. 我不知道您正怀着孩子。
11. 先种树再说。
12. 直到现在，我还没有和他离婚。你看，我和共产党的感情有多深。
13. 皇上不想把玉瓶赏给为臣。

第二节 求职应聘谈话

一、求职应聘谈话的概念

戴尔·卡耐基举过一个生动的例子：美国费城有一个青年为谋求职业，成天徘徊在费城的大街上，曾经幻想有哪一位富人能发现他的存在，然而，不管他做出怎样引人注目的举动，都毫无结果。有一天，他百无聊赖地躺在床上翻书，突然看到欧·亨利的一句话："在'存在'这个无味的面团中加入谈话的葡萄干吧！"于是他准备了一下，就闯进著名富翁贾鲍尔·吉勃斯先生的办公室，请求吉勃斯先生牺牲哪怕仅仅一分钟来见见他，并允许他讲一两句话。吉勃斯先生破例接见了他，起初，吉勃斯只想与他讲一两句话，然后打发了事，没想到两人越谈越投机，一直谈了一个小时，结果，吉勃斯先生很快替这个穷困潦倒的青年找到了一份工作。

这个故事告诉我们，展示口才魅力是求职的第一步。求职应聘谈话是求职者为寻找一份适合自己的工作和用人方进行的交流与沟通，它是一种目的和目标都非常明确的谈话，是应聘者、招聘方"双向选择"的必经阶段。

二、求职应聘谈话的种类

求职应聘的形式有很多，依据面试的内容与要求，大致可以分为以下几种：

（1）问题式面试。由招聘者按照事先拟订的提纲对求职者进行发问，请其回答。其目的在于观察求职者在特殊环境中的表现，考核其知识与业务，判断其解决问题的能力，从而获得有关求职者的第一手资料。

（2）压力式面试。由招聘者有意识地对求职者施加压力，就某一问题或某一事件作一连串的发问，详细具体且追根问底，直至求职者无以对答。此方式主要观察求职者在特殊压力下的反应、思维敏捷程度及应变能力。

（3）随意（或自由）式面试。由招聘者与求职者海阔天空、漫无边际地进行交谈，气氛轻松活跃，无拘无束，招聘者与求职者自由发表言论，各抒己见。此方式的目的为于闲聊中观察应试者谈吐、举止、知识、能力、气质和风度，对其做全方位的综合素质考察。

（4）情景（或虚拟）式面试。由招聘者事先设定一个情景，提出一个问题或一项计划，请求职者进入角色模拟完成，其目的在于考核其分析问题、解决问题的能力。

（5）综合（全方位）式面试。招聘者通过多种方式考察求职者的综合能力和素质，如用外语与其交谈，要求即时作文，或即席演讲，或要求写一段文字，甚至操作一下计算机，等等，以考察其外语水平、文字能力、书法及口才表达等各方面的能力。

以上是根据面试种类所做的大致划分,在实际面试过程中,招聘者可能采取一种或同时采取几种面试方式,也可能就某一方面的问题对求职者进行更广泛更深层次的考察,其目的在于能够选拔出优秀的应聘者。

三、求职应聘谈话的特征

(一) 目的性

求职应聘谈话是一种目的性、功利性都极强的谈话形式。对于招聘方来说,其目的是通过谈话发现良才,找到自己需要的人;对于应聘方来说则是要给自己找一份工作,施展才华。双方这种目的性的互相满足是应聘谈话成功的前提。

(二) 吸引力

求职谈话是双向选择、双向吸引的过程,其中任何一方产生离心力都会宣告谈话失败。对于求职谈话,求职方应注意使自己的谈话具有吸引力,具体应注意如下两方面:

1. 气质修养。吸引力包括愉快的心绪、健康的体魄、宽容大度、真诚的人格、坚强的毅力、正直无私的精神、谦恭和蔼的待人态度、有效的自制能力和乐于助人的品质。它外化为自信诚挚的微笑、高雅的气质、举手投足的得体以及优美动听的声音和流畅的语言表达。有了吸引力你才能唤起招聘者的欲望,引起招聘者的注意,并促使他和你聊天,使招聘者愿意能从你身上知道更多的东西,甚至立即就喜欢你。

招聘过程是在一个较短的时间内完成的。双方一见面,招聘者不一定要对你下什么武断的评价,但你的行为一落入人家眼里,人家马上就产生了第一印象,第一印象给人的感觉最深,在招聘中也起着举足轻重的作用。有经验的招聘者可以从第一印象中看出你内在的品性来。

2. 谈吐举止。美国著名企业家史密斯先生在报纸上刊出一则广告,欲招聘一位年轻的男秘书。在50多个应聘者中,他选中了一个空手而来的小伙子查理。助手不解地问:"我真不明白,你为什么会选中一个连简单的介绍信都没带的小伙子?"史密斯平心静气地解释说:"那你可错了。查理带来的东西可多呢——他进门前先擦净皮鞋,进门后轻轻关上门,表明他细致小心;他一进来便摘下帽子并且从容敏捷地回答我的问话,表明他很有礼貌而且也很聪明;我故意把一本书扔在地上,只有他捡了起来并放回桌上,而其他人都毫不在意地踩了过去;他不像别人那样使劲地往里挤而是耐心地排队等待;同他谈话时,我注意到了他整洁的衣着,有条理的头发和修剪得干干净净的指甲。难道你认为这还不够吗?在我看来,这是一份最有说服力的介绍信。"

(三) 个性化

招聘者手中往往拥有许多求职履历表，个个实力雄厚，在面试时，他们想知道的是你与众不同之处，所以应聘谈话的个性化会使你脱颖而出。

南方姑娘刘晓芳，到一家日本人开办的公司去应聘，想谋个白领职位。老板用生硬的中国话问她："你的来应聘，对我的公司有什么的兴趣？"她不假思索地回答："挣钱多，有作为。"老板的眼睛逼视着她问："你的不想通过我的公司到大日本的干活？"她略带严肃意味地说："对不起，先生，我不想到日本去。再说，我认为日本并不大。这么多日本人到中国来做生意就是证明。"这句话够刺激，有些不留情面，谁知老板听了竟哈哈笑了。刘晓芳拿出打印好的个人简历表，上前一步放在他的写字台上。老板挺认真地看了一阵子，用兴奋的口吻问道："你的是退伍女兵？"她点点头。看得出来，老板对女兵的身份很有兴趣。过了一会儿他忽然问道："我的公司没有分队长的干活。你来做职员干得大大的好，再管人的干活。OK！"她也轻说一声"OK！"前后大约8分钟，应聘宣告成功。

部队生活的锻炼无疑给了刘晓芳良好的教养和素质。她在回答去不去日本的问题时，既展示了鲜明的个性，又焕发出人格的力量。

(四) 针对性

应聘谈话的目的性决定了它的针对性，招聘者不但要通过谈话了解应聘者的能力，还要考查应聘者是否适合他们招聘的职位。所以，在应聘谈话中，凡是与竞聘岗位相关的学历、经历、能力及个性特征等要重点介绍，而且要言之有物。

有位竞聘师资处长的同志这样介绍自己："我毕业于北京师范大学教育系，科班出身，有较强的教育理论基础；做过十年教师，曾多次荣获省教师、教学质量优秀奖等奖励；在师资处工作多年，具有较丰富的师资队伍建设的管理经验，具有引导教师服务学院，面向社会的能力，自信能胜任师资处长的工作。"所有的语言都围绕着师资处长这个岗位展开，不枝不蔓，中心突出，条理清晰。

针对性还要注意针对与你谈话的人来设计语言，一般来说招聘人员由考查应聘者思想政治素质的人事干部和精通专业的业务人员组成，因此应聘者要有充分的思想准备，和人事干部谈话要充分展示自己的政治思想水平，反映爱党、爱国、爱人民的深厚感情，表现自己的敬业精神和强烈的事业心与责任感。在与专业技术人员交谈时，要注意展示自己的研究成果，回答问题时，要多用专业术语，对要答的问题不能只满足于"知其然"而要答出其"所以然"。在应聘前，根据自己应聘岗位的特点，提出研究方案和设想，会让招聘者刮目相看。

四、求职应聘谈话的准备

假设你是个园艺爱好者,在挑选完美的八仙花时,与一个有特殊园艺才能的人展开了一段对话。你俩谈到了一年中什么时候是种植八仙花的最佳时机、最佳的施肥、灌溉技术,以及让番茄藤生长、牵牛花开花等其他的窍门。不知不觉中,你都忘了回家吃晚饭,但是谈话太愉快了,使你没注意时间的流逝。

花一分钟想一下那个谈话。你可能没有这么想过,但你准备过那个谈话,毕竟你花了很多年学习园艺并且在谈话中能够保持自我。你很高兴找到了一个可以分享你的热情的友好的人,你给予了一些知识,也获得了一两件新东西。你可以在面试中做同样的事。

《无敌面试》的作者 Marky Stein 说,魅力就在你谈话的内容,进行一场让面试官觉得舒服的谈话,并让他或她喜欢你。这是人为的因素,这就是魅力。

求职应聘谈话的准备可以分为硬件准备和软件准备即物质准备和心理准备两个方面。

(一) 软件准备(心理准备)

面试就好比是一场考试,既在测试每个人的能力,也在测试每个人的心理素质和临场发挥。因此,要成功面试,首先要充满信心。"天高任鸟飞,海阔凭鱼跃"。保持良好的状态、快乐的心情,会大有好处。其次,要抓住招聘者的心。招聘者可能会先评价一个求职者的衣着、外表、仪态及行为举止;也可能会对求职者的专业知识、口才、谈话技巧做整体性的考核;还可能会从面谈中了解求职者的性格及人际关系,并从谈话过程中了解求职者的情绪状况、人格成熟度、工作理想、抱负及上进心等。

软件准备还包括:

1. 充分了解应聘单位。对用人单位的性质、地址、业务范围、经营业绩、发展前景、对应聘岗位职务及所需的专业知识和技能等要有一个全面的了解。单位的性质不同,对求职者面试的侧重点不同。如果是公务员面试,其内容和要求与应聘企业公司相差很大。公务员侧重于时事、政治、经济、管理、服务意识等方面。而一位资深人力资源专员说:"面试时,我们都会问求职者对我们公司了解多少,如果他能很详细地回答出我们公司的历史、现状、主要产品,我们会高兴,会认为他很重视我们公司,对我们公司也有信心。"同时,还应该通过熟人、朋友或有关部门了解当天对你进行面试的考官的有关情况及面试的方式、过程以及面试时间安排,索取可能提供给你的任何说明材料。如果一个应聘者对招聘单位的情况、招聘的职位、条件一无所知,他很可能也会一无所得。

在面试过程中透露出对用人单位的了解和关注,并对其给予得体的恭维,可以拉近双方的感情距离,产生强大的亲和力。

有一家公司要招聘一名有特殊才能和经验的人，陈君看到招聘广告之后，准备应聘。他先找到一些熟悉这家公司的人了解了公司的状况，并搜集了一些公司经理的个人资料。见面之后，陈君说："我很愿意在这里工作，我觉得能为您做事是最大的光荣。因为您是一位发展大事业的成功人物。我知道您在18年前创业的时候，只有一张桌子、一位职员和一部电话机在办公室内，经过您的坚毅筹划和努力奋斗，才有了今日这样欣欣向荣的事业。我非常钦佩您这种精神。"所有成功的人，差不多都乐于回忆当年奋斗的经历，这位经理亦不会例外。所有到经理室应聘的人，大都是毛遂自荐，讲自己的能力，但陈君抓住人的心理，另辟蹊径，经理像找到了知音一样，很高兴地讲述自己的创业史，陈君始终侧耳恭听，而且不断地点头表示钦佩，最后经理很简单地问了陈君一些经历，就对旁边的副经理说："这就是我们所需要的人了。"

了解招聘主持人的性格和爱好能使你少走弯路。

赫蒙是美国一个很有名的矿冶工程师，他毕业于美国的耶鲁大学，又在德国的佛莱堡大学拿到了硕士学位。按理说拿着这些名牌学府的文凭找工作一定会被优先录取，可是当赫蒙带齐所有的文凭去找美国西部的大矿主赫斯特的时候，却遇到了麻烦。那位大矿主是个脾气古怪又很固执的人，他自己没有文凭，所以不相信有文凭的人，更不喜欢那些文质彬彬又专爱讲理论的工程师。当赫蒙递上文凭时，满以为老板会乐不可支，没想到赫斯特很不礼貌地对赫蒙说："我之所以不想用你，就是因为你曾经是德国佛莱堡大学的硕士，你的脑子里装满了一大堆没有用的理论，我可不需要什么文绉绉的工程师。"赫蒙先一愣，然后说："假如你答应不告诉我父亲的话，我要告诉你一个秘密。"赫斯特同意，于是赫蒙对赫斯特小声说："其实我在德国的佛莱堡并没有学到什么，那三年就好像是稀里糊涂地混过来一样。"想不到赫斯特听了后就笑嘻嘻地说："好，那明天你就来上班吧。"

如果在收集材料的过程中知道矿主的古怪，赫蒙就不必承担那么大的风险了。资料收集还包括对公司的发展方向、前景、单位的性质、服务宗旨、企业的年度报告、新生产的产品品质、销售状况等进行收集。

2. 使自己的能力与用人单位的工作要求相符合。"知己知彼，百战不殆"。求职者面试前应对自己的能力、特长、个性、兴趣、爱好、长短处、人生目标、择业倾向有清醒认识。尽量使自己的能力与工作要求相适应。认真阅读你所收集到的所有信息并牢记它们，参加面试时，通过显示你对知识的掌握和理解来表达你希望进入这一单位工作的愿望。

3. 模拟自己可能询问的问题。面试前不经过角色模拟，便无法达到最佳的效果。一些负责招聘的人事主管提出，求职者应当乐意提问题，这样招聘者才能知道求职者的水准及想了解的问题。

4. 对可能遇到的问题进行准备。这项准备有助于认清自己真正的想法，有助于在面试的现场能够清晰地自我表达。谈话语言讲究随机应变，但在应聘谈话中对招聘者的提问有所准备可以帮助你克服紧张情绪，提高成功的概率。据统计结果显示，面试时，招聘者提问最多的问题是：

你是否喜欢这项工作？
你的爱好和特长是什么？
你是否有工作经验？
你对本公司是否了解？
你的优点是什么？
你的缺点是什么？
你工作的目的是什么？
以前对你影响最大的人有哪些？
你以前的老板、同事对你的评价是怎样的？
你对公司的未来前景如何看？
你以前的成就、工作业绩是什么？（举适当的例子）
你怎样看待你和你的竞争者的这场较量？
你认为你今天表现如何？发挥了你的正常水平吗？
你为什么要来这里工作？
你对未来工作的设想是什么？
你准备待多久？
你期望多少薪金？

针对每一类问题，设计出一个普遍适用的答案，一旦遇到的问题在你准备的范围内，你就可以胸有成竹。超出这个范围，你也可以按该类别题目的宗旨，套出成型的普遍适用的答案（当然，此时如果有灵感机智，能够妙答更好，但多数人做不到这一点）。这种做法略显保守，但我们首先确保的应是不失分，然后再在有所侧重有所准备的精彩对白中赢分，才是万全之策。

5. 练习处理对你面试不利的事情。即使曾有一些不愉快的受挫经历，即使自己曾经犯过错，也可作为一段可供学习的经验加以陈述。务必用积极的事情抵销消极的事情，最好不要说有损自己形象的话。

6. 进行自我认知。要自信地应对面试，首先要对自己有清楚的认识。写出几件自己认为可以称得上成功的事情，并逐一分析这些成就，列出你最主要的几项技能。同一件事情，各人有各人截然不同的处理方式，这取决于每个人不同的个性。为弄清自己的个性，可以通过分析成就，用一些形容词来归纳自己的性格。确定与你的个性、兴趣相符的工作环境。工作环境不仅指具体的环境，更重要的是工作单位的文化背景。一位求职者到一家由几个工程师开设的公司面试，她说："那里给人的感觉就像军队，棕色的地毯、黄色的屏风、陈旧的家具……我不会在这儿工作的。"

7. 业务知识准备。与应聘岗位相关的专业知识、业务技能等要熟知，备上一份求职材料，供招聘者查阅参考。准备当天可能用到的个人资料或作品，携带相关证件，以便在面试过程中进一步向招聘者提供有关自己个人的相关资料。

（二）硬件准备（包括服装、个人资料的准备）

面试前要保证充分的睡眠和愉快的心情，以保持良好的精神状态，面试前还应注意修饰自己的仪表，使穿着打扮等与年龄、身份、个性等相协调，与应聘的职业岗位相一致。这一点将在以下的内容中较为详细地阐明。

着装显示了一个人的审美、修养和品味，它是一种无声的语言。某公司招聘经理说，招聘者对求职者的印象常常在前30秒就已经形成了，所以招聘者们都强调求职者一定注意自己的着装和精神风貌。以前都认为面试时一定要穿正装，比如男孩子要西装革履，女孩必须一身职业装，其实着装主要看公司的风格和职位特点，像一些网络公司着装都比较随意。他认为，对于应届毕业生来说，着装不强调西装革履，但一定要整洁干净。

着装看起来是一个私人化的问题，但实际上许多人已把穿着意识同较强的自尊心和工作的满意程度联系在了一起。一位32岁的行政管理员，在一家大型清算公司工作了10年，在她的科长退休时，她申请了这个职务，可是她没通过面试。秘书告诉她是因为她不符合当科长的形象，并建议她在申请下一份工作前改变一下服装，换下那条宝石蓝色的裙子，摘下那副悬挂式耳环。

应聘时不要只想你需要什么样的工作，还要想想你在找工作时应穿什么。如果你被安排到一家你不熟悉的公司去面试，你应先研究一下这个公司的雇员现在穿什么衣服或以前穿什么。

五、求职应聘谈话的技巧

（一）求职应聘谈话的原则

1. 巧妙。巧妙指应聘者袒露自己的意向时，应选好角度，用委婉的方式表达出来。如不少学生常问招聘者："你们要女生吗？"这种问话本身就是一种没有自信的表现，同时也给招聘者一个顺水推舟的机会。不如转换一个角度问："女大学生到你们单位工作的多吗？"这样无论他怎样回答你都可以给自己争取机会。

2. 到位。到位即常说的话要说到点上，即不比该说的多说半句，也不比该说的少说半句，说在该说时，止在该止时。招聘谈话要求把握好时机，若一开口就滔滔不绝收不住，或者在没有弄明白对方意图时就急于阐述自己的观点，都不利于树立自己的形象。应聘谈话要懂得根据不同对象把握言谈的时间，根据不同场合把握言谈的得体度。企业领导公务繁忙，你不能占用他太多的时间，有时候可事先声明："总经理，请给我 5 分钟的时间。"在 5 分钟内分轻重缓急，条理清晰地把该说的内容说完，干练、守时会得到人家的青睐。应聘谈话既不能轻描淡写，让人感到没诚意，也不能苦苦哀求，让人家施舍。

3. 诚信。诚信是人类崇高而又纯洁的美德之一。一个缺乏诚信的人，他的声誉必定欠佳。希望通过交谈充分展示自己的能力、水平是应聘者的普遍心理，但如果把握不好，过分夸大自己的实际能力，会影响招聘者对你的信任，达不到预期的目的。在表述过程中要少用"可能"、"大概"、"也许"等词，以免给招聘者造成一种不可靠的感觉；对于自己的优点、特长不说过头话，少用"绝对"、"最好"等词，恰当地说出自己的缺点，反而能增强招聘者对你的信任。

4. 礼貌。礼貌本身是一种礼节，也是一个人教养和习惯的体现。在应聘中，应注意进门先敲门，进门后关上门，见面问好，告退道别，个人资料取放有条理，等等。面试是展示应聘者口才的关键环节，是"决定性的瞬间"，语言技巧主要体现在面试阶段。

（二）自我介绍的要领

自我介绍是应聘者的"亮相"，面试官的评判从此开始。自我介绍的内容可以包括本人姓名、年龄、籍贯、学历、简历、特长、兴趣等，如果时间紧迫或者自荐信已拿在面试官的手里，你就没有必要再"和盘托出"了。介绍用语要求重点突出，简洁明确，能给人留下较深的印象，既不能人云亦云，亦不能一味模仿，要针对面试官人数的多少和情况，有分寸地用好语言。自我介绍时，要尽可能做到如下几点：

1. 面带微笑。微笑给人的感觉是"我们很巧地诞生在同一时代，又很巧合地碰面，这是一种缘分啊"。接下来就是"我叫×××……"，或者"能在这里和大家相识，我非常荣幸，本人……"。

2. 时间控制。在一般面试时自我介绍要限定在 5 分钟以内，即使没有限制，自我介绍时间最好也要控制一下，一个人的独白时间不要太长。原因有二：其一是过长的自我介绍会让人觉得啰嗦，如果介绍人说的内容枯燥，语气平淡，有可能让面试官昏昏欲睡；二是过长的自我介绍会给人过于自信的感觉。一个应聘者完全陶醉在自我欣赏之中会使本来可用于进一步相互了解的时间缩短。在参加面试之前，请看着手表练习一次，争取让你的自我介绍简明扼要，富有现代人的时间观念。

3. 尽可能客观。在面试中过分自信的人比比皆是，但很多人忘记了"人无完人"这最基本的常识。读过两本小说就称自己是文学爱好者，会唱两首流行歌曲就是爱好音乐，一个应聘者在自我介绍时说他爱好哲学和社会学，当面试官问"你能谈谈你所了解的社会学家和哲学家的主要观点吗？"他一个也答不出来，显然就是吹嘘了。

有位学生在短短 5 分钟的自我介绍中先讲了自己所学的专业，然后介绍自己的特长爱好。最后他说："我在性格上有两重性，有时内向，有时外向，表现出来有时候平和，有时会很急躁、粗心。"这让主考官感到一个很实在的学生站在他们面前。请记住一句话："诚实往往是最好的策略。"

4. 注意细节。自我介绍时，一些小问题也能反映出一个人的性格。在汉语特别是姓氏中，同音字很多，自我介绍时，如果自己的姓或名易引起误解，就要解释一下，便于人家弄清楚。如"我姓章，立早章……。""本人姓许，言午许……。"这显示一个人的认真态度，也是对对方的尊重。

求职者在面谈时，无意间的一些小动作可能会给面试官留下不好印象，如玩弄衣服钮扣或手帕的一角；交叉翘脚的坐姿；自己穿着的裙子太短，坐下时怕曝光，而不断地拉裙摆；拨弄头发；吱吱语地小声谈话；眼神飘浮不定；夸张的肢体动作；不停地看手表等。

5. 富有个性和幽默感。在面试特别是应聘者人数众多的时候，面试者非常紧张，在自我介绍中使用一点幽默会活跃气氛。

有时候真话笑说，比庄重严肃的表白更深入人心。有一个应聘部门主管的人这样介绍自己："本人缺点，身高 1 米 6（脱鞋量），是名副其实的袖珍男子汉，虽无伟岸的身躯，却颇有些雕虫小技，因此在做职员时，总有点有劲使不上，拳脚蹬不开的感觉。"鲜明的对比，令人忍俊不禁，好感顿生。让人耳目一新的自我介绍会使你从众多的应聘者中崭露头角。

（三）在集体面试中脱颖而出

当下，不少企业在招聘人才时，喜欢采用对多位求职者进行集中面试的方式,这样可以同时考核多人,利于优劣比较,准确省时。集体面试常以集体座谈的形式展开。集体座谈一般有五六名求职者参加,时间约在20~50分钟之间。面试者最欣赏的是那种在有限时间内,能有效发表自己见解的人;那种在局面混乱、大家抓不住重点时,挺身而出,三言两语切中要害的人;特别是那种能将问题整理得清清楚楚,融合大家的合理意见,提出自己独到见解的人。

在集体讨论中,最让人头痛的莫过于自己本来想讲的话,却被前面发言的人讲完了。怎么办呢?"我的意见跟刚才那位一样",这种回答是很糟的。最佳方案应是:"我要说的,和刚才那位很相似……",然后再将你要讲的讲一遍,并引证具体的实例,来论证自己的观点,同时稍微改变一下谈话的技巧,这会给面试者留下一个具有包容力、协调性强的印象,并由此觉得你是一个优秀的人才。

在集体面试中,聪明的主持人可能会有意设下"陷阱",以考查应聘者处理问题的方法、态度。一家公司的人事部主管沈小姐在招聘销售人员时,特意在面试时设计了"BP"机响起来的试题。由于从各人的资料中已掌握了应聘者的"BP"机号码,因此在面试中每位应聘者都分别接到呼叫讯号。其中约有一半左右的人看了"BP"机后不予理睬,另一半要求回电话。在回电者中,大部分都很有礼貌地对考官说:"对不起,是否可以让我先回个电话?"当听到电话里对方说找错时,不少人会带上句"瞎打什么!"然后重重地挂断电话,只有少数人回答:"没关系,再见!"结果可想而知,不回电话者被淘汰,因为他们对突发事件处理不当,这对于一个销售人员来说,是个不可原谅的缺点。回电时表现粗俗,不会使用礼貌用语的人也"拜拜"了,因为他们可能用同样的语言和态度去对待客户,唯有用语礼貌,态度和善的人进入下一轮面试。在集体面试中任何细小处不自觉的表现,都是人的本质的自然表露。

另外,在招聘者要见很多人的时候,他记不住你说的每一句话,因此你至少该设计两三句话让招聘者一听就忘不掉。

(四) 迅速沟通的艺术

深入有效的沟通对于应聘成功至关重要。例如应聘者可以这样说:"我是××学校的应届毕业生,早听说过贵公司的大名,没想到今天有缘坐在这里。能成为贵公司的一员,是我最大的愿望……""最早知道这个公司,是在几年前……"讲一个小故事,把你的观点贯穿进去。

在沟通中要注意深谈和浅谈这两个层次。并不是所有的应聘者都有机会和招聘主管深入交谈。一般来说深谈能使谈话双方在思想感情及认识行动上产生良好的沟通,对于展示自己的才学,让招聘者进一步了解自己有好处,但深谈需要充足的时间和宽松的环境,机会一般需要自己争取。浅谈即泛泛而谈,简单地谈谈双方的条件、要求,仅停留在表层上,有心人往往会在表面的客套中察颜观色,了解对方的性格、爱好，以便找到一条通向深谈的桥梁，取得令人满意的效果。例如："想不到和你有这么相同的看法，好，有时间找个地方，我再向您讨教。""您原来是四川人啊，我知道一家正宗的四川菜馆，走，我陪你体会一下回家的感觉。"

在沟通中要尽量使自己的语言柔和清脆一些，含糊混浊的声音会令对方形成排斥力。并注意：①了解对方的人格、性格、爱好，以便对症下药。②以热情的态度、足够的耐心以及尊重对方的动机与对方交往。③灵活一些，切忌呆板。不要说使对方感觉生硬的字词或事物，开场白中，可以用对方的话来引申，一定要避免过多地说话，言多必有失。④赞同、附和对方，使对方对自己产生好感。这也可使谈话得到进一步展开。⑤遇到困难问题，或不好直接提出的问题时，可委婉地表达，也可以利用第三者的口吻说出。⑥要善于表现自己的优点，增强说服力。

在沟通中，要少说令人丧气的，具有负面效应的用语。如：热天真是讨厌！目前公司的经营状况不是太好吧！我走到如今不容易，请您帮忙给我个饭碗吧！多用肯定的、充满活力的、积极性正面用语，使人精神振奋。如：希望我能让您满意。今年公司的经营状况将有所突破。这雨一停，空气多清新啊！托您的福，我的一切都还顺利。我会积极努力的！

（五）应对范例

应对即在招聘谈话中的言语对接，常表现为问和答，这是考验应聘者应变能力和语言组织能力的时刻。主考官也想通过提问了解你的心理素质和更深层次的东西。一般常见的问题有：

第一类常见的问题是：你性格上的弱点有哪些？这个问题的答案是因人而宜的，回答的原则是实事求是、坦诚相告，并强调说明为了克服弱点你已采取的行动。你可以说："为了能求得完美，我做事的速度比较慢，有时候不能按时完成工作，然而，我已作了很多努力，和以前相比好多了。"但需要注意，一些招聘者喜欢在应聘者回答问题的时候保持沉默，好让紧张的、没有经验的应聘者抖出更多的缺点。所以一旦你已说出自己一两点不足之处，就应及时收住。

第二类常见的问题是：如果你被分配干一件你不愿意做的事情，你会怎么办？

有人说：辞职不干了！有人说：继续干。有人说：先试试再说。但这不是一个简单的干与不干的问题，而是要通过对这个问题的回答来显示一个人内在的性格和一个人的追求、理想、抱负等。有人认为，我不愿干自己不喜欢的工作，因为没有兴趣是做不好事情的，其间有一份认真和执着；有人认为，开始不喜欢没关系，兴趣可以一点点培养，这显示了此人的可塑性和灵活性。总之，答案要留有余地。

第三类常见的问题是：你来公司后想做什么？回答这个问题时要注意：其一，想想招聘者为什么要问这个问题；其二，你的回答要建立在自己能力的基础上；其三，了解一下自己应聘的岗位；其四，综合考虑各方面的因素。

第四类常见的富有挑战性的问题是：你喜欢什么样的人做你的上司？如果你和领导合不来怎么办？如果你的领导不如你，你会怎么办？这是用来考查应聘者待人处世的态度和处理问题的能力的。第一个问题的回答最好建立在你对这个单位的领导有所了解的基础上，把他们的优秀品质和工作作风作为答案会讨人家喜欢，或者说："我向往一个强有力的老板，我能向他学到很多东西，他能给我提供机会和指导，在我做错事的时候给予批评和帮助。"后两个问题则可泛泛而谈："每个人都有自己的个性、爱好，也有不同的工作方法，他既然能成为我的领导就有高于我的地方，我应尊敬他，努力配合他的工作。"也可以幽默地说："领导不是结婚对象，非要求志同道合、趣味相投不可。作为合作伙伴……。"

第五类是一些有损自己自尊心、属于个人隐私类的令人难堪的问题，回答者要不卑不亢，不能以贬低自己来讨对方欢心，答话的原则是有礼有节。

在回答招聘者提问时，除了有准备地回答好上述常规问题外，还要预防招聘者突然把话题叉开。例如：一招聘者正在问一应聘者的处世原则，突然话题一转，问："你爱好文学，对莎士比亚四大悲剧之一的《李尔王》有何评价？"恰巧这位应聘者不太熟悉《李尔王》，但他不像别的应聘者那样回答一声不知道，而是简单地谈了一些《李尔王》，然后说道："我觉得莎士比亚的《哈姆雷特》更有可读性。"于是他谈起《哈姆雷特》主人翁哈姆雷特心理变化的四个阶段及造成心理变化的原因，说得头头是道，连一旁的应聘者和招聘者也折服于他的独特感受。这样，招聘者不但没有追究他有意的躲避意图，反而对这位应聘者的随机应变大加赏识，当即拍板录用了他。

面对提问即使一时紧张答不上来，也不要急得抓耳搔腮，正确的方法应该是从容不迫，灵活机智，你可以坦率地回答："我对这个问题考虑不多，请原谅。""请允许我思考一下，待会再来回答，谢谢。"有时候也可以避实击虚，巧妙回避。同时，在对自己的特长、优点的叙述中最好避免泛泛而谈，具体的事例或数字更有说服力和可信度。如一个应聘营销员的大学毕业生说："上学时，推销校办音乐会的门票，我总是推销得最多。"

除了回答问题外，招聘者往往也给应聘者提供问问题的机会，如"你还有没有什么要补充的？"这正是你收集反馈信息的大好机会，你可以通过巧妙的发问揣摩出考官对你是否满意。下面这些问题可作为你发问的参考。①为什么这个职位要公开招聘？②以前在这个职位上供职的人，现在的去向如何？③您最喜爱您公司的什么呢？④什么是这家公司（部门）最大的挑战？⑤公司的长远目标和战略计划您能否用一两句话简要为我介绍一下？⑥您认为在这个职位上供职的人应有什么素质？⑦决定雇用的大致期限是多久？⑧关于我的资格与能力问题，您还有什么要问的吗？

此外，在应对过程中应注意：

第一，不要怯场。在你害怕时，可以采取心理暗示法给自己加油，在脑海中幻想自己作为这个单位的一员自由自在履行职责的情景，幻想自己成功后的形象，想像这位掌握你命运的人物当年也和你一样的幼稚鲁莽，强化自己的信心。

第二，控制好自己的语言，不要让对方看出你是极度渴望得到这份工作。一个应聘者在总结经验时说："我特别高兴，对这份工作表现得过于热情，使得老板发觉我的激动，他知道我不会放弃这份工作，因而他给了我比所想像的低得多的薪水。实际上我的工资应该比这高得多。"

第三，尽量不要说这样的话："你们招收几个人？"这种询问，从表面上看似乎无可厚非，但实质上却缺乏应有的自信。因为对应聘者来说，一百个名额要去争取，一个名额更要去努力争取。还有的问题如"外地的学生你们要吗？"这是应聘者出于坦诚和急切，一见到招聘者就这样问。实际上，招聘者所看重的是你的实际能力，其他的条件也许并不那么重要。应聘者应当着重表现自己的长处，让对方感到很有必要接纳你。

第四，在你离开时，要对招聘者表示感谢，并恰当地重申自己的观点和愿望。

第五，面试几天后，通过书信、电话或亲自去接触一下招聘者，再强化一下你对这个职位的兴趣。

（六）面试禁忌

一忌好高骛远，不切实际。找一份理想的职业是每个求职者的愿望，这无可厚非。但美好的愿望应根植于自身素质和客观现实之上。审时度势，准确定位是求职成功的关键所在。眼高手低，"这山望着那山高"是求职之大忌。

二忌妄自菲薄，患得患失。招聘单位所聘岗位和专业很可能与自己所学专业或原从事职业不同，这时你切不可把自己禁锢于原有的小天地中守株待兔。只有增强自信，勇于挑战和跨越自我，及时调整自我心态，适应周围环境，才能到达成功的彼岸。

三忌锋芒太露，预先设敌。例如：一毕业生到杂志社应聘编辑一职，在出示自己发表过的作品后，又说自己擅长策划，有领导才能，是做编辑部主任的最佳人选，并将该杂志现在的办刊方式批驳得一无是处。然而，那位负责招聘的正是编辑部主任，为此，在第一关就把他刷掉了。此例说明，选定要就职的职位，只表现出自己胜任那一职位的能力即可,不要锋芒太露,预先设敌。

四忌盲目应试。要分清单位的性质和它对求职者的要求,切不可以应聘企业、公司的准备去进行公务员或教育岗位的面试。

(七) 面试结束后的注意事项

1. 回顾总结。

(1) 面试一结束,应该对自己在面试时遇到的难题进行回顾。重新考虑一下,如果他们再一次向你提问,你该如何更好地回答这些问题。

(2) 尽量把你参加面试的所有细节记下,一定要记下面试时与你交谈的人的名字和职位。

(3) 万一通知你落选了,你也应该虚心地向招聘者请教你有哪些欠缺,以便今后改进。这样就可以知道自己到底为什么落选。一般来说,能得到这样的反馈不容易,你应该好好抓住时机。

2. 会后致谢。

(1) 在面试后的一两天内,你可以给某个具体负责人写一封短信。在信里应该感谢他为你所花费的精力和时间,感谢他为你提供的各种信息。

(2) 如果在一个星期内,或者在他们做决策所需的一段合理时间之内没有得到任何音讯,你可以给负责人打个电话,问他"是否已经作出决定了?"这个电话可以表示出你的兴趣和热情,你还可以从他的口气中听出你是否有希望得到那份工作。

(3) 如果在打听情况时觉察出自己有希望中选,但最后决定尚未作出,那你可以过段时间后再打一次电话了解情况催。

(4) 每次打电话后,你还应该给对方寄封信。内容应该包括:①重申你的优点;②你对应聘职位仍然十分感兴趣;③你能为公司的发展做的具体贡献;④你希望能早日听到公司的回音。哪怕他们已经暗示你可能落选了,你还是可以寄一封短信说明你即使没有成功但也很高兴有面试机会。这样做不仅仅是出于礼貌,而且还能使接见者在其公司出现另一个职位空缺时心里想着你,为你创造出一个潜在的求职机会。

在此,笔者列举一封求职者在面试后写的感谢信:

尊敬的××先生:

感谢您昨天为我的面试花费的时间和精力。我能和您谈话觉得很愉快,并且了解到许多关于贵公司的情况,包括公司的历史、管理形式以及公司的宗旨。

正像我已经谈到过的,我的专业知识、经验和成绩对公司是很有用的,尤其是我的吃苦钻研的精神。我还在公司、您本人和我三者之间发现了思想方法和管理方法上的许多共同点。我对贵公司的前途十分有信心，希望有机会和你们一起，为公司的发展共同努力。

再一次感谢您。并希望有机会与您再谈。

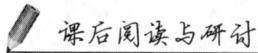课后阅读与研讨

求职应聘谈话的技巧

下面列举求职应聘中经常出现的一些提问及其回答技巧：

1. "你在这类工作岗位上有何种经历？"

这是展示你才能的黄金时间。但在你行动之前，你必须绝对清楚对于面试主试人来说什么是最重要的。假如你不知道在起初的6个月内你将涉足什么项目，你必须询问。你的思考和分析能力将得到尊重，你得到的信息将自然使你更能贴切地回答问题。

2. "你认为你工作中的哪些方面是最重要的？"

对这个问题的错误回答将使你丧失就职机会，高层行政主管将预算报告作为工作的最重要的方面即是一例。此问题旨在试探你的时间分配能力、分辨能力以及任何逃避工作任务的倾向。

3. "一位系统分析员的主要职责是什么？"

这个问题本身包含三层含义：①他要求当今所有的员工必须具备更强的效益和利润意识，应该熟知个人的职责如何与整个公司的利益相吻合；②你的回答将给面试主试人提供如下信息：假如你加盟该公司，你还必须学多少以及如何重新定位；③它是一个非常有效的"致命"的问题，假如你对你的工作缺乏全面的了解，那就完了，他们随时都可将你清理出场。

因此，你的答案必须能反映出你对系统分析员的职责的理解，与此同时，你还必须谨防不同的公司对某个职称的习惯理解。例如，一个公司的系统分析员也许在另一公司仅仅是指程序编制助手。了解这点之后，你的开场白可以这样说："就我本身的工作而言，其职责在各个不同的公司都不一样。我目前（或上一份）工作的职责包括……"然后，当你的背景不符合你申请的职位空缺时，你可以这样问："哪些方面的相关专业知识我未涉及到？"这将给你一次补偿的机会。

4. "你曾经从事的与你的专业最不相关的工作是什么？"

假如与你的专业最不相关的工作未写在你的简历上,那就不应该提它。有些人在冷饮柜台当过6个月的收银员,他们跳过了这6个月的时间,在听到这个问题之前,不愿提起这段往事。若你所提到的一份工作未出现在你按时间先后制作的简历上,这就会使你的诚信受到质疑,你获得就职提名的可能性也将大大降低。除此之外,在你的职业生涯中无论哪份工作,只要它在你的业务上使你增长见识且给你带来收入,就都不是浪费时间。你的答案将包括:"我从事的每项工作都使我对我的职业有新的洞察力,一个人职位越高,越了解更基层、更低微工作的重要性,它们在使公司盈利方面都发挥了作用。无论从哪个角度出发,当你拥有其他人为完成任务而如何付出努力的第一手资料时,你在制定工作计划方面当然要轻易得多。"

第三节 司法谈话

一、司法谈话的概念和种类

司法谈话是司法工作者在司法或与司法相关的工作中所运用的各种形式的谈话,它是在司法工作中使用十分广泛的口才形式和工作形式。

公安机关、国家安全机关、人民检察机关的侦查人员、检察人员和人民法院的审判人员,为了证实犯罪和查明犯罪人,需要依法对刑事被告和犯罪嫌疑人进行讯问;侦查人员、审判人员、公诉人、辩护人等,为了查清案件事实真相,需要依照法律规定的程序,向直接或间接了解案件情况、被害人、代理人、知情人、证人、鉴定人等进行询问;律师或其他法律工作者法对人民群众提出的有关法律适用、案件事实等问题进行解释和答复;在案件审理过程中,当事人、公诉人、辩护人、代理人等为使案件得到公正判决,从各自所处的诉讼地位向证人、鉴定人、被告人、受害人等提出问题进行发问,这些讯问、询问、发问以及咨询回答等统称为司法问话。司法问话也是司法谈话的一种。除此之外,在一些民事、经济及刑事附带民事的案件中,审判人员、原被告、双方代理人,又会对矛盾着的双方或多方当事人、第三人或与上述诸案件相关的人进行调查;在狱政管理部门,狱政管理人员为对受管教的人员进行法制教育,提高他们的法制观念,又需要与他们进行交谈,对其说服和教育。综上,上述种种形式的谈话,都属于司法谈话的范畴,统称为司法谈话。同时,它们也是司法谈话的类型。

二、司法谈话的特点

(一) 主体的限定性

所谓谈话主体,是指在谈话过程中占主导地位的一方。司法谈话的主体必须是国家的法律工作者。由于法律工作是指侦查、检察公诉、司法审判、辩护代理、狱政管理、公证调解、法制宣传、法律解答等,所以,司法谈话的主体就是负责侦查工作的公安人员、支持公诉的检察人员和法院的审判人员、担任辩护或法律咨询工作的律师、负责狱政管理的干警、公证调解人员以及其他负责法制宣传的人员。他们的言语行为直接或间接地与国家的司法权、司法行政权紧密相联,他们担负着实施国家法律的任务,肩负着行使国家司法权的使命和职责,其身份不同于一般公民。

(二) 客体的约束性

所谓谈话客体,是指在谈话过程中处于被动地位的一方,其始终受谈话主体的牵制。除面向全社会不特定的人进行法制宣传、法律解答、法制演讲以外,司法谈话的客体一般都是指向具有特定身份的人,比如:刑事诉讼中的被告人、犯罪嫌疑人;民事或经济纠纷中的双方或多方当事人;在狱政监管部门接受教育改造的人;等等。他们的谈话要受到谈话主体的约束和限制,他们随谈话主体的提问而应答,完全处于被动地位,谈话主体有权问,谈话客体有义务答,如当谈话客体不答或答非所问,甚至"顾左右而言他"时,司法谈话的主体有权予以及时纠正。

(三) 内容的真实性

司法谈话的内容涉及面广,有揭露、证明、惩罚、教育改造方面的;有预防和解决民事及经济争议方面的;也有法律咨询、法制宣传方面的。不论哪个方面的内容,都应符合案件的真实情况,合乎客观事物的发展规律,充分体现出"以事实为根据,以法律为准绳"的原则。这里,事实是经过调查核实的事实,案件的时间、地点、人员、起因、经过、结果、性质和所涉及的数据等,一切都要真实、准确、无误。只有案件事实真实,才能正确运用法律进行裁决。清代学者王又槐说:"从来难结之案,半由报词不实而起。"内容真实除事实真实外,叙事也应真实。清代学者章学诚曾说:"今古文人,其才不尽于诸体,而尽于叙事也。"叙事不真实,内容也会失去真实。

(四) 语言的规范性

法律用语不同于一般场合的用语,它的一个显著的特征就是规范性。所谓规范性,是指谈话语言要合乎一定的标准。司法谈话的语言标准首先就是合法,即"言必依法"。法律允许说的则说,不允许说的不说;对内说的不对外说;对组织说的不对个人说;只允许在某个阶段说的,不在其他阶段说。对所提问题必须有根有据、合乎法律,问话语言也要规范,如在落实犯罪嫌疑人的作案时间时,只能问:×日×时你在哪里?在干什么?由谁证明?而不能问:×日×时你是不是在×地?另外,对法律的解释、政策的讲解要准确无误,不能信口开河、随意解答,也不能随意许诺。因为审讯人员的任何许诺,都会引诱无罪的人认罪,会使其随后的供述在法律上无效。例如：若有的犯罪嫌疑人提出"如要给我少判几年，我就交待全部罪行"，这时，审讯人员就不能表示"可以"或"不可以"，而应该很有分寸地说："只要你老实交待，我们会合理合法地考虑的。"其次，必须使用法律语言。因为法律语言有其专有的词汇，不可随便使用。比如违约、犯罪、逮捕、拘留、诈骗等。尤其是在公开审理案件的法庭或其他比较庄重、严肃的场合，有法言法语可用的，决不能使用日常生活用语，更不能用粗俗的语言。

三、司法谈话的技巧

司法谈话的类型不同、主体和对象不同、谈话所在的诉讼程序不同，谈话的方式和技巧也各异。但不论是何种类型的谈话，都是以对话的基本形式出现的，即都由发话者、受话者和谈话内容三个部分组成。因此，司法谈话也都离不开听、问、答三个基本的阶段。要研究司法谈话的技巧，首先应该研究听、问、答的基本技巧。

（一）听的技巧

1. 善于倾听。谈话是由听和说构成的，而"听"往往比"说"更重要。俗语说："会说的不如会听的"。听，是理解的基础，也是双方沟通心理的重要手段。从信息论的观点说，听是为了全面准确地捕捉信息、获取信息；迅速而精确地分析信息、处理信息；及时而优质地反馈信息。这些可以说是听的三大目的。对于司法工作者来说，听尤其重要。司法工作人员在审理案件、参与调解、进行说服和回答咨询时，首先要听当事人的陈述，只有认真倾听，才能听清、听准、听全，听出"话外音"，才能作出公正的评判、正确的回答和合理地解决问题。善于倾听的具体技巧是：

（1）慎重而专注。慎重而专注地听，就是全心全意、全神贯注地倾听，这样可以迅速而准确地获取信息，而不至于听漏、听错、听"走耳"。同时，对于谈话者来说，这也是对他人人格的尊重。慎重，一方面是指站有站相、坐有坐相、仪态从容、端庄大方，显示出尊重对方的样子；一方面是指眼神、表情所表现出来的郑重其事的神情，表示你对话题感兴趣，并且愿意思考，而没有不屑一顾或虚与委蛇、勉强应付的姿态和神情。专注是指眼睛的认真注视、表情姿态的全神贯注，不因任何客观外界的纷扰而分神，也不因自己心境不佳、情绪激动等原因而心不在焉。

（2）真诚而自然。真诚而自然是指表情温和、姿态自然。这样会引起谈话者大脑皮层的兴奋，使谈话者在心理上产生亲切、舒畅、愉快的感觉，从而愿意向你提供更多更详尽的信息而达到谈话的目的。

2. 边听边思。所谓"听"，不仅仅是指耳听，它应包括接受口语和非口语这两大类信息,也就是说,在听话的同时,还要注意"察颜"和"观色",以此来捕捉对方的心理和发现新的线索。我国古代判案就运用了"五听"技巧。(听指处理、判断。)这"五听"是:一曰"辞听",即"观其初言,不直则烦(啰嗦)";二曰"色听",即"观其颜色,不直则赧然(脸发红)";三曰"气听",即"观其气息,不直则喘";四曰"耳听",即"观其听聆,不直则惑";五曰"目听",即"观其眸子,不直则目毛然(昏暗无光)"。这说明,司法工作人员在审理案件,听取被告人、犯罪嫌疑人及其他诉讼参与人陈述时,应观察对象的走姿、坐姿观察其神情是否自然、气色好坏、穿着的华丽或朴素、是否紧张、携带物品的种类(如手机的档次、香烟的品牌等)。此外,司法工作人员还应观察对象的言辞是激烈还是温和;是夸夸其谈是沉默不语;是强烈对抗是冷静沉着;表达能力如何等。只有真正做到"耳听、目视、心想、脑思",才会收到较好的听的效果。

(二) 问话技巧

问话是指司法工作人员在诉讼的特定场合下,依法对被讯问、询问和发问的对象提出问题并要求回答的一种口语表达形式。司法问话与一般问话不同的是,它不仅仅是一个问题的提出,而是提出一个问题要求对方回答,一直到从问话对象口中得到满意的答案,达到问话的预期目的为止的一个完整的问话过程。

从诉讼法和侦查学的角度说,司法谈话中的问话,是一种确证的手段和获取供词的过程。对每一个问题的提出,都有法律规范上的定向职能,即要求问话人必须在法律规定的范围和界限内用合法的方式去问话。

从语言学的角度看,司法谈话中的问话,是一种复杂特殊的言语交际活动。它以问话的语言形式出现,而"问"这个基本的特点始终贯穿着问话言语的始末。问话的最终表现形式仍然是具体的问话语言。

因此,要掌握司法谈话的问话技巧,不仅要研究如何获得满意答案的问话过程,而且,还要研究问话的方法、问句的形式和运用语言的技巧。在未研究讯问、询问、发问这三种问话技巧之前,我们先来看看三种问话的异同。

它们的相同点是:首先,问话的目的相同点即都是为了获取证据,落实证据。其次,问话的方式相同,即都是用一问一答的方式进行。

它们的不同点是:其一,问话适用的诉讼阶段不同。即在侦查起诉阶段,多用讯问和询问;在法庭调查阶段,多用询问和发问。其二,问话的范围和问话的方法不同,即在刑事诉讼中的侦查起诉阶段,讯问和询问的问话范围比较广泛,除围绕案发时的犯罪疑点进行针对性的问话外,为了挖掘新的犯罪线索,对那些与案件虽无直接关系,但在定案时可作为参考的其他情节也可以问。在法庭调查阶段,问话基本上是围绕起诉书上所指控的犯罪事实以用直问的方式进行。如:

被告人×××,起诉书指控你犯有××罪,现在调查××的事实,你要如实交待。其三,问话的语气和感情色彩不同。讯问的对象是触犯了刑法的犯罪嫌疑人和被告人。所以,在侦查起诉阶段,问话的语言和感情色彩都比较严肃、庄重,体现出法律的威严和震慑作用。另外,其也多用模糊语言和试探的方法进行。如:已知犯罪嫌疑人是屡犯,相关司法工作人员就可问:"你还有多起案件没有交待"或"有的案件你还没交待"。这"多起"或"有的"都是模糊用语,犯罪嫌疑人不知道司法工作人员都掌握了哪几起,就有可能交待出未掌握的案件。而询问的对象是当事人、证人、鉴定人、勘验人等,他们是了解案情或与案件有关的公民,所以,问话的语言和感情色彩除体现出法律的威严外,更多的是动之以情、晓之以理和循循善诱地启发。在态度上则应表现出足够的耐心和诚恳。因为,任何盛气凌人和不耐烦的感情流露都是与问话者的身份和目的相悖的。在法庭调查阶段主要是调查事实,核实证据,所以问话语言和感情色彩比较公正、和缓。

例如发生在某市区的一个案件:男方是工人,家境贫困。但对女方很痴情,曾两次卖血为女方买毛衣和治病。后来女方变了心,男方曾拿毒药和刀子在女方面前表示,一旦恋爱不成,他将自尽身亡,但女方却毫不动心。男方在极度伤感的情况下,起了杀死女方的恶念。一天,当一辆带拖斗的汽车途经某汽车站时(20米/分的缓速),男推女至前车轮处,车立即停了,男又抓起女方往拖斗车轮下推(此时拖斗车轮尚未停下来),但未推倒时,拖斗车又停了。在法庭调查时,律师为提醒审判人员注意被告人的主观心理态度,就向被告人发问:你认为这样能把她轧死吗?律师心理明白,根据案件具体事实,车速很慢且车已停,这在客观上已构成"工具不能犯"的条件。律师这样问的目的就是为了查清犯罪事实和心理态度,并提醒审判长不要主观归罪。

下面,我们重点探讨讯问、询问、发问这三种问话技巧:

1. 讯问。讯问的实质是一场用语言作为斗争手段的攻心斗智的较量,是审讯人员与被审讯人围绕犯罪事实而展开的语言交锋;是侦查机关为查清犯罪事实及其情节轻重而依据我国刑事诉讼法规定的程序进行的一种侦查活动;是侦查人员以言词方式对犯罪嫌疑人进行提问并要求其如实回答的一种面对面的审查活动。"凡事预则立,不预则废。"为使讯问工作顺利进行,并达到预期目的,需注重以下几个方面:

(1) 熟悉案情。熟悉案情是问话的基础。其方法是:首先,查阅案卷,其目的是审查犯罪证据。审查证据与事实之间、证据与证据之间有无矛盾;查明犯了什么罪及犯罪的时间、地点、手段、动机和后果,以及与犯罪有关的人和事等。其次,了解犯罪嫌疑人及被告人的基本情况,即查明犯罪嫌疑人的姓名、别名、曾用名、出生年月日、户籍所在地、暂住地、籍贯、出生地、民族、职业、文化程度、家庭情况、社会经历、个人性格、爱好、家庭关系好坏、人缘好坏、工作环境、作案原因、涉嫌罪名、是否受过刑事处罚或行政处理等，以便制定讯问提纲。再次，根据我国刑事诉讼法对人大代表、政协委员逮捕的特别规定，也要注意在讯问中了解。最后，对现有证据进行分类和分析，包括侦查人员已掌握了哪些证据，这些证据哪些能够印证，哪些不能印证，也就是对证据的现状和存在的问题进行分类和分析，看哪些问题需要通过讯问得以解决。证据的出现不是偶然的，有证据必有逻辑，例如：对于案发现场留有的烟头，侦查人员就可以展开分类和分析，查清现场是留下了一个烟头还是多个；是一个牌子的还是有其他不同牌子的；烟头是吸了多长被掐灭的；是用手按灭的还是用脚踩灭的；根据烟头的不同形状，侦查人员在分析还原现场时的逻辑推理的结果也不相同。

（2）掌握犯罪嫌疑人及被告人的心理状态。犯罪嫌疑人或被告人原来是自由人，被关押后，其法律地位发生了变化。因此，他们思想斗争比较激烈，一般有几种表现形式：①继续顽抗，又怕按证据定罪，受到从严惩处；②想早日摆脱讯问，又怕因拒不认罪使讯问持续升温；③既想认罪交代，又怕定罪处罚；④认为如果认罪，自己的前途将会结束；⑤认为如果认罪，自己所拥有的较高的社会地位也会化为乌有。上述矛盾心理交替出现，使讯问对象犹豫、动摇。掌握这些心理状态对讯问人员而言非常重要。对于某些惯犯，他们有反审讯的经验，往往会设置防线，隐匿罪行。他们的心理状态，总的来说，是趋利避害。因此，在讯问时，要研究他们的心理状态和个性特点，特别是在有避重就轻、沉默不语、声嘶力竭、前后不一等行为表现时要针对其特点，选择适当的讯问语言及讯问方法。

（3）制定讯问计划。制定讯问计划是在熟悉案情、掌握被讯问人的心理状态的前提下进行的。其内容应包括：简要案情、讯问目的、讯问重点及方法、步骤；需要讯问核实的罪行；估计被讯问人可能有的几种回答，并提出具体对策及在何种情况下使用何种证据；等等。

（4）注重讯问策略。讯问策略是指在法律允许的范围内，根据案件的实际情况，为实现讯问的目的与要求，而制定的讯问方式和方法。讯问时要注意不要将两个以上的被讯问人集合到一起进行讯问，以防他们互相影响，从而确保证言的真实客观。讯问者的语气要恰当，不能过于生硬或委婉，对于不同性格、不同情况的人要采取不同的方法。由于案件形形色色，讯问的对象成分复杂，而且，讯问人所追求的目标，正是被讯问人所竭力回避和隐瞒的犯罪事实，因此，要顺利完成讯问任务，不仅要靠事实材料和正确适用法律，而且还要靠丰富的审讯经验和问话策略，并依靠相应的语言形式完成讯问任务。

在讯问时要注意灵活运用两个策略:

第一,利用政策及证据攻心。犯罪嫌疑人在实施犯罪以后,一般不会轻易交代其罪行,而是千方百计地抵制和对抗讯问,他们赖以对抗的精神支柱来源于其心理上的自信。因此,破除犯罪嫌疑人心理上的自信,摧毁其赖以抵抗的精神支柱的有效策略,就是攻心战。这是一种心理斗争策略,讯问人员要以正确的思想观念、道德意识、客观事实、证据、利害关系等,直接对犯罪嫌疑人施加心理影响,冲击其心理上的抵抗自信。利用政策攻心不等于空泛的说教,而是要随时判断被讯问人的思想变化,摸清其心理状态,有的放矢地进行政策教育。要讲清道理,晓以利害,指明出路,使之打消幻想,正视现实,看到生机,转变态度,由对抗转为配合交代。

在政策攻心无效时,就要及时利用证据攻心,适时巧妙地运用证据,应该是促其转变心理的利器。对拒不承认的,讯问人员就某个事实出示了少量证据,但是,讯问对象认为讯问人尚未掌握确凿充分的证据,案件事实证据仍处于无法认定的状态,只要我不开口,他就不可能查清事实。这时,讯问人员可以义正辞严,态度严肃地再出示部分证据,但一定要做到点到为止,切忌详细讲述;对态度有反复的,经过对被讯问人有针对性的法律、政策教育和利害分析之后,态度已有所转变,但是在某些问题上还有反复的,侦查人员再出示少量证据,促其如实供述。

第二,利用矛盾,各个击破。抓住被讯问人供词中的矛盾或同案犯之间的矛盾加以利用,使其承认罪行。一方面要利用被讯问人供词中的矛盾,这种矛盾通常表现为:供述前后矛盾;供述不符合客观规律,如自然条件、客观环境等;供述与其他证据相矛盾等。针对上述情况,讯问人不要立即批驳,而应让其把假话讲完,充分暴露,在关键和细节问题上还可以让其讲得更具体、更明确,使其作茧自缚,无法解脱。此时,讯问人员再将矛盾供述与出示证据相结合,可以更直接点到其痛处,让其更深刻认识到事已至此,唯有如实供述,方可宽大处理。另一方面,要善于利用同案犯之间的矛盾。在团伙作案的案件中,尽管有的同案犯信誓旦旦表示:"有福同享、有难同当",甚至订立攻守同盟。但是由于他们在案件中的地位不同、目的不同、行为各异、利益不同、罪责也不同,在这种情况下他们也不是牢固的铁板一块,加上人类天生的趋利避害的心理,在讯问中,侦查人员要充分利用他们人生观、价值观的不同之处,以及他们各自的利己思想,选择薄弱环节作为突破口,孤立主犯、首犯,分化从犯以达到各个击破的目的。

使用攻心策略时,语言应该委婉、含蓄些,语气应该和缓、平静些,而态度应该中肯些。同时,语言的表达要富有启发性,具有说服力。在使用迂回策略时,语言上或委婉或明确;语气上或平缓或强硬;态度上或柔和或严肃。总之,不同的讯问策略,必须注意运用与之相适应的语言形式。比如受贿案件,对于"某时某人在某地点送钱给某人(讯问对象)"这一证据,其内容可分解为"某时"、"某人"、"某地点"、"送钱"这四个部分。侦查人员在运用证据时,可以运用这样的语言发问:"某人与你有什么来往?""某时你有无收受过他人钱的经济问题?""某人在某地与你有什么来往?"……上述问法比"某时某人在某地送钱给你,有无此事?"这样的问法好。又如贪污案件,"对于他用虚假发票贪污公款5万元"的证人证言,讯问人可发问:"你用什么虚假发票报销过?"这比"你是否报销虚假发票贪污公款5万元?"的发问形式好。

再如:对一起连续抢劫杀人案的审讯,犯罪嫌疑人刘××拒不交待犯罪事实,而且气焰非常嚣张。经过反复讯问后,刘××仅交待了一般的盗窃、抢劫案,对于重大的抢劫杀人案却不交待。于是,审讯人员便针对刘××争强好胜、号称"亡命英雄"和"吃软不吃硬"的性格特点,接连不断地发出如下问话:

问:你不是说连命都不考虑了吗?那你为什么不敢把自己的犯罪事实说清楚呢?

刘:我怎么不敢,只要我做了,我就敢说。

问:你敢说为什么不先说?你的同伙已作了交待,他们都走在你前面了。

刘:我现在头疼,肚子也饿。

问:渴了给你水喝,饿了给你馒头吃,至于头疼嘛,可以请医生给你看看。

刘:好吧,好汉做事好汉当,就是死,也给你们说清楚。

为了证实实枪杀海军干部的案犯,审讯人员又追问刘××:"昨天晚上你干啥去了?"这没头没脑的一句模糊问话,使刘××发生了错觉,以为是自己作案后被公安人员发现跟踪而将其抓获的,于是又交待了抢夺枪支、枪杀两名海军干部的重大罪行。

在这个案例中,公安人员根据刘××的性格特点及其在审讯过程中的心理变化,先后采用了多种讯问策略:当刘××避重就轻,拒不交待主要罪行时,适时地采用了激将策略。在语言表达上,公安人员是将刘××的"不怕死"和"不敢交待"作对比,并运用反诘句式,加强对刘××的心理刺激,这一刺激又是通过审讯人员轻蔑的语气、激烈的言词打击刘××的虚荣心等策略来实现的。为打消刘××的侥幸过关心理,审讯人员又运用了"分化瓦解、攻心为上"的策略,用简洁明快、富有暗示性的语言告诉他:"你的同伙已作了交待,走在你前面了。"为消除其抵触情绪，又不失时机地抓住刘××说头疼的话，关切地说："有病可以请医生看看。"并且，审讯人员还运用"模糊语言"造成刘××错觉的策略，完成了讯问任务。

使用攻心策略的另一方面是围绕犯罪事实而精心设计的问话言语链，使问话言语环环相扣，简洁、严密。例如关于讯问张××拦路抢劫一案的问话。

问：被告人张××，你刚才说是"拿了女青年的手表"，那么，我问你，手表是在哪里拿的？
答：在女青年手腕上拿的。
问：你怎么拿的？
答：拉的。
问：被害女青年叫你拉的？
答：没有。
问：那你是怎么拉的？
答：硬夺的。
问：手表带怎么断的？
答：我抢断的。
问：怎么抢的？
答：夹着她的头颈抢的。

被告人在回答审讯人员的讯问时，多次回避供述抢劫手表的暴力情节，带着侥幸心理，在选择词语上下功夫。如：说拿——不是抢劫，接话人显然存在着隐瞒的思想。说拉——也构不成抢劫，仍然存在着侥幸隐瞒的思想。说硬夺——情节轻微，侥幸心理下降。说抢断——暴力不大，侥幸心理动摇。说夹着头颈抢——暴力抢劫，侥幸心理完全破灭。

这里由拿、拉、硬夺、抢断再到夹着头颈抢，问话人的目的非常清楚。问到抢劫罪的主要特征——"暴力手段"时，便终止了问话。问话人的言语链就是沿着抢劫罪的特征设计的。这是一次相当成功的问话。

下面是对同案的另一个人的问话：

问：你说拿人家的手表，说得真轻巧，你怎么不说是人家给你的？嗯！你把两只眼睛睁大，看看这是啥地方？
答：是拿的。
问：人家女青年有神经病！你再去拿一只来我看看！去！去呀！

答：拿的……

问：赖！再赖还是拦路抢劫！我看你是活得不耐烦了！

答：我又没有想死……

问：那好，你老实交待人家手表带是怎么断的？你说！你说！！你说呀！！！

答：是……是夺的。

问：夺夺夺！"夺"就是"抢"！我老实告诉你，不交待，照样叫你吃花生米（指枪毙）！

答：我交待，你说抢的就是抢的好了。

这样，犯罪嫌疑人最后的交待是逼供供述，供词随时随地都可以被推翻。究其问话失败的原因是没有抓住被讯问人的犯罪侥幸心理，没有根据抢劫罪的特征来选择、组织问话语言进行针对性的、科学的发问。相反，这是感情用事、简单急躁、抢话头等，并且说了许多既无用又不严肃的话，这说明问话人的文化素养、语言素养不高，对讯问的策略没有注意研究。

从上面这个同案因采取不同问话语言而收到的不同效果看，对于成功的问话，问话人的脑海里都有一个针对犯罪嫌疑人或被告人企图蒙混过关的侥幸心理而设计的环环相扣的言语链，从而使每个问句之间都有内在的联系，这种内在的联系能清楚地反映出问话者的思维轨迹和超前意识，使问话的目的十分明确。

（5）常见的讯问方法。在讯问中经常使用的方法有：

第一，直接讯问法。直接讯问法，就是开门见山，单刀直入地讯问。其要领是抓住重点或关键性问题，集中火力，"当头一棒"，先乱其阵脚，动摇其信心，然后再一鼓作气地直接讯问。使用这种讯问方法的前提，一是对犯罪事实掌握得比较清楚，且证据材料比较确实充分；二是适宜对缺乏反审讯经验的初犯和偶犯。具体方法是讯问一开始就触及其实质性问题，表明我们已经掌握了他的全部情况。然后，再结合讲解政策和法律的手段，促其坦白交待。例如对一个间谍犯李某的讯问："既然来了，为什么走得这么仓促啊？李×？"（李×潜来不久后被惊动，在逃离××市前在机场被捕回），"不，不！这完全是误会。我叫张××，是回来探亲的，因太太得急病，只得提前回国。""你也太大意了，既然冒充张××，为什么不把他左颊的那块痣搬到你脸上去呢？张××年龄比你大得多，为什么不化装得老一点儿呢？这一切，怎么瞒得了我们？"发问直接了当，击中要害，被告措手不及，毫无喘息机会，只好如实交待。

又如：甲地的犯罪嫌疑人张某将赃物交给乙地的赵某。审讯人员讯问赵某时，发问的第一句话是关于赵某与张某的关系的，随后并不问张某最近是否来过，带来些什么东西，何时走的，而是问："张某是怎样回去的？"这是个复杂问句，其中含有张某来过，并且已经走了的意思。同时，也预示着讯问人员已在甲地讯问了张某，并且知道赃物已转与赵某的行为。赵某对此不摸底细，而问得又紧迫，这使其猝不及防，便脱口说出"张某是搭汽车走的"。

直接发问，可以灵活运用一定的事实或证据，也可以直接戳穿伪供或谎言，迫使被讯问人不得不如实交代问题。运用这种方法要选好突破口或主攻方向，组织好证据材料，同时密切注意被讯问人员的表情及心理变化，分析判断所提问题是否击中要害，以便及时改变讯问方式。

第二，利用矛盾法。这种策略手段是迫使犯罪嫌疑人低头认罪的有效方法，犯罪嫌疑人讲假话固然是坏事，但从中可以使我们发现矛盾和漏洞，以便更好地揭露和批驳。在讯问中，讯问人员要注意犯罪嫌疑人前后的供述是否有矛盾，同案犯的口供、口供与证据、证据与证据之间是否有矛盾，在讯问中，要让他们把话讲完，假口供越多，矛盾暴露越多，我们便可以利用矛盾突然袭击，猛烈揭露，严厉批驳，使其不能自圆其说。

例如：审讯美国间谍黎凯夫妇的问话。据黎凯供述，在1942年世界大战美国政府征兵期间，他因害怕当兵，经人介绍进入美国海军学校学习日语，并在那里认识了他夫人黎有恩。学完日语，其被派到夏威夷。后来随美军到日本当翻译……。

问：你用日语谈谈你当翻译的情况（审讯员突然改用日语讯问）。

黎凯先是大吃一惊，没料到讯问人员也懂日语，接着小心翼翼地用日语叙述了自己的这段经历。

问：你在美国海军工作期间一直担任日语翻译吗（讯问人员从他结结巴巴的叙述中，已断定他虽学过日语，但是却学得不精）？

黎：是的。

问：按照你的交待，你在美国海军里当日语翻译有3年之多，可你的日语讲得并不好哇。

黎：是不好。

问：坦率地说，我认为你可能当过日语翻译，但我怀疑这不是你唯一的工作，否则，你的日语不会讲得这么糟糕。你根本没有把你担任的主要工作讲清楚！

黎：不，我就是只当过翻译嘛。

问：请谈谈你的经历吧。

黎：我在1946年退伍后，和妻子一起进入大学，学习中国文学和历史。

1948年我们一起来北京，在燕京大学向名教授继续学习研究，准备写博士论文。

问：你研究什么题目？

黎：我夫人学习鲁迅，我研究管子。

问：你是研究管子的（讯问人员若有所思）？

黎凯错解了问话，于是大讲了一通管子

问：你听说过"老马识途"这个故事吗？

黎凯痴痴地摇摇头，再一次被问话震惊了

问：稍有点中国历史知识的人都知道这个典故，你这个自称研究管子的人却不知道！看来，你对管子也学得很不到家！

黎：是的。

问：（讯问人员神情立即变得严肃起来）二次大战中，你在美国海军当过3年日语翻译，但你的日语并不熟练；你说你在中国研究4年多的管子，可是连管仲的"老马识途"的典故都不知道。你不觉得你的供述有矛盾吗？看来，你在美国海军不单纯是当日语翻译，而在中国也不单纯是学习管子，你始终有别的任务，那是见不得人的违法活动。

在这段供词中，审讯人员就是采用了利用矛盾的讯问方法，即利用供词中的矛盾，将其谎言揭露。审讯人员在运用这种方法时，态度是严肃的，语言是强硬的，打破了犯罪嫌疑人的侥幸心理，促其坦白交代。

第三，迂回包抄法。所谓迂回包抄，就是先从侧面由远而近、由表及里，使其摸不清我们的意图，而暴露出破绽，从而就核心问题进行讯问。迂回发问的方式是相对于直接发问而言，通常是在违法案情较为复杂，掌握证据材料不多和没有确凿证据的情况下以及被讯问人比较狡猾且已经有了应付讯问的准备时使用，对累犯、惯犯尤为适用。在这种情况下，直接发问不会有好的效果，采取迂回的方法，使被查人不知不觉地进入讯问正题，可防止被讯问人在正面回答提问时有狡辩的余地，使他内心形成进退两难、不打自招的局面。这种方法一般用从侧面看起来同违法案件无实质联系的问题发问，使被查人思想麻痹，产生错觉，摸不着讯问人意图，同时也可避免直接发问使被查人一下子适应不了，而形成僵局的情况。讯问人要抓住时机，根据漏洞再提出与案件有关的实质问题，被讯问人就难以回避。这样就可由浅入深、由少到多、由外围到核心，逐步把被讯问人的违法问题问清挤净。但实施这种方法时要注意：目标一定要明确，对迂回的路线一定要心中有数，做到步步为营。在迂回的过程中，交谈的内容及方法是多变的，既可从对方乐于交谈的小话题谈起，也可说古论今、旁征博引、讲故事、打比方等。但无论用哪种内容和方式，开始都应该具有隐蔽性，适应对方"心理相容"的需求，然后再实施由虚而实的渐进过程，最终达到战胜对方的目的。

例如：有一起杀人案，公安人员从犯罪嫌疑人张××住处搜出一条染有被害人血迹的长裤，并了解到该犯罪嫌疑人有肺病史，曾吐过血。为防止他推卸说裤子上的血是自己吐血沾上的，公安人员就采取了迂回的方法。

问：听说你以前的肺病很严重？
张：是的。
问：（以关心的口吻）现在怎么样了？
张：治好了。
问：怎么治好的？
张：（以为是生活琐事，毫无戒备，兴奋地说）这个病可难治了，我跑遍了本市的几家大医院，治了2年多都没有明显的效果，时好时坏。去年春天，我的一个朋友从一本杂志上看到××市有个老中医治肺病有绝招，就告诉了我，我去了一趟，果然不假，真灵，吃了老中医的几付药后到现在一直没犯。
问：也一直没再吐血吧？
张：那当然。
问：（出示染有被害人血迹的裤子）那你看看你的这条裤子，这上面的血是从哪儿来的？
张：这……，这……（一时想不出抵赖的办法），这是我吐血沾上的。
问：你的肺病不是已经好了吗？
张：……，……（不语。）
问：回答问题！
张：（丧气地）我交待，我……我杀了人。

第四，声东击西法。声东击西法也叫跳跃讯问法，就是东一锒头、西一棒子的忽前忽后、忽左忽右的，非连贯、非逻辑的讯问方法；是问话人有意识地把问话意图藏于似乎是无目的的、零乱的问话中，实际上却是按照一定的意图把一些关键性的问题分别安插在不同侧面进行的提问。这种问话方法，一般是对付狡猾的有准备的犯罪嫌疑人，使他防不胜防，从而打乱其反讯问的防线。当供词中的矛盾逐渐成熟时，再看准一点，一举戳穿，把零碎的情节连接起来，就可以看出一个完整的真实的供述。

例如：对一起危害国家安全犯罪的集团主要成员叶××的讯问。叶是该集团主要成员，其父是国画家（已故），叶本人的画也不错。该集团召集第一次代表大会时，有7个人参加，后决定扩大组织。会后，其中2人到外地窜走，其余5人到码头送行。他们认为这是一次具有"伟大历史意义的会议和行动"。为纪念之，确定由叶画一幅记载他们会议和外出活动的画。这幅画是一张"十里长亭"送别图的山水国画。画中人全部古装化，5人是古装儒生模样，在"十里长亭"下的江岸作揖告别，2人在江面的一叶孤舟上作揖回敬，随即起程。破案时，侦查人员搜查到了这幅古装画并译出了其中秘密。讯问时，侦查人员胸有成竹地边说边从抽屉里拿出一幅画卷，但没有打开，只是晃动了几下之后，"啪"一声把画掷到讯问的桌面上。

问：你觉得你们的组织活动很隐秘，一点蛛丝马迹都不露吗（虚问）？

答：只要有活动，我会很老实坦白的。

问：你父亲是干什么的（问话一下子跳到他父亲身上）？

答：画国画的，年前已病故了。

问：你的手艺怎么样？

答：我随父亲学画画，可以独自作画，但不内行（好，你会画画。审讯员先把这件事埋伏起来，等时机到时再引爆它）。

问：8月5日，一大早你哪里去了（一下子跳到问他的行动上，这个行动涉及到他画画的问题）？

答：到码头送两个朋友回家去了。

问：你们有几个人去送别（审讯员不说送行，而说"送别"，这种发问所选词语有其内在含义，它与送别图紧密相连，此问还暗示是多人去送）？

被告不语，并窥视古画。

问：你知道千里送客，终有一别吧（审讯员别有风趣地指着画卷说，并从这里开始引爆，被告人呆望着审讯员不语）？

问：剥下你的伪装吧，这一切都是你亲自参加，亲自绘画，亲自送别的，还想让我们一点点去揭穿吗（审讯员此时将画卷展开，但也只是自己看看，又放在抽屉里了——即引而不发）。

答：唉，你们都知道了，我还隐瞒什么。我说……

第五，命题提问法。也叫限定发问，讯问人员提出一个方向明确、范围清楚的题目，让犯罪嫌疑人自己对该问题作详细、完整的供述。这种发问方法的优点在于不是问一句答一句，能较好地实现隐此露彼的策略。让被告人主动陈述，这样证词也会更客观一些。特别是针对一些侦查人员了解还不够具体的案件或案情涉及一些专门知识，作案手法特别新奇的问题，如果不使用限定的发问方式，则很容易让对方觉察出侦查人员的发问目的，进而出现拒供情况。命题发问需要注意的一个前提是被讯问人愿意开口作出一定的供述，而不能出现问一句答一句，甚至不愿意回答的局面。

  第六，循序渐进法。在被询问人已经了解询问人愿意图的情况下，可以用循序渐进的方法发问，在这种情况下询问人员只能采用正面的、步步为营的、逐步推进的方法进攻。讯问人必须认真阅卷，熟悉了解案件情况，将问题按时间顺序、行为顺序、成员顺序、地域顺序、有计划、有步骤、有目的地进行讯问或按不同性质列出详细的讯问提纲和计划。只要被查人不拒绝陈述又不有意东扯西拉、拖延时间，就尽量让被查人详细讲。然后将被讯问人的陈述与拟定的讯问提纲对照，审查哪些讲了，哪些没讲，有哪些新情况，哪些仍有疑点矛盾。对被讯问人承认又与讯问人掌握的情况相符的应认定，不要复重。对没有讲的，下次再问。对新情况和疑点、矛盾应采用其他方法核实，核实后根据情况确定新的讯问方法和内容。讯问时要有重点，提问要有针对性，不要泛泛地问。为使讯问顺利进行，可就一个时期、一个地方、一种类型或一次违法情况逐一发问，攻克一个问题再转入下一个，直至查清全部问题。

  除上述发问方法外，还有纵横发问法、倒问法、追问法、反问法等，实践中，讯问人员可以施以一种发问方法，也可以几种方法并用，以取得更好的发问效果。

  经过双方激烈的交锋阶段，讯问对象在法律政策、事实证据的强力攻心，讯问人由弱到强运用证据的两股力量的进攻之下，顽固抗拒的心理被摧垮，畏罪、侥幸的心理已走到尽头，牢固的思想防御体系彻底崩溃，发自内心地认识到全面彻底地供述已是唯一的选择。

  在讯问过程中还要特别注意安全问题。在讯问过程中，除了掌握涉案人员社会背景、家庭情况和身体健康状况外，还要注意观察、分析涉案人员的行为、心理、身体健康，注意异常现象，防止自杀、自残现象的发生。

  在讯问结束后，要做好善后安置处理工作：①对于犯罪嫌疑人，要对其立案侦查，转入侦查阶段，采取相应的强制措施。对这类人要向其讲明主动坦白交待罪行，在情节上有酌定处理的法律依据，使涉案人员有"生"的希望，从而认罪服法，自愿接受法律的处理。②对有违纪违法的涉案人员应关心、爱护，解决其担心的问题，做好开导、协调工作，以防其回家后或在回家途中想不通而发生意外，必要时可通知其家人或单位领导交接。③对讯问后一点都没有问题的人员，要多进行解释工作，以得到理解和支持并送其回单位或回家以确保安全。做好讯问涉案人员的安全防范工作，杜绝安全事故的发生，既是保证侦查工作顺利进行的需要，更是保护涉案人员人身权利的体现。

2. 询问。询问和讯问一样，询问前也需要做好准备。由于询问和讯问对象的法律地位不同，所以，询问前的准备和方式方法也不同于讯问。

（1）询问的准备。要使询问达到预期效果，司法工作人员应做好如下准备工作：

第一，熟悉案情。询问前的熟悉案情，除了解案件的发生、发展情况外，还要掌握证人的有关情况。即有几个证人，都知道哪些情况；是在什么情况下感知案情的；通过对哪些证人的询问解决哪些问题；他们与案件是什么关系，会不会受犯罪嫌疑人或被害人和亲属的胁迫和收买；等等。

第二，拟订计划。询问前的计划，主要是找出询问的重点和难点；询问的先后次序以及询问的时间、地点；对不同证人询问的不同方法；询问中会出现哪些问题，采取哪些应对的措施；等等。

第三，做好自己仪表、语言、举止上的准备。这往往可以成为询问的一个突破手段，可使对方一开始对你表示亲近与信任。从心理学上解释，陌生人之间初见面那一刻是"高峰时刻"，相互都要从对方的言谈、举止乃至装束、神态中，产生"第一感觉"，形成"第一印象"。如果仪表庄重、儒雅，能使证人产生信任与尊重；如果举止轻浮、随便，会使证人产生疑虑，甚至因存戒心而影响询问效果。

第四，创造良好的询问气氛。常言道："入境而问禁，入国而问俗，入门而问讳。"这说明了解当地风俗人情能应付各种场面，并为疏通感情、接近群众创造良好的语言环境。生活中，人对自己的事业、本职工作、所学专业等都是有爱好和兴趣的，与人沟通的最好办法，莫过于对人的了解并做到"入乡随俗"，即从情感到言谈举止都应该与谈话对象相一致。常言道："三个秀才就说书，三个农夫就说猪"，"上山砍柴问樵夫，下海捕鱼问渔夫，走街串巷问农夫"，讲的都是说话看对象及与人沟通的办法，通过拉家常闲谈的方式询问其个人的简历、学习经历、工作经历、生活经历、夫妻关系、交友情况、个人爱好等。"闲谈"的目的有二：一是逐步控制询问对象的情绪和情感，消除其对立抵触情绪；二是对询问对象注入同情心，让他觉得你是为他着想。这样，询问人和询问对象就达到一定的"沟通"，从而使他认为你是"通情达理"的人，而对你产生认同和信任感。侦查人员若能抓住证人的职业特点与之交谈，比如与教师谈学生，与作家谈作品，与象棋爱好者谈下象棋，等等，都会很快达到沟通思想，创造融洽气氛，实现询问目的的效果。

（2）询问的策略、方法。询问的对象不同，其方式、方法也不同。在一般情况下，询问对象有两类：一是证人；二是被害人。其中，在证人又大致有两种类型：一类是与案件无关的证人；另一类是与案件有牵连的证人。在询问中，可针对不同类型的证人，采取不同的方法。

第一，与案件无关的证人。这类证人，因为他们与案件没有利害关系，一般来说，比较容易如实作证，能客观地提供案件事实和情节。但也有少数人或因有"事不关己，高高挂起"、"多一事不如少一事"的错误思想；或因有怕打击报复的恐惧心理；或者因对侦查人员的调查访问活动产生反感而有不满情绪；或者出于对犯罪嫌疑人的同情或怜悯等种种原因而不愿作证。在询问过程中，侦查人员要认真研究证人拒证原因，并设计询问策略。一方面要有针对性地进行疏通、开导，做好法制宣传和思想教育工作，说明知情不举的社会危害性，帮助他们解决各种思想顾虑，启发和提高他们敢于同犯罪作斗争的积极性。另一方面要侦查人员尽快与证人沟通思想感情，在环境气氛上让对方感到融洽。例如：在一起伤害案中，女证人李某是单位有名的"事不关己，高高挂起"的人，保卫科的同志找她两次，她都以"不知道"和"没看清楚"加以拒绝。侦查人员在询问她时，针对她爱跳舞的特点，从舞姿谈到跳舞有益于身心健康及当地的几个舞厅，使证人逐渐有了亲切感，形成了初步的心理接触，随后办案人员就近转移，话题自然而然地引到作证上，没费什么口舌，便顺利地向她取得了证言。

此外，侦查人员可以采取直插疑点的询问方法。所谓疑点，是指与定罪量刑至关重要的难点。直插疑点就是在询问过程中，跳过证人预测到的主体询问问题的环节而直接问主要问题，使其措手不及，打乱其心理防御体系，迫其说出真情。例如：李氏兄弟殴打郭××致死案，证人外科医生黄××从事件一发生就在场，并参与拉架。前两次对其询问，他都提供了案件前后经过的证言，但对脑后致命的一拳是谁所击的案情，他却一再推脱说没有看清楚。这一拳是本案定罪量刑的关键问题，也是本案的疑点。办案人员经过认真分析，第三次询问便直截了当地发问："你是医生，由于职业的缘故，对要害部位的打击你是不会不注意的，而且根据当时的情况，你也会看清的，请你配合我们弄清这个问题。"

第二，与案件有利害关系的证人。这类证人又分两种：一种是与案件有牵连或曾参与其中的人。他们担心案件的发展会牵连到自己，为了庇护犯罪嫌疑人和保护自己而拒证。对这一种证人，应向他们讲明作证的义务和作伪证或隐匿罪证应负的法律责任，鼓励他们积极揭发犯罪分子，争取立功，将功赎罪。另一种是犯罪嫌疑人的亲朋好友、街坊邻居。他们因与犯罪嫌疑人有特殊关系，往往会从家庭利益或私人感情及哥们义气出发而不愿作证。对这一种人，应向他们宣传党的教育改造罪犯和不株连亲属的政策，鼓励他们分清是非，大义灭亲，以国家利益为重而积极举证。

例如：在一起金融诈骗案中，被告人汪×冒充副总经理使用虚假的购销合同向 A 银行申请承兑 300 万元的汇票用作流动资金。A 银行行长赵×因与被告人汪×关系密切，曾向他提供了数十万元的用于承兑汇票的保证金。案发后，汪×被逮捕。在侦查人员向行长赵×调查取证时，赵×因害怕自己受牵连，拒不提供汪×冒充某公司副总经理和使用虚假合同之证词。侦查人员不仅掌握了上述事实与证据，而且看透了他的惧怕心理，为使他尽快地主动提供证词，将功赎罪，便对他进行了询问：

问：赵×，你是银行行长，对银行的各项管理制度都很清楚吧？
赵：都清楚。
问：你向被告汪×提供用于银行承兑的保证金是否符合银行规定？
赵：……（不语）
问：现在汪×已被逮捕，你作为银行行长又是共产党员，大概不会包庇他吧？
赵：不会。
问：现在不是追究你的问题，而是调查汪×以什么身份和采取什么手段进行诈骗的，你若能积极主动地提供线索，为侦破此案尽到自己的职责和义务，对你今后的前途是有好处的。

侦查人员的这些问话，涵盖内容很多，也很有份量，不能不触及行长赵×的心灵，他经过认真的思考后，终于提供出侦查人员所需要的证词。

询问的第二类对象是被害人。被害人是由犯罪行为直接侵害的人。询问被害人就是侦查人员听取被害人对遭受犯罪行为直接侵害的事实和有关犯罪分子的情况的陈述。被害人因受到犯罪分子的直接侵害，在一般情况下都能积极配合司法机关揭发、控诉犯罪分子，提供有价值的证据和线索。但是，由于被害人有严惩罪犯的强烈要求，在揭露、控诉时往往会产生偏激情绪，可能会隐瞒事实，添枝加叶故意夸大犯罪情节，也可能会歪曲事实，提供伪证。对这些偏向，侦查人员在询问时一定要注意识破。对因受犯罪行为的侵害，思想顾虑较多而不会轻易谈出事实真相的被害人，侦查人员在询问时要有针对性地做好他们的思想工作，消除其顾虑，使其大胆陈述。

对杀人、伤害案件的被害人，尤其是对受伤害严重而生命垂危的被害人，侦查人员要抓紧时间询问，让受害人尽快讲出犯罪分子的姓名、性别、体貌特征及单位、职业等，对一般情况，不必细问。对抢劫、盗窃案件的被害人，要着重询问被抢、被盗财物的名称、数量、特征及其来源。对强奸、轮奸案件的被害人，应由女侦查人员参加询问，并注意分寸，讲究艺术，为其保密。只问强奸是在何时、何地发生,有何人及大致过程和罪犯特征,其他强奸细节不必过问。例如:某地发生了一起强奸案,被害人是农村女青年,侦查人员在询问时,硬要她陈述被强奸的详细过程、当时的心理反映等,被害人无奈,勉强作了陈述,但在侦查人员走后,被害人就上吊自杀了。

3. 发问。发问是法律赋予公诉人、辩护人、当事人、代理人等的一项重要的诉讼权利。随着庭审方式的改革,诉讼技巧将会受到人们的重视,而作为诉讼技巧的发问,也必然因受到人们的重视而被加以研究。法庭调查中的发问技巧有以下几种:

(1) 抓住关键发问。所谓关键,是指与案件定性、定罪、量刑和民事处理有关的事实。首先是事实,其次是"本案事实",最后是"与定性、定罪、量刑和民事处理有关的事实"。以刑事案件为例,应将犯罪的八要素问清楚,即犯罪的时间、地点、被告人与被害人的关系、犯罪的目的、动机、行为过程、造成后果及有关证据。

例如:对一起杀人案的庭审。被告人雷×之妻长期与人通奸,经其再三规劝不改。一次被雷×当场抓获,奸夫逃脱,雷×在反遭其妻辱骂的情况下,忍无可忍,用菜刀朝其妻头部、胸部乱砍,当场致其妻死亡。庭审发问如下:

问:你当时朝你妻身上砍了几刀?
雷:七八刀。
问:只有七八刀吗?
雷:可能有十几刀。
问:你在被讯问时说砍了一二十刀,今天又是怎么讲的?
雷:确实记不清了。
问:这说明你不老实,今天你必须交待清楚。
雷:我当时只想把她杀死,别的什么也没有想,要早知道你这样问我,我当时就会数一下了。
被告人这一答,使听众大笑,问话人也一时无言以对。

像对这种既不影响定罪,也不影响量刑的非关键性问题,穷追不舍大可不必。再看另一案的发问:

问:被告人卢×,起诉书指控你打死杨×是否事实?
卢:是事实。
问:你是在什么时间、什么地方打死他的?

卢：在6月4日晚上大约12点，在××寨子北边坡脚的田坝里。

问：当时有哪些人在场？

卢：就我和他两个人。

问：你们为什么到那里去？

卢：他要买大洋。我骗他说北边寨子里有，晚上我带你去。

问：你怎么把他打死的？

卢：走到那里，我说累了休息一会。他躺在田埂上，我趁他不注意，用石头朝他头部砸下去。先后用了两块石头，砸了五六下，把他砸死了。

问：（出示证据）是不是这两块石头？

卢：当时天黑，没注意，看样子是的。

问：你为什么要砸死他？

卢：为抢他身上的钱。

问：你抢了多少钱和东西？用到什么地方去了？

卢：590元和4块手表。还债用去400多元，花去100多元，还剩几十元和表一起被收了。

问：（出示证据）这是不是你抢的4块表？

卢：（经辨认后）是的。

问：你当时对杨×的尸体是怎么处理的？

卢：扛到坡脚丢进水塘里去了。

问：你为什么要抢钱？

卢：为还债，人家逼得紧。

问：你和杨×是怎么认识的？

卢：做大洋生意认识的。

问：你的债是怎么欠下的？欠了多少？

卢：是做大洋生意亏的，欠800多元。

问：你知不知道做大洋生意是违法的？

卢：知道。

问：再问你两个问题：一是你知不知道杨×是一个什么样的人？二是你知不知道杨×身上的钱是怎么来的？

卢：知道。杨×因贩卖大烟被劳改过几年。出来后表面上做草药生意，实际上是做走私表和大洋生意。他身上的钱和表是做生意赚来的。

下面宣读勘验笔录。

法庭调查只用了十几分钟，发问语言干净利落，句句涉及案情关键，是一次成功的发问。实际上，与案情有关的具体细节很多，如：被告人与被害人认识的经过，一起做"生意"的经过，被告人"欠债"的情况，"还债"和挥霍赃款的情况，等等。但因与定性、量刑关系不大，所以，不必再问。

(2) 有的放矢地发问。法庭调查中的发问，都是为达到一定目的而进行的。例如：被告人王×伤害致人死亡案，律师对被告人的庭审发问。

　　律师：死者当时是用什么凶器打你弟弟的？你是如何上前保护你弟弟的？
　　王×：当时对方用斧头砸我弟弟的头部，造成鼻骨骨折，鲜血直流。我上前保护弟弟，对方举斧砸我头部，我用右臂挡，尺骨被砸断。
　　律师：你当时采取什么措施？
　　王×：我用刀刺向对方，据说他经抢救无效死亡了。

律师如此发问，其目的是向法庭说明被告人的行为是在生命受到严重威胁的情况下实施的正当防卫。

(3) 明知故问。明知故问，是指对明明知道的情节提出发问。这些情节对案件的审理起着至关重要的作用，但却未引起公诉人及审判人员的重视。其发问目的是为了引起他们及旁听群众的注意和重视。

例如：青年汪××在公共汽车上盗窃乘客的皮包，拿到家里被他父亲发现，在他父亲的训斥及陪同下到当地派出所投案，公诉人在法庭起诉中只轻描淡写地一笔带过，没有引起审判人员的足够重视，于是，律师就在发言中明知故问。

　　问：你将装钱的皮包拿到家后，在做什么？
　　汪：在数钞票时被我父亲发现。
　　问：你父亲是怎么看待这个问题的？
　　汪：我父亲不仅痛骂我没出息，还打我的嘴巴。
　　问：后来怎么样？
　　汪：为了争取对我宽大处理，就让我到派出所投案，但我害怕，就要求父亲陪同。我去派出所主动投案、自首，交待了自己的作案过程。

(4) 围绕本案事实发问。法律赋予当事人发问权利意在查清案件事实。因此，应问与案件有关的事，若问与案件无关的问题，不但不能查清事实，反而耽误了调查的时间。例如：印度电影《流浪者》中的丽达的一段问话：

丽达：你称被告为天生的罪犯，这是什么意思？

拉贡纳特：这我认为不必要解释，被告是天生的流浪儿，从他父母那里继承了犯罪因素。

丽达：请问你有儿子没有？

拉贡纳特：没有，这个问题与本案没有什么关系。

为了反驳拉贡纳特的观点，丽达的发问表面上看起来与案件无关，但事实却有着内在的联系。因为在被告席上坐的罪犯正是法官拉贡纳特的儿子。由此可以看出，发问是否与案件有关，不能仅从表面上看，有些发问，从表面看，似乎与案件无关，实际上却是有关的；而有些发问，似乎是与案件有关的，其实关系并不大。

比如：对被告人王××强奸被害人张××一案，在进行法庭调查时，对王××与另一妇女李××通奸的有关事实就不能查问，因为这是与本案无关的事实。

（5）适时恰切地发问。因为发问是按程序进行的，机不可失，时不再来，公诉人和辩护人既不能错过发问时机，又需要恰当确切地提出要问的问题。

例如：对审理一起强奸案的发问。被告人李××，系×公司经理。被害人张××，系该公司出纳员。星期六上午张约李晚上8时来财务科对账，李如约前来。在对了一会账后，李对张进行调戏。张躲进屋里，李跟着进去将张推到床上欲行强奸。张拒绝，说门口有人。李出去到走廊上巡视了一遍，回屋后锁上门，将张强奸。在调查时，被告人李××承认与张××发生了两性关系，但说自己没有使用暴力，也没有胁迫，因此，不是强奸。在被害人张××出庭作证后，轮到公诉人发问：

诉：被告人和你是什么关系？

张：他是公司领导，我是他的部下（显然这是为论证被告人系"利用从属关系"进行强奸作准备）。

诉：你为什么要告发被告人？

张：我还年轻，尚未结婚，而他是有妻室之人，我想到我的前途被他毁了，我很痛苦，哭了一夜，第二天就把他告发了（这是为论证被告人的行为"违背了被害人的意志"找根据）。

轮到辩护人发问：

辩：据有关材料反映，被告人与你有暧昧关系，你们曾在办公室拥抱、接吻，你对这事如何解释？

张：那是他强行侮辱我，不是我愿意。

辩：既是强迫，时间达半年之久且发生多次，你为何不告他？
张：他是领导，怕报复，我不敢告。
辩：既然他是这种人，为什么还约他晚上单独到你办公室对账？
张：因白天工作忙，第二天要把账拿出来。
辩：在财务室你被调戏，为何不向外跑，反而躲进里屋，这岂不是更危险吗？
张：怕在门口碰上人丢面子。
辩：在被告人李××到走廊上去巡视时，你有足够的时间跑出去，为何不跑却仍然躺在床上？
张：我的一只鞋不知被他甩到哪里去了，不好跑。
辩：你刚才作证说你一直在极力反抗，又说被强奸时还听到了被告李××"咚咚咚"的心跳。按常识，一个人在对另一个人极力反抗时是不可能听到他的心跳的，你能解释这一矛盾吗？
张：……（沉默）
辩：当时隔壁房间还有人开会，你为何不呼救？
张：我害怕，因为他是领导。
辩：被告人利用他是领导的身份，对你进行过什么要挟与威胁没有？
张：……（沉默）

辩护人这一连串的发问，像剥笋子一样，一层层地剖析和揭示了案情的真相，从而看出是通奸不是强奸的实质。

（三）答的技巧

问与答是一对统一体。回答是对提问的反馈。问是一门学问，答也需要有技巧。怎样问，如何答，在一定程度上反映了谈话的接引规律。问得巧，答得妙，是口才的一种表现。知识丰厚、思维敏捷的人，答的技巧往往是高超的。司法谈话中的答有两种情况。一种是在司法机关和司法行政机关直接从事法律工作的人员以及律师，在履行职务时，以口语形式对来访者、咨询者提出的各种法律性问题的解释和答复；另一种是在法庭调查阶段当事人、辩护人、代理人就审判人员、检察人员、代理人的发问作出回答。前者可称为"法律解答"，后者可称为"法庭应答"。

1. 法律解答。

（1）法律解答的特点。法律解答具有如下几方面的特点：①法律性。来访者和咨询者都是因为对身边发生的或即将发生的涉及法律的问题不理解、不明白、不知怎样处理，才请求专门从事法律工作的有关人员作出解答的。尽管来访者或咨询者的身份不同，所咨询的问题也千奇百怪、纷繁复杂，但它们无一不是涉及到国家法律的问题，解答者要对各种法律问题作出具体的解答，也必须符合国家法律的精神和原则。尽管法律解答是属于"参考性的意见"，但对于咨询者来说，这几乎等于权威性的结论，咨询者往往要"照此办理"的。因此，任何偏离法律原则或精神的解答都有损司法机关及其工作人员的威信，甚至会产生严重的不良后果。所以，法律性是司法解答最基本的特征。②宣传性。法律解答具有社会性的法律宣传教育意义，是一种极为有效的实际进行法制宣传、法律教育的具体形式。咨询者带着具体问题而来，因此，对解答中所涉及的法律问题特别感兴趣，也容易理解、容易接受。在解答过程中，结合具体问题，适当地宣传国家的法律和政策，对全民法律意识的提高极为有利。可以说，法律解答本身就是对法律的宣传。③简明性。法律解答无论是作为一种法律服务工作，还是作为一种言语交际活动，它的形式都比较简单，时间也不太长，这就形成了它的简明性特征。

（2）法律解答的方法。法律工作者在接待、回答咨询时，可以根据不同对象、不同内容，采取相应的、不同的解答方法。法律解答常用的方法有：

第一，指示式。指示式解答方式是指负责接待来访或咨询的法律工作者，对来访者或咨询者提出的问题，因本部门无法解决或者根据现有的法律文件难以作出准确答复时，而明确地指示来访者或咨询者到相应的机关或部门查询或要求处理的一种具有转界性质的解答方法。

例如：某市一离休干部到×律师事务所咨询："我儿因公出差，在外地遇交通事故，经医院救治无效而身亡。有关善后事宜，我不知是按因公牺牲处理，还是按病故处理？我曾到劳动局询问，局里负责接待的同志给我一份文件，我认为文件内容与我儿情况不符。后又到市法院询问，市法院嘱我到你们所来，不知你们是否有此类文件可供参考？"对究竟如何处理，因×律师无法准确答复，就作了指示式解答："对不起，我所也无此类文件。请你再去市总工会一趟，看看他们那里是否有。如果还没有，那么你可在交通管理部门对事故作出处理后，再请他们根据实际情况出具一份事故说明或善后处理的建议，以供你儿子生前所在单位作为处理你儿善后事宜的参考依据。"

指示式解答与单纯的"往外推"或不负责地"踢皮球"不同，它是本着实事求是的态度，对难以准确答复或者无法解决的问题向来访者、询问者明确指示、寻求答案的方向。对本部门可以解决或依法不应给予解决的问题，则不应使用指示式的方式解答。

第二，支持式。支持式是一种建议诉讼、支持诉讼的解答方法。对于一般的民事纠纷问题，各法律部门的接待人员和法律咨询服务机关都应贯彻民事纠纷着重调解的原则,尽量说服或建议当事人自行和解或通过民间调解、行政调解的途径去解决。但是,对一些严重违反伦理道德或者以强凌弱、仗势欺人造成恶劣影响的民事纠纷,以及通过行政调解久调不决的纠纷,应当主动地建议并支持当事人通过依法起诉的方法使其合法权益得到及时、可靠的保障。

例如:某地一位姓耿的老太太,到某律师事务所哭诉说:"我今年已74岁,有一个儿子和一个女儿,他们都已结婚成家。原先我是跟儿子媳妇一起生活。因婆媳关系不好,七年前我女儿把我接到她家共同生活。七年来,我在女儿家带小孩、做家务,从没有闲过。现在,我女儿的两个孩子都已上小学,我也老了,不能再干家务,也常生病,女儿就嫌弃我了。半年多来,女儿常给我吃剩饭菜,发火时,还骂我是'老妖怪,怎么还不死',并要赶我走。我受不了这种气,就一个人走了十多里路,回到儿子家里。没想到媳妇连门都不让我进,还说:'你帮你女儿做了七年老妈子,现在做不动了却让我们养活,没那好事。'我只好在街上待了一夜。我无处可去,请你们帮我想想办法。"负责接待的律师听完后,立即作了解答:"我国现行法律规定,子女对父母有赡养扶助的义务。你的儿子和女儿都有责任妥善解决你的生活问题。根据你的实际情况,你以赡养为由起诉直接要求解决为好。因为法院可以用裁定先行给付的方法迅速解决你目前的生活困难,然后再根据情况的发展,以调解或判决形式妥善解决你今后的生活问题。如果你同意,我们可以免费为你代写一份诉状,你可以直接到法院去起诉。"由于律师的建议和支持,法院很快解决了耿老太太的赡养问题。

第三,否定式。否定式解答方法是通过对有关法律和政策的解释和说明,对来访者的错误思想认识和错误要求进行否定,使之不再坚持原有错误的解答方式。

例如:某县农村中学的3名教师到县法院要求提起行政诉讼,申诉的理由是:"我们学校工会组织了一个查账小组,对校总务主任兼会计的叶××经手的账目进行核查。查出叶××贪污40 000元后,乡长(叶××的亲戚)以我们无权查账为由,命令我们停止查账。我们将情况反映到县教育局,局领导组织我们重新查账,又查实叶××贪污50 000元。目前,此案尚未处理,乡政府却从我们查账组的5人中调走了3人,分别让他们到边远地区的农村小学去任教,我们认为这是对我们的打击报复,要求通过行政诉讼直接告乡政府领导。"县法院负责接待的同志向他们详细地讲解了行政诉讼法的性质和任务,说明了行政诉讼受案的范围,最后给了否定式的解答:"根据你们反映的情况,此案不属于行政诉讼的受案范围也不属于其他性质的诉讼受案范围,此事应由政府部门负责调整。你们可将有关情况直接向上一级政府部门反映,要求核实并作出处理。"

否定式并非是单纯的拒绝或否定,而是在纠正误解、否定错误的同时,实事求是地指明解决问题的正确途径。作否定式解答时,一定要热情亲切,耐心细致地做好解释工作,以免引起当事人新的误解。

来访者或咨询者的身份复杂,所反映的问题也比较复杂,因此,解答的方式也是多种多样的,解答者可根据具体情况,以或释疑,或批评,或引导,或劝解等多种方式进行解答。不论采取什么方式解答,都要本着符合法律的精神和原则进行。

2. 法庭应答。

(1) 法庭应答的特点。与普通应答相比,法庭应答具有以下特点:①从时间上看,法庭应答完全受制于发问的时间,受制于法庭诉讼程序。②从应答的性质上看,法庭中的应答是一种诉讼行为,能产生一定的法律后果。③必须对发问作出回答。和一般对话相比,这个问题似乎不是个问题,但在法庭调查阶段,必须回答。当然你可以回答"是"、"不是"、"不"、"不对"、"不知道"等,但你却不能拒绝回答与本案有关的问题。

(2) 法庭应答的要求与方法。法庭应答应掌握以下几方面的要求与方法:

第一,弄清问话的真实含义应答。对答者来说,只有把握住问话者的真实意图,才不会被表面现象所迷惑,回答才能切中要害,一语中的。例如:对一起因盗窃而被人伤害致死一案的庭审应答。刘××是个惯偷,一天夜里到被告人王××家行窃时,被王××发现并被王××一刀捅在胸口上而死亡,庭审发问及应答如下:

辩:你是在什么情况下捅的刘××?

王:当时,我发现室内有人,就想去看个究竟。猛不防,却被刘××一手掐住我的脖子,另一手举起木棍正向我打来。情急之中,我顺手抓起一把尖刀就向刘捅去。

辩:你为什么要拿刀捅他?

王:我若不捅他,等他棍子落下来,我就没命了(这时公诉人已经听出辩护人向被告人王××问话的真实含义,是想从正当防卫入手为被告人王××进行辩护的,于是,就向审判长请求发言)。

诉:报告审判长,我有重要事实向法庭陈述。

审:请陈述。

诉:被告人当过兵,并在部队擒拿格斗比赛中得过第三名,在本案中,被告人多次供述自己是捅向被害人胸部的,被告人完全清楚这一刀捅去的后果。

在这里，公诉人的发言，实际上是在听出辩护人发言的真实意图之后的一个间接性的应答。而这个应答很巧妙地把法庭调查的方向转移到了"被告刘××是否明知他捅的是刘××的胸部"，以及"被告人是否明知这一刀捅去的后果"的问题上。这样的应答，对进一步追究被告人王××的刑事责任极为有利。

第二，反问应答。反问应答是以反问的形式回答问话者的提问，这种方式的应答一般是在己方占有充分的事实和理由，胸有成竹的情况下使用。它不仅能抵销对方的指控，而且还极具反击力。例如：在"七君子案"中，沈钧儒等人的应答片断。

问：沈钧儒，你是否煽动罢课了？

沈：罢得太多，你问的究竟是哪年、哪月、哪次？是全上海，还是哪个学校？是哪个煽动的？证据何在？与救国会有什么关系？

问：你们主张"容共"吗？

李公朴：民国十三年孙中山先生主张"容共"，实行"容共"，中山先生错了吗？连我们集会纪念中山先生，援助日本纱厂罢工工人，也被判为罪状，试问你要不要做中国人？

问：你们主张联合共产党，是不是危害民国？

史良：好比一家人家，强盗打进门来，我们叫家里兄弟姐妹不要自己打自己了，应联合起来共同抵抗强盗，这有什么错？能说是危害民国吗？只能说是危害帝国——日本帝国主义，除非检察官是日本人，才会判我们救国有罪。

第三，设定条件应答。例如：在"七君子案"中沈钧儒的应答片断。

问：抗日救国不是共产党的口号吗？

沈：共产党吃饭，我们也吃饭，难道共产党抗日，我们就不能抗日吗？检察官的话，被告不能明白。

问：那么你同意共产党抗日统一的口号了？

沈：我想抗日求统一，当然是人人同意的。如果要说因为共产党抗日，我们就要说不抗日，共产党说要统一，我们就说不统一，这种说法，是被告我不懂的。

问：组织救国会是共产党指使的吗？

沈：刚刚相反，我们组织救国会正是为了叫共产党一致抗日。检察官的问话是错误的。

问：救国会里有共产党吗？

沈：救国会里成员很多，是否有共产党无从知道。对于入会之人，不问他是不是共产党，只问他是不是抗日。并且，共产党哪里会说自己是共产党呢？所以要问也问不出来。

（四）调解

调解在我国有着悠久的历史，我国有世界上独一无二的调解结构，以"东方经验"在国外享有盛誉。古时，我国就有"休和、劝释、和为贵"的调解制度和说法。从秦汉至明清，我国的调解就有"乡里调解"和"司法机关调解"两种类型。需要指出的是，无论是"乡里调解"或是"司法机关调解"，都是由统治者掌握的政权组织主持的，并且以统治者的法律和道德规范为准绳的。在和解息讼的温情纱幕下，掩盖着残酷的阶级压迫实质。与我们今天的调解有着本质区别。

1. 概念。现代意义的调解，是指发生纠纷的双方或多方当事人，在第三者（律师、调解机构及其成员）的主持下，依照国家的法律、法规、规章和政策以及社会道德规范等，进行居中调停，帮助双方或多方当事人解决纠纷，达成和解协议；或在查清事实，分清是非后，劝其彼此谅解，消除纷争的活动。调解具有如下特征：

2. 特征。

（1）调解是在第三者主持下进行的，第三者可是个人（包括律师），也可是群众组织、行政机关或审判机关。这个特征使调解区别于当事人的自行和解。

（2）调解是第三者的居中调停，第三者不是单方的代理人，所以，调解必须出于双方的自愿。调解者应始终尊重当事人的意志，使当事人在自愿的前提下，在互谅的基础上达成共识，从而使纠纷得到解决，这是调解的最本质的特征。

（3）调解者只能用说服教育的方法，排除争端、解决纠纷。

调解者的主要任务是沟通双方意见，发现共同点进行说服和教育。调解是一种缺乏规范、带有很大任意性的自律秩序。在当事人地位平等、表达自由和完全自愿的状况下，调解可以成为一种非常具有民主色彩和实效的处理纠纷的方式。但是，如果当事人地位不平等或调解人过于动用自己所拥有的社会手段（如行政上的身份和权力、舆论的媒介作用）也会使调解带上专制恣意的色彩。调解的规范化可以从实体法和程序法两方面进行，但这同时有可能损害当事人自律这一调解的根本特征。自愿与强制、和解与判决、中庸之道与黑白分明——人们往往从这些对比的概念来论述调解和审判的不同实效或相互作用。

（4）调解必须符合法律和政策。

3. 调解的范围。按照我国法律的规定，调解的范围包括民事纠纷、经济纠纷和轻微刑事案件。这些纠纷,都是人民内部矛盾,但如果处理不当,便可使矛盾激化。在现实生活中,由于婚姻纠纷、邻里不和、财产争执等原因演变为伤害以致凶杀等刑事案件的事情屡见不鲜,如能及时进行调解或处理,便可避免许多恶性案件的发生。

4. 调解的类型。根据我国的调解制度,调解有以下几种:

(1) 人民调解。人民调解是诉讼外调解。其主持者是群众性的调解组织人民调解委员会、农村的个人或村民委员会、城市的个人或居民委员会。调解的范围是一般民事纠纷和轻微刑事案件。就其性质而言,它不属于法定的诉讼程序,更不是必经程序。从达成协议后的效力来说,一般是当事人自觉遵守,不具有法律上的强制力。如果一方反悔,另一方有权向法院起诉,任何单位或个人不得干预或阻止,人民法院受理后可以再进行调解,可能维持原来的协议,也可能改变。这表明了诉讼内和诉讼外调解的衔接关系。

(2) 行政调解。行政调解是诉讼外的调解。其主持者是按照法律规定负有调解纠纷职责的国家行政机关、农村的区公所和政府、城市的街道办事处、企事业单位的青年团、妇联等基层组织等。调解的范围是某种特定的纠纷活动,即除基层政府对民间纠纷的调解外,其仅限于法定的具体纠纷,如:工商行政机关只是按照合同法的规定,调解经济合同纠纷。就其调解的性质和达成调解协议的效力来说,行政调解和人民调解完全一样。

(3) 法院调解。法院调解是诉讼内调解。其主持者是审判机关人民法院。调解的范围是法院受理的民事案件、经济案件和刑事自诉案件(一般是轻微的刑事案件)。就其调解的性质而言,它是人民法院在处理民事案件、经济纠纷和刑事自诉案件的过程中,依照法律规定进行的一种诉讼程序或必经程序(指离婚案件而言)。从调解达成协议的效力来说,法院调解后所达成的协议,与判决有着同等的法律效力,双方或多方当事人必须执行。如果一方反悔,另一方可以申请人民法院强制执行。

5. 调解的语言和方法。不同类型的调解,其相应的调解语言和方法也各不相同。

(1) 人民调解。人民调解的语言特点是通俗易懂,可以运用方言土语及比喻。例如:"相骂无好言","相打无好拳"等。又如:调解夫妻关系时,有"天上下雨地下流,小两口打架不记仇"等俗语。调解时,应侧重情理,做到以情感人、以理服人,态度诚恳、公正、热情、耐心,符合村规民约及规章制度。

(2) 行政调解。行政调解的语言特色应是情理交融、诚恳公正的,但更多的是突出组织纪律,以大局为重。和人民调解一样,也是在分清是非、明确责任的基础上,说服当事人互谅互让,达成和解协议,解决民事争端。其原则也是自愿原则、依法原则、不干涉当事人诉讼权利的原则以及不得损害公共利益和他人利益的原则。

（3）法院调解。对民事案件的调解，要讲清民事诉讼法的内容，使之知法、懂法，按法办事。也就是说调解的语言要"以事实为根据，以法律为准绳"，在查明事实、分清是非的基础上进行调解。在这个前提下，要求双方求大同存小异，循循善诱，和风细雨。民事案件一般都是人民内部矛盾或纠纷，调解时既要充分肯定双方的优点，又要诚恳地指出各自的错误，并讲清后果。对刑事自诉案件的调解，要讲清利害关系及伤害程度和由此而引起的合理的赔偿，用设身处地的语言进行调解。如说"要想公道，打个颠倒"等，并说明"小不忍则乱大谋"等道理。只有这样调解，才会达到解决纠纷的效果。

有时，如果双方各持己见，在一时调解不见效果时，也可以采取冷处理的办法，但不可久拖不决。暂时的冷处理，可使当事人冷静考虑问题，但在这样做之前，调解人员一定要把话说明，语言、声调一定要使当事人感到亲切、和蔼，使其感到调解者是在帮助他弄清道理，而不是置之不理。

6. 调解式谈话技巧。调解式谈话的对象是处于某种矛盾中的双方或多方当事人。因此，调解者的思维模式也应该是多方位的，对矛盾着的双方或多方都应该照顾到。对双方或多方的心理活动都应有明确的了解。表现在调解语言上，应多说一些使分歧消除，使矛盾化解的话。特别是民间纠纷，其琐碎、繁杂，且当事人的文化素养、知识结构、地位层次、脾气性格各异，调解人员只用一般方法不易奏效，必须把法律及村规民约与精神文明、传统道德观念和民间习俗等结合起来，以美的语言、诚挚的感情、灵活的方法去解决当事人的纷、忧、难。调解时，要善于以情感人。白居易说："感人心者，莫先乎情。"只有动之以情、晓之以理，使情、理交融，才能使之以和。如果情不通、理不达，即使金玉良言，也等于好雨浇到石头上。

例如：一件关于遗产分割的案例。张老太太再婚8年后死去了丈夫，虽然她和老伴建立了深厚的感情，但却和老伴的儿子不和。老伴死后，张老太太与老伴的儿子发生了遗产分割的纠纷。一位在法院实习的大学生要从10 000元遗产中拿出2 000元给她的继子。老太太怎么也不同意。原因很简单：继子对她不好，她和老伴结婚8年，继子没有叫过她一声妈。所以，老太太执意不给继子钱。调解时，尽管承办此案的大学生依据遗产分割的有关条款，对老太太苦口婆心、反复地做了一个上午的工作，却毫无成效。老太太坚持说："就冲他那个样儿，我一个子儿也不给他。"

调解人员只限于法律依据，忽略了当事人思想感情上的心理障碍，她不只一次表明，继子对她不好，为此，不愿给他钱。既然是调解，就有商量的余地。老人思想不通，法律不能顺利实施。这时，一位指导老师理解老太太的心理障碍，就从情感交流上入手，接过话茬说："就说继子对你不好，可对他爹还不错吧，在你老伴住院期间，一直是儿子陪床，端屎端尿的。你不看僧面看佛面嘛，就看在你死去的老伴的面上，分给他儿子2 000元钱吧。"老太太于是说："要这么说还行，那就给他2 000元吧。"这里，指导老师巧妙地把老太太对继子感情的隔阂转移了，使它消融在对丈夫的情分和怀念之中："为了老伴九泉之下瞑目、安息，看在老伴的面上，给他儿子一些钱吧。"这恐怕是老太太的思维语言轨迹。

法是不变的，而当事人的心理情感却因人而异。因此，掌握和研究各种当事人的心理，选用与之相适应的变通式的语言形式，是使调解获得成功的较为普遍的规律。又如：夫妻离婚，常常在付给子女抚养费的数额上发生矛盾纠纷，原因就是在心理上、情感上有障碍。若是男方给抚养费，他在心理上常常认为这钱是给孩子他妈的，因夫妻感情已经破裂，甚至翻脸成仇，所以，有钱也不愿给。有经验的办案人员面对怀有这种心理障碍的当事人，就应该采用变通式的语言，可以这样劝说："这钱虽是交到孩子他妈手里，可是，都得花到你儿子身上。你不是儿子的父亲吗？孩子长大了就会知道，父亲没有丢下他不管。你这钱多花点值得，花在了大处，要看得远些。多给孩子几元钱对你算不了什么，可你却赢得了孩子的心啊！"这话入情入理，语重心长，把男女双方的逆反心理转移了，使它融合在父子情深和父亲的责任感上。心理障碍一旦消失，当事人就会欣然接受女方提出的条件。试想，办案人员如果一味强调法律，怕不会有什么好效果。

课后阅读与研讨

一、调解式问话训练

调解成功靠口才

某日，某乡二户农家，一姓陈，一姓李。李家在陈家房屋左后侧盖新房，打完地基准备砌墙，原料需从陈家侧墙旁运入。不巧，陈家墙边有一条排水沟阻隔，必须把沟填平拖拉机才能通过。一天上午，李家未与陈家商量就把沟填平了。中午，陈家三个儿子发现水沟被填，顿时怒从心起，便拿了锄头、铁锹要把水沟复原。李家父子三个前来阻挡，在旁劝说的人不在少数，但都无济于事。一场令人骇然的械斗，一触即发。请问：您怎样劝说调解？

参考劝说法：

一位50多岁的老人站出来，双手拍各两家的大儿子的肩膀说："年青人血气方刚。我认为你们各自都有一定的理由。不过,我不能不告诉你们:不要喜事未成,悲剧先演啊(使双方与劝说者产生一定的心理相容性,又给对立的双方以耐人寻味的警告,先压住阵脚)!"老人趁势走到李老头身边,说:"老头子,我看你的福气蛮不错啊(语出意外,双方均觉惊奇,转移了注意力)。两个儿子身强力壮,新屋不久就可建成,再娶两个贤惠的媳妇,那才是多喜临门啊!(描绘出一幅美好的前景,使李老汉舒心)!但是,如果今天动起来,是两败俱伤,这多么恼人,多么不吉利呀(前后鲜明对照点出严重后果,发人深思)!"

之后,老人转向陈家三个儿子:"你们的心情是可以理解的,填了水沟,下起雨来,就会有水漫入你们家中(陈家感受到这位长者在帮他们说话,于是接受劝说)。不过,建房屋一辈子能有几次呢?大家应该有个支持和帮助。更何况,你们今后就是邻居,远亲不如近邻啊!为这点事大闹一场以后见面会是什么滋味呢(劝说入情入理,压下了双方欲斗高低的火气)?实际上,大家都有考虑不周之处,你们(指李家)如果事先和他们(指陈家)打个招呼,他们是不会不同意的。他们也是通情达理的呀。当然,上午他们家中有人的话,我相信你们一定会和他们商量的(指出这场纠纷属误会所致,给双方都造成下台的机会,不失其面子)。"

在双方犹豫不决、不知如何是好的情况下,这位老者断然提出处理方案:"好了,这些就不必计较了,我看,你们(指陈家)就让他们把原料运进去,运完后,他们一定会把水沟恢复的,如果这两天下雨,他们总不会看着水漫入你们家中,一定会采取临时性的排水措施的。"

双方即将发生的械斗,就这样平息了。这位长者规劝成功的关键在于口才。首先,缓和双方的激动情绪,使感情趋于冷静,避免事态扩大。接着,消除双方火气,恢复理智,从"一不做,二不休",不计后果,变为理智地掂量后果,进而通情达理,接受规劝。最后,指出解决办法。

二、对几类案件犯罪嫌疑人的讯问

通过教学,本部分目的在于使学生了解几类案件的概念和特点,掌握几类案件犯罪嫌疑人的特点及讯问对策,并能够在实践中加以应用。

(一)讯问故意杀人案件犯罪嫌疑人

1. 故意杀人案件的概念。故意杀人案件,是指故意地非法剥夺他人生命的犯罪案件,是杀人案件中的一种,以行为人主观方面的故意为特征,不包括过失杀人案件。

2. 故意杀人案件的特点:①作案前大多经过周密策划;②杀人因果关系一般较为明显;③现场留有相应的痕迹物证;④作案方法多样,杀人手段残忍。

3. 故意杀人案件犯罪嫌疑人在讯问中的主要心理特点:①畏罪心理;②求

生心理；③侥幸心理。

4. 讯问故意杀人案件犯罪嫌疑人的要点：
（1）讯问犯罪嫌疑人的基本情况。
（2）讯问杀人的起因和预谋的具体情况。
（3）讯问杀人的时间、地点、手段和杀人过程。
（4）讯问杀人凶器、药物及其他作案工具的来源及其下落。
（5）讯问杀人的动机目的。
（6）讯问犯罪嫌疑人与被害人之间的利害关系。
（7）讯问被害人的基本情况，重点是被杀前夕的有关情况。
（8）讯问被害人致死（致伤）的具体原因和经过。
（9）讯问是一个人作案还是共同作案，如是共同作案，还要讯问各人在犯罪中的地位、作用和罪责。

5. 讯问故意杀人案件犯罪嫌疑人的对策：
（1）熟悉现场，吃透案情，制定周密详细的讯问计划。
（2）选择好讯问起点，把握好第一次讯问。
（3）进行政策法律教育，促使犯罪嫌疑人"坦白求生"。
（4）适时出示证据，进行深追细问。
（5）多方配合，避免监所事故和案件久拖不决。

（二）讯问"两抢"案件犯罪嫌疑人

1. "两抢"犯罪的特点：
（1）"两抢"犯罪案件数量大，作案成员多系外来人员或本地吸毒人员。
（2）"两抢"犯罪暴力化程度增强，组织化和职业化犯罪趋势明显。
（3）"两抢"犯罪时间、地点呈扩散化趋势。
（4）犯罪嫌疑人作案前有准备，发案随机性大。
（5）犯罪嫌疑人多是犯有多种罪行的惯犯、累犯，反侦查、反审讯经验丰富。

2. "两抢"犯罪屡禁不止的原因：
（1）嫌疑人理想利益与现实利益的必然反差是犯罪的内因。
（2）"两抢"犯罪作案成本低，不需要什么犯罪专业知识。
（3）"两抢"犯罪作案机会多。
（4）销赃渠道的畅通，给"两抢"犯罪分子大开方便之门。

3. "两抢"案件犯罪嫌疑人在讯问中的主要心理特点：①畏罪心理；②侥幸心理；③对立心理。

4. 讯问"两抢"案件犯罪嫌疑人的要点：

（1）讯问犯罪嫌疑人的基本情况。

（2）讯问"两抢"犯罪的预谋过程。

（3）讯问实施"两抢"犯罪的具体时间、地点及周围环境。

（4）讯问实施"两抢"犯罪所使用的凶器及手段。

（5）讯问被抢财物的详细情况。

（6）讯问被害人的详细情况。

（7）在"两抢"共同犯罪案件中，必须讯问每个犯罪嫌疑人在各次犯罪中的地位、作用以及分赃情况，分清主犯、从犯、胁从犯。

5. 讯问"两抢"案件犯罪嫌疑人的对策：

（1）因人施策，选准讯问突破口。

（2）围绕作案工具深追细问，查清作案工具的来源和下落。

（3）有针对性地追讯赃款赃物，以利查清案情。

（4）对结伙"两抢"的案件，应采取"利用矛盾"的策略，分化瓦解，各个击破。

（5）深挖余罪，扩大战果。

（三）讯问盗窃案件犯罪嫌疑人

1. 盗窃案件的概念。盗窃案件，是指以非法占有为目的，秘密窃取公私财物达到一定数额或严重程度的犯罪案件。

2. 盗窃案件的特点：①有赃款、赃物可追讯。②作案手段多种多样，向智能化、专业化方向发展且有习惯性。③盗窃现场多有痕迹物证。④犯罪嫌疑人合法收入和实际支出相差悬殊。⑤跨区域流窜作案。

3. 盗窃案件犯罪嫌疑人在讯问中的主要心理特点：①蒙混心理；②侥幸心理；③欺诈心理。

4. 讯问盗窃案件犯罪嫌疑人的要点：

（1）讯问实施盗窃犯罪的基本情节。

（2）讯问赃款赃物的下落及分赃情况。

（3）讯问销赃、窝赃人员的具体情况和罪责。

（4）讯问是否合伙作案，如果是合伙作案，应讯问各人参与盗窃的次数、分赃数额及其在犯罪中的地位、作用、同案犯的下落等。

（5）追讯余罪隐案，注意"串并案"，以扩大战果。

5. 讯问盗窃案件犯罪嫌疑人的对策：

（1）从追讯赃款赃物的来源、去处入手。

（2）抓住犯罪嫌疑人收支不平衡的矛盾加以揭露。

（3）利用犯罪嫌疑人特有的作案方式手段深挖余罪。

(4) 对流窜盗窃案件犯罪嫌疑人的讯问必须进行"三查"。
(5) 对共同盗窃犯罪案件的成员要分化瓦解，各个击破。

（四）讯问诈骗案件犯罪嫌疑人

1. 诈骗案件犯罪嫌疑人在讯问中的主要心理特点：①畏罪心理；②侥幸心理。

2. 讯问诈骗案件犯罪嫌疑人的要点：
(1) 讯问犯罪主体的情况。
(2) 讯问诈骗犯罪的时间、地点、手段、实施和预谋的过程等情况。
(3) 讯问诈骗犯罪嫌疑人与被害人、被害单位有关人员是在何时、何地怎样结识的，有无介绍人；在交往过程中使用过那些证件、证明、印信或者合同、票据等，并讯问其来源。
(4) 讯问赃款、赃物的有关情况。
(5) 对诈骗团伙案件，应讯问每个犯罪成员的具体犯罪活动及罪责，包括参与行骗的次数、分赃数额、在犯罪中所处地位作用等情况。

（五）讯问毒品案件犯罪嫌疑人

1. 毒品犯罪案件的主要特点：①毒品种类不断更新，且传播速度极快。②毒品犯罪活动隐蔽、面广、线长。③毒品犯罪中的团伙、集团和跨国犯罪形式突出。④武装贩毒、枪毒同流。⑤毒资洗钱方式形形色色。⑥毒品犯罪活动的装备现代化，藏毒手段也日益多样化。

2. 毒品犯罪嫌疑人在讯问中的主要心理特点：①畏罪、绝望心理严重；②侥幸心理突出；③攻守同盟思想严重。

3. 讯问毒品案件犯罪嫌疑人的要点：①问清贩毒的具体情节。②问清毒品的来源和去向。③问清是否共同犯罪。④问清与毒品犯罪有关的其他违法犯罪情况。

4. 讯问毒品案件犯罪嫌疑人的对策：
(1) 充分做好讯问的准备，吃透案件有关情况材料，不打无准备之仗。
(2) 抓住犯罪嫌疑人的心理弱点，文明执法，科学讯问，运用政策、法律开展心理攻势，突破心理防线，迫使其交待罪行。
(3) 加大调查取证力度，运用审调结合的方法收集证据，完善证据体系，突破疑难案件。
(4) 运用科学手段，对讯问过程进行详细的记录，防止毒品犯罪嫌疑人翻供。

三、讨论：讯问诈骗案件犯罪嫌疑人的对策

第三章

司法宣读

第一节 宣读概述

一、宣读的概念

（一）宣读与朗读

宣读就是在郑重其事的场合郑重其事地朗读；朗读是指清晰响亮地把文章念出来。朗读和朗诵比较起来，朗读平实、自然，可以边看边读，目的是准确表达原作的思想内容。在实际朗读过程中，"度"和"分寸感"的把握是引而不发，留有余地。朗诵则表现为脱稿成诵，面对观众，语音动听悦耳，态势语言和谐优美，眼神、表情、手势等自然大方，既要传达作品的思想感情，又需要引起听众的共鸣，朗诵属于艺术表演的范畴，它往往还需化妆、配乐、舞台灯光、背景等配合。

朗读与宣读都是一种口头言语表达形式。它们相同的地方是都要用清晰响亮的声音把所要读的书面语言的内容，转换成口头语言表达出来；而它们的不同之处在于：①对"读"的场合的要求不同。朗读可以不论场合，既可以公开，也可以私下；宣读则一定要在公众场合，宣读的"宣"就是公开说出来的意思。②对"读"的内容的要求不同。朗读可以是任何内容的文章，既可以是文艺性的，也可以是生活性的，或公文性的；宣读的则只能是公文性或论文性的文章，并且其内容必须是可以向公众宣告的，如"禁止在市区内燃放烟花爆竹的通告"。

宣读的稿件不允许做口语化处理，必须一字不差地照原样播出，郑重宣告是这种样式的基本特色，它的规整性要求最强，口腔控制力度最大，气息控制最沉，语流速度最慢，它既要有发布新闻的新鲜感，又要有发布重要消息的严肃感和持重感。只有进入这种特定的创作状态，才能从心底焕发出宣读的主动性，获取到宣读的感觉，进而刺激语言形成宣读的样式，在进入宣读状态之后，可以分头对气息、声音、语句等逐一进行调整。从气息控制方面看，气息用得沉稳、韵畅，听不到换气的声音，也没有憋气的痕迹；在声音运用方面，不强调音色的多种变化。

宣读，根据其宣读的内容，可以分为司法宣读、科研论文宣读、行政公文宣读等，本书主要介绍司法宣读。

（二）司法宣读

司法宣读是指司法人员对司法机关制作的、依法应当在特定的时间和场合转换成口头言语形态的法律文书和文件，当众向特定对象照文朗声宣告的一种司法口头言语表达形式。

司法宣读有其特定的主体，即依法有权宣读有关司法文书的司法人员，包括司法机关的检察员、审判员和书记员。如刑事案件起诉书必须由担任公诉人的检察员当庭宣读，判决或裁定必须由审判长宣读，法庭纪律由书记员当庭宣布。

如法庭宣判既是使裁判文书依法发生法律效力的必经程序，又是进行社会主义法制宣传教育，扩大办案的社会效果的重要形式，同时也是体现审判人员业务素质的明显标志之一。人民法院通过宣读刑事裁判文书揭露犯罪行为对社会的危害后果，公开国家法律对罪犯的制裁处罚，激发群众同违法犯罪行为作斗争的积极性；通过宣读民事和经济案件的裁判文书，教育群众正确行使民事权利和运用法律手段保护自己的合法权益，教育他们遵循自愿、公平、等价有偿、诚实信用的原则从事民事活动；通过宣读行政案件的裁判文书，人民法院以国家法律支持和保护行政机关正确行使行政处分权，维护国家利益，以坚持公民在法律面前一律平等的原则，依法撤销或变更行政机关错误的处罚、处理决定的事实，教育行政机关及其工作人员正确、合法地行使国家管理职权。所以，审判人员必须以严肃认真的态度，庄重有力的语气，清晰响亮的声音正式地、公开地向诉讼参与人和旁听群众准确无误地读出裁判文书的内容。这种宣读，无论在语调、语速、语言、感情色彩、声音力度上都有别于其他文章、文件的宣读。它不允许像诵诗那样夹杂丰富多变的感情，用跌宕起伏的语调来咏读，也不允许像演说家那样在群众面前以态势语言的艺术手段，运用一定肢体动作演讲。宣读裁判文书必须与法庭的庄严气氛相吻合。

二、司法宣读的特点

宣读是司法人员在司法口头言语活动中的一项最基本的表达形式，宣读口才是最基本的司法口才。其特点是：

1. 单向传达性。司法宣读的语流是单向的，即由司法人员单方面将某种具体的司法意志口头连续地、完整地传达给特定的受话对象后，这一司法言语活动就告结束，并不需要受话对象回答，没有语言的对流，受话对象只要将所宣读的内容听完全、听清楚、听明白即可，不需要任何其他的信息反馈。

2. 庄重严肃性。司法宣读的内容一般都是司法机关的正式法律文书，均具有某种特殊的法律效力。为了体现代表国家行使司法权的司法机关司法意志的权威性、严肃性，宣读的语气和语调必须自始至终保持庄重严肃，不能带有日常口语或如文学作品朗诵的色彩。宣读的庄重严肃性特点要求宣读者宣读时必须表情严肃，站立端正，举止规范，以示法律实施之郑重。

3. 公开性。宣读依法必须公开。所谓公开，一是指在公开开庭的法庭上；二是指在有具体特定对象在内的听众参加的公开场合。如果在特殊情况下，聆听宣读的只有特定的具体对象本人，宣读也应体现其公开性特征，朗声进行。

4. 法定性。必须进行宣读的司法文件、文书，其宣读的时间、地点、对象都是由法律予以明确规定的，必须严格依照规定进行，不得随意更改或省略。

5. 转换性。司法宣读从本质上讲，是把司法文书、文件从书面语言转换成口头语言，所以宣读口才具有转换性。在转换时必须忠于原文原意，不能对所宣读的司法文书在文字内容上作任何增删改动，在口语风格上也必须与司法文书所体现的法律语体风格完全一致。

三、司法宣读的分类

司法工作中的宣读主要分三大类，即裁判性宣读、程序性宣读、工作性宣读。

（一）裁判性宣读

裁判性宣读是司法人员在司法机关审查案件或审理案件的结束阶段，对司法机关处分案件的裁判性法律文书的公开宣读。裁判性宣读是司法机关对具体案件的最终处分意见的一种宣告，它意味着司法机关审查、审理案件的某种决定性司法意志的生效或即将生效。裁判性宣读包括：宣读人民法院的判决书、裁定书、调解书、布告和命令；宣读人民检察院的不起诉决定书；等等。裁判性宣读在司法宣读中占有极为重要的地位。

1. 宣读判决书。判决书是人民法院审理案件的结论性法律文书，是审理案件的审判机关对案件的最后意见。人民法院制作的判决书应当由法庭的审判长（或审判员）公开宣读。人民法院宣告判决有"当庭宣判"和"定期宣判"两种形式。

2. 宣读裁定书。裁定是人民法院在审理案件过程中和判决执行过程中，对诉讼程序问题和部分案件的实体问题所作的决定。裁定除记入笔录的口头裁定外，应制作正式的裁定书，裁定书一般应公开宣读。在裁判性宣读中的裁定书，只包括宣读驳回起诉和驳回上诉、维持原判的裁定书。

3. 宣读调解书。调解是人民法院终结案件审理的一种方式，调解成立与生效判决有同等的法律效力。调解书是由人民法院制作的、记载当事人之间协议内容的法律文书。调解书制作后，应当向双方当事人公开宣读。调解书体现了人民法院以调解的方式解决当事人双方诉讼矛盾的司法意志。调解书一经送达，与生效判决有同等的法律效力。

4. 宣读布告和命令。在特殊情况下，人民法院制作的公布判处死刑案件的布告和最高人民法院或高级人民法院下达的执行死刑命令，也有可能需要当众宣读。

5. 宣读不起诉决定书。不起诉是人民检察院在审查公安机关移送的案件后，认为被告人没有犯罪或者依法不应追究其刑事责任而作出的一种终结案件的决定。依照法律规定，不起诉决定书应当公开宣读，一经宣读、送达，立即具有法律效力。

（二）程序性宣读

程序性宣读是指司法人员在人民法院审理案件过程中，严格依照审判程序或者根据审判程序的需要，当庭对各种诉讼文书所作的宣读。程序性宣读是人民法院审理案件的重要内容，是司法人员在庭审过程中不可或缺的诉讼活动。程序性宣读的作用是保证庭审活动的顺利进行。按照诉讼法律的规定，程序性宣读主要有以下几种形式：

1. 宣布案由和有关名单。开庭审理时，审判长在核对当事人之后，应宣布案由并宣布合议庭的组成人员名单，以及书记员、公诉人、辩护人或双方当事人、委托代理人、鉴定人和翻译人员的名单。

2. 宣读起诉书。起诉书是人民检察院对刑事案件审查或侦查终结后，认为犯罪嫌疑人的犯罪事实已经查清，证据确实充分，依法应当追究刑事责任，而代表国家向人民法院提起公诉所制作的重要诉讼文书。起诉书由出庭支持公诉的检察人员当庭宣读。

3. 宣读证人证言、鉴定结论、勘验笔录。根据我国刑事诉讼法和民事诉讼法的有关规定，证人应当出庭作证，未到庭证人的证言应由公诉人、辩护人或委托代理人当庭宣读，鉴定结论，勘验笔录也应由有关人员当庭宣读。

4. 宣读裁定书和决定书。为了保证审判活动合法顺利进行，有些案件的审理，需要审判组织及时作出解决程序问题的裁定和决定，如对当事人提出管辖权异议所作的裁定，对当事人申请财产保全所作的裁定等。审判组织在审判活动中所作的书面裁定或决定，应当公开宣读或当庭宣读。

（三）工作性宣读

工作性宣读是指人民法院的书记员在庭审活动中，履行职责所作的工作性和技术性宣读。书记员工作宣读的主要内容是：

1. 宣布法庭纪律。按照法律规定，庭审前应由书记员对到庭人员和旁听人员宣布法庭纪律。法庭纪律是保证庭审活动正常进行，所有到庭人员和旁听人员都必须遵守的人民法院审判法庭的强制性规范。法庭纪律有统一的书面内容，书记员应在庭审前当庭宣读。

2. 宣读庭审笔录。庭审笔录是由法庭书记员制作,如实记载在审理案件过程中司法工作人员和当事人以及其他诉讼参与人的主要活动情况的书面文字。庭审笔录是重要的诉讼文书之一,它充分体现全部审判活动是否依照法律规定的程序进行。依照法律规定,庭审活动结束后,应当将庭审笔录交给当事人当即阅读,或由书记员向当事人宣读,当事人认为没有错误后,即签名或盖章。

此外,公安机关、检察机关、审判机关的书记员在参与提审时所作的讯问笔录和参与调查时所作的询问笔录,有时也需要当场宣读。

宣读根据宣读内容的完整与否,还可以分为完全式宣读和摘要式宣读,判决书的宣读一般属于完全式宣读,它要求从头至尾,一字不落全部读完。摘要式宣读卷宗笔录乃是目前检察机关庭审举证的重要方式。所谓摘要式宣读,是指公诉人在庭审中根据需要概括性或有选择性地宣读部分笔录。以证人证言为例,对于同一证人所作的多份不一致的证言笔录或不同证人所作的不同证言笔录,公诉人可以有选择地宣读其中的一份证言,或者仅仅摘要式宣读其中的一段或一部分,或者采取"合并概括"的方式宣读。这在一定程度上提高了庭审效率,但有时难免片面。

第二节 司法宣读的基本要求

法律文书,不同于文学作品以及一般公文,有它自己特殊的内容和形式。因此,在宣读的时候,当然也有比较特殊的要求,读的水平高低,直接关系到法律文书的效力。读得好,就能使人明白它的内容,比自己去看文字效果要大。读得差,即使读的是一篇写得很好的东西,也会让人听不清内容,抓不住要领,甚至费尽思索,仍不知所云。如:有的法官在法庭上宣读判决书,一个字一个字往外迸,连不成句,或者结结巴巴,前言不搭后语,既不能准确表达判决书的内容、分寸,还会影响法庭庄重气氛,引得旁听席上议论纷纷。更多的法律工作者虽然可以顺利地读下来的,但会给人以平平淡淡的感觉,不能做到层次清晰、重点突出、语气恰当、态度鲜明。那么,宣读法律文书有哪些基本要求呢?简单说来,有以下方面的要求:

一、宣读者的仪表

仪表即人的外表,它包括人的容貌、衣着、姿势、神态、举止等方面。"仪表"对一个宣读法律文书的人来说,也是至关重要的。因为宣读一开始,当事人和旁听群众首先看到的是宣读者的容貌、衣着、神态和举止。如果宣读者在以上任何一方面稍有疏漏,如心情紧张、手足颤抖、衣帽不端或举止轻浮等,都会立即引起旁听群众的议论,直接影响到法庭的气氛和宣读的效果,有失宣读者的威严。倘若宣读者在具有良好的修养、心理素质以及充分准备的同时,能向所有听众展现出法律工作者的威严、大方的仪表风度,便能获得更多的信任,收到更好的宣读效果。

对裁判文书宣读者仪表的基本要求,可概括为这么几句话,即姿势端正、神态庄重、举止大方、衣着规范。在宣读裁判文书时,宣读者的双腿应自然地直立,两腿之间保持合适的距离,双手拿着裁判文书,头向前略低,在保证准确地宣读裁判文书内容的基础上,可以不时地抬起头,扫视全场,留心观察。宣读中,不要不停地改变姿势,一会儿两腿分立,一会儿两腿交叉或再把腿趾转向内侧;也不要一只手拿着裁判文书,另一只手插在衣兜里,或摆弄麦克风、眼镜盒等物,以免给人一种随便、懒散、极不严肃的感觉。持有坚定自若、冷静沉着的神态,才有可能获得群众的信任。因为神态表现出一个人内在的思想和感受。沉着、自信的宣读者,必会放松全身的肌肉,言行自然得体,在炯炯的眼神里充满着坚定和刚毅;而内心退缩、缺乏勇气和信心的宣读者,在外表上表现得唯唯诺诺。宣读裁判文书时,无论是走上审判台、宣布开庭、宣读裁判文书,还是注视观察群众,都要大方得体,而不能显得扭扭捏捏。在衣着方面,宣读者要一律着法袍或制式服装。夏天不可解开衣扣,敞露胸怀,冬天不可戴围巾、口罩,在审判台上搓手跺脚。女同志不要化浓妆,戴项链。切忌酒后开庭宣判,带着酒意宣读裁判文书往往姿势不端、指挥失当、口齿不清而闹出笑话,影响严肃性。更不能手持香烟或中途接听手机。总之要保持衣着整洁、言行庄重,表现出人民法官的威仪。

二、宣读者的准备

司法文书的宣读者不论是否是所宣读文书的制作者,在宣读前都应对原文有一个检查、熟悉的过程。具体要注意:

1. 检查原文书有无必须更正的错误。宣读司法文书一般都是在特殊的正式场合,司法文书一经宣读就意味着某一法律程序的开始,或者意味着立即或将发生某种法律效力。在宣读过程中,既不允许随意对原文书作任何形式的改动,也不允许离席查问、核对疑点。因此宣读者在宣读前应当对所需宣读的文书作全面的检查,如果原文存在重大错误,可随时提请有关方面及时更正,以免在正式宣读时一旦出现问题难以处置,措手不及。检查的重点是:①原文引用法律条文是否准确;②原文叙述案件事实、适用法律有无前后矛盾之处;③原文在涉及人、事物、时间等概念时有无张冠李戴,前后不一,违反常规的现象;④原文在行文中有无逻辑、语法修辞及文字校对等方面的重大错误。

司法实践活动涉及的社会面十分广泛,各式各样的事,形形色色的人都有可能进入司法文书的内容之中,这就形成了司法文书用字选词复杂、广泛的特点,各种冷僻字和不常见的行业用语、专业名词都有可能在各类诉讼的司法文书中出现。司法文书具体的行文风格,也因制作机关、文书内容及制作者的不同而有不同的风格。因此,为了保证宣读时的通顺流畅,宣读者事先应当对原文中涉及的字、词、句以及该文书的行文风格有一个熟悉掌握的过程。具体做到:①查对核实原文中生僻的字,如一些不常见的姓氏、人名、地名、专业名词的准确读音;②核实原文中多音字的准确读音和多义词的准确含义;③熟悉原文中的长句、复句,正确安排停顿。

读一篇法律文书,不但要从文章分析的角度研究它是怎样写的,还要搞清楚它大的结构框架,事实叙述的几个方面层次,说明道理的论点、论据和论证方法、线索、脉络、逻辑关系,而且要从读给别人听的角度考虑和检查它的内容、语言有没有容易使人费解、误解、曲解的地方,起承转合得有无障碍,展开收放得是否自然,语句尤其是主要的语句通过朗读能不能给人留下较深的印象,等等。因为是用有声语言读给人听,这就与用文字语言写给人看不同,用有声语言表达时,有些语句虽能看明白却不易听清,必须字斟句酌,反复琢磨。不是自己写的文书,在熟悉材料的时候发现不妥贴之处应该提出意见,以便作适当修改。即使是自己写的文书,也不能不再仔细斟酌。另外,熟悉有关材料也是必要的,如对于驳回上诉的文书,还得了解判决,了解上诉的材料,以便在宣读时心中有数。

2. 明确宣读的目的。司法文书的内容一般是指案件的案由和事实;司法文书的对象是司法文书宣读后所发生的诉讼效力和法律效力所直接作用和影响的人,一般多为案件的当事人,同时也是宣读的主要对象;司法文书的主旨即文书制作机关对案件定性和处理的司法意志,一般在理由和主文部分得到体现。宣读者必须事先对文书的内容、具体对象、具体主旨有一个基本的了解,从而预先确定宣读时的感情基调,以便在宣读过程中及时地、恰如其分地调整语调,避免口语色彩与文书内容的分离,影响准确达意。

例如:同是判决书,甲判决的内容是防卫过当,致死人命,被告人是见义勇为保卫被侮辱妇女的青年,判意是防卫过当,免予处罚;乙判决的内容是拦路抢劫,致死人命,被告人是多次持刀拦路抢劫,并凶残地杀害被抢劫人的歹徒,判意是数罪并罚、判处死刑。这两份判决书在宣读时,在语调色彩方面显然应有所区别。如果事先对两份文书的内容一无所知,宣读时以同样的、毫无变化的色彩基调进行,是很难收到准确达意的宣读效果的。

在熟悉了所读材料之后还要对宣读的现场进行实际设想。这主要指:什么性质、什么规格的场合?参加的人员组成情况怎样?在这场合里主要干什么?读这篇法律文书担负什么使命，起什么作用？设想这些，对宣读者是必要的。从设想中，我们就可以明确宣读的目的。如一般刑事宣判与重大政治审判就有明显的区别；辩护与宣判也不相同；旁听席上有没有人，人多人少不同；参加的人员中，有没有罪犯，如有待判刑的罪犯，要让他们受到震动，以促使他们更快、更加彻底地交待罪行；等。这些都要在当场读的时候体现出严格的法制政策，准确表明实施法律条文的具体分寸。明确了读的目的，那法律文书的重点就突出了。

3. 把握态度分寸。对所读材料中涉及到人、事、物和原则、条文、道理，宣读者务必要表明态度，不能模棱两可。任何一篇法律文书，都会有是非、正谬，这就决定宣读者的态度。我们读法律文书绝不会有意地采取与其内容相悖的态度，但如果不着意把握，有声语言中却可能发生事与愿违、口不应心的情况。例如：在历数犯罪事实的时候，我们应该采取严肃、肯定的态度，通过恰当的语气表达出"罪行严重，事实确凿"这样的认识。宣判"判处死刑"的时候，应该采取严厉、坚定的态度。注意要把握分寸。太冷了，就像没有是非；太热了，又会失去制约，甚至好像在凭感情用事。

三、宣读者的语言

在现场宣读法律文书时，首先要不慌乱、不懈怠，而要有信心、沉稳从容。当把文书的文字语言转变为有声语言时，要看清楚、想明白再出口，不要顺嘴往外冲。读是要动脑子的，不能见字出声不动脑。另外，要坚持"宁慢勿错"的原则，同时还要防止漏读、添读、倒读和读串行。在那种庄严的场合，读错了，很容易造成不好的影响。万一出了错，一定要从全句开始更正，重读一遍，不要只重复读错的那个词。如"判处被告人××有期判刑4年"一句，读到"4"时，或眼未看真切，或舌头卷了不利落，竟读成"10"了。当知道读错时，应马上从"判处"开始更正，否则"10"为"4"，就无意中读成"判处被告人××有期徒刑14年"，刑期一下子增加了10年，这是不能允许的。流畅，不是读得很快的意思，相反，有时还要读得很慢，使意思更明白，并且容人思索。

用声留有余地。把握分寸，平稳有力。宣读是把书面语言原封不动地变为口头语言表达出来，但"原封不动"并不仅仅是一字不差，冷冰冰、干巴巴地照本宣读，它同样需要有感情的宣读。但司法宣读感情色彩的体现不同于朗诵诗歌、散文，语气语调的变化不宜夸张，不宜起伏太大，而应把握分寸，以平稳凝重的基调为主，在此前提下去体现与宣读内容相适应的不同的感情色彩。

1. 把握声音的分寸。有人以为，宣读时要表现法律文书的威慑力、感染力，音量放得越大越好，调门挑得越高越好，这是一种误解。又高又尖的"过火"声音，不但让人听起来觉得刺耳，而且由于没有了突出重点、表现感情所需要的增大音量、提高声调的余地，失去了起伏，反而造成了平淡、呆板、单调、枯燥的效果。同时，过火的声音容易造成声带疲劳，使宣读者声嘶力竭，发不出清晰、响亮的声音。所以要把握好声音的分寸，以中调为主，根据宣读的内容再适当升高和降低，以使声音富于弹性，并有适度变化。

2. 把握感情的分寸。有人以为，宣读判决书、裁定书没有什么感情色彩可言，这也是一种误解。因为一切有声语言必然伴随着一定的感情，这是由说话的内容所决定的。同时，若仅仅用义正辞严、慷慨激昂来概括宣读的感情色彩也不全面。由于裁判文书的种类、特点、作用各有不同，在文书中又有对罪行的指斥、对被害人的同情或对当事人合法权益的辩护等不同内容之分，因此所要表达的态度、感情当然也不可能是一个模式。

如在宣读刑事判决书时，对犯罪事实部分的宣读要内含忿恨，对证明无罪的事实，宣读时则可于平直中表示认可；宣读判决的理由部分应义正辞严，深沉庄重；而宣读判决主文时则字字千钧，威在其中。而宣读民事、经济判决书时则应侧重于表现商讨、说服、旨在解决纠纷的感情色彩，同时也会有对谁是谁非的评判态度。

在确定感情的模式之后，还应把握感情表达的分寸，不要像朗诵、表演那样蓄意渲染、抒发，给人以拿腔拿调、虚假作戏的感觉，感情的表达要自然、真实、适度、含而不露、平稳有力。

现场朗读任何东西，如何使用自己的声音，也是一个值得重视的问题，它同每个人的用声习惯有关，也同有没有话筒，怎样使用话筒有关。但是，一般来说，要留有余地，即可以再高点、再强点，也可以再低点、再弱点。不要声嘶力竭地大声嚷，也不要虚声虚气地小声念。这样，不但听起来自然，有利于声声入耳，而且也容易控制，要有高低、强弱的变化，以使态度更鲜明，重点更突出。这样，呼吸也会更自如。

3. 表情必须恰当。宣读者虽然是在照法律文书读，但必须考虑到这是在有旁人在场的情况下读，因此，在适当的读的空隙扫视一下现场是必要的。更重要的是，别人在听你读的时候，同时在看着你，作为读的人，不能没有面部表情的变化。法制的尊严，法律工作者的铁面无私，不但不应使自己面情呆板，反而应随着法律文书内容的变化体现出相应的态度。这样就能使听的人更正确地理解其中的含义，更好地引起某种程度上的共鸣。

4. 语音标准，读音正确。首先是语音标准。所谓语音标准，是指应使用国家法定的规范化语言——普通话。因为司法工作涉及的社会面非常广，社会影响也特别大，宣读者是代表国家意志来宣读司法文书，其宣读的内容必须使受话者能够听懂，否则就达不到宣读的目的。特别是面对与宣读者不同方言区的对象时，更需要使用普通话。普通话是以北京语音为标准音，以北方方言为基础方言,以典范的现代白话文著作为语法规范的现代汉民族共同语。在司法宣读中之所以强调必须使用普通话,是因为我国幅员辽阔,地域广大,人口众多,在历史上由于交通不便,人文环境的影响而形成了众多方言,存在着"五里不同俗,十里不同音"的现状。20 世纪 80 年代,在全国语言工作委员会的领导下,全国对汉语方言进行了大范围、大规模的普查。根据普查结果,中国社会科学院组织编写了《中国语言地图集》,将汉语方言分为十大方言区:官话区、晋语区、吴语区、徽语区、赣语区、浙语区、闽语区、粤语区、平话区、客家话区。其中,官话区又分为八个次方言区:东北官话区、北京官话区、冀鲁官话区、胶辽官话区、中原官话区、兰银官话区、西南官话区、江淮官话区。河南省除黄河以北的安阳、新乡、焦作、鹤壁等地区属晋语区外,其他都属官话大区的中原官话区。河南话与普通话的差别,各地区不尽相同,区别主要表现在如下方面:

在声母上的区别:

(1) f—h 不分。商水、淮阳、周口、潢川、息县把 f 声母的字读成 h 声母,如:发夫方分风;而信阳市、信阳县、正阳、罗山、光山、新县又把有的 h 声母字读成 f 声母,如:呼花怀欢荒挥豁。

(2) sh—f 不分。商丘市所属各县把一些读 sh 声母的字读成 f,如:书说刷双顺水衰。

(3) zh—z 不分。周口市、新乡市、安阳市所属各县及信阳市所属一些县的方言中没有舌尖后音 zh、ch、sh,凡读这些音的字都读成舌尖前音 z、c、s,如:支扎真中朱追专准吃差车抄沉倡撑冲师沙奢收书刷说顺。

(4) zh—j 不分。信阳、罗山、商城把一部分读 zh、ch、sh 声母的字读成 j、q、x,如:拙猪专准出川舒顺。

(5) j—z 不分。郑州市、开封市所属各县及周口市所属部分县,把一部分 j、q、x 声母的字读成 z、c、s,如:积接焦揪尖津将晶七切锹秋枪清蛆千西些消修仙辛星箱。

(6) n—l 不分。信阳市所属各县及潢川、商城、固始各县把 n 声母的字读成 l 声母,如:娜奴南农鸟年。

在韵母上的区别:

(1) eng—en,ing—in 不分。信阳市所属一些县把 eng、ing 韵母的字读成 en、in,如:崩烹峰登腾冷称冰评明丁听陵精星。

(2) u—ou 不分。豫西及豫南的信阳、罗山把一些 u 韵母的字读成 ou。如:督秃奴炉租粗竹辱。

(3) 一些字的常见读音:肃俗宿读为 xu,助读为 zhuo,铸读为 jü,数读为 shuo,初读为 chuo,牛读为 ou,国读为 gě,说读为 shě。但这些并非标准普通话。

在声调上的区别：河南大部分地区声调的调类与普通话相同，只是调值不同。但黄河以北的新乡市、安阳市、焦作市、鹤壁市及所属的十几个县市保留了古代入声字。

其次是读音正确。宣读时，除了应当使用标准的普通话语音外，还应注意将每个字音读准，不要读错字、别字，以使宣读的对象听得清楚，听得明白，能够准确无误地理解宣读语音所传载的语义内容。

（1）音近的字要读清晰。如："郭群多次与台湾特务进行通讯联系"与"郭群多次与台湾特务组织进行通信联系"，"讯"与"信"字音相近，但意思不尽相同。"讯"是指利用电讯设备联系，"信"是指书信联系，读的时候必须分辨清楚，清晰地读出来，以免造成误解。又如："马长武未能如期归还现款"与"马长武未能如期归还欠款"，"现款"和"欠款"意思是有差别的，读时一定要读清晰。

（2）形近的字要读准确。汉字里有很多字形相近的字，宣读时不能想当然，不能"秀才识字认半边"，而应当切实弄准形近字的读音。如："被告人范真成草菅人命，利用职权刑讯逼供，致死2人，重伤5人"，"草菅"的"菅"与"管"字形相近，但不能把 jiān 读成 guǎn。又如："这家企业濒临破产"，"濒"（bīn）字不能只读半边，读成"频"（pín）字。另外，如对"戌（xū）、戍（shù）、戊（wù）、戎（róng）"这样数字字形相近的字，更应在宣读前查准它们的读音，不能误读。

（3）多音多义字要根据上下文选择正确读音。汉语里有些字往往有几种不同的读音，读音不同意思也就不同。对这种多音多义字宣读时一定要根据具体的语言环境选择正确的读音。如："被告人伺机进行报复"，句中的"伺"字有两个读音：cì 和 sì，cì 只在"伺候"这个词里用到，sì 表示"观察、守候"的意思，根据上下文，这里的"伺"应念 sì。

又如："张长山还欠款 18 500 元"，"还"有两个读音：hái 和 huán。hái 表示现象继续存在或动作继续进行；huán 表示归还。张长山是已经归还了欠款还是仍然欠款，一音之差，谬之千里。所以一定要根据文中前后意思来判断是应念 hái 还是念 huán，如果念错就会造成误会或使该文书前后矛盾。

第三节　司法宣读技巧的运用

宣读是把书面语言原封不动地变为口头语言表达出来，所谓"原封不动"并非仅仅一字不差，干巴巴、冷冰冰地照本宣科。我们在宣读的时候不仅要准确、清晰、流畅地读出词句来，还要读出词句中所蕴含的"神韵"来，所以在宣读时要把握好感情表达的分寸，没有感情的语言固然征服不了听众，但朗诵、表演、甚至评书式的渲染、抒发，不但会影响法律的威严，还会给人以拿腔拿调、虚假作戏的感觉。同时，不少人认为宣读时要表现出法律文书的威慑力、说服力、感染力，自然是音量放得越大越好，调门挑得越高越好，其实又高又尖"过火"的声音，不但让人听来觉得刺耳，而且由于没有突出重点、失去了起伏，反而造成了平淡、呆板、单调、枯燥的效果。在宣读司法文书的时候，为了准确、鲜明、生动地表达其思想内容和感情色彩，必须善于运用口头语言表达的技巧，这种技巧主要包括停顿、语速、重音和语调。

一、停顿

停顿是指语句或词语之间在语音上的间歇。人说话时既不能一个字紧接一个字地一口气说到底，也不能一字一歇，断断续续地往外说，而是常作或长或短的停顿。宣读也一样需要停顿。恰当地处理停顿，语言才显得间歇有序，节奏自然，语意层次分明；同时，停顿可以使宣读者有一个恰当的换气时机，也给受话者留下一个思索的余地。停顿可以分为语法停顿和强调停顿两种。

（一）语法停顿

语法停顿是根据语句中的标点符号所作的停顿。标点符号不同，停顿的时间也就不同，大致上是：句号、问号、感叹号＞分号、冒号＞逗号＞顿号，段落之间的停顿比句号等的停顿还要长一些。如："被告见郭某被撞倒、摔下沟后，当即下沟，其目的是抢救受害人"，因而可以得出结论：被告不构成故意杀人罪。

有时候，一个句子较长，不可能一口气念完，在没有标点符号的地方也可以停顿，但要根据词语之间的语法关系来决定停顿的位置。如果停顿的位置不对，会影响语意的表达。如："被告人未发现谭成军、田波在车后作业便贸然倒车。"这句话除一个顿号外没有其他标点符号，如果机械地照着标点念，在"谭成军"之后作一停顿，就容易使人误以为"未发现谭成军"是一回事，"田波在车后作业"又是一回事，这样与原文要表达的意思就不相符了。正确的读法应是："被告人未发现谭成军、田波在车后作业／便贸然倒车。"这样，在有顿号的地方不停顿，而在没有标点的地方作一停顿（"／"表示停顿），就把句中的意思表达清楚了。

（二）强调停顿

为了突出某个语意或表达某种感情所作的停顿，叫强调停顿。这种停顿没有确定的规律，它因人而异，因文而异，与说话者的意图和感情有密切的联系。停顿的时间也不固定，既可以与语法停顿的时间、位置一致，也可以在语法停顿的位置上变化停顿的时间。强调停顿的位置不同，所表达的语意也就不同，如：

什么人家/在山里？（泛泛地问）

什么人/家在山里？（具体地问）

三加四/乘以五等于几？（（3+4）×5=?）

三加/四乘以五等于几？（3+（4×5）=?）

杜国祯谎称自己在台湾、香港有重要的社会关系。（居住台湾，香港有关系）

杜国祯谎称/自己在台湾、香港/有重要的社会关系。（居住大陆，台湾，香港有关系）

一般情况下，在较长的主语和谓语之间，在较长的附加成分和中心语之间都应该有适当的强调停顿，以使语义的层次关系准确、明了地表现出来。如："被告人兜内的一把钳工用的刮刀/掉在离被害人约1米远的地方。"在较长的主语和谓语部分之间有一个强调停顿。如："被告岳云向其妹被告岳凤提出/趁其往银行送交销货款之机盗窃销货款。"动词"提出"之后的宾语较长，如不在"提出"之后作一停顿，则不容易使人听明白。

停顿，是有声语言的"标点符号"，宣读时应熟练掌握这一表达技巧。

二、语速

语速指说话时语言的速度。口语表达时速度总是在不断改变的，这对体现文章的不同内容和思想感情有重要的作用。语速大体上可以分为快速、中速、慢速三种。一般来说，说明叙述的内容，语速适中；抒情、议论的内容，语速较慢；表现紧张、激烈的场景，语速较快；表现悲伤、低沉的情绪，语速较慢。司法宣读的语速，以中速为主。因为宣读的判决书、裁定书逻辑论证性较强而感情色彩较淡，总的基调是严肃、庄重、沉稳的。由于没有喜怒哀乐的强烈变化，就不需要明显地加快或放慢语速，但感情色彩淡并不等于丝毫没感情色彩，所以应在中速的基础上有或快或慢的变化。

在宣读时，要根据裁判文书所表达的思想主旨来决定语速的变化。例如，宣读刑事判决书，在读到犯罪分子行凶、抢劫等危急形势时语速要稍快一些，而读到因犯罪行为造成人民生命财产损失的情况时语速则要慢下来；介绍案件当事人的基本情况或叙述一般事实时语速可以稍快，而遇到需要强调的关键词语，特别是宣读判决主文时一定要放慢语速。如：

①1月10日上午10时许，被告人姚锦云找领导要求出车/未被允许，//即擅自/将停放在本车场内的一辆/"华沙"牌轿车开出，/驶至天安门，//②姚不顾交通民警阻拦，/驶车闯入广场，然后开足马力，/故意从纪念碑西侧/朝广场旗杆西侧和金水桥前/密集的人群/猛冲，③致5人死亡，/19人受伤，/其中11人

重伤，//④金水桥正桥西侧汉白玉栏杆被撞坏，/汽车被撞毁，/⑤造成了特大的死伤事件。//⑥被告人姚锦云当场被抓获。

宣读上述内容时，具体语速应为：第①句是叙述一般事实，中速稍偏快。第②句叙述被告人开车撞人的危急形势，语速加快。第③句是犯罪行为造成的危害人民群众生命的惨重后果，速度放慢，以表现悲愤的感情。第④句比第③句速度稍快，因为从危害程度上看，汉白玉栏杆和汽车被毁毕竟比人身伤亡的损失小。第⑤句是强调危害结果严重，中速偏慢。第⑥句速度稍微加快，既表现了对抓获犯罪分子这一行为的赞许，又比较干脆、利索地结束了对犯罪事实的叙述。

三、重音

所谓重音，就是一句话中某个字或词比其他字、词的音念得重一些。重音起强调某个字、词或词组的作用。在宣读判决书、裁定书时，正确地运用重音是一种重要的技巧，可以增强准确表达语义的效果。重音分为语法重音和强调重音两种。

1. 语法重音。根据语法结构的规律而读作重音的字、词或词组，叫做语法重音，语法重音是在音节原有的音量上稍稍加重些，但不带特别强调的色彩。这类重音的位置在句中一般是固定的，可以落在谓语、定语、状语和补语上。如：在杨×诈骗案中，被告人不肯如实交代作案动机，一味强调是"因家庭生活困难才作案的（强调定语、状语、宾语）。被告不服，提起上诉（强调谓语、宾语）。被告人先后倒卖31辆进口小汽车（强调定语）。被告人负责的账目一直管得十分混乱（强调补语）。

2. 强调重音，是由说话的目的和内容确定的着重点而重读的词语，强调重音在句中的位置可以随语境、语义的需要而改变，同样一句话，重音的位置不同，所表达的意思就不同。如：李晓光盗窃录音机没有证据（有其他人盗窃的证据）。李晓光盗窃录音机没有证据（有擅拿使用的证据）。李晓光盗窃录音机没有证据（有盗窃其他物品的证据）。李晓光盗窃录音机没有证据（无法认定盗窃事实）。李晓光盗窃录音机没有证据（仅是听说或怀疑）。

由于强调重音有这种特点，在宣读裁判文书前一定要对原文多读几遍，仔细体会句子处在一种什么样的语境中，要强调的是什么，要表现的是什么，从而准确找到强调重音的位置。一般来说，关系到定罪量刑、辨明是非的关键性词语以及表明人民法院观点的结论性词语都应适当使用强调重音。如：被告人俞德孚犯间谍罪，判处有期徒刑3年，剥夺政治权利1年。被告超越经营范围，经营国家严格限制经营的进口商品，故双方所签合同无效，货款应各自返还对方。对此，被告应负主要责任。原告明知所订货物是进口商品而不审查被告能否经营，盲目与被告签订合同，也应负一定责任。对于这些强调重音，如果处理好了，可以使宣读判决书、裁定书收到准确、生动的效果。

四、语调

语调又叫句调，是一句话里能够表达说话人态度或感情的一种音高变化的形式，这种变化所引的起伏，把文章内在的思想情绪映衬、烘托得更加鲜明。语调根据其高低升降的变化趋势，大致可分为升调、降调、平直调、曲折调四种。

1. 升调。升调指调子由平升高，大多用于表示疑问、命令的句子，可用"↗"表示。如：

  被告人威胁说："你不想活了？"↗
  助手惊呼："车后边有人！"↗

2. 降调。降调指调子先平后降，常用来表示肯定、感叹、祈使等语气，可用"↘"表示。如：

  被害人拦住被告人说："不还钱就别想走。"↘
  被害人终因伤势过重而死亡。↘

3. 平直调。平直调指调子始终保持同样的高低，没有显著的变化，大都用来说明情况，叙述事实，可用"→"表示。如：

  判处被告人齐国云死刑，剥夺政治权利终身。→
  诉讼费500元由被告负担。→

4. 曲折调。曲折调指句子先由平而升又降，或先由平而降又升，在短句里多表示含蓄、讽刺、厌恶的语气，但在复句中，更主要的作用是显示分句间的逻辑关系和感情变化。如：

  对被告人追究刑事责任，既没有法律上的根据↗也违背人情常理。↘
（先升后降）
  被告人当面立假保证，说以后不再干了，↘其实害人之心仍然没死。↗
（先降后升）

以上所讲四种形式，是把句子作为一个个独立的对象来分析的，而在宣读时所面对的都是由若干个句子组成的整体，究竟应该如何处理整体中个别句子的语调，绝不可能有什么公式可套，在体会了判决书、裁定书的思想内容和感情色彩，又处理好了停顿、语速、重音等因素后，实际上语调也就顺其自然地显示出来了，我们只需要有意识地、恰如其分地稍加强化就可以了。

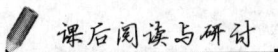 课后阅读与研讨

宣读下面判决书

湖北省巴东县人民法院刑事判决书

［2009］　巴刑初字第82号

公诉机关湖北省巴东县人民检察院。

被告人邓玉娇（又名邓玉姣、娇娇），女，1987年7月11日生于湖北省巴东县，土家族，初中文化程度，巴东县野三关镇雄风宾馆服务员，住巴东县野三关镇木龙垭村10组。因本案于2009年5月11日被刑事拘留，同年5月26日被监视居住。系部分刑事责任能力人。

法定代理人张树梅，女，1965年6月1日出生于湖北省巴东县，土家族，农民，住湖北省巴东县野三关镇竹园淌村7组。系被告人邓玉娇之母。

辩护人汪少鹏，湖北立丰律师事务所律师。

辩护人刘刚，湖北诚业律师事务所律师。

巴东县人民检察院以巴检刑诉字［2009］第58号起诉书指控被告人邓玉娇犯故意伤害罪，于2009年6月5日向本院提起公诉。本院审查受理后，依法组成合议庭，于同月16日公开开庭审理了本案。巴东县人民检察院指派检察员许雪梅、杨玉莲出庭支持公诉。被告人邓玉娇及其法定代理人张树梅以及邓玉娇的辩护人汪少鹏、刘刚到庭参加诉讼。本案经合议庭评议并提交本院审判委员会讨论决定，现已审理终结。

巴东县人民检察院起诉指控：2009年5月10日晚上8时许，邓贵大、黄德智等人酒后到巴东县野三关镇"雄风宾馆梦幻城"玩乐。黄德智要求宾馆服务员邓玉娇为其提供异性洗浴服务，遭到拒绝。邓贵大、黄德智为此对邓玉娇进行拉扯、辱骂。邓贵大拿出一叠钱向邓玉娇炫耀并搁击邓玉娇面部和肩部。在"梦幻城"服务员罗某某和阮某某等人的先后劝解下，邓玉娇两次欲离开房间，均被邓贵大拦住并推倒在沙发上。倒在沙发上的邓玉娇朝邓贵大乱蹬，将邓贵大蹬

开,并从随身携带的包内掏出一把水果刀藏于身后,站立起来。当邓贵大再次扑向邓玉娇时,邓玉娇持刀朝邓贵大刺击,致邓贵大左颈、左小臂、右胸、右肩受伤。黄德智见状上前阻拦,被邓玉娇刺伤右肘关节内侧。邓贵大因伤势严重,经抢救无效死亡;黄德智所受伤情经鉴定为轻伤。案发后,邓玉娇主动向公安机关投案自首。经法医鉴定,邓玉娇为心境障碍(双相),属部分(限定)刑事责任能力。

针对上述指控事实,检察机关以证人证言、勘验笔录、检查笔录、物证、书证、鉴定结论及被告人邓玉娇的供述作为指控证据,认为邓玉娇在制止正在进行的不法侵害的过程中,致人死亡的行为属于防卫过当。应当以故意伤害罪追究其刑事责任。邓玉娇具有防卫过当和投案自首及系部分刑事责任能力人等情节,提请本院依法判处。

被告人邓玉娇提出:公诉机关指控其持刀刺击邓贵大不当,自己当时只是持刀在邓贵大面前上下晃动;自己的行为属正当防卫,不构成犯罪。其辩护人除了提出相同的辩护意见外,还提出即使邓玉娇的行为构成犯罪,也是防卫过当,且其是部分刑事责任能力人,具有自首情节,依法应当免于刑事处罚的辩护意见。

经审理查明:2009年5月10日晚上8时许,时任巴东县野三关镇招商办主任的邓贵大和副主任黄德智等人酗酒后到巴东县野三关镇"雄风宾馆梦幻城"玩乐。黄德智进入"梦幻城"5号包房,要求正在该房内洗衣的宾馆服务员邓玉娇为其提供异性洗浴服务。邓向黄解释自己不是从事异性洗浴服务的服务员,拒绝了黄的要求,并摆脱黄的拉扯,走出该包房,与服务员唐芹一同进入服务员休息室。黄德智对此极为不满,紧随邓玉娇进入休息室,辱骂邓玉娇。闻声赶到休息室的邓贵大,与黄德智一起纠缠、辱骂邓玉娇,拿出一叠人民币向邓玉娇炫耀并掴击其面部和肩部。在"梦幻城"服务员罗文建、阮玉凡等人的先后劝解下,邓玉娇两次欲离开休息室,均被邓贵大拦住并被推倒在身后的单人沙发上。倒在沙发上的邓玉娇朝邓贵大乱蹬,将邓贵大蹬开。当邓贵大再次逼近邓玉娇时,邓玉娇起身用随身携带的水果刀朝邓贵大刺击,致邓贵大左颈、左小臂、右胸、右肩受伤。一直在现场的黄德智见状上前阻拦,被刺伤右肘关节内侧。邓贵大因伤势严重,在送往医院抢救途中死亡(终年45岁)。经法医鉴定:邓贵大系他人用锐器致颈部大血管断裂、右肺破裂致急性失血休克死亡。黄德智的损伤程度为轻伤。

案发后,邓玉娇主动向公安机关投案,如实供述罪行,构成自首。经司法精神病医学鉴定,邓玉娇为心境障碍(双相),属部分(限定)刑事责任能力。

认定上述事实的证据有:

1. 公安机关出具的邓玉娇到案情况说明材料证实:2009年5月10日20时

15分,巴东县公安局野三关派出所接到邓玉娇号码为"151＊＊＊32727"的电话报案称:"我在雄风宾馆杀人了。你们快来。"接警后,该所民警迅速赶到雄风宾馆,将等候在此处的邓玉娇带回派出所。此情节,还有巴东县公安局接受刑事案件登记表、巴东县公安局野三关派出所警情信息清单、中国移动通信集团湖北有限公司巴东分公司出具的客户通话清单予以印证。

2. 证人黄德智的证言:2009年5月10日下午,我和邓贵大、邓中佳等8人在巴东县野三关镇"美味佳"饭店吃饭时,我和邓贵大等4人喝了3瓶"稻花香"白酒。我们都有点醉意。晚上8时许,邓贵大安排我们一起到"雄风宾馆梦幻城"玩乐。我在玩乐时,发现正在该宾馆VIP5房间洗衣服的邓玉娇,便向其提出陪我洗浴的要求,邓玉娇予以拒绝并离开VIP5房间进入休息室。我心中恼怒,尾随邓玉娇进入休息室辱骂邓玉娇。邓贵大闻声赶至休息室,在辱骂邓玉娇的同时,拿出钱炫耀并搧击邓玉娇的面部和肩部。当邓玉娇两次从单人沙发上站起来时,都被邓贵大用手掌按倒在单人沙发上。邓玉娇用双脚连续蹬邓贵大后,起身用右手在邓贵大胸前挥动。我见邓贵大受伤流血,就上前用右手将邓玉娇和邓贵大隔开,导致自己手臂被划伤。

3. 证人邓中佳(巴东县野三关镇招商办工作人员)的证言:2009年5月10日下午,我和邓贵大、黄德智等8人在巴东县野三关镇"美味佳"饭店吃饭时,邓贵大等4人喝了白酒。晚上8时许,邓贵大安排我们一起到"雄风宾馆梦幻城"玩乐时,我听到有人争吵,即顺着声音进入服务员休息室,看见邓贵大拿出一叠百元人民币在邓玉娇面前抖动,并说"我有的是钱"。接着,邓贵大先后两次将邓玉娇推倒在单人沙发上,邓玉娇站起来用手自上而下击打邓贵大,黄德智用手去拦。我走近时发现邓贵大胸前出了很多血,黄德智右手臂也受了伤。

4. 目击证人唐芹(雄风宾馆服务员)的证言:2009年5月10日晚上8时许,我在"雄风宾馆梦幻城"服务员休息室碰见从VIP5房间走出来的邓玉娇。此时,一个高个子男人(黄德智,下同)和一个矮个子男人(邓贵大,下同)先后进入休息室,辱骂、推搡邓玉娇。我见此情况,到前台喊来领班阮玉凡。阮玉凡劝解期间,邓贵大掏出一叠百元钞票在邓玉娇面前晃动,并扬言要砸死邓玉娇,邓玉娇离开休息室时被邓贵大拉回室内。我又出门用手机联系经理贺德红,返回时才得知里面杀了人。邓玉娇从休息室出来,叫我将她随身携带的挎包转交其母。

5. 目击证人罗文建(雄风宾馆服务员)的证言:2009年5月10日晚上8时许,邓玉娇进入休息室时,我与袁芹、王贞在休息室看电视。一个高个子男人紧跟着进入室内辱骂邓玉娇。随后,一个矮个子男人来到休息室,在辱骂邓玉娇的同时,从裤子口袋内掏出一叠百元面值的钱炫耀。我见状劝邓玉娇离开休息室。

但邓玉娇刚出门又被矮个子男人拉回室内，并将其推倒在单人沙发上。唐芹喊来领班阮玉凡劝解时，邓玉娇又被矮个子男人推倒在单人沙发上。邓玉娇用脚蹬矮个子男人。矮个子男人伸起身子时，我发现邓玉娇手中有一把小刀，矮个子男人胸前在流血。

6. 证人袁芹（雄风宾馆服务员）的证言：2009年5月10日晚上8时许，我和王贞、罗文建在雄风宾馆服务员休息室看电视时，从外面跑进来一个高个子女孩（邓玉娇）。一个高个子男人和一个矮个子男人也先后进入休息室，辱骂、推搡那个女孩，将其推倒在单人沙发上。矮个子男人走到单人沙发前，高个子也跟着走过去。倒在单人沙发上的女孩用脚乱蹬，手也在乱打。接着，那个女孩从沙发上站起来，右手持刀朝那个矮个子男人戳了几下。高个子男人见状上前拦时右手也被划伤了。

7. 证人王贞（雄风宾馆服务员）的证言：2009年5月10日晚上8时许，我和袁芹、罗文建在雄风宾馆服务员休息室看电视时，邓玉娇从外面进入休息室。跟着一高一矮两个男人相继进入休息室。矮个子男人一掌将邓玉娇推倒在单人沙发上。此时，高个子男人站在沙发的正前方，还有一个男人（邓中佳）站在他们中间靠后一点的位置。邓玉娇面朝矮个子男人，用脚蹬他。这时。我听见罗文建喊："流血了。"我往旁边一看，看到矮个子男人颈部以下至胸部的衣服上有血，邓玉娇手中拿着一把刀。

8. 目击证人阮玉凡（雄风宾馆领班）的证言：2009年5月10日晚上8时许，唐芹跟我说休息室有人在吵架，我就赶到休息室，向邓贵大解释说："她（邓玉娇）是楼上KTV服务员。"我叫邓玉娇离开休息室。邓玉娇往休息室门口走时，被邓贵大拉回。邓贵大边推搡邓玉娇边拿出一叠钱说"我用钱砸死你"，并将邓玉娇推倒在单人沙发上。高个子男人跟着上去，我就将高个子拉住，说："有话好说。"此时，邓玉娇在单人沙发上用脚蹬。高个子往后退了两步，挡住了我的视线。随后我就见矮个子男人倒在地上，高个子男人手臂在流血，邓玉娇站在沙发边，手中有把刀。

9. 公安机关出具的检查笔录和扣押品清单证明：2009年5月10日晚上，侦查人员从张树梅处提取邓玉娇委托唐芹交给其保管的女式挎包一个，从邓玉娇处提取T恤衫1件，牛仔裤1条，鞋子1双，女式挎包内有"金利"牌水果刀1把。邓玉娇母亲张树梅证言证实：2009年5月10日晚上，唐芹递给我一个包说是邓玉娇的，到派出所后，警察将包打开检查。其中有一把水果刀。水果刀经被告人邓玉娇当庭辨认，系其刺伤邓贵大的凶器无疑。

10. 巴东县公安局制作的现场勘验笔录证明了案发现场的情况。该笔录记载："雄风宾馆梦幻城"服务员休息室内单人沙发及地面上有大量的血泊，沙发左下角及地面上有喷溅状血迹。侦查人员提取了单人沙发和地面上的血迹。

11. 湖北省公安厅出具的刑事科学技术鉴定书证明：从现场提取送检的血迹及邓玉娇作案时所持的水果刀和所穿的高跟鞋、牛仔裤、T恤衫上的血迹，经检验，均为邓贵大、黄德智共同所留。

12. 巴东县公安局出具的法医学尸体检验报告书证明：邓贵大系他人用锐器致颈部大血管断裂，右肺破裂致急性失血性休克死亡。巴东县民族医院出具的病历资料和邓贵大的死亡证明材料及证人戴炳基（巴东县民族医院医生）的证言，均证实了邓贵大在被送往医院抢救途中死亡的事实。

13. 被告人邓玉娇供述：2009年5月10日晚上8时许，我在"梦幻城"VIP5房间洗衣服时，一个高个子男人进来坐在床上。我将衣服洗完后准备离开。他站起来提出要我陪他洗澡，我拒绝了他的要求，继续往外走。他动手拉我。我摆脱后，就到服务员休息室。当时休息室有唐芹等三四个服务员在看电视。我刚进入休息室，高个子男人跟着进来辱骂我。接着，一个矮个子男人也进入休息室，除了辱骂我之外，还从口袋里拿出一叠钱朝我脸部和肩部搧击。这时领班（阮玉凡）来了，对他们进行劝解、解释，并要我出去。我先后两次出去，都被矮个子男人拉回来，并将我推倒在单人沙发上。我倒在单人沙发上后用脚蹬矮个子男人。但他们仍不罢休。这时。我才站起来掏出随身携带的水果刀朝向我走来的矮个子男人刺过去。他受伤倒地后，我就向巴东县野三关镇派出所电话报警称我在雄风宾馆杀了人，并在宾馆等候派出所派人过来。没过一会儿，派出所的人就过来将我带走了。事后，我听说黄德智手臂也受了伤。我之所以用刀刺他们，是因为他们进休息室时态度凶狠，不听旁人的劝解。我又用脚蹬了他们，他们肯定要打我，我怕被他们打死。我用刀刺他们之前之所以没有警告他们，是因为如果我警告他们，他们肯定会将刀子夺过去，死的就肯定是我。

14. 湖北省人民医院法医精神病司法鉴定所、武汉市精神病医院司法鉴定所联合出具的鉴定意见书证明：邓玉娇为心境障碍（双相），系部分（限定）刑事责任能力。

上述证据，均经庭审质证，其来源合法、有效，所证内容客观、真实。本院予以确认。

关于被告人邓玉娇及其辩护人提出的公诉机关指控被告人邓玉娇持刀刺击邓贵大不当，邓玉娇当时只是持刀在邓贵大面前上下晃动的辩解和辩护意见。经审查，邓贵大系被刺击身亡，这不仅有邓贵大所受伤口的形状、深度等证实，而且有在场多名证人的证言佐证，被告人邓玉娇亦曾作供述，足以认定。被告人邓玉娇及其辩护人的上述辩解和辩护意见，本院不予采纳。

本院认为，被告人邓玉娇故意伤害他人身体，致人死亡。其行为已构成故意伤害罪，公诉机关指控的罪名成立。关于邓玉娇的辩护人提出邓玉娇的行为属于正当防卫，不构成犯罪的辩护意见。经审查：邓玉娇在遭受邓贵大、黄德智无理纠缠、拉扯推搡、言行侮辱等不法侵害的情况下，实施的反击行为具有防卫性质。但明显超过了必要限度，属于防卫过当，邓玉娇的行为构成犯罪。故对此辩护意见本院不予采纳。鉴于邓玉娇是部分刑事责任能力人，并具有防卫过当和自首等法定从轻、减轻或者免除处罚情节，可以对邓玉娇免除处罚，邓玉娇的辩护人提出如果认定邓玉娇构成犯罪，应当对其免于刑事处罚的辩护意见成立，本院予以采纳。依照《中华人民共和国刑法》第234条、第18条第3款、第20条第2款、第67条第1款和最高人民法院《关于处理自首和立功具体应用法律若干问题的解释》第1条规定，判决如下：

被告人邓玉娇犯故意伤害罪，免于刑事处罚。

如不服本判决，可在接到判决书的第二日起10日内，通过本院或直接向湖北省恩施土家族苗族自治州中级人民法院提起上诉。书面上诉的，应提交上诉状正本一份、副本两份。

审判长　姜　涛
审判员　罗桂香
代理审判员　覃方平
二〇〇九年六月十六日
书记员　李小艳
（公章）

第四章

演 讲

第一节 演讲概述

一、演讲的概念

演讲是一种非常平民化、大众化的艺术，它作为口头语言信息交流的形式，有时被叫作报告、讲话、讲演、致辞、祝辞等，但严格说来，演讲是有其特定的规范、规律和要求的。

随着人们社会生活的日益活跃和参与意识的增强，演讲作为一项普遍而实用的社会活动与信息交流方式，其以独特的形式和魅力为越来越多的实践者和研究者所关注，喜爱并研究演讲的人越来越多。演讲是一门艺术，更是一门科学，但对演讲的定义却众说纷纭，演讲学术界的研究者和专家，都根据自身对演讲的认识和理解，下着不同的定义。从 20 世纪 30 年代以来，直到近年的不少演讲著作，都给演讲下着这样或那样的定义。那么究竟什么是演讲，演讲的定义到底是什么？

"演讲"由"演"和"讲"组成。许慎在《说文解字》中说："演，长流也。"演指水长流，引申为推演、演绎、演播之意；演又常被现代人理解为表演、演戏。讲指讲述，即利用有声语言进行广泛传播之意。演讲主体借助于有声语言和态势语言在特定的时空里把自己的思想、情感和人格有序地展示给听众，以引起共鸣和行动的一种独白式公开讲话就是演讲，它是一种语言艺术，又是一种极具个性化和人格化的社会实践活动。

特定的时境，一般指的是演讲者和听众同处一起的时间与环境。特定的时境是演讲的重要基础之一，是演讲活动不可缺少的物质要素。同时，特定的时境又对演讲这一口语表达活动起着突出的制约作用，随着特定时境的转移与变化，演讲的内容、语言和表情动作等，也都要做相应的调整与变化，只有这样，才能适应特定时境这一物质要素转移与变化的需要，才能取得演讲的最佳效果。

有声语言是演讲活动的最主要的物质表达手段，它以流动的方式，运载着演讲者经过组织的思想与感情，传入听众的听觉器官，从而产生很强的说服力、吸引力与感召力。好的有声语言,具有准确清晰、清亮圆润、富于变化、有力耐久的特征。它能在流动的过程中产生一种美感,勃发一种情趣,形成一种"余音绕梁,三日不绝"之佳境;它能以起伏自如、轻重有致、自然和谐、音义兼美的艺术魅力,使广大听众受到思想上的感染,得到精神上的熏陶和艺术上的享受。

态势语言又称形体语言或无声语言,它是指能在一定程度上表达思想感情的眼神、面部表情、手势动作、体态、举止和礼仪等。如同话剧演员、戏剧演员的形体动作那样,这种态势语言也属流动着的形体动作,这种动作如果运用得自然、真实、鲜活,也能一定程度上弥补有声语言的不足,增强有声语言的表现力和感染力。它是演讲中重要的信息交流手段。

我国著名语言学家张志公先生在一次演讲邀请赛闭幕式上发表即兴演讲说:"演讲是科学,演讲是艺术,演讲是武器。什么是科学?科学是对客观事物的规律的认识。演讲没有规律性吗?不能认识吗?不是的,它是有规律的,所以说它是科学。演讲不仅诉诸人类的逻辑思维,而且诉诸人类的形象思维,不仅要说服人,还要用感情感染人,所以说它是艺术。演讲捍卫、宣传真理,驳斥谬误,所以说它是武器,而且是重要的武器。"

历史上,大凡风云人物,都善尽动员演讲之能事,在岁月的长河中历经磨蚀,其身骨早已腐朽,但其伟大的声音,却依然在人们广阔无垠的心田的上空,激荡,回响……北非迦太基大将汉尼拔在公元前218年率兵越过阿尔卑斯山山脉攻打意大利时,对其士兵如是演说:

"士兵们,你们只有两个选择:要么打败他们,要么就是死亡!你们必须战斗!这是命运之神的旨意!士兵们,拿起你们的武器,带着上帝的庇护,快快行动起来吧!……有后路可退的人们也许还可以选择懦弱与卑微,他们可以从安然无阻的路上脱身,回到他们的国家和领土,而你们却只能选择勇敢!因为,中庸之道已经再无可能,不是胜利就是死亡!万一真有不幸,也只能在战斗中牺牲,而不能在逃跑中丧生……"

拿破仑在皮埃蒙特之战中才27岁,当他身处其麾下43 000人没有军饷,没有军粮,没有饲料,没有鞋袜,没有衣服,没有营帐,没有扎营家具,没有运输工具,物质生活极为困乏的境地时,对其士兵如是演说:

"士兵们,你们缺吃少穿,共和国亏欠你们很多,但是国家还没有力量还债。我是来带领你们打进天下最富庶的平原去的。丰饶的省区、富裕的城镇,全都任凭你们处置。士兵们,你们面临这样的前景,能不鼓起勇气坚持下去吗?"

美国独立战争期间弗吉尼亚州一位叫帕特里克·亨利的议员也是一名杰出的律师,他在议会上面对妥协派发表的《不自由,毋宁死》的演说中,有这样一段:

"即使我们卑怯、懦弱,想抽身而出,也已经太晚了!我们无路可退!回首只是屈从和被奴役,囚禁我们的枷锁早已铸成,镣铐的铛铛声回荡在波士顿平原的上空,战争,已经在所难免,那就让它来吧!先生们,我再说一遍,让它来吧!"

法国大革命期间,著名政治领袖罗伯斯庇尔在被其政敌丹东的部下送上断头台的前两天向法国人民作了其生命中最后一次演讲,其中有这样一段:

"善人与恶人同样要从世上消失,只是死法大不相同!法兰西人!我的同胞啊!请不要让敌人用那为人唾弃的原则使你的灵魂堕落令你的美德削弱吧!不!萧梅特!不!死亡,并不是长眠!请抹去这用亵渎的手刻在墓碑上的铭文吧!因为它给整个自然界蒙上了一层丧纱,使受压迫的清白者失去支持,使死亡失去有益的积极意义!请在墓碑上刻上这样的话吧:死亡,是不朽之始!"

概括地讲,演讲就是在特定的时境中,借助于有声语言和态势语言这些物质手段,来组合一个和谐、统一的传达系统,从而达到发表意见、抒发情感、启迪和感染听众的目的。在有声语言和态势语言这两大物质手段中,有声语言始终处于主导地位,态势语言则处于辅助的地位,二者犹如红花绿叶,有机地、和谐地统一在一起,从而构成高级、完美、音美、意美、形美、富有审美价值的口语表达活动。

二、演讲的特征
1. 从演讲的性质来看,演讲具有如下特征:
(1) 广泛的群众性。演讲是一项综合性的、群众性的社会实践活动,是演讲者和听众之间思想感情、知识信息的交流过程,因此演讲必然有听众。听众可多可少,少则几十人,多则成千上万人,所以演讲者要从听众的实际出发,使演讲的内容能够尽量多地为听众接受。
(2) 鲜明的目的性。每次演讲都要有一个或几个既定目的。整个演讲过程就是实现既定目的的过程。所以事先应围绕既定目的做好充分准备，条理清晰地、完整地体现这个目的。

（3）强烈的鼓动性。一次演讲，或者为了让听众接受某种主张、观点，或者为了让听众得到某种新知识、新信息，或者为了打动听众，使听众激动、兴奋。要达到这些目的，从演讲的内容到演讲的语言都应当有较强的宣传鼓动性。

（4）现实的真实性。有些人看到"演讲"一词中有个"演"字，就望文生义地把演讲归到表演艺术，这实在是一种误解。正如前面所说"演讲"的"演"主要指阐释或者演绎之意，演讲者站在台上，是以自己真实的姓名和身份向听众宣传自己的思想，抒发自己的感情，而不是以演员的身份，扮成某个角色为观众表演。如我国著名的民主战士闻一多、鲁迅先生的演讲受到青年学生、爱国民众的热烈欢迎和赞扬，青年学生并不是把他们当作技艺超群的演员和明星来推崇的，而是把他们看作"诲人不倦"的老师和爱国主义战士。演讲作为一项社会实践活动，它的性质理所当然是真实的和生活化的，而不是艺术表演。当然，演讲也可以借用一些表演艺术的手段和方法来增强演讲的感人效果和吸引力，如相声般的幽默、故事般的悬念和诗歌般的激情，但这些技巧只是手段，不是目的，它运用的范围、程度都要以不影响演讲活动的真实性为原则。演讲除了演讲者身份的真实性外，内容和感情上的真实也是至关重要的。因为只有真人、真事、真理、真情，才能使听众产生共鸣并受到教育，否则演讲本身就失去了意义。这也正是张海迪、李燕杰、曲啸等人的演讲受欢迎的原因之一。

2. 从演讲的场面来看，演讲总是在特定的环境中，以个人面对听众的形式直抒己见，表现为一人讲、多人听的外部特征。在美国，面对两个以上的人讲话就称之为演讲。集会上的讲话、讨论会上的发言是演讲；讲课、竞选、推销产品、举行记者招待会等也是演讲。这是从广义的方面为演讲下定义。我们所说的演讲通常是指狭义的演讲。人们平时谈话，争论问题，可以你一言，我一语，七嘴八舌，议论纷纷，以此达到联络感情，交流思想，协调行动的目的。而演讲则不同，演讲只允许一个人在台上讲，众人在台下听。即使是辩论性质的演讲，也只能一个人讲完，另一个人再讲。个别谈话和小组讨论，一般是两个或者较多的人就某些问题互相讨论，商量研究，这种场面类似音乐会中的"对唱"或"合唱"，而演讲却是"独唱"。

电子通讯技术的迅猛发展，使得一个人可以通过电视、电台、因特网向千家万户发表演讲，这更加强化了演讲一人讲众人听的特征。科学技术的发达，使得演讲的场面已经扩大到数以亿计的听众，他们都能在同一时间内收听、收看某个人的演讲，这给古老的演讲增添了雄伟壮观的气势。所以，只要是演讲，就必然以"一个讲，多人听"为其基本特征。

3. 从演讲的形式来看，它具有以口头语言为主，态势语言为辅的特征。既"讲"又"演"，以"讲"为主，以"演"为辅。"讲"，即陈述，运用有声语言这一手段，把经过组织的思想内容有条不紊地表达出来；"演"，指辅助语言表达的表情、动作和姿态等态势语言。而且，这个"讲"虽然是语言的艺术，但仍然是演讲者根据思想、情感的需要，进行现实的、真实的"讲"，而不是表演艺术者根据典型人物的需要所进行的那种艺术的、甚至是夸张的"讲"。演讲者虽然也有"演"的艺术性，但这个"演"不仅形式不同于艺术的"演"，而且就其演的作用来说也不同于艺术的"演"。

演讲的主要形式是口头语言，它诉诸听众的听觉系统。演讲者的语音、声调所组成的韵律和节奏是产生影响力的重要因素和主要手段，所以演讲者必须具备良好的语言组织、表达能力和运用言语的韵律、节奏表达思想感情的能力。同时，演讲者自然、大方、适度的态势语言可以恰到好处地加深听众对演讲的理解，增强演讲的可视性。

在有声语言和态势语言两大手段中，有声语言始终居于首要的、统帅地位，它主要作用于听众的听觉器官，是听众听觉的接受对象和欣赏对象。态势语言则处于辅助的、从属的地位。它主要作用于听众的视觉器官，是听众视觉的接受对象和欣赏对象。在特定的环境中，运用这两大手段把自己有准备、有组织的思想观点和内容在听众中公开化，把自己的情感向听众公开抒发，以此达到晓之以理、动之以情、喻之以利、感之以德、导之以行的目的，便成了演讲。

4. 从演讲的思想内容来看，它具有传播演讲主体个人观点和主张的特征。古希腊的柏拉图认为："演讲本来就不应受制于他人。当众做演讲的人，应该自由地讲述他想讲的和在他看来是服务于真理的东西。"虽然演讲者在准备演讲的过程中，也要参阅大量的资料，收集各种素材，有模仿和借鉴的成份，但演讲者要对所有的材料经过咀嚼消化，变成自己的观点和主张，再传达给听众，这就使演讲者与播音员、话剧演员区别开来。演讲者讲的是自己的观点和主张，而播音员播的是别人写的稿件，话剧演员说的是别人写的台词。有些人拿别人写好的演讲稿去念，这样即使念得娓娓动听，也算不上真正的演讲。著名演讲家布克·T.华盛顿对此有过一个极好的说明："除非一个演讲者在内心深处，深深感到有一个信息要表达，否则我就不相信他将演讲。"

演讲最容易激发听众的情感，使听众的思想为之震动，情绪为之高昂，热血为之沸腾。演讲的吸引力和说服力特征，要求演讲者演讲时必须具有明确的目的性和很强的针对性；演讲的感染力特征，要求演讲者演讲时必须感情真挚、有感而发，而不是哗众取宠、沽名钓誉；演讲的鼓动性特征，要求演讲者演讲时情绪饱满，慷慨激昂，催人奋发。

5. 从演讲的结构来看，它具有系统性和完整性的特征。演讲和谈话不同。谈话是一种双向交流，交谈双方根据不断变换的语境边想边说，语言是分散、间断和多变的，不强调前后内容的连贯和系统。演讲则是演讲者以语言成品的方式，不断有序地向听众展现，除特殊需要外，在演讲过程中一般不作较长时间的停顿，语流连续不断，整个演讲内容连贯完整，层次清楚，中心突出。

6. 从演讲的过程来看，它是一个信息输出、接收、反馈的完整的循环过程。演讲是一种信息传递活动，它由两个基本阶段组成：传递阶段和反馈阶段。在传递阶段，演讲者将要表达的思想或传授的知识等转换成有声语言和态势语言传递给听众；在反馈阶段，听众得到一系列的有声语言和态势语言后，先将其还原成沟通内容，进行领会理解，然后，通过某种方式，将自己的意见和态度反应给演讲者，进行逆传递。演讲要顺利进行，就必须处在这样一种双向沟通的良性循环过程之中。我们很难想像，一个演讲者，目中无听众，"空对空"地侃侃而谈，能够取得良好的效果。演讲者必须具有信息反馈意识，善于接收听众的反馈信息，观察听众的反应，然后有效地调整自己的演讲内容和形式。

7. 从演讲的整体效果来看，演讲是一种极其普遍的社会现象，它虽然不同于纯粹的艺术活动，但却具有多种艺术形式的一些特点和因素。所以，有人说演讲是一种综合的艺术，是"拼盘"艺术。就演讲的"表演"性质来说，它需要借鉴、移植播音、诗朗诵、话剧、相声、说评书、讲故事、演小品、做主持等表演艺术中的一些表达方法与技巧。比如，演讲者活动在固定空间的舞台上，这在某些方面就带有话剧和戏剧等艺术形式的特点；演讲者在讲台上滔滔不绝地发表演讲时，所运用的主要物质手段——有声语言，就具有相声语言生动形象、幽默感强的特点和诗歌语言感情丰富、优美精炼的特点；演讲者在叙述事件的发展过程和绘声绘色地描绘人物的音容笑貌时，就兼备了小说创作和戏剧创作的一些艺术特点；尤其许多卓越演讲家所运用的面部表情和手势动作等，又往往具有雕塑艺术的意义和美感。

正因为演讲具有多种艺术样式的一些特点和因素，这就使得它具有丰富的表现力和艺术力。又因为这些特点和因素不是简单地相加和拼凑，而是有机地、自然和谐地统一在一起，从属于演讲，服务于演讲，所以，这就使演讲成为一种独立的、高级的、典雅的口语表达形式。

三、演讲的分类

演讲作为一种最高级和最高效的口语表达形式，作为一项包含广泛内容的自成系统的社会实践活动，可以用不同标准把它区分为性质相异的若干类型。演讲的类型是根据演讲内容、风格或形式等不同标准所划分的演讲类别。演讲的分类标准不同，就可以有不同的分类。给演讲的类别以科学的划分，是一件很难的事情。我们很难将演讲的形式和内容作一种绝对严格的区分。但是，任何演讲不仅应当有一定的主题、一定的具体内容，还应当有一定的表达形式、活动方式以及在表达过程中演讲者情绪的暴露与控制，即演讲风格。因此，我们可以从演讲内容、演讲形式、演讲风格和演讲活动的不同方式等方面给予分类，虽然这种分类所体现的类别之间并非都是平行关系，亦有交叉关系、从属关系等，但较为详尽地给演讲予以分类，主要目的是为了帮助演讲者在写演讲稿时有一个类别遵循原则。

1. 从演讲内容上分，演讲可分为政治演讲、学术文化演讲、法庭演讲、礼仪演讲等。

政治演讲指从政治角度阐述和评论当前形势下人们所关心的重大事件和社会问题的演讲。它是进行政治、思想教育的一种很好方法。其特点是政治观点鲜明，思想感情炽热，具有鲜明的鼓动性和感染力。这种演讲的主体多是具有强烈的社会责任感和政治激情，思想活跃的政治家、思想家和进步人士，如鲁迅、李大钊、闻一多、毛泽东等。西方国家的竞选演说，为实现个人和团体的政治理想服务也是典型的政治演讲。政治演讲语言简洁明快，多用口语、短语，节奏紧张急促，感情起伏跌宕，声调高昂激越，目光敏锐犀利，手势坚决果断。

学术文化演讲是学术文化交流的一种常见形式，是传道、授业、解惑的重要方法。按其性质又可分为专题性学术演讲和综合性学术演讲。其特点是信息量大，科学性高，具有严谨的逻辑性和较强的说服力。学术演讲具有学术论文和演讲的两重性，内容包括科学文化的各个领域，有社会科学，如梁启超的《情圣杜甫》和如余秋雨等大批学者所作的演讲，法制宣传演讲亦属于此类。从形式上来说，学术演讲比较注重专业性和通俗性的结合，并可以辅以幻灯、图表、板书等手段，达到让听众加深理解的目的。

法庭演讲是一种古老而又崭新的演讲类型，说它古老是因为早在古希腊它已为人们所崇尚，说它崭新则是因为随着我国法制化社会的到来，它的作用和力量被人们重新认识，并被越来越广泛深入地运用于法庭审理之中。它要求以确凿的事实和证据，以雄辩的逻辑力量去说服法官和听众，讲究用词的准确和语气的肯定。

礼仪演讲是社会交往的一种应酬手段，特别强调礼节性和感情色彩，或祝贺、或凭吊、或欢迎、或答谢。其辞令、表情、动作乃至服饰都非常讲究，礼仪演讲具有浓郁的人情味和充沛的感情，简洁明了，如林肯的《我向你们亲切告别》。

2. 从演讲形式上分，演讲又可分为命题演讲、即兴演讲和论辩演讲。

命题演讲是演讲者经过事先准备就某一专题所发表的演讲，这种演讲在主题、构思、选材、演讲稿的写作以及言语表达的方式和态势神情上都作了精心的设计，一般演讲效果较好。学术演讲、比赛演讲运用这种形式的较多。

即兴演讲是临场发挥的无准备的演讲，这种形式多是在一个特定的语境内，演讲者有感而发。它是对演讲者知识积累、思想品质以及思维能力、语言表达能力、应变能力和心理素质的综合考验。礼仪演讲多属此类。

论辩演讲是在同一演讲语境下，持有对立观点的双方所进行的，以树立己方观点，批驳对方观点为宗旨的演讲。由于有论敌的存在，这种演讲的难度相对较大，虽有备而来，但又要临场应变。它要求观点鲜明、逻辑性强、语言严谨、准确，而且演讲者的思路要能够随着论敌的思路作出敏锐和机智的变化。法庭演讲属于此类。

3. 从演讲风格上分，演讲风格按基本情调和表现手法的不同，大体可分为慷慨激昂、情感深沉、哲理严谨、明快活泼四大类型。

（1）慷慨激昂型。慷慨激昂型演讲，是演讲者用火热的情感和洋溢的热情去吸引听众的演讲。它表现为节奏快、起伏大，音量对比强烈，语言深情并茂、铿锵有力，利用对听众施加感情影响的手段，去达到牵引听众理解演讲主题的目的。

（2）情感深沉型。情感深沉型演讲，其感情色彩深沉浓厚，节奏较慢，平铺直叙，娓娓道来，音量对比较弱，音色较柔和，语调起伏不大。它的特点是发人深省，具有启发性，适合于正统、庄重、严肃、悲壮的演讲主题和内容。

（3）哲理严谨型。哲理严谨型演讲，是演讲者以严密的思考和准确的逻辑推理去吸引听众，它表现为语言经过严密而又谨慎的加工，情调稳定，没有过多的语言变化；形象材料少，没有过多的记事描述；居主导地位的是对判断进行分析，使判断严密无隙，互相贯通。

（4）明快活泼型。明快活泼型演讲的明显特征是节奏明快，语言变化幅度大，情调多变，富有表情，感情热烈，表达通俗，喜用比喻，表现力强，语言幽默而形象、清新而生动，令人感到十分亲切。明快活泼型演讲能使演讲会场气氛活跃、融洽，能给听众带来欢乐和活力，让听众在轻松愉快的氛围中受到教育和得到启发。

但这几种风格又是相容的，它有时可以表现在同一个演讲者身上。如鲁迅、毛泽东的演讲往往是几种风格的揉合并存。成功的演讲要求激昂中有诙谐，诙谐中有缜密，缜密中又有激昂，只有如此，才能感人心、动人情、发人思、促人动。

四、演讲的作用

演讲，作为一种社会实践活动，作为人类的精神财富，之所以从古至今，绵延不衰,方兴未艾,其重要原因,就是因为它有着强烈而广泛的社会作用,有着不可估量的社会价值和极其深远的历史意义。正因如此,古往今来,从中到外,演讲无不被人们所重视、所利用,发挥着它独特的、巨大的作用。演讲的作用很多,主要表现在四个方面。

(一) 促进演讲者成长

人们知道,演讲家的桂冠和殊荣不仅为社会所公认,而且也为人们所羡慕、所追求。然而这桂冠却被安放在无限风光的险峰上,只有那些有志者和不畏艰苦的人,才能攀登高峰,并摘下桂冠戴在自己的头上。虽然桂冠戴在自己的头上仅仅是一瞬间,但可以想像,就在这前前后后,演讲家是经过多少次演讲实践才能取得的。因为,演讲家不是天生的,是演讲的实践所造就的。艰苦的、多方面的努力是演讲者成为演讲家的必经之路。例如,当一位演讲者站在讲台上口若悬河,滔滔不绝地讲述的时候,并不是仅有嘴上的功夫。当然,声音、语调、声调、咬文吐字、态势语言是不可缺少的,但比它们还要重要的,是"诗外"的功夫。那就是演讲者自身必须站在时代的前面,去勇敢地探索先进的思想和孜孜不倦地吸取广博的知识。

美国著名的教育家、演讲家戴尔·卡耐基认为:"一个人的成功15%取决于自身的知识和技术,85%取决于发表自己意见的能力和激发他人热情的能力。"一个人虽然思想精深,学识渊博,令人敬佩,但如果在大众面前发言的时候,说不清,道不明,茶壶煮饺子,有货"道"不出,那未免太遗憾了。现代作家鲁迅、闻一多他们不仅能写,而且能说。因而他们就能多渠道地、有效地、充分地表达自己的思想,展现自己的才智。不管哪个领域,不管哪个阶层,在思想、学识、技能等相差无几的情况下,能说能写的人比只能写的人,其贡献要大得多。这是简单然而却是不容忽视的道理。

(二) 培养良好人际关系和高尚情操

现代社会是人们交往日益密切的社会,是信息广为交流和传播的文明社会。演讲者不仅在台上需要有悬河之口和文雅的举止,就是在台下,其一言一行也要起到表率作用。他们的言谈应是谦逊、高雅的,他们的举止应是得体、大方的。这样的言行举止,不仅有利于创造祥和的气氛,而且也有利于人们的交往。人们常说:"只有良好的人际关系,才有良好的经济关系。"在现代社会中,无论是个人交际场合,还是团体交际场合,都可以进行演讲,而社交中的演讲可进一步地增进人与人之间、团体与团体之间、国家与国家之间的友谊和亲切关系。

演讲者的演讲不仅有制造舆论,启迪人们的思想,传播科学文化知识的作用。作为演讲者必须有良好的情感,这种良好的情感,对于影响听众的情感和形成听众对于现实生活的态度,以及激励和促进人们的行动,都能起到极大的作用。从某种意义来说,演讲中的情感教育作用往往和思想教育作用是同等重要的。演讲者在演讲时,应用正确的道德情感、理智情感和美感来感染和影响听众。具体来说就是要用正确的思想观点去说服人,用美好的感情打动人,用优美的语言、优雅大方的仪表去感染人,从而形成听众的良好情感。诸如爱国主义情感、国际主义情感、集体主义情感、革命英雄主义情感等。只有这些高尚而美好的情感,才有益于听众,有益于人类,有益于社会。因此,每位演讲者都必须以高度责任心,以自己高尚而美好的情感,来影响和培养听众的良好情感,促进人类社会的文明建设。

(三) 不断地自我完善

在当今社会,人与人之间的关系和交往日益密切,思想文化、科学技术的交流日益广泛,知识、信息的传播日益频繁,传声技术和交流的手段日益现代化,由于电话通讯和电视机、录像(音)机、影碟机、电脑、因特网的广为应用和普及,语言的留转技术和转换技术已经达到尖端的水平。如今,人们讲话已不再受时间和空间的限制,可以利用各种手段,把声音传向远方,延至后世。同时,信息传递的方式已不限于人与人之间,而扩大到人与电脑之间。人与机器的对话已经成了一种新的信息传递和交流方式。在这种形势下,不用说一个思想平庸、知识浅薄、口齿不清的人根本无法适应时代的飞速发展;就是一个品德高尚、学识渊博、技巧超群的人,如果不善言谈,词不达意也是无法充分发展自己全部聪明才智的。而演讲在人类口语中是最高级、最完善、最具有美学价值的一种口语表达形式。除此之外,演讲需要综合知识,它既需要演讲学本身的理论和经验,又需要运用哲学、美学、逻辑学、心理学、教育学、语言学和写作学等学科的基本理论和知识。如果我们学习、了解、掌握了演讲艺术并付诸实践,那么就能使自己增长才干,开扩眼界,陶冶情操,积累知识,加强修养,锻炼口才,培养气质,展示形象,扩大知名度,提高事业的成功率。

所以说,学习演讲和演讲实践的过程是一个不断提高口语表达能力、综合素质能力、敏锐的观察能力、深刻的分析能力、敏捷的思维能力、准确的判断能力、超人的想像能力、机智的应变能力和良好的记忆能力的过程,是不断自我完善的过程。

(四) 服务社会、促人行动

演讲服务社会的作用,是指演讲通过听众而产生的对人类社会的影响和推动。它标志着演讲的社会价值和历史意义。演讲的作用是通过对听众的直接作用而实现的。对听众作用的大小直接影响对社会作用的大小。

演讲对听众的作用是多种作用的综合,一般包括六个方面:①真理的启迪作用,即思想观点上的理性教育作用。演讲是要以理服人的,"理"(社会的、科学的、人生的）的真理性启迪，是演讲最主要的教育作用。②情感的激发作用。演讲对理性的阐述总是伴随着情感激发进行的，以情感人是演讲不可缺少的情感作用。③知识和信息的传播作用。演讲向听众传播它所包含的大量知识和最新的信息，是演讲作用的重要组成部分。④艺术美感作用。有声语言和态势语言表达艺术的综合直观作用，不仅能有效地表达内容，也能给听众以美感愉悦。演讲艺术的表演性，有"以美娱人"的美感作用。⑤扬善祛邪的作用。人类社会的文明史，就是真、善、美与假、丑、恶的斗争史。而这种斗争不管多么曲折和复杂，最后总是以真、善、美的胜利而告终的。而这种斗争的主要武器之一就有演讲。古今中外一切正义的演讲家，他们都是拿着演讲这个工具和武器，宣传真理，捍卫真理，对一切丑恶的势力，进行着艰苦卓绝的斗争，从而唤醒民众，把社会一步一步推向前进。演讲家就是用演讲这个工具，去启迪人们获得知识，认识真理，掌握真理，形成正确的舆论扶正祛邪，把人类社会推向最理想的境界。⑥行动的导发作用。演讲的最高宗旨在于最终能导发听众符合演讲目的而行动。听众的行动是演讲一切理想感性作用的最集中最实际的体现。不能导发行动的演讲，其作用是浅层的、微弱的，不会有更深远的社会价值和历史意义。

以上所列举的演讲的作用，是在古今中外一切优秀的成功的演讲基础上归纳概括出来的。实际上单独一场演讲的作用往往只侧重于体现某些方面，并且不同主题和内容的演讲，其作用也各不相同。因此，对演讲的自身作用和社会作用，应从具体情况出发，实事求是，做出科学的、历史唯物主义的评价。

五、演讲的语言特色

（一）上口——以规范的口语为主

文学家在创作构思时，脑海里浮现的是系列化的文字符号，演讲家在准备演讲时，耳边响起的应是系列化的语音语调，从声调表达的效果比较中选择词语和句式。因此，演讲者在准备讲稿时常常默默吟读，甚至放声高诵自己的演讲词，不仅追求词义的准确，还要在语音上精心设计。上口指措词、造句要适合口语表达的习惯，说起来顺口，易于发表，这是一件与人方便，与己方便的事情。

美国著名演讲专家多萝西·萨尔诺夫说过："演讲者自己或者专门人员撰写的稿子多数有一个共同的缺点，那就是稿子是用书面语言而不是口语写成的。一个讲话或者发言，不论是对十个人讲，还是对一千个人讲，都必须是讲出来的，而不是念出来或者背诵出来的。"鲁迅先生也说过："我们要说现代的、自己的话，用活着的白话，将自己的思想、感情直白地说出来。"马克思说得更干脆："你怎么说就怎么写，怎么写就怎么说。"历史上有许多著名的演讲为人们所称赞着，此处列举其中的一些名人名言，如：

我没有什么可以奉献的，有的只是热血、辛劳、眼泪和汗水。——丘吉尔

　　春分刚刚过去，清明即将到来，"日出江花红胜火，春来江水绿如蓝"，这是革命的春天，这是人民的春天，这是科学的春天，让我们张开双臂拥抱这个春天吧！——郭沫若

　　这一切说明，内在美包括德、才、智。因此，不但历久不衰，而且愈久愈见其光彩。它博大、壮丽、崇高、丰满、可靠，它可以使人向往，使人追求，使人明智，使人高尚，使人纯洁和净化，把人引向一个优美的境界。——景克宁

上述著名演讲都体现了上口的基本要求：
1. 句子短小精悍，朗朗上口。由于演讲口语稍纵即逝，所以，演讲语言必须一步到位，不能有二传手。同时，演讲者作为演讲活动的中心，也必须语言流利、顺畅，这就要求演讲主体尽可能使用短句单句。一方面是适合生理上换气的需要，讲起来干净、利索，易做到字正腔圆；另一方面是使听众易于明白和理解。
2. 音节匀称，错落有致。汉语讲究平仄押韵，所以演讲语言应选择抑扬分明、高低起伏、节奏感强的句子。双音节词因具有规范、表义严密、拉长音节、延长语音的停顿时间等特点，很受演讲者的喜爱。

　　在演讲中如果不注意上述两点，实际上是在为难自己，一些很长的句子和拗口的字词或易读错的音近、音同字会变成你演讲时的拦路虎，无形中形成心理障碍，一遇到这些字或词就特别怕说错，越怕说错越易错，从而影响正常的思维和流利的表达。例如，1993 年，国际大专论辩赛中最佳辩手蒋昌建在陈词中有这样一句"富贵不能淫，贫贱不能移，威武不能屈"，"淫"和"移"音相近，平时训练时他经常念反，以至于心理紧张，在赛场上他还是在这里卡壳了。蒋昌建伶牙俐齿尚且如此，何况一般学习演讲的人呢？惟一的方法便是避开这些难读的词句，而选择声音响亮，顺口悦耳的词句。

　　（二）入耳——语音优美，句式富于变化和节奏感
　　演讲作用于听众的听觉，语言的悦耳动听至关重要。演讲语言的入耳有两层含义，一是动听，语句优美；二是耐听，能够唤起人的注意力，并吸引听众产生一种连续听下去的愿望。二者密不可分。对于演讲，人们多注重其思辨性的训练，即如何让演讲辞闪烁智慧的光芒、充盈动人的情趣、洋溢幽默的风采、展现

咄咄逼人的气势，能够使人情为之动、心为之感，而忽略了演讲的听觉效果，即演讲者本人的声音色彩与技巧处理带给听众的听觉感受，而这恰恰是演讲成功的关键。

加强演讲的听觉效果需要从以下几方面入手：

1. 语音要与普通话接轨。讲普通话是演讲获得成功的首要条件。如果你只会使用方言，一是影响演讲内容的广泛传播；二是难以取得普通话字正腔圆、旋律优美的表达效果；三是还可能会因为语音障碍而形成误解。因此，每位立志在演讲方面有所成就的人，都应从学好普通话做起。

2. 语气要与主旨里应外合。演讲者在演讲时采用什么样的语气，对演讲能否成功至关重要。相同的内容，采用不同的语气来表达就会有截然不同的效果。同样叙述一件事，如果用客观平和的语气，就可以陈述说："事情是这样的……"，而用反诘的口吻斥责对方就是："事情难道不是这样的吗？"盛气凌人的演讲即使条条是理，也让人难以接受，而绵里藏针或坦诚真挚的演讲则会得到心悦诚服的认同。语气只有与主旨里应外合方能使听众愿听爱听。

3. 语速要与情境相和谐。语速就是说话时声音的速度。每个人都有自己既成定势的语速，但语速本身又不是一成不变的。根据演讲内容的需要、场合的变换、演讲对象的特点等调度快慢，设置缓急，更利于内容的表达和情感的抒发。如内容简单，语速可适当加快；问题深奥，思辨色彩强烈，可适当放慢语速，给听众留下思考的余地。如果演讲时听众较少，是面对面的演说，语速可加快；在大庭广众之下，则需压住阵脚、有板有眼地将声音清晰地送到每位听众的耳中。如果听众年龄偏大，应放慢语速，不能连珠而发；如果听众是年轻人，则应干脆利落，不能拖泥带水。语速与情境的和谐统一，是演讲获得成功的必要条件。

4. 韵味要与内容珠联璧合。汉语是声、韵、调的合成体，平仄相间、抑扬顿挫产生优美的声音效果。演讲者可根据内容的需要，或大江东去，豪放爽朗，或小桥流水，娓娓道来。韵味的优雅既是对演讲者提出的较为苛刻的要求，同时也是演讲者人文素质的外在体现。韵味十足的演讲必然会使你的语言富有磁性，如绕梁之音不绝于耳、萦绕于心。这需要演讲者本人不仅注重语言技巧的锤炼，更要注重文化修养的提高，只有文化修养达到一定程度，才能使演讲动人心魄、引人入胜。当然，上口和入耳是密不可分的一个问题的两个方面。

（三）易懂——语言的生动性和可视性

入口、入耳的最终目的是把演讲内容推销给听众，让听众接受并受到感染和影响，为此演讲语言的生动形象、简洁明白和视觉化就显得特别重要。

1. 适合听众的接受程度和接受能力。有一个在非洲传道的牧师，一次给非洲热带的土著居民宣传《圣经》，当他念到"你们的罪恶虽然是深红色的，但也可以变成像雪一样的白"的时候,他一下子愣住了,对于非洲热带土著来说,"雪"是一个抽象的概念,人们从未见到过,不可能准确理解他的含义。而土著人经常食用的椰子肉也很白,于是机灵的牧师马上把《圣经》改读为"你们的罪恶虽然是深红色的,但也可以变成像椰子肉一样的白"。这样听众很快并准确地理解了牧师的教义。"雪一样的"和"椰子肉一样的"都是一种形容,但对于土著居民来说,自己天天吃的椰子肉的白是最易于接受和理解的。

2. 语言传感直接浅显明了。1927年,秋收起义失败后,毛泽东在浏阳文家市里仁学校的操场上对被打散后又重新集结的起义队伍作了一次演讲:

我们工农武装现在的力量还很小,就好比一块小石头,蒋介石反动派现在力量还很大,就好比一口大水缸,只要我们咬咬牙,挺过这一关,我们这块小石头就总有一天会打烂蒋介石那口大水缸。

毛泽东十分通俗形象的演讲,使起义战士们明白了人民革命必胜的道理。比喻的运用最易产生形象性,但用什么比喻才易于被听众接受是演讲者要认真思考的。毛泽东选用的是战士们最常见、最熟悉的"小石头"和"大水缸",使他们毫不费力地就理解了自己的思想。

3. 创造通感效应。人类具有多样化的感觉,根据刺激的类型和反应的特点可分为生理感受和心理感知两种类别。生理感受是感觉的初级形式,指人脑通过感官对所受刺激作出的直接反应,如疼痛、冰冷、耀眼、嘈杂、麻辣、柔软、清香等;这些反应基于我们常说的"五感",即视觉、听觉、味觉、嗅觉、触觉。通感既是一种心理现象,又是一种语言现象。通感意象带有鲜明的个性特征,所创造的"陌生化现象"极富新意。以听感写视感,如李贺的"银浦流云学水声"(《天上谣》)是说在风徐月朗的夜晚,诗人抬头仰望天空,只见那银河里翻飞的云彩,像江河中的水流一样在漂淌移动。通感意象的语言表现形态使人读之联想奇妙,产生一种视之有象、闻之有声、触之有物的复合性心灵感受。通感效应使理性思维形象化、形象思维视觉化。通过演讲者形象的语言描述,让听众眼前呈现出一幅幅鲜活的画面,把听众听到的声音转化为可见、可感、可闻的景观,从而创造出一种身临其境的氛围,听众可以在这种氛围里切实地去感觉和体会演讲者的思想和情感。有些演讲之所以不感人,很重要的一个原因就是缺少视觉化的语言,相反却充满了结论性的套话、大话、假话。如讲某个见义勇为英雄的事迹,往往在政治上作了这样那样的高度评价,却没有描绘他如何夺下带血的匕首,如何舍命与歹徒搏斗,这样就无法展现英雄的风貌,因而也就无法达到感染听众、教育听众的目的。

香港回归前夕，国务院港澳事务办公室主任鲁平曾对香港人士做了一场充满深情的演讲，他憧憬着香港回归祖国的那一天。

到了1997年7月1日，你们一觉醒来，将发现窗外飘着五星红旗和你们的紫荆花旗，除此以外，香港还是原来的香港，中环的写字楼还是熙熙攘攘，百货公司还是顾客盈门，联交所的电脑还是那样紧张地运作着，启德机场（希望到时已是新机场了）的飞机还是穿梭般地起降，晚上尖沙嘴的霓虹灯仍然是五光十色，每星期三和星期六下午，还是万人空巷，人们都涌向跑马场或沙田马场。每逢星期天，教堂的钟声依然响彻云霄，黄大仙的香火愈烧愈旺。政府的公务员，除了几个主要官员由行政长官提名、中央政府任命外，其他的公务员在1997年7月1日都将照常上班。请你们小心，如果你们随便泊车，警察依然会给你们抄牌。一不小心，廉政公署会请你们去喝咖啡。对外国投资者来说，你们大可放心，没有必要硬着头皮去啃那方块字，也没有必要从头开始去熟悉另一套法律和税制。本地化的概念不适应于私营企业，也许到了晚上，你们在兰桂坊将会看到更多蓝眼睛、黄头发的人……

鲁平的这番话，将中国政府贯彻"一国两制"的决心真诚而又具体生动地表达出来了。他所描绘的"九七"之后香港的画面，使闻者无不为之动容。港人以其特有的幽默风趣，将他们在"九七"后的生活方式形象具体地概括为"马照跑、股照炒、舞照跳"。

心理学家告诉我们，85%以上的知识是经由视觉印象为我们所吸收的，电视之所以成为许多人接受信息的主要媒体，原因就在于此。

（四）到位——准确、精炼

准确是演讲语言一个基本要求，精炼则是演讲口语区别于日常口语的一个重要方面，除此之外，任何虚伪浮夸的措词、粗俗随意的调侃都会构成对听众的伤害。被誉为演讲典范而被铸成金文的林肯的葛底斯堡演讲，整篇只有10个句子，讲了不到3分钟，但其思想深刻，语言优美，措词准确，字字千钧。全文如下：

87年以前，我们的先辈们在这个大陆上创立了一个新国家，它孕育于自由之中，奉行一切人生来平等的原则。

现在我们正从事一场伟大的内战，以考验这个国家，或者说以考验任何一个孕育于自由和奉行上述原则的国家是否能够长久存在下去。

我们在这场战争中的一个伟大战场上集会。烈士们为使这个国家能够生存下去而献出了自己的生命,我们在此集会是为了把这个战场的一部分奉献给他们作为最后的安息之所。我们这样做是完全应该而且非常恰当的。

但是,从更广泛的意义上来说,这块土地我们不能够奉献,我们不能够圣化,我们不能够神化。曾在这里战斗过的勇士们,活着的和死去的,已经把这块土地神圣了,这远不是我们微薄的力量所能增减的。

全世界将很少注意到,也不会长期地记起我们今天在这里所说的话,但全世界永远不会忘记勇士们在这里所做过的事。

毋宁说,倒是我们这些还活着的人,应该在这里把自己奉献于勇士们已经如此崇高地向前推进但尚未完成的事业。倒是我们应该在这里把自己奉献于仍然留在我们面前的伟大任务,以便我们在这些光荣的死者身上汲取更多的献身精神,来完成那种他们已经完全彻底为之献身的事业;以便使我们在这里下定最大的决心,不让这些死者白白牺牲;以便使国家在上帝福佑下得到自由的新生,并且使这个民有、民治、民享的政府永世长存。

六、演讲的组成要素

亚里士多德早就说过:演讲的三个要素包括演讲者、主题和听众,是后者决定演讲的成功与否。英国演讲家摩尔利根据实际经验谈到:就一场演讲来说,最重要的有三件事:①是谁在发表演讲;②他如何进行演讲;③演讲是在何种情况下进行的。

归纳起来,决定演讲成功的要素有这几种:①演讲者,②听众,③演讲内容,④演讲是在什么情况下进行的或者说演讲语境,⑤演讲方式或者说演讲技巧。

(一)演讲者

演讲者是信息的传播者和演讲这一活动过程的中心,作为演讲者,听众要先接受你这个人,然后才能接受你的演讲内容。一个成功的演讲者必须言行一致,知识丰富,胸有成竹,技巧娴熟。这主要体现在以下方面:

1. 心理。怯场是初学演讲者面临的最大敌人。怯场的原因可能是多方面的:①陌生的感觉。我们一般人的日常讲话都比较随便,语境自由,不会有丝毫的紧张感,大多数人因为缺少在台上讲话的心理体验,突然走到台上面对无数双眼睛的注视,心理上会产生一种孤独感和危机感。②自卑感。总认为自己经验不足,知识不够,缺少演说素质,特别是有领导和名人在场时,更怕自己讲出漏洞,贻笑大方。③期望值过高。每个演讲者都希望自己成功,但主观期望过高,就会逼迫自己,力求每个细节都"完美",特别在意别人对自己的看法,从而患得患失,不能专注于自己的演讲内容。④性格特征。心理学家把人的气质类型分为四种：胆汁质、多血质、粘液质、抑郁质。前两种气质具有明显"外倾"特征，喜欢交际，言语动作表现于外，喜怒哀乐形之于色，比较善于演说；后两种气质类型的人明显具有"内倾"特征，语言激烈，声调音量起伏较大，少言寡语，着重内心体验，语言平稳，声调、音量变化较小，面部表情及手势单调，演说的魅力较小。

俄国作家契诃夫说："有大狗，也有小狗，可是小狗不应该因为有大狗的存在而心慌意乱。所有的狗都应当叫，就让它们各自用上帝赐给它的声音好了。"众多的经验表明克服怯场情绪可以从多方面着手，如演讲前的睡眠、充分的准备以及增强自我控制的能力等。具体办法有：首先，多开口。抓住每一次开口说话的机会，在班里，在朋友中，在宴会上练习演讲，用不了多久，你会觉得开口说话是一件愉快的事情。其次，忘掉自我。人往往太看重自己在听众面前的形象，太计较别人对自己的评价，从而沉溺于对语调和体态的刻意追求，努力装出一副自信的面孔，岂不知，越是如此，就越糟糕，不如尽自己所能坦诚地和听众交心，然后再认真接受听众的意见，从内容和技巧上丰富自己。最后，锲而不舍。对于一个问题越是逃避，越是让无法胜任的想法占据头脑，你就越是信心不足。勇敢地去正视它，先避开过于复杂繁琐的话题，选自己熟悉的东西去讲，久而久之，自信心就有了。

2. 准备。著名的演说家和心理学家爱德华·威格恩先生曾经非常害怕当众说话和演说。他在读中学时，一想到要起立做5分钟的讲演，就惊悸莫名，"当讲演的日子靠近了，"他后来写道，"我就真病了。只要一想到那可怕的事情，血就直往脑门冲，我的两颊烧得难过，不得不到学校后边去，把它贴在冷凉的砖墙上，设法减少汹涌而来的潮红。读大学时也是这样。有一回，我小心地背下一篇讲辞的开头，'亚当斯与杰佛逊已经过世'，当我面对听众时，我的脑袋轰轰然，几乎不知置身何处。我勉强挤出开场白，除了'亚当斯与杰佛逊已经过世'，我再说不出别的词句，因此便鞠躬……在如雷的掌声中凝重地走回座位。校长站起来说：'爱德华，我们听到这则悲伤的消息真是震惊，不过在目前的情况下我们会尽量节哀的。'接着，就爆发出了震耳欲聋的笑声。当时我真想一死以求解脱，后来我就病了好几天。"最后，他诚恳地说："活在这个世界上，我最不敢期望做到的，便是当个大众演说家。"

在离开大学一年后，爱德华·威格恩先生一直住在丹佛。在那场"自由银币铸造"的争论中，他读到了一本小册子，这本小册子建议实行"自由银币铸造"，爱德华·威格恩先生非常不同意这种观点，并感到十分愤怒，因此他典当了手表做盘缠，回到家乡印第安那州。到了印第安那州之后，他便自告奋勇，就健全的币制发表演说，而在他的听众席上，有不少听众都是他的昔日同学。"我开始时，"他写道，"大学里亚当斯和杰佛逊的演讲那一幕又掠过我的脑海。我开始窒息、结巴，眼看就要全军覆没了。不过，听众和我都勉强地撑了过来；小小的成功使我勇气倍增，我继续往下说了自以为大约15分钟的时间。使我惊奇的是，其实我已经说了一个半钟头。结果，以后数年里，我是全世界最感吃惊的人，竟然会把当众演说当成自己吃饭的行业。"

只有有备而来的演说者才能获得自信和成功。这就像一个人上战场一样，带着有故障的武器，并且身无弹药，怎能奢谈猛攻"恐惧"之堡呢？林肯曾说："我相信，我若是无话可说时，就是经验再多、年龄再老，也不能免于难为情的。"这话说得太深刻了。要进行成功的演讲，就必须有成功的准备，否则，未经准备即出现在听众面前，与未穿衣服是一样的。

精心地对演讲进行彻底准备，是不是说就得逐字逐句地将演讲稿全部背下来呢？不是的。卡耐基指出，为了保护自我，免得在听众面前脑中一片空白，许多演说者刚开始便一头栽进了记诵的陷阱里。一旦染上这种心理麻醉的瘾头，便会不可救药地从事浪费时间的演讲方式，那会毁掉演说的效果。写出讲稿并加以背诵记忆，不但浪费时间和精力，而且容易招致失败。人们在一生当中说话都是自然的，从未费心去细想言辞。我们随时都在思想着，等到思想明澈时，言语便会如我们呼吸的空气一样，不知不觉地自然流出。

即使是温斯顿·丘吉尔，也是通过辛苦和失败，才学得这一课的。年轻时，丘吉尔爱写讲稿和记讲稿，然而，有一天当他在英国国会上大背讲演稿时，思路突然中断，脑海里一片空白。他尴尬极了，也感到羞辱极了。他把上一句重复一遍，可是脑子依旧空白，而脸却变成了猪肝色，他只得颓然坐下。从那以后，丘吉尔再也不背讲稿了。

逐字逐句地背诵讲稿，很容易在面对听众时遗忘，即使没忘，讲起来也会显得十分机械化。因为它不是演讲者发自内心的言辞，而只是出于记忆的应付。平常我们私下与人交谈时，总是一心想着要说的事，并把它直接说出来，并未特别去留心词句。我们一直都是这么做的，现在又为什么要改呢？许多人把讲稿扔进纸篓去以后，不是反而讲得更生动、更有效果吗？这样做，也许会遗忘了某几点，说起来有些散漫，但是起码它显得更有人情味一些。美国总统林肯曾说过："我不喜欢听刀削式的、枯燥无味的讲演。当我听人讲演时，我喜欢看他表现得像在跟蜜蜂搏斗似的。"这就是自在、随意而又激昂起伏的演讲。在背诵、记忆演讲稿时，是绝不会达到这种效果，表现得像在和蜜蜂搏命似的。

其实，在准备演讲的过程中，最好是将自己的生活和经历融入所要演讲的内容之中。应当在你的生活背景中，搜寻有意义、曾经教导你有关人生内涵的经验，然后，汇集由这些经验汲取来的思想、概念等，并根据这些对你的题目加以深思，使得演讲的内容更为丰富和生动。

3. 演练。在讲演准备得有点眉目时，可以适当地进行一些演习。这里有一个万无一失、简易而又有效的方法，就是把你要讲演的内容运用到和朋友及同事的日常谈话中。你不必搬出全套，而只需要在他们面前这样说就够了："朋友，你知道吗？有一天我遇到了一件不平凡的事，告诉你吧！"那样，你的朋友可能很愿意听听你的故事。在向他们讲述的过程中，最好仔细地观察观察他们的反应，听听他们的意见，说不定就能从他们的评价中吸取一些颇为有趣和有价值的东西。只要你不说，朋友们也许根本不会知道你是在预演，不过话又说过来，即使他们知道了，也没有多大关系，也可能他们会说，谈得真痛快。

著名的历史学家艾兰·尼文斯先生曾经这样告诫人们："找一个对你的题材有兴趣的朋友，详尽地将你的心得说出来，这种方式可以帮你发现你可能遗漏的见解和事先无法预料的争论，并找到最适合讲述这个故事的形式。"

在演讲的过程中还应当尽量避免令自己不安的反面刺激。比如，如果在演讲过程中总是设想自己会犯语法错误，或总担心自己讲着讲着会突然地停顿下来，讲不下去了，这就是一种反面的假想，它很可能会抹煞你对演讲的信心。因此，在开始讲演时，最重要的就是要把注意力从自己身上移开，或是集中精力听别的讲演者说些什么，以便把注意力放在他们身上，避免不必要的登台恐惧感。

对于任何一个演讲者来说，他都会有怀疑自己所确定的演讲题材的时候。他可能会问自己，这个题目对我合适吗？听众会对这个题材感兴趣吗？在有些情况下，他很可能一气之下便把题目改了。遇到这种情况，当消极思想可能完全毁去你的自信时，你就该为自己做一场精神讲话，用浅明、平直的言辞跟自己说，你的讲演是很适合你的，因为它来自你的经验，来自你对生命的看法，在你的听众中，你比任何人都更有资格来做这番特别的演说，并且你将全力以赴，把它说个清楚。现代的实验心理学家表明，由自我启发而产生动机，即使是佯装的，也是导致快速学习的有力刺激之一，而根据事实所作的真诚的自我精神讲话，其效果会更加明显。克服当众说话的恐惧，对于我们做任何事情都会有极大的潜移默化功效。那些接受挑战的人，会发现自己口才一天天好起来，还会发现由于战胜当众说话的恐惧已使自己脱胎换骨，进入更丰富、更圆满的人生。

如果已经定下并熟悉了自己所要讲的内容，那就大踏步而出，并深深地呼吸吧。事实上，在开始演讲之前，应深呼吸 30 秒，这样所增加的氧气供应可以提神，并能给你勇气。把身体站直，然后开始信心十足地讲话，好似他们每个人都欠你的钱，你在催他们还债，假想他们聚在那儿是要求你宽限还债的时间。这种心理作用对你大有帮助。

寻找和抓住演讲的机会。作为一个初学者，要进行大量的小范围的成功的演讲。这样建立你的信心！接受有充分的时间准备的熟悉的演讲话题。否则的话，礼貌地拒绝。演讲新的主题很好，但是不要愚蠢地接受，特别是对你一个初学者。准备要提前。但是绝对不要在演讲地准备、思考或者担心。通常试着说得简短、轻松和美好，人们会喜欢你的。到场要在演讲开始前。让自己自然地熟悉大厅、演讲台、话筒、组织者、员工和其他人。问候尽可能多的听众，走来走去，和新面孔进行简短的介绍，对陌生人微笑，轻松地玩笑，让自己振奋起来。在等着被叫到的时候，做在椅子上让自己身心放松。深呼吸，进行简短、安静的沉思，在脑海中想想你最喜欢的旋律，想像你的朋友在向你欢呼，或者回忆你过去的成功。然后集中注意看会议进行得如何。在台上注意抬高下巴，眼光平视。进行平稳的较长的问候，慢慢开始。过一会儿，你就会进入状态，然后再全力地进行演讲。

4. 仪表风度。一个风度泰然自如、潇洒大方的演讲者本身就是一种感染力和吸引力，因为衣饰风度、姿态气质是一个人文化修养和内在品质的体现。英国前首相撒切尔夫人，是当今世界著名的演讲家之一。她出身低微，却才华横溢，她第一次登上政治舞台演讲时，年仅32岁，却有意穿了一件前身钉钮扣，黑絮绒领子的褐黑色织锦长外套，这身打扮不仅使她身材苗条而挺拔，而且浑身透露出老练稳重、镇定坚强和精力充沛的气质，所有这些都给了作为听众的保守党人以巨大鼓舞，也赢得了保守党议员们的一致欢呼。有人评论道："尽管撒切尔是个女性，但保守党却需要更多的像她这样有魄力的男人！"这次演讲对后来她当选为政府首相起了很重要的作用。仪表风度能够传达出很有价值的信息，它使你自信的同时，也加强了听众对你的信任。

5. 威信与知识。古人云："有威则可畏，有信则乐从，凡欲服人者，必兼具威信。"尽管演讲仅仅把一个人的思想浓缩在一个特定的空间和有限的时间内，有声语言和态势语言的技巧也直接影响他的演讲效果，但一个无可争议的是，演讲者的威信为他成功的演讲打下了坚实的基础。

《演讲与口才》主编邵守义曾精辟概括："有口才必定是人才，是人才不一定有口才；能演讲必然有知识，有知识不一定能演讲。"这给我们道出了演讲学中一个简单而又朴素的道理：没有知识就没有演讲。古今中外的演讲名家无不为追求知识而呕心沥血，美国著名总统林肯出门戴一顶高帽，帽子里经常装着随时随地写字用的碎纸片、旧信封、破包装纸，闲暇的时候就取出来，分门别类地整理在本子上，以备演讲之需。确切地说，林肯演讲时那感人至深的语句，严密无隙的逻辑，完全在于平时辛勤的积累。知识面越广的人，演讲越能打动听众。围绕某一话题，讲些什么，可以反映一个受过教育的人所具备的知识和理解能力。

(二) 听众

听众是演讲者的上帝,让听众怒目而视的演讲者很难有好的结果。

1. 听众的构成。从意愿上说,听众有三种:随意听众、必听者和自愿者。对于随意听众,要先让他们同意你是演讲者,使他对演讲者本人和演讲内容感兴趣,进而抓住其注意力;对于必听者,听讲除了是兴趣外,也是其一项任务,这种听众有学生、士兵等,他们纪律性强,求知欲旺,新鲜、丰富的内容和新颖、多变的形式能够满足他们的要求;自愿者往往是由于共同的兴趣爱好聚集在一起的一群人,如社会团体组织、股市上的股民等,这种情况可以深入主题加大信息量,不用担心失去听众。

听众的年龄、性别、职业和听众之间的关系、听众的多少等都影响着演讲内容和演讲形式的安排。另外,听众的民族背景、宗教习俗、文化水准、经济地位和职业也是演讲者应该考虑的因素。

2. 听众需求。分析听众的需求,对演讲的成功来讲尤为重要。不同的听众在不同的时间有着不同的需求。心理学家马斯洛把人的需求依次分为生理需求、安全需求、社交或归属需求、尊重需求和自我实现的需求,充分了解并满足听众的需求是演讲者赢得演讲的一个途径。

1832 年,林肯首次参加了伊利诺斯州议员的竞选活动。在竞选活动中他做了生平第一次演说:

> 先生们、同胞们!我想你们大家都知道我是谁,我是贫民阿伯拉罕·林肯,朋友们推选我当议会议员的候选人。我的主张就像一支古老的歌曲一样简短,我拥护国家银行,赞同改良内政制度和保护关税,这就是我们的信念和政治原则。

林肯的主张满足了当时新兴资产阶级的需求,受到他们的欢迎和响应。

3. 听众意愿。听众喜欢能够站在他们的角度去思考、分析问题,并设身处地为他们着想的演讲者。丘吉尔于 1941 年圣诞节去了美国,希望说服美国人和英国人站在一起,立即参加对德作战,以扭转当时英国面临的危险局面,可是,当时不少美国人对英国人不抱好感,反对介入战争,这给丘吉尔的说服工作增添了难度。丘吉尔则利用向美国公民作圣诞祝辞的机会,声情并茂地发表了演说:

> 各位为自由而奋斗的劳动者和将士:
> 我远离祖国,远离我的家庭,在这里欢度一年一度的佳节,但确切地说,我并不觉得寂寞和孤独,或者是因为我母亲的血缘关系,或者是因为我

们伟大的人民在共同的事业中所表现出来的那种压倒一切的友谊的情感。在美国的中心和最高权力所在地,我根本不觉得自己是一个外来者,我们的人民讲着同样的语言,有着共同的宗教信仰,还在很大程度上追求着同样的理想,我所能感到的是一种和谐的兄弟般亲密无间的气氛。

……

战争的狂潮虽然在各地奔腾,使我们心惊肉跳,但在今天,每一个家庭都在宁静肃穆的空气中过节。今天晚上,我们可以暂时把恐惧和忧虑的心情抛开、忘记,而为那些可爱的孩子们布置一个快乐的晚会,全世界说英语的家庭,今晚都应该变成光明与和平的小天地,使孩子们尽情享受这个良宵,使他们因为得到父母的礼物而高兴,同时使我们自己也能享受这无牵无挂的乐趣,然后我们担负起明天艰巨的任务,以各种代价,使我们的孩子能继承的产业不致被人剥夺,使他们在文明世界所应有的自由生活不致被人破坏,因此在上帝的庇护之下,我谨祝各位圣诞快乐!

丘吉尔首先强调英美两国间共同的血缘、共同的语言、共同的宗教、共同的处境、共同的情感以迎合听众,使他们克服了对立情绪。他又怀着一种兄弟般的情谊,用与美国公民对等交谈的口吻,站在一个普通美国人的角度,谈明唇齿相依的利害关系,真挚热情的态度和娓娓动听的言辞,终于赢得了美国听众。

听众喜欢演讲者尊重自己的思维方式和思考习惯。林肯曾经说过:"不论人们如何仇恨我,只要他们肯给我一个说几句的机会,我就可以把他们说服。"他之所以如此自信,就是他善于引导听众进行换位思考。下面请看他竞选总统时争取民众、化仇恨为友谊的演讲。

南伊里诺斯州的同乡们,肯特基州的同乡们,密罗里州的同乡们,听说在场的人群中有人想和我为难,我实在不明白为什么要这样做,因为我也是一个和你们一样爽直的平民,为什么我不能和你们一样有着发表意见的权利呢?好朋友,我并不是来干涉你们的人,我也是你们中间的一个,我生于肯特基州,长于伊里诺斯州,和你们一样是从艰苦的环境中挣扎出来的。我认识南伊里诺斯州的人和肯特基州的人,我也认识密罗里州的人,因为我是你们中间的一个,而你们也应该更清楚地认识我,如果你们真的认识我了,你们就会了解我,知道我不会做对你们不利的事。同乡们,请不要做蠢事,让我们以友好的态度来交往,我立志做一个世界上最谦和的人,决不会去损害任何人,也决不会去干涉任何人,我现在对你们诚恳要求的,只是请求你们允许我说几句话,你们是勇敢而豪爽的,这一点要求,我想不会遭到拒绝,现在让我们诚恳地讨论这个严重的问题吧。

(三) 演讲内容

戴尔·卡耐基曾说:"我决不会放过任何一次适合演讲的机会,办公会议、教学聚会和学生家长会。……此刻,你可以起身站立,开始讲述,或者童年时代的英勇果敢,或者开创事业的艰辛苦难,或者其他令人激动的惊险历程,一切都是你的亲身经历。准备演讲的秘诀就是深入地挖掘个人生活积累,从中确立演讲主题,并使这一主题暂时就像生动的个人经历一样与你自身融为一体。"

任何你和听众感兴趣的话题都可以作为演讲内容,从日常琐事到大政方针,从校园新闻到世界恐怖事件,从饮食服装到世界潮流等,只要你的演讲充满激情,你就能唤起听众的激情。无论是菜价、股票还是高山流水,只要你比听众了解得多,都可能成为引人入胜的话题。不要从报纸、百科全书或演讲指导书中选择题目,要从自身生活中寻找题目。如果演讲主题已被限定,就应认真选择你自己的入题角度,这就是说,作为演讲者不说则已,要说就说自己的生活经历和感受。

演说通常有以下三种情况:第一种是主持者事先规定了题目,这比较好办,没有什么选择余地,按题准备就是了;第二种是规定了大致的范围,如"跨世纪的大学生"、"我看改革开放二十年",在这个大的范围内,题目很多,可以从自己最熟悉和与听众最贴近的角度来确定;第三种是自选演说题,这时我们可以从卡耐基那里得到更多的启示,讲自己最熟悉的东西大概是最高明的选择。

美国演说家多利斯·莎劳夫认为选题应该遵循下面四个原则:适合演说者;适合听众;适合当时的场合;遵守时间要求。除此之外,演讲内容的确实和具体也是演讲成功之本。一个人不管他受教育的程度如何,只要他的演讲是以事实为依据,那定能引起人们的兴趣,并能产生使人信服的力量。著名的工人演讲家冯为民,并没有受过多少正规教育,但他认真收集英雄模范人物的事迹,用活生生的事例讲张海迪、讲徐虎、讲李素丽,演讲内容具体且富含例证,具有很强的可信度。抽象的理论和空洞的说教远远没有一个故事叙述起来更能打动人。演讲者应注重自己的演讲的内容给听众的启示而不是硬性地要听众接受什么说教。

注意浏览现在比较流行的杂志,如《读者》、《青年文摘》,其中几乎篇篇文章都是以纯粹的叙述文来写的,慷慨地缀满了趣闻轶事,这种方法也同样适合演讲,因为,故事在当众说话中,具有驾驭听众注意力的力量。

(四) 演讲中的语言环境

演讲有很强的此时性,从大的语境上说,古今中外的著名演讲都切合时代的脉搏,属于那个时代的声音,如丘吉尔1940年5月13日出任首相的首次演讲,斯大林1941年7月3日的广播演说是当时反法西斯斗争的直接果实。"五四"时期，我国现代史上一大批演讲家，如孙中山、李大钊、闻一多、鲁迅等都是以唤醒"沉睡的民众"，宣传新学说、新思潮为己任。

从小的具体的语境来说，它是演讲内容、主题的切入口，情感的生发点。比如1945年5月4日，云南大学师生在操场上举行纪念大会，当大会即将开始时，老天爷却下起雨来。许多人争着找地方避雨，拥挤嘈杂，会场秩序大乱。主持会议的学生一再大声维持秩序而不见效。这时，闻一多冒雨站在主席台上，向正在朝四面移动的人群高呼：

热血的青年们过来！继承五四精神的热血青年站起来！怕雨吗？我来讲个故事。两千多年以前，周武王决定起义，去打倒暴君殷纣王。就在出兵的那一天，像我们现在一样，忽然下起雨来了。许多人都觉得这很不吉利，建议武王改期。这时候管占卜的，就说是当参谋的人吧，出来啦。他说这不是坏事，这是"天洗兵"，是老天爷帮我们的忙，把兵器上的灰尘都洗得干干净净，打敌人就更有力啦（接着，闻一多有力地挥舞着手臂，提高了嗓音）。我们今天也正碰上这样的机会，这是"天洗兵"！不怯懦的人回来，走近来，勇敢地站过来！

群众果然稳定下来，会议得以顺利进行。闻先生即景生情，现场取材，引古证今，古为今用。"天洗兵"，既切合情境，又高度凝练了主旨，成了稳定听众、感召听众的号角和战鼓，真是不同凡响，气壮山河。

语境还决定着演讲语言的风格。林肯第一次就任美国总统时，适值美国南北分裂，仇恨的乌云、血腥的风暴吹遍全美国之际，他对南部民众进行演说，其演讲词中有一段：

不满的国民们，在你们手里握着内战爆发与否的动力，如果你们自己不作侵略者，政府是绝对不会首先攻击你们的。你们虽然没有推翻政府的誓言，我却有一种神圣的约言，即要决心保卫政府和扶持政府。在你们没有发誓保证不破坏政府之前，我决不会畏缩，战乎！和乎！这个严重的问题，完全持在诸位的手里。

这种语句和口气过于率直，火药味太浓，刺激性较强，易激怒听众，后来林肯接受了国务卿席慕华的建议，把它修改为充满诗意和友善的词句。

我们是朋友，而不是仇敌，虽然我们的情绪有时显得紧张，但我们的友情却不能因之破裂。我们是绝对不应该成为仇敌的，爱神的音弦将奏出全国统一的欢歌，并将通过每一个战场和烈士的坟墓，到达辽阔的生存着慈爱心灵的家园里。

七、演讲技巧

演讲技巧可分为口语技巧、态势技巧和控场技巧几部分。

1. 口语技巧。口语技巧包括节奏、速度、重音和停顿等要素，正确运用这些要素可以增强语言的表现力和表情性。

节奏指演讲者音调高低缓急所创造出来的一种旋律。20世纪的口才大师、诺贝尔文学奖获得者、英国首相丘吉尔认为口头表达艺术主要有四大要素，而其中占第一位的是口语的节奏。口语的节奏具有十分强烈、深刻且丰富的表现力，节奏在演讲过程中能产生一种音乐美。

演讲速度是语言表达的关键环节，也是调整节奏的最佳方式。一般来讲，快的语速、重的语音、扬的语调、短的句式、小的停顿、凝练的信息内容、刚健的词语风格会表现出兴奋、爽快、高昂、激动和急切的感情色彩，从而使听众不自觉地受到相应的感情冲击和影响，并产生相应的亢奋、紧张或紧迫等心理；慢的语速、轻的语音、抑的语调、长的句式、大的停顿、松散的信息内容、柔和的语词风格又可显示出安然、从容、平静、淡雅和严肃、沉重的感情色彩，从而又会使对象不由自主地受到相应的情绪感染和影响，并产生相应的闲散、悠缓、恬淡、庄重、深沉和悲痛的心理。演讲者要通过有意识地把握语速的快慢、语调的抑扬、语音的高低轻重、音节的长短来表现信息的疏密、主题的贴离、文采的浓淡、风格的雅俗、情与理的穿插交错、论述与例证逻辑格式的匹配等因素，从而使演讲产生一种错落有致的节奏。

例如下面一段演讲词的处理。

    我｜突然想起｜匈牙利诗人裴多菲的一首名诗｜《我愿意……》｜我给大家朗诵一下：‖
    我愿意是废墟，‖
    在峻峭的山岩上，‖
    这静默的毁灭，‖
    并不使我懊丧，‖
    只要我的爱人是青春的常春藤，‖
    沿着我荒凉的额，‖

亲密地攀援上升。‖

裴多菲在这首诗里│歌颂了一种崇高的献身精神。‖他把爱人比作是沿着他荒凉的额│攀援上升的常春藤，‖也是一种美好的比喻，‖但是│在今天的演讲会上，‖我听了各位姐妹的│可歌可泣的英雄事迹，突然感到│这个比喻│对于在座的姐妹们来说│，多多少少有些不合适了。‖我们国家千千万万的职业妇女│，千千万万的劳动妇女，│已经不是│依附男人│才能攀援上升的常春藤，‖她们是│亭亭玉立的、枝叶繁茂的│能够独立地、│坚强地抵挡狂风暴雨的参天大树！

（"··"重读，"│"短的停顿，"‖"长的停顿，慢）

节奏表现在演讲的全过程中，上台之后，开讲之前的停顿，如同乐队指挥举起指挥棒所作的亮相，使听众大脑做好接受信息的准备；设问之后，自答之前，留下一段间歇，让听众思考；概括之后，举例之前，略作停顿，让听众调动自己的知识、经验、积累，先发挥联想的作用，演讲者的例证与听众的联想不谋而合，听众会出现一种共鸣的兴奋，演讲者的例证新颖而别致，出乎听众意料之外，又会使听众出现一种新奇的喜悦。

2. 态势技巧。态势语言是以动态形式出现在听众面前的，它包括演讲者的眼神与面部表情、站姿、步态以及手势。听众对演讲态势的最高要求是和谐自然，即演讲态势和演讲内容的统一。初学演讲者往往害怕与听众进行眼神的交流，于是出现了低头、抬头、侧身等影响演讲效果的不正确的姿势。演讲者正视演讲对象，这不仅是出于演讲者的礼貌，更重要的是演讲者与听众全方位互动交流的需要。初学演讲者不妨按以下方法来训练：找人与自己对视，并且在此过程中不要讲话；或者故意从那些教室的前面走过，用眼神与台下的同学对视交流，想像在对他们进行演讲。你在台上紧张的时候，会发现你的浑身肌肉紧缩着，绷得紧紧的，这个时候你换个动作，换个姿势，会直接减轻你的紧张程度；或者是握紧双拳，握得不能再紧之后放松，这样反复练习，多做几下身体就会慢慢放松下来。

（1）面部表情：指演讲者通过自己的脸、嘴和眉目的变化所表现出来的感情。一般来说喜则眉飞色舞，怒则咬牙切齿，哀则愁眉苦脸，乐则笑逐颜开，但在演讲中面部表情的运用不能像生活中一样，笑得前仰后合，笑得流下眼泪，要适度、准确。"眼睛是心灵的窗户"，演讲者要学会用眼睛和听众交流，通过视线的流动，统摄全场，让每一个听众都感到"他是在向我演讲"，并随时根据会场的秩序和听众的情绪调整视线。

（2）手势：指演讲者运用手指、手掌、拳头和手臂的动作变化，表达思想感情的方法。美国心理学家詹姆斯认为在身体的各部分中，手的表达能力仅次于脸，讲话中的冲动，也往往可以从手的动作、位置、紧张程度等方面表现出来。西方政治家在盛大的群众集会上演讲之前，面对喧腾的群众，往往用双手举过头顶，手心向外，向听众摇摆，一来向听众表示欢迎，致以谢意；二来请听众安静下来，以便开始演讲。我国演讲者表达感情的方式没有这么外露，他们多是举起右手，手心向外，向听众摇摆。手势运用不外是为了表达感情，指物数数，摹形状物，表达某种象征性的含义，其运用的关键是恰到好处。

（3）体态：指演讲者的身体姿态和身体动作，它可以塑造演讲者的形象。体态由头部、身躯和脚三部分组成。头的一般要求是平正闲适，演讲者要自我感觉舒适、自然；身躯的基本要求是直立、收腹挺胸、摆平双肩，两腿自然分开，给人端庄大方、朝气蓬勃之感；腿的要求是稳，即常说的站稳脚跟。演讲者常用的站立姿态有平分式和稍息式两种，前者是两脚平分略等于肩宽，这样身体的重量自然平均分散在两只脚上；后者是一脚稍前，一脚稍后，重心主要压在后脚上，稍息式更为演讲者喜爱。演讲一般都是站着进行的，长时间的站立会使演讲者感到很累，而且形象呆板，可以通过移动脚步来变换站姿，脚步的移动一般应在口语的间隙来完成。

3. 控场技巧。控场技巧包括两方面的内容：一是自控，即控制演讲者自己的情绪、言语、姿态，努力做到不失态、不失言；二是他控，即控制听众情绪，牢牢把握听众的注意力，随时应付各种突如其来的变化。

控场技巧又具体分为一般的控场技巧与特殊的控场技巧两大类：

（1）一般的控场技巧主要有如下几种：

第一，停顿。这里的停顿指演讲者为了调动听众的思维或注意力故意做的时间稍长的特殊停顿，它不同于语言表达上的语法和逻辑停顿。俄国早期革命家普列汉诺夫在一次演讲中，面对吵吵嚷嚷、有意捣乱的反对者，他大声道："如果我们也想用这种武器同你们斗争的话，我们来时就会——（停顿，调动听众的思维，让听众猜测下文）我们来时就会带着冷若冰霜的美女。"立刻，引起了哄堂大笑。会场气氛也随之缓和。

停顿的使用常借助于态势语，如停顿的同时用眼睛盯着吵嚷的部位。闻一多先生面对故意破坏秩序的特务，愤怒地用力拍一下讲台，片刻的沉默和这"砰"的一声巨响，震撼听众的心房，把混在台下的几个特务吓得紧缩脑袋，不敢吱声。当然这种停顿的方法不可多次使用。

第二，语调和音量的变化。利用语调与音量的变化来控场应注意：首先，语调、音量的变化应随演讲内容和所表达的思想感情的变化而变化，否则会让人感到滑稽可笑，甚至会引起听众对所表达内容的误解；其次，语调、音量的变化要错落有致，不要使语句的高低、升降变化形成固定的节奏，这样反而会使听众觉得呆板，更易疲劳；最后，在会场嘈杂、听众不安静的特殊情况下，使用语调或音量的变化一定要鲜明，要形成前后反差，使之足以对听众产生刺激，引起注意，以达到静场、控场的效果。

第三，调整内容。在演讲中，有时听众对所讲内容不满意，也会导致会场秩序的波动。这时，演讲者就有必要及时更换、调整演讲内容，使之尽可能满足听众的需求。重复、枯燥、听众不关心的内容可删去不讲，与听众有关、听众感兴趣的内容可增加。通过对演讲内容及时、有效的调整，重新激发听众的积极情绪，使演讲得以顺利进行。

（2）特殊的控场技巧主要有如下几种：

第一，冷处理法。在演讲中，有时可能遇到某些持有偏见又缺乏修养的人有意喧哗的特殊情况。这时，演讲者可以采取不予理睬，或者装聋作哑的方法，闹事者自讨没趣，往往就会有所收敛。使用冷处理法，演讲者要做到沉着、庄重、平静，处之泰然，不可表现出惊慌或急躁的不良情绪，惊慌会使闹事者更加得意，急躁则易形成对立情绪，甚至导致会场失控。

第二，设问法与反问法。在演讲中，"问"能够引起听众的思考和注意，问得好，可以产生明显的控场效果。问的方法主要有设问法和反问法。

设问即明知故问，指演讲者有意向听众提出一个问题，以引起注意，启发思考的方法。在听众注意力涣散、会场不安静的特殊情况下，使用设问法可以起到较好的静场效果。如在复旦大学举行的一次"青年与祖国"演讲比赛上，轮到第6位杨高潮同学上场时，会场嘈杂，杨高潮演讲开头就使用了设问法："关于青年与祖国的关系，人人皆知，但是，我想提一个问题，谁能用一个字来概括青年与祖国的关系？"这一设问调动了听众思维，唤起了注意，会场也渐渐安静了下来。

反问法是演讲者面对他人的诘难时不正面回答，而用反问予以回答的方法。俄国革命家加里宁在一次演讲时，有人递上条子问："什么对苏维埃政权来说更珍贵？是工人，还是农民？"加里宁以反问作答："那么对于一个人来说，什么更珍贵，是右腿还是左腿？"反问法运用得好，往往比正面回答更有力量，更能起到镇场和控场的作用。

第三，幽默法。当听众注意力分散的时候，演讲者可以说一句诙谐的俏皮话，或者讲一则风趣的笑话，配合以幽默的姿势和动作，在引发听众笑声的同时，轻松自然地把听众转移的注意力又拉回到演讲中来。幽默法用得好还可以起到调节演讲者与听众关系，消除紧张气氛的作用。特别是当遇到一些对你的演讲带有偏见的听众吵嚷、议论时，运用恰当的幽默，可以有效地缩短演讲者与听众的心理距离，消除不良情绪，解除窘境。

课后阅读与研讨

总有一种方式让你脱颖而出
——李燕杰论演讲美学400问节选

1. 您从什么时候开始演讲？您是天生的演讲家吗？

答：我本来是一个很不善言谈的人。从小生长在文学之家，爱读书，爱写诗，不爱说话。遇到陌生人，十分腼腆。记得18岁进入大学学习时，在小组会上都不敢发言。后来，由于工作需要在人群前讲话时也很紧张。在大学学习期间，我当了学生会主席，第一次发表就职演说的时候，一直紧张了几天，真希望上台演讲时停电，摸着黑去演讲，这样可以避免同学们看到我的窘态。但讲到一半，我突然发现自己讲得还不错，很有条理，很受欢迎。自此才了解我多少还有一点潜在的演讲才能。后来，经过多年锻炼才在演讲上取得了一些成绩。有人说，李燕杰是天生的演讲家，一下子就轰动了全国。我说，第一，我不是天生的演讲家；第二，不是一下子轰动全国。我是在实践过程中逐渐学会了演讲，并且在实践中坚持学习，不断改进；是由于时代的需要，才在社会中产生了一定的影响。如果有些人自以为不善于演讲，请不要灰心，只要勤学苦练，就可以讲好！我就是一个从不会讲到会讲的例证。

2. 您作为"文革"后第一个走上社会进行演讲的人，在海内外产生了广泛的影响。您是否可以谈谈当初是怎样想的？

答：我在"文革"期间被关进劳改队时，就曾想到这样一个重大问题：一个国家，经济濒临崩溃，是危险的；一个国家，道德沦丧，更加危险。我在1997年1月25日走上社会大讲台，当时我是这样想的，我作为教师，位卑未敢忘忧国，要以天下为己任；要提高人的思想道德素质，又要提高人的文化科学素质。所以，我一方面倡导办北京自修大学，一方面为广大青年演讲。从那时起，一发不可收，这些年在海内外共走了482个城市，演讲100多个题目，4 000余场，直接听众至少400万人次。青年听了演讲后专程来访者逾万人，来信15万余封……我的演讲集销售量达650万册。我为此感到自豪，感到骄傲，因为我在祖国十分困难的时候，为青年做了一件十分有意义的事，即进行铸魂育德的演讲。我也从中得到了锻炼。

3. 您作了4 000余场报告，收到十几万封来信，原因何在？有什么诀窍？

答：没什么诀窍。我认为赢得群众信任，关键在于一个"诚"字。因为你一个人在台上讲，一千人在台下听，也就是有两千只眼睛在看，两千只耳朵在听，你想说假话，想骗人，是不行的。一个演说家，首先要讲真话，讲实话，不能讲一句假话。俗话说："精诚所至，金石为开。"

记得我在美国遇到过一个大老板，他的房间里有一张中国的书法条幅，写着两个小篆，即"诚信"。

英国公关协会要求：传播信息应当真实、准确。

美国公关协会要求：应以高品位与真实无误为尺度。

尼日亚公关协会要求：促进公众信息的沟通，并保证传播的真实可靠。

演讲家、公关人员工作目的在于说服群众，赢得群众。因此，必须真诚、真实，不得说假话，更不得哗众取宠去骗人。为了推销伪劣产品，必须说假话；凡讲假话的人，必然是伪劣的人；伪劣的人，不可与其谋事。

4. 您到处演讲意义何在？

答：演讲，是一门学问，是一门艺术。演讲，也是一种事业。

演讲之所以成为学问，是因为中外古今有不少关于演讲的专门著作、专门研究学者，还有专门学科。

演讲之所以成为艺术，是因为好的演讲具有很强的审美价值。演讲要取得成功，和其他艺术一样，需要按照艺术规律进行创作，"美是艺术的生命"。

演讲之所以又是事业，因为在人类历史上，在不同地区、不同时间里，总要有一些人借助演讲组织群众，向群众宣传。演讲成为推动事业的一个重要组成部分。一个著名的演讲家，对他来说，演讲是一种事业，而不单纯是一种职业。他们有的把毕生精力都献给了演讲事业，鞠躬尽瘁，死而后已。

总之，演讲是借助口头表达形式，面对群众进行讲述的一种活动；是演讲家宣传某些真理，宣扬某种主张，也是为了推动事业发展。在人类社会中，那些著名的大演讲家，都被誉为人类铸魂之师。正确的演讲能起到净化灵魂的作用，起到启迪心智的作用，是一种推动人类社会进步的力量。

5. 当您站在讲台上听到全场报以热烈掌声时，您在想什么？

答：首先想到听众是上帝，什么时候自己有点飘飘然时，那必然是落后的开始。记得有位老朋友在诗中写道：

在舞台中央，

有人想到：

一丝不苟；

有人却想到：

唯我独尊。

我们要的是一丝不苟，谦虚谨慎，决不能唯我独尊，忘乎所以。要了解掌声中有些属于人们对你的赞扬，有些仅是出于礼节。

6. 您对演讲很热爱，很执著，似乎有一种无限的爱，对吗？

答：是的，我爱演讲，是因为我爱教育艺术；我爱教育艺术是因为我爱青年，爱人类，爱未来。给是爱，取不是爱，我演讲是给，不是取。

我很欣赏三毛这句话："爱情不一定人对人。人对工作狂爱起来，是有可能移情到物上面去的。所谓万物有灵的那份吸引力，不一定只发生在同类身上。"

我为了给青年演讲，为了教育艺术废寝忘食，呕心沥血，这无疑是一种爱。

7. 我们在书摊上买到一些关于演讲的书，读完之后，似乎没多大用，仔细研究，似乎是写作文的方法，您认为我的看法对吗？

答：我也有同感。过去，一些演讲书很多是一些写作老师写的，他们虽有写好演讲学的良好愿望，但他们不演讲或演讲少，缺乏演讲的实践。可是他们常年教语文、教作文，自然而然就提到了主题、题材、情节、结构、语言、表达。书面表达与口头表达确有相通、相近之处，但有一条根本上的差异：一个是让文字躺在纸上，让人来读；一个是让躺在纸上的字站起来，走向听众，让人家听，当然也包括让人看。让人家看的文字，如能做到文从字顺、准确、鲜明、生动，也就算不错了。而想让人入座入耳，还必须由演讲家再创造、再加工，使之有声、有形、有色，使黑白片变成彩色片，变为宽银幕立体声的影片，对吧？

8. 目前，有人能演讲但不能写演讲书，有人能写演讲书但又不能讲。您既能讲，又有演讲美学理论，您应当在这一领域多发挥作用。

答：对。社会对我要求很高，我也想为大家多做一些事。过去虽然写了一些演讲的文章、著作，但都比较肤浅。这些年，经过更多的实践，我有了一些更新的感受，同时也在从理论的高度加以总结。我坚信今后会写出一本既有理论高度，又有实用价值的演讲书。谢谢你的鼓励，我愿和大家合作，众人拾柴火焰高嘛！

9. 您的演讲与一般的领导报告有许多不同之处，不知是什么原因？

答：领导同志作报告，一般多些抽象思维，即逻辑思维。我的报告既要有抽象思维、逻辑思维，又要有形象思维，三者结合才能产生意想不到的效果。如果再加上灵感思维，效果则更好些。其实，善于演讲的首长们也是三者结合的。

我曾说："抽象思维与形象思维如鸟之双翼，有了双翼，再有灵感思维，这只鸟儿就可以高飞。"这种看法，至今不过时。初学演讲的人，应当三者兼而学之。既要从哲学、政治上认真学习，形成缜密的逻辑思维；又要从文学、艺术方面去体察，增强自身审美水平与情趣；同时，还可以多读些诗，体察诗人灵感由来。

如果讲区别，这仅仅是一种区别，其他的区别咱们以后再详谈。

10. 这几十年中，我们多次听您的演讲，时间跨度不算小，但您仍保持着年轻人的气质，总有一种纯真之情，这得益于什么？请讲讲体会。

答：我虽然已年过古稀，但老年人的优点没增长多少，而年轻人的缺点至今仍残存不少。我的这个特点，经常受到青年欢迎，所谓赤子之心吧?!

记得我幼年读冰心的《寄小读者》中有这样几句话，给我留下了十分深刻的印象："她（母亲）的爱，使我由生中求死——要担负别人的痛苦；使我由死中求生——要忘记自己的痛苦。生命中的经验，渐渐加增，我也渐渐地撷到了生命花丛中的尖刺。在一切躯壳和灵魂的美丽芬芳的诱惑之中，我受尽了情感的颠簸；而'到底为谁活着'的观念，也日益明了……"

我从这些真情话语中，悟出了一个道理：人生在世，把自己的喜怒哀乐置之度外，人就变得较为超脱，心境也就变得较为安详，这就可以保持自己的赤子之心、纯真之情。

11. 终生献身于演讲事业，您不后悔吗？

答：我们这些人，既然已经献身于这样一个伟大的事业，就决不后悔。我曾开玩笑说，让别人走阳关道，我就要走独木桥。为什么？因为这是一桩关系到祖国命运、人类前途的大事。在前进路上，虽然会遇到各种困难，但这算什么呢？如有力量，战胜它就是了；如没力量，被打败了，自认倒霉。但我坚信正义的事业所向无敌。以前，在报纸上看到这样几句诗很受鼓励，让我送给你：

即使命运从不发芽，
我不惋惜千百次播种；
即使花朵结不成果实，
我不遗憾千百次凋零。
信念告诉我的人生：
没有比脚再长的路，
没有比人更高的山峰。

12. 目前社会上矛盾多、问题多，有些地区和部门麻烦事多，一些政工干部都感到手足无措。在这种气氛中，您演讲是否容易？

答：您说目前社会上矛盾多、问题多，请问在人类社会，在哪个时候没有矛盾、问题呢？目前虽有些问题，也不可怕，况且作为演讲家，应是报春的使者，为了迎接春天的到来，就要勇于战胜严寒，更何况如今并非寒冬。社会上虽有问题，但并非手足无措。我认为目前不是英雄无用武之地的时代，所以我一再强调演讲家要知难而进。

我们常听人讲,穷而后工,困难出诗人,矛盾出哲人。我想这话是有一定道理的。太平盛世产生不了深刻的哲学,像文学艺术一样,哲学需要矛盾、苦闷和变动的时代,作为它繁荣昌盛的土壤。

我认为社会上有些矛盾对演讲家来说也是一种促进,至少可以促使我们多想一些问题,多回答一些听众的问题,对人类社会多做一些贡献。诗是天地自然之音,哲学是天地自然之音,演讲也是天地自然之音!

13. 您为什么如此热衷于演讲?为什么经久不衰、永葆青春?

答:永葆青春,恐怕做不到,这只能是一种祝愿,只能是一种理想。

我经常在想,人处大千世界,总应当有点理想,或说应该有一个世界观,以便从整体上把握宇宙和人生,克服无所适从的彷徨情绪。为了获得更多价值,在宇宙时空中多做一些大事、好事,有一分热发一分光,有一分热发千百分光。为此,我选择了演讲这个事业,或说演讲事业选择了我。当我明白了演讲事业在于弘扬真善美以后,就进一步确定了:这些就是我的光、我的热、我的卡路里,我要让它释放更大的能量。

记得李白曾讲:"夫天地者,万物之逆旅,光阴者,百代之过客。"人们在这样的伟大时空中,总希望找一块永恒的岩石,变短暂为不朽。我选择了演讲,就可以把自己的所知、所感、所爱传导给别人,使自己所感受的真善美变为听众的所感,并在听众中变为不朽、变为永恒。这一理想使我乐观、幸福,并有青春常驻的渴望。

14. 您对演讲怎样理解?

答:演讲,又称讲演。什么叫演讲?有人说,借助有声语言作为信息载体的说话形式,面对一些人发表讲话,即演讲。我认为,对众人讲话,曰演讲。众人,至少应当是3个人吧,三人为众。有了讲话人,有了语言载体,又有了听众,即构成演讲。通过演与讲,宣传表述一种或几种理论观念或主张,宣传群众,教育群众,都属演讲一类。

演,是演绎的意思,讲,是讲解的意思。演,不要理解为表演,演讲借助手势、情态,或许也要配合以舞蹈动作,这些都是允许的。但演讲的"演"字,不要理解为表演为宜。

演讲,有各种形式与目的。我所从事的演讲,是面对成千上万听众,进行教育艺术的演讲,目的在于宣传、弘扬真善美,抨击假丑恶。

15. 您认为在学习演讲过程中,是否应当读一些演讲学之类的著作?读哪些为好?请您给介绍几本演讲著作。

答:我认为,演讲学著作可读,可不读。

所谓可读,是说要选择那些真正有实践经验,又有一定理论高度的演讲学著作。这种书应有三个特点：一是科学性；二是艺术性；三是实用性。如果有科学性、艺术性，没有实用性，大概也没人爱读，因为读演讲学的目的在于学习演讲。比如，以下著作值得一读：邵守义主编的杂志《演讲与口才》；邵守义、谢盛圻、高振远合著的《演讲学教程》；管金麟、梁遂合著的《演讲学教程》；郭海燕编著的《实用演讲艺术》；还有我自己的《演讲美学》。这些书都有一定的参考价值。但古人讲，尽信书，不如无书。对哪本书也不要迷信。

另外，所谓可读可不读，是说演讲是一种实践经验的产物，第一个演说家绝对没有读过演讲书。一个演讲者，要想提高自己的水平，关键在于练习。

16. 您在演讲中，最注重的是哪些问题，或者说经常注意把握哪些原则？

答：我在演讲前，总是要备人、备课、备方法，同时，又要考虑到以下六点。

（1）要讲求增强魅力的原则，即强磁性。一个演讲者如无吸引力，没有魅力，很难取得演讲实效性。

（2）要讲求准确科学的原则，即科学性。一次演讲要安排科学的内容，不能违反科学性。

（3）要讲求因人制宜的原则，即针对性。一次演讲要符合听众需要。为此上台之前要考虑听众水平、人群特点，有针对性地演讲。

（4）要讲求预见性或前瞻性原则，即超前性。在演讲时，要有预见，要善于讲出听众没有想到的，或听众想到没有讲出的问题，形成演讲者先导与领航作用。

（5）要讲求随机应变原则，即机敏性。会场里听众思想千变万化，演讲人要从情绪、眼神等方面观察听众的思想动态，进而随机应变。一个好的演讲家必须有很强的应变能力。

（6）要讲求内容丰富多样原则，或称多样性。演讲人在演讲前，要设计几种方案，如纲目、例证和语言，都不能只有一种而要多样化，不仅要有丰富的内容，而且要有多种表达艺术。

一个演讲家如能做到以上六点，才算及格，否则只能算"达标"。

17. 您在演讲中，怎样发声？借助哪些器官发声？

答：我们在演讲时，非常重视演讲发声学。在演讲时，如何发声关系很大，要做到音色、音质、音量俱佳并不容易。为此，每个演讲人都要认真研究发声器官的健康，至少应保证有耐性、不嘶哑。我的嗓子很好，而且演讲时间越长，嗓音越响亮。当然也应适度，一般来讲，以三四个小时之内为好。

中国古代有一本书，叫《灵枢经》，书中写道："喉咙者，气之所以上下也。会厌者，音声之户也。口唇者，音声之扇也。舌者，声音之机也。悬雍垂者，声音之关也。颃颡者，分气之所泄也"。这些说法比较准确地道出了发声的机能，以及各发声器官与发声时的功能。

外国也曾有人谈到发声问题，比如16世纪威尼斯的音乐理论家瑟夫·察里诺斯在著作《谐音原理》中讲："天赋的发声器官是咽、舌、口和肺。意志使这些器官活动便产生了声音。由声音产生语言和歌唱"。

从上述东、西方两种谈发声的言论中可以看到在认识上有异有同，但中国比西方早一千七八百年。为此，我们中国人应感到自豪，中国的演讲家应从中国的演讲实际出发，认真研究人的各种器官的发声与共鸣。

我们既要保持发声器官的健康，形成独特的音色、音质、音量，又能在不断的实践中进行调节，使自己的发声器官适应各种演讲内容的需要，力争做到声情并茂。

另外，我不喝酒，不吸烟，不吃辣椒，在演讲中决不声嘶力竭地喊叫。这都是我的体会。

18. 一次演讲，众口难调，怎么办？

答：一千个观众，就有一千个哈姆雷特。在演讲中，演讲人、演讲内容、听众，在这三者之间，如何做到"三适应"并不容易。

演讲人与听众，听众与听众，各自生活在各自的时间、空间里，每个人的经历与知识乃至素质都各不相同，在不同之中必然存在一定的距离。演讲人则如导演、作者、演员，如何把三者距离拉近，这就要有一个粘合力，要用内容、形式、语言，用各种艺术手段进行调节，不仅要缩短演讲人与听众的距离，而且要拉近听众与听众的距离，使他们能产生共鸣与共振。

我的经验是在演讲内容上下工夫，使传达与接收之间寻求一些更广阔的天地。演讲人讲的内容和听众理解的内容之间，必然有差异，差异之中必有空间，在其间增强寓意，同时还要引导听众在其间进行思考。把空间留给听众，让听众自己进行再创造。演讲人，用语言形成沟通的桥梁。使听众在理解上不断地联想与延伸，这也许可称之为"演讲接受美学"！

19. 请问演讲征服力如何形成？

答：在演讲中，要说服、征服群众，必须有一定的征服力。

第一，要有人格力量，首先自己做人要正，言行如一；

第二，要有情感上的力量，要真挚，要实在，感情充沛；

第三，要有逻辑的力量，要言之成理，自圆其说，不能语无伦次；

第四，例证要动人；

第五，语言要坚定、鲜明、生动有力，掷地有声。

人格要高尚，感情要充沛，逻辑要严谨，例证要动人，语言要生动。总之，从演讲本人到演讲稿,从讲的内容到讲的形式,从感性到理性,都应当有相应的力度,才有可能形成演讲的征服力。

20. 您面对群众演讲,无论是面对几百人或几千人、上万人都能泰然自若,为什么?

答:我上台前,都要用五项标准来衡量自己的演讲,力争符合这五项基本原则。一般来说,符合这五条,一定能胜利。

一曰时代性、针对性;

二曰实用性、操作性;

三曰科学性、系统性;

四曰艺术性、强磁性;

五曰恒久性、延伸性;

有了这五条,再加上相应的艺术技巧,演讲一定能成功,所以能泰然自若。这是建立在五项基本原则之上的必胜信念。

婴儿

马克·吐温(1835~1910)

主席先生、各位先生们:

"为婴儿祝酒!"真是妙不可言。

我们并非都能有幸做过女人;我们也并非都做过将军、诗人或政治家。但是,轮到为婴儿祝酒,我们就有了共同点——因为我们都做过婴儿。(笑声)几千年来,世界各地在举行宴会时竟完全忽视了婴儿,好像婴儿一点也不重要。这太不像话!先生们。如果各位静思片刻——如果各位回到50年或100年前,回到婚后不久的岁月,并再度凝视你们的第一个小宝贝——各位就会记起他非常重要,而且岂止是重要。(笑声)

你们军人都知道,当那个小家伙来到你家的大本营,你就得递交辞呈。他掌管了全部指挥权,你成了他的随从,他的保镖。你还得侍奉左右,恭候吩咐。他这个司令官不考虑时间早晚,距离远近,天气好坏,或其他任何情况。不管有无可能,你都得执行命令。而且,他的战术教范只有一种行军方式,那就是跑步。(笑声)他对你百般蛮横,百般无礼,而你就算浑身是胆,也不敢吭声。你可以面对多纳尔森和维克斯堡的死亡风暴奋勇反击[①];但是,当他抓你的胡子,扯你的头发,拧你的鼻子,你却不得不忍气吞声。(笑声)当战争的雷声在你的耳际响起,你迎着炮火迅猛前进;但是,当他像印第安人那样开始发出令人恐怖的战斗呼喊，（笑声）你却大踏步地后撤，而且你还很高兴有这样的机会。当他嚷着要喝止咳糖浆，你敢脱口说出自己的意见吗？你敢说有些服务项目不适合一位军官和绅士吗？不，你会起身去拿糖浆！如果他吩咐你去拿奶瓶，但瓶里的奶不热，你会顶嘴吗？不，你会行动起来，你会去把奶热一下！你在"仆人工作室"里竟然如此屈尊俯就，以致于亲口尝尝那不冷不热的玩意儿，看看是否正好！嗯——3份水，1份奶，加一点糖来减轻"肚子疼"，再加一滴薄荷油来防止那顽固的呃逆。我至今还记得那玩意儿的滋味！（哄堂大笑）

你这样下去学会了多少东西哟！多情的年轻人仍然笃信一个古老的传说：婴儿如果在睡梦中微笑，是因为天使在对他讲悄悄话。太美了，但是太不可信了——那只是肠胃发出的嘀咕声而已，朋友们。（笑声）如果你的小宝贝提议在老时间，即在凌晨两点半散步，你难道不立即起身，并说你正想提议这样做吗？哦，你是训练有素的！你穿着"便服"，（笑声）怀抱宝宝，在房间里来来回回踱步；你不顾尊严地、咿咿呀呀地信口胡扯；你甚至还亮出军人的嗓门，努力唱上一曲"宝宝乖……宝宝睡……"。田纳西军团真是出足洋相了！而邻居也真是苦恼透了！因为在一英里之内，并非人人都喜欢在凌晨3点欣赏军乐。（笑声）你这样持续了两三个小时，而你的茸头小上司却示意，操练和歌声对他再合适不过，并建议在这条战线上打到底，即使要打一个整夜——继续战斗吧！你怎么办？你只能继续战斗，直到筋疲力尽倒下为止。（笑声）

我喜欢"婴儿一点也不重要"的想法！为什么？因为一个婴儿只会把整幢房子都占为己有，并搞得一团糟；一个婴儿就会使你和你的内务部忙个不停；他勇于进取，难以控制，往往目无法纪；无论你采取什么手段，都无法使他恪守常规。一个孩子就够你受的了。如果你还有理智，千万不要祈求生双胞胎。双胞胎意味着骚乱不已，而三胞胎无异于造反。（笑声）

现在，在全国三四百万个摇篮中，有几个摇篮将被我国视为神圣的文物而世世代代地保存起来——如果我们知道是哪几个的话。因为在其中一个摇篮中，一位迷迷糊糊的未来的法拉格特[②]此时正在出牙——各位想一想出牙时的情景吧——他还非常热切地咕哝了一句什么，虽然口齿不清，但是情有可原；在另一个摇篮里，未来的天文学家正没精打采地对着闪烁的银河[③]眨眼，思忖着另一位叫做奶奶的人的下落；在第三个摇篮里，未来的大史学家正躺在那儿，无疑要躺到这平凡的使命完成为止；在还有一个摇篮里，未来的总统并不在为国家大事而操劳，却在为头发这么早出了问题而烦神；（笑声）在一长列的其他摇篮里，大约有6 000名谋求官职者，现在正准备再向这位未来的总统提供解决这一老问题的机会！在美国国旗下的某地还有一个摇篮，里面躺着美军未来的总司令，他此刻并不在为将来的威严和责任犯愁，而是开动着他的全部战略头脑，想方设法把大脚趾伸进嘴里——这并非对今晚显赫的贵宾有何不敬,而是说,56 年前他也曾把注意力放在这件大事上!如果说从小看大,三岁看老,那么,只有极少数人才会怀疑他取得了成功。(笑声、经久不息的掌声)

注释:

①指美国内战期间,格兰特指挥的军团在多纳尔森和维克斯堡两地大败南军。

②美国海军上将,在美国内战中立下显赫战功。

③英文为 Milky Way,直译为"牛奶路",与下文的"奶奶"相映成趣。

美国作家马克·吐温素以讽刺幽默闻名于世,他的演讲也如他的小说一样广受欢迎,因为他善于将幽默的写作风格融入演讲中,每每引起听众的开怀大笑。就像这篇《婴儿》,多么诙谐有趣!而在笑声中,你又不能不为作者的睿智和机敏所折服。

演讲稿要解决两个问题,一是为什么人演讲,二是怎样讲才能引起听讲人的兴趣。马克·吐温作为一个演说家,他不会不考虑到这两个问题的。他面对的是一群军容严整、训练有素的军人代表,演讲关注国家未来、人类明天这样一个严肃的话题。光进行严肃的说教,听讲人不会感兴趣,也不会收到应有的演讲效果。因此,作者别出心裁,奇思异想,以"婴儿"这个共同点作为话题,开始他的演讲,果然收到了突出的效果。文中"听众大笑"、"听众再度大笑"这些反映听众情绪的词语,足以说明,听讲者对马克·吐温的演讲产生了浓厚的兴趣。

第二部分(第 2~4 段),具体演讲婴儿在家庭中,在父母心目中的崇高地位。

第 2 段,讲婴儿出世后就自然成为全家的主宰。这一段由 10 个句子组成。第一句是总括,婴儿一出世就成了"管家"。父母则要"呈递'辞职书'",幽默地说明原管家的地位要让位给婴儿,父母只能成为婴儿的"仆人"、"随从",听候婴儿的"命令"。第二句紧承第一句,强调父母要以跑步的方式,无条件地快速地执行婴儿的"命令"。第三至五句三个句子,用对比的手法,强调婴儿的绝对权威,呼你叫你没商量,你惟有快速执行,别无选择。第六至九句四个句子采用设问方法,即一问一答的方式,强调你为婴儿尽心尽力地无偿服务,这是"俯首甘为孺子牛"的生动写照。第十句"我现在还没有尝过这个东西呢"是一句俏皮话,引起了"听众大笑,笑声震天响地",足见马克·吐温的演讲魔力四射。

第 3 段,以婴儿睡觉为例,讲大人心甘情愿地接受婴儿的"折磨"。段首一句"你这样下去倒是学会了不少事情",承上启下。"这样"承接上文,"学会了不少事情"启示下文。为了引起听众的兴趣，演讲者"美丽的古老传说"引出话题。婴儿夜啼是常见的现象。婴儿夜啼会把大人折磨得"精疲力竭"，但在演讲者嘴里却讲得那么幽默风趣，你穿着"不整齐的制服"，在房间里来回走着，哼着"催眠曲"，似乎是美丽的富有诗意的"奇迹"！但对邻居来说却是痛苦的事，因为这样可能影响他们的睡觉。"在一里之内的地区，并非人人都喜欢在凌晨3点钟听到军乐。"这一种夸张性的语言，引起了听众的"大笑"。这也是对比手法的再次运用，大人把小儿的夜啼视作"军乐"和"奇迹"，而这对外人来说却是件"痛苦"的事。这种对比再一次说明大人"俯首甘为孺子牛"的精神。这一段最后一句，把全段推向高潮。一边是婴儿"奋战"（啼哭不止），一边是大人"精疲力竭"，二者对比，相得益彰。

第4段，再次强调婴儿在家庭中的地位。婴儿是"一种企业"，"企业"有着自己的运行规律，这个比喻说明婴儿有着自己的生长和活动规律，"充满着无可压抑的活动，做着他高兴做的事，而且你不能限制他"。

第三部分（第5段），画龙点睛，揭示演讲的主旨。

在全世界以亿计的婴儿中，有"三四百万"将成为一个国家、一个民族的"精英"。这些婴儿是"未来的栋梁"、"未来闻名的太空人"、"未来的历史学家"、"未来的总统"、"未来的官吏"、"未来的有名的美国陆军司令"。因为马克·吐温是为陆军代表而演讲的，所以特地点出"篮内躺着未来的有名的美国陆军司令"，尽管现在他所"负担的责任和荣耀极少"，但是他们的整个心思都在做力所能及的大事——"寻找能把他的大脚趾放入口中的方法"。这句话的语意是：年轻人是国家的未来，是人类的明天，尽管目前他们还很幼稚，但将来他们一定会成功。

这样我们可以对全文作一番总结：本文以婴儿为话题，采用类比法，讲述年轻人是国家的未来、人类的明天，我们要关怀备至地关注他们的成长，认识到他们的成长"比其他任何事都更重要"，希望他们能成长为国家"未来的栋梁"。本篇演讲精彩、成功之处在于：

1. 精妙构思，寓庄于谐。演讲是演讲者在特定的时间和空间以口语和体语为载体向听众传播信息的活动过程。《婴儿》是马克·吐温于1879年11月13日在芝加哥田纳西陆军团宴会上发表的演讲。在这样"特定的时间和空间"里，面对特定的"听众"，演讲者睿智地选择了一个最佳的切入口，以婴儿为话题展开他的演讲。人人都是从婴儿过来的，而每一个做过父母的人，更能理解热爱孩子、热爱婴儿的心情。提起婴儿会引起你一连串甜蜜的回忆，甚至会引起你心房的微颤。演讲者正是抓住这个人人感兴趣、人人会激动的话题，生发开去，通过风趣幽默的语言，感染听众，让听众在阵阵笑声中得到启示：在现在的婴儿中包括了许许多多未来的天才和栋梁。我们要像无微不至地关心婴儿那样，关注国家未来，关注人类明天。

"关注国家未来，关注人类明天"，这个十分严肃、庄重，通过"婴儿"这个富有生活情趣的风趣材料，生发开去，适度夸张，用幽默诙谐的语言表达出来，使广大听众在"大笑声"中受到启迪，这就是这篇演讲词的精妙构思、寓庄于谐的特色。

2. 幽默风趣的语言。马克·吐温是一位幽默大师，他的演讲风趣诙谐，为广大听众所欢迎。风趣的话题是要借幽默的语言这个载体来表达的。幽默，就是语言活泼，意味深长，常常引人发笑，使人们在笑声中悟出道理。本文幽默的语言主要表现在：

(1) 适度夸张。例如，把婴儿夜啼对邻居的影响，夸张成"一里之内的地区"都受影响，"并非人人都喜欢在凌晨3点钟听到军乐（指婴儿夜啼）"。像这种夸张的语言，在演讲中俯拾即是，如"一大可耻之事"、"冲"、"造反"、"战略的心"等。适度夸张，就能产生幽默感。

(2) 生动描述。例如，演讲的第2段，充满了生动的描述。他把婴儿比作"管家"、"指挥官"，把为婴儿服务的家长比作"仆人"、"随从"。家长对婴儿的"命令"只能"跑步"去执行，而不能有丝毫的"违抗"。这些生动的描述激活了听众的心理情感，不时爆发出"大笑"之声。

(3) 强烈的对比。马克·吐温将生活中那些富有生活情趣的琐事，与指挥官、战术手册、战场、军乐这些颇带"严肃性"的军事词语联系起来，形成了强烈的对比色彩，使人读来忍俊不禁，乃至捧腹。用军人惯用的话语如"命令"、"跑步"、"炮弹"、"军乐"、"指挥官"等，这是本文在语言上的一大特色，这一特色是特殊的听众对象所乐于接受的。此外，全文有多处对比强烈的描写，如："当战争之雷声在你耳际响起时，你面对炮弹以稳健的步伐向前迈进；当他发出惊吓的呼叫时，你却掉头向他冲去。"这种强烈的对比，妙趣横生，极富幽默感。

演讲是情感的双向沟通。幽默的语言可以激活听众的心理情感，引起共鸣。这种心理情感的共鸣（如"大笑"、"掌声"等，这是心理情感的外在表现），又能激发演讲者淋漓尽致地发挥演讲艺术，从而使双向沟通获得升华。

有人说过，演讲"是一种通过有声语言而表现出来的既充满激情又充满理智的紧张的创作"（阿普列相《演讲艺术》），好的演讲具有较高的审美价值，使听众得到美感，受到启迪。本文的最后一段，演讲者用幽默的语言，引起听众的深思，把对婴儿的爱，由父母的疼爱引向对国家未来、人类明天的爱。这是马克·吐温这篇出色演讲的成功之处。

第二节 即兴演讲

一、即兴演讲概述

(一)即兴演讲的定义

即兴演讲,又称即席演讲或即时演讲,它是相对于命题演讲而言的,指演讲者在某种特定的景物、的人物或气氛的激发下,兴之所至,在事先没有准备或没有充分准备的情况下有感而发的临时性演讲。它是一种不凭借文稿来表情达意的口语交际活动。演讲者事先并没有做任何准备,而是随想随说,有感而发。20世纪30年代中国的演讲理论家杨炳乾指出:"即时演说者,演说家事先无为演说之意,而忽遇演说之时机,不能不仓卒构思,以即时陈述也。"

即兴演讲最突出的特点是"即兴",具有明显的"临时性"。一般情况下,它没有演讲稿,甚至没有演讲提纲,是根据当时场景临时构思、设计、发表的演讲。它对演讲者的应变能力、组织语言的能力提出了很高的要求。闻一多先生著名的《最后一次演讲》就是即兴演讲的杰作。

即兴演讲作为一种礼仪形式被越来越广泛的运用。例如,各种大小会议上的开场白、总结致辞;各种礼仪讲话(生日祝词、婚庆祝词、开业庆典祝词、节日祝福、迎送答谢辞);各种集会、座谈、谈判、聚会上的即兴讲话。至于日常生活中的各种应酬(如介绍和自我介绍,应聘面试,新上任时的发言,刚参加工作与领导同事间的简短沟通,交流寒暄);等等。虽然它们在严格意义上不算即兴演讲,但和即兴演讲一样,由于在表情达意方面的针对性、快捷性、真切性,适应快节奏、高效率的现代社会生活需要,因此也备受群众的欢迎。

(二)即兴演讲的特点

1. 临场性。话题集中,针对性强。即兴演讲是演讲者被眼前的事物、场面、情景、情感所刺激,感觉到自己有话要说,或者不得不说而发表的临时性演讲。它既不能像命题演讲那样拟写讲稿,反复试讲,也不能像法庭演讲那样对事实进行认真的调查核对,而只能靠临场准备,临场发挥,临场收集素材并加工构思。例如,在一次聚会上,一位发言者说:

> 我刚才发现在座的一位同志非常面熟,好像我的一位朋友,走近一看,又不是。但我想这没关系,我们在此已经相识,今后不就可以称为朋友了吗?我今天要讲的,就是作为大家的一个朋友的一点个人想法……

对近期或眼前情况有感而发的即兴演讲,一般话题内容选取角度较小,说明和议论求准、求精、求新。

冯玉祥当旅长时,有一次驻防四川顺庆,恰巧另外一支"友军部队"也在附近驻扎。"友军"将骄兵惰,官长上街都穿着黑花缎的马褂、蓝花缎的袍子、青缎的刺花云子靴,在街上摇摇摆摆,像当地的富家公子一样。有一天,冯玉祥听到这样的报告:"我们的士兵在街上买东西,第四混成旅的兵见到了,就讥骂我们,说我们穿得不好,骂我们是孙子兵。"冯闻之,只是淡淡一笑,说:"由他们骂去,有什么可气的,不要理他!"但部下仍愤愤不平。冯玉祥见官兵余怒不消,敏感,有可能出乱子,便立即集合全体官兵,做队前讲话:

"刚才你们来报告,说第四混成旅的兵骂我们是孙子兵,听说大家很生气,可是我倒觉得他们骂得很对。按历史的关系说,他们的旅长曾做过二十镇的协统,我是二十镇里出来的,你们又是我的学生,算起来你们不正是差两辈吗?他们说你们是孙子兵,不是说对了吗?再拿衣服说,缎子的儿子是绸子,绸子的儿子是棉布,现在他们穿缎子,我们穿布衣,因此他们说我们是孙子兵,不也是应当的么?不过,话虽这么说,若有朝一日开上战场,那时就能看出谁是爷爷,谁是真的孙子来了。"

几句话把官兵们讲得大笑起来,怒气全消。

2. 简洁性 。临场发挥,直陈己见。不像命题演讲事先拟好讲稿,也不像辩论演讲事先进行模拟训练,演讲者往往是当场打腹稿,即席讲话;说情况,讲道理,表看法,提意见,很少绕弯子。切忌观点模棱两可,晦涩艰深,令人不知所云。即兴演讲一般为时3~5分钟,不求面面俱到,但求精彩新颖,哪怕只有一两句话,只要能"出彩"就是成功的即兴演讲。同时,即兴演讲往往是一项大型活动的组成部分,或开始或结束,用以表达某种礼仪,人们参加的是这项活动,而并非来听专场的演讲报告会,所以演讲者只需简短明确地表达一下自己的意愿、感受,点到为止即可。

3. 口语化。生动活泼,短小精悍。即兴演讲贴近生活实际,短小精悍,简明扼要(时间上一般控制在1~5分钟之内,有的甚至只有一句简短的话),亲切感人,具有思想性、趣味性、知识性,忌讳冗长杂散、啰嗦重复、不着边际的官话空话。

即兴演讲意在沟通和交流,有现场语境,所以它不刻意咬文嚼字,精雕细琢,而突出情感的交流和语意表达的贴切与顺畅。口语化的句子使感情流露自然、亲切、随意,人情味浓厚,如一刊物主编在庆祝刊物发行量得到突破的宴会上即席演讲说:

吃吧，吃了饭再吃苦瓜。夏天吃苦瓜下火。《美文》发行量目前能达这个数，高兴是应该的，但没有必要太得意。现在还不是大自在的时候。镇江的北固山是个小山，山上有块碑写着"天下第一江山"，那是历史上的一个小朝廷梁武帝写的，他没见过大世面，写那么六个字，活该让人嗤笑千百年！……

抗日战争时期，陈毅率领抗日游击队打日寇。有一次，部队在浙江开化县华埠镇休整，有一抗日群众组织请陈毅讲话，司仪主持会议时说："今天请一位将军给大家讲话"。陈毅同志这样开场：

我姓陈，耳东陈的陈；名毅，毅力的毅。称我将军，我不敢当，现在我还不是将军。但称我将军也可以，我是受全国老百姓的委托去将日本鬼子的军。这一将，一直到把他们将死为止。

话音刚落，爆发出雷鸣般的掌声。

（三）即兴演讲的类型

即兴演讲就其方式来说，有主动式即兴演讲和被动式即兴演讲两种。

1. 主动式即兴演讲。主动式即兴演讲指演讲者被临场的情景所激动和感染，有感而发的演讲。1861 年 2 月 11 日，当选为美国第 16 任总统的林肯离开家乡斯普林菲尔德前往华盛顿就职。这天，天气寒冷，烟雨蒙蒙。当他走上车站台阶，转身环顾为他送行的乡亲时，再也克制不住内心的激动，慢慢取下帽子，在蒙蒙细雨中，发表了简短而意味深长的告别词：

朋友们，任何一个人，不处在我的地位，就不能理解我在这次告别会上的忧伤心情。我的一切都归功于这个地方，归功于这里的人民的好意。我在这里已经生活了 1/4 个世纪，从青年进入老年。我的孩子们出生在这里，有一个孩子还埋葬在这里。我现在要走了，不知道哪一天能回来，或者是不是还能回来。我面临着的任务比华盛顿当年担负的还要艰巨。没有始终伴护着华盛顿的上帝的帮助，我就不能获得成功。有了上帝的帮助，我决不会失败。

相信上帝会和我同在，也会和你们同在，而且会永远是到处都在。让我们满怀信心地希望一切都会圆满。愿上帝保佑你们，就像我希望你们在祈祷中会求上帝保佑我一样。

我向你们亲切告别！

2. 被动式即兴演讲。所谓被动式即兴演讲，是指演讲者原本没有准备演讲，但被会议主持人、东道主或其他人临时邀请而发表的演讲。这类演讲要求紧扣主题，不偏不倚，不枝不蔓，说出别人希望你说的话，同时又要超越升华，内容形式新颖独到，与众不同。

二、即兴演讲的准备

古人云，"厚积而薄发"，即兴演讲虽说是不假思索、随性而起，但并不等于随心所欲，毫无准备，没有日积月累的学习和锻炼，就不可能有妙语连珠、语惊四座的即兴演讲。

（一）精神准备

演讲者在参加某一活动或集会之前，应对自己是否有表达某种情感和思想的愿望或是否有可能被邀请作演讲来一番认真的思考和估计，并对活动的性质、主持人、场面、参加者以及活动的意义有一些大致的了解，在思想上和精神上早点做准备，以便即兴演讲时不致因毫不知情、毫无精神准备而导致紧张慌乱。

（二）多观察，勤思考

一般来讲，任何社交活动、宴会、庆典都有一个明确的目的，参加者也都是有着某种联系或共同点的一群人，这是每一个即兴演讲者都要知道并加以利用的。作为活动的参加者注意观察这一特定场景下所发生的每一件事和这些事情的细节，并认真倾听前面发表演讲的人讲了些什么，讲的效果怎么样，设想一下你如果要讲会从哪个角度入手，怎么讲，这样即使被突然点名，被动演讲，也不会感到无话可说。

（三）明确目标，巧妙安排

戴尔·卡耐基曾说："任何讲演，不论自己知道与否，一定都有着四种主要目标中的一个，这些目标是：①说服或获取行动；②说明情况；③增强印象，使人信服；④欢娱人们。"

一般来说，演讲者在决定进行即兴演讲后离正式发表演讲还有几分钟或几十分钟的时间，迅速找到自己的目标和与听众目标的契合点，确定演讲的主题，搜索所需的材料，设计好开头、结尾和精彩的段落，开讲后就可以从容应对了。

即兴演讲的听众作为某项活动的参加者，其行动的目的是参与该活动，得到某些利益或付出某种东西，他们喜欢演讲者以率直的语言，一针见血地说出要说的话，他们喜欢消化过的、蒸浓了的新闻报道，而对拐弯抹角的客套、啰嗦无趣的道歉和辩解不感兴趣。

(四) 制定演讲方案

任何形式的即兴演讲在开口之前,你都要认真思考一下下面几个问题:
(1) 我为什么要发表这篇演讲?听众来的目的是什么?
(2) 听众中有哪些人?
(3) 听众对我的演讲内容持什么态度?
(4) 我的演讲安排在什么时间?
(5) 我应该讲多长时间?

然后再从以下三方面着手,制定你的演讲方案:
(1) 你的预期结果——你想达到什么目的。
(2) 迅速从现场中找到一个道具或开讲物——作你思想的依托。
(3) 引申升华,阐明主题。

比如,你在一个为希望工程募捐的大会上演讲,你希望通过自己的演讲使每一个到会的人都掏出自己的钱包,这是你的预期结果。然后你就在会场上寻找道具或开讲物,花——会场的主席台四周摆满了鲜花,花和失学儿童有许多可比之处,你选一盆非常鲜艳的花并把它拿到讲台上,展开比较,然后阐明主题,儿童和花一样需要关心和爱护,这些花季少年是募捐款的受益者。这样即兴演讲中所需的三个要点都有了。

三、即兴演讲的模式

即兴演讲有三种模式:

1. 开门见山式。也叫金字塔式,方法为:先亮出主题,然后对主题作较详细地论证和分析说明。

例如,即兴演讲《保障人身安全,减少交通事故》:

> 主题:今天我要讲的内容是:保障人身安全,减少交通事故。
> 分析:造成交通事故的原因通常有如下几点:①……②……③……
> 交通安全十分重要,这不是一个可讲可不讲的问题,我们要把它放在心上。
> 结论:所以,要杜绝交通事故的发生,必须做到:司机应该……行人应该……让我们都珍惜生命,遵守交通规则吧!

2. 曲径通幽式。曲径通幽式,也称为卡耐基的"魔术公式"。方法为:先举例,然后叙主旨要点,再说理由,进行论证分析。

同样以《保障人身安全,减少交通事故》为例:

上星期四,特地购买的450具晶莹闪亮的棺材运到了我们的城市……(制造

悬念)

　　举例：某天某时在某地发生了人车伤亡的惨剧……

　　分析：使我们送命受伤的潜在原因。

　　也许你会惊奇，这是干什么？也许你会不在意，这与我何干？不讲交通规则，那订购的450具棺材也许正等着你，等着我，等着我们的亲人……

　　面对这么多令人心痛的惨剧，我们应该反思：当……时，当……时，当……时。

　　相比之下，开门见山式虽然能把问题说清，却难以赢得听众的关注和兴趣，采用曲径通幽式却要注意思维的连贯性和紧密性，切不可将叙述蔓延开去，无法收场，遗忘了演讲时间的限制。

　　3. 使用道具式。在你制订了演讲方案之后，你可以和听众展开对话（让听众自始至终参与你的演讲），通过联想把演讲者、听众、道具物和主题联系在一起。还以为失学儿童募捐为例，以会场上的鲜花为道具：

　　　　今天晚上，我要讲一讲放置在这儿的花。（稍停）过一会儿我再解释这些花与我们这次募捐的关系。现在请大家看这些花朵，它具有什么特点呢？（请听众回答）对，它们美丽可爱，它们很娇弱，它们需要关心爱护。

　　道具花和你要说的主题儿童对应起来了，下一步你就需要在道具和主题之间过渡：

　　　　现在你也许在想，这花和失学儿童有什么关系？失学儿童就像这些花朵一样，他们美丽可爱、娇弱，需要关心和爱护。

　　让听众参与讨论，等待他们的反应，听他们说些什么。告诉他们你从何种意义上说这些孩子是美丽可爱的，只要举一个例子，问题就可以被解释得清清楚楚了。然后转入下一点：

　　　　我们说这些花很娇弱，需要关心爱护，否则它们就会凋落，而我们的儿童，正处于长身体、学知识的儿童不更需要关心爱护吗？我要感谢大家给我和我所提的问题找到了极好的答案，同时我还有几句话请大家三思——如果这些失学儿童得不到救助，那么，这些美丽可爱、娇弱的儿童的成长将会受到影响；这些美丽可爱、娇弱的儿童将在愚昧和无知中徘徊，他们最终会被生活所抛弃；这些美丽可爱、娇弱的儿童将会因缺少关心爱护而永远生活在贫困之中。

告诉听众，如果这些失学儿童得不到救助所造成的三种后果，并通过排比句式的运用强化这种后果。

反过来说，当你敞开爱心，拿出你的钱包的时候，你的救助将使这些失学儿童重返校园；你的救助将使这些孩子摆脱愚昧和无知；你的救助将使这些孩子过上文明、充实的生活。这是一件功德无量的事情。

提醒你的听众，如果他们慷慨解囊将会有什么样的结果，再次使用排比句式把爱心救助所带来的益处强烈地烘托出来。

女士们，先生们，打开钱包吧，奉献一份爱心，大大方方地捐出400元，就可以保证一个孩子完成小学义务教育，同时表现出你的慷慨与豪爽。

这是行动的呼唤，明确地告诉听众，你想让他们做什么。

最后，我还想说一句话：当你看到面前美丽可爱的鲜花时，请想想那些失学儿童吧！

这种联系再一次使你的演讲深深地印在听众的脑海里。

就是这样，发表一篇扣人心弦的演讲其实很容易，这是威廉·穆尼、唐纳德·诺尼著的《演讲其实很容易》里给我们提供的一种快捷的演讲模式。这种快捷演讲框架给演讲者提供了关键词语、关键问题和演讲结构，演讲者只需稍作改动就可以使用了。这一框架由四部分组成：开头、过渡、正文和结尾。

再如，公司总经理应邀，向为公司服务了25年的员工致意。他的预期结果是使这些员工以及他们的配偶感到欣慰和光荣。他运用快捷演讲术，选择自己的表作为道具：

女士先生们：

晚上好，欢迎你们（稍停）。

今天晚上，我想讲一讲我的表（从腕上取下表，拿着让大家看）。过一会儿我再解释这只表与今天的庆贺会有什么关系。现在，请大家注意我的表。（使听众确信表的属性）这只表有三个突出优点：

它可靠。

它品质上乘。

它有价值。

它很可靠,我可以信赖它。它不会坏,无需耗费我宝贵的时间去修理。它经久耐用,总是坚持不懈,做应该做的事情。

怎么说它的品质呢?表壳是金的,宝石轴承机件是瑞士产的。它走时精确,我的时间总是正确的。至今,我这只表已用了15年,依然金光闪闪,像新的一样。

怎么说它有价值呢?首先它很漂亮。很多人都夸这只表好。它节省我的时间,因为我总是确切地知道每项工作要花多长时间去安排,它使我办事井井有条(至此,开头的道具项讨论完毕。下一步是过渡)。

然而,这只表与庆贺你们为本公司工作25年有什么关系呢?这只表在很多方面都很像你们。正像它具有可靠、优质和有价值的特点一样,今天晚上在此出席这个庆贺会的诸位都显示了自己的可靠、优质和有价值的特点(自过渡开始,进入演讲正文,说明并举例证明每一点)。

怎么说你们是可靠的呢?25年来,我们一直依靠你们,依靠你们的工作。我们不但指望你们每天出勤,而且指望你们充分发挥自己的技艺和才干,坚持不懈地做出贡献。出席今天晚上庆贺会的很多人25年来一直勤勤恳恳(高声点名,点到者起立接受大家鼓掌祝贺)。

你们是奉献和忠诚的突出例证。今天晚上在座的诸位都很少缺勤。这就是可靠!顾客高度的满意和信任已一再证明了这一点。

我说过这只表品质上乘。怎么说你们的品质也是上乘呢?

首先,我要说,你们(稍停)就是(稍停)优质!25年来你们表现出的职业道德水平无与伦比。有些外国团体常常攻击美国工人,说他们懒散无知。你们的行动证明那全是谎言。为什么呢?因为你们双手生产出来的产品实际上已被送进现代艺术陈列馆。你们已经,并仍在源源不断创造出来的改进型产品是你们奉献精神的集中体现。你们在我们公司的各个岗位上已经创造出勤奋和团结的优良风气,无数公司在竭力仿效你们。女士先生们,无论你们怎么说——这就是优质!

我说过这只表有价值,怎么说你们也有价值呢?那就是你们的贡献。

首先,我们的公司已经誉满全球,在最近的《幸福》杂志的信誉调查中,我们居同行业前茅,我们并不是偶露峥嵘,而是已经连续五年荣居前三名了。

其次,你们使我们公司的价值——股票增值。25年里,我们的股票从每股 7 美元增加到每股 87 美元。但愿在座的诸位比我精明，在公司股值低的时候购买了股票。

再者，你们的辛劳使我们这里所有的人的工作得到了保障。我们从来不裁员，也不打算裁员。为什么呢？因为你们双手创造出来的产品品质和声誉从来没有低过。你们是能使我们公司渡过各种难关的最大保障。

你们来到我们的地区生活，是你们做出的又一个有价值的贡献。你们积极参与城镇事务，使本镇大为受益。

最后，你们贡献的最大价值可能在于你们所树立的榜样。你们是未来年轻工作者的楷模。你们以实实在在的方式告诉他们什么是正确的态度和精湛的技艺。你们为顾客提供神奇的服务，并永远不断地改进工作，提高服务品质。

我对这些贡献的价值无论怎么颂扬都难以尽意，你们树立的榜样最能说明问题。对此我们不胜感谢（详细具体阐明了主题之后，演讲进入尾声）。

在今晚这个讲话即将结束之际，我愿意送你们每个人一只精美的莫瓦多表。这小小的纪念品带着我们对你们的感激，将永远象征你们为公司所做出的贡献。

我想让你们知道：

如果我们的同仁都以你们为榜样，我们在同行内就不会是第三名，而是第一名。

如果我们的同仁都以你们为榜样，我们在世界市场上就会占有显著的地位。

如果我们的同仁都以你们为榜样，我们公司的梦想很快就会实现。

女士先生们，今天晚上我想让你们感到欣慰。我想让你们感到光荣。我还想让你们知道本公司深深地感谢你们。

最后我还想说一句话：每当你们看见自己的莫瓦多表时，（稍停）别忘了我们对你们的敬意。

道具可以是现场的某一物品，也可以是一个笑话，一个故事，一个反问，甚至一首短诗和引语。

快捷演讲框架的构成如下：

A. 开头
1. 开讲物（花，表）。
2. 比较主题（即你要讲的主题，儿童，工作25年的员工）。

3. 从开讲物的特点类比你想阐述说明的人或物的性质（娇嫩的花需要关爱，儿童更需要关爱，表的品质和人的品质）。

（1）逐点解释（三项）。

（2）逐个举例。

B. 过渡

1. 对道具的特点、属性进行提问（可请听众回答，也可自问自答）。

2. 回答揭示开讲点与所讲人或事物的相似之处。

C. 正文

1. 有关道具与所讲主题相似特征的详细阐述。

2. 分析阐明主题。

（1）逐点解释。

（2）逐个举例。

D. 结尾

1. 宣布演讲即将结束。

2. 三种损失（如果——首语重复三次）。

3. 三种报偿（当……时候——首语重复三次）。

4. 行动要求。

5. 最后一次联系。

一开始就把你选择的开讲物完全融入你的演讲中去，演讲就会变得实实在在，看得见，摸得着，有血有肉，这比那些空洞的说教和抽象的评说更能赢得听众的共鸣。

四、即兴演讲的技巧

即兴演讲有一个特定的语境，听说双方处于同一个氛围之中，为同样的事和情所感染，因此，相对于其他演讲形式，即兴演讲不再强调内容的系统性和结构的完整性，而更注重内容的针对性，手法的灵活性，以及表现手段的多样性。除了前面提到的演讲框架的运用外，即兴演讲中还应掌握下面的技巧：

（一）实

实者，事实，现实，真实，朴实之意。这种技巧意在通过事实的叙述和掷地有声的语言产生感染力和震撼力。

一开始就说出事实，可以在某种程度上设下悬念，吸引听众的注意力，创造戏剧效果。事实以回答何人、何地、何时、如何和何故五个问题刺激听众的视觉想象。

从前,有一位圣人住在山上,人们从世界各地前来向他求教。然而,住在山下的两个年轻人却妒忌他的声望。他们密谋让圣人出丑,盘算着如何证明他并非贤哲。如果计划得逞,他们自己便能扬名天下。于是,他们决定给圣人来个左右不是的难题。无论他怎么回答,都必错无疑。

    他们的计划是这样的:他们中的一个人把一只手放在背后,手里拿一只鸟。然后问圣人:"我手里的鸟是活的还是死的?"如果圣人回答说鸟是死的,年轻人就张开手让鸟儿飞去。如果圣人回答说鸟是活的,他就用力把鸟捏死,给圣人看一只死鸟。圣人无论怎么回答都是错的。

    两个年轻人对自己的计划非常满意。于是他们爬上山,来到圣人面前,向他提出了预谋的问题。"我手里的鸟是活的还是死的?"圣人想了一下,没有立刻回答。然后他说:"答案在你的手掌之中。"

故事的优点是有情节和冲突,有喻意,结尾出人意料——这些都能唤醒并抓住听众的注意力,有效地传达出演讲者的思想。

实的另一方面是语言的朴实,自然。即兴演讲既不需要空洞的说教和虚假的作态,也不需要华丽的词藻和优美的文句,那些实实在在的语言和实实在在的行为却能够持久地感动着每一位听众。

实在是中国老百姓最喜欢的风格,也是即兴演讲最打动人的地方。湘南某村进行村民委员会换届选举,五位候选人依次在台上进行竞选村委主任的演讲。最后一位上场的老郭,没有像前几位一样发表"施政纲领",而是出乎意料:

    我只讲两句话。第一句,如果大家选我干,我一定玩命干,好好干,干好这3年;第二句,如果大家不选我,我屋里还有20 000斤谷,400只鸭,每年也有20 000块钱的收入。我讲完了。

结果老郭当选了。

(二) 巧

    巧即巧妙,新颖。找准契合点,巧妙切入,创新意。生活中有许多的巧合,这种巧合增加了无限的生活情趣,演讲中巧借时间、地点、天气,巧借现场发生的小插曲,延展开去,比较容易创造一种亲切宽松融洽的气氛。一个应届毕业生到一家相当有实力的公司应聘,小伙子在经理办公室发现了一尊香火旺盛的财神,于是他立即决定用自己的名字迎合对方的心理。在接下来的应聘演讲中,他说:

> 本人姓金名鑫，父母给我起这个名字时，可能希望我长大成人后显达、富贵，但我认为金钱乃身外之物，而我自己所拥有的健康体魄和丰富知识才是我真正的财富，吉祥的名字加上个人的实力，相信我能给贵公司带来财运。

（三）精

精者，精确，精炼之意。体现为材料精，语言精，结构安排精。即兴演讲的总体要求是短小精悍。

中美政商界的传奇人物，被美国加州视为"亲善大使"、"华人的旗帜"的李玉玲女士为支持中国儒学研究和国际交流，向国际儒学联合会会长谷牧捐款100万元人民币，在捐赠仪式上，李玉玲女士乡音未改，用标准的普通话发表了即兴演讲：

> 孔子被尊为世界大思想家之首，这是中华民族引以为荣的资本，我们在西方文明为主流的竞争世界里之所以能由小到大一步一步发展到今天，支撑着我并给我智慧和力量的，就是流淌在血液里的以儒家文化为主导的中华文化传统，儒家文化所倡导的仁义礼智信，自尊自强等理念，使我们面对其他文明时显出高度的自信，给了我们成功的动力！

一席肺腑之言讲出了中国传统文化的博大精深以及这种文化的丰富内涵，也道尽了中国人在海外的艰辛与成功，精炼凝重，字字千钧。

（四）趣

趣者，兴趣，趣味之意。即兴演讲主体要找准说听双方的兴奋点，抓住听众的兴趣所在，才能彼此呼应，沟通，引起共鸣。例如，婚礼上大家感兴趣的是新人的恋爱经历，兴奋点在新人身上；新官上任，大家对新领导的施政方针、奋斗目标、性格、爱好可能比较敏感；在一些事件的现场，当事人的态度和认识可能是大家最感兴趣的。戴尔·卡耐基曾经告诫他的学生："要讲就讲与听众有密切关系的言论，听众只对自己和自己正在做的事情感兴趣。"即兴演讲主题较单一，针对性也强。演讲者要了解听众的口味，捕捉听众心理，投其所好。

即兴演讲的高手都懂得在演讲中加点"佐料"，增强趣味性，制造笑声。因为这能煽动起现场欢乐的气氛，融洽彼此之间的感情。制造笑声的方法之一就是使用幽默。把幽默运用到演讲中，不仅能吸引听众，而且能够表现出演说者的智慧和才华。在喜庆氛围中，幽默的语言更能增添喜悦气氛；在叙事论理中运用幽默，不仅能增强趣味性和生动性，而且能加强人们的理解和记忆。有时它又能产生某种讽喻的效果。

一位老同志在一个新春联欢会上被年轻人点将,要他唱一首流行的爱情歌曲,老同志站起来说:

> 唱爱情流行歌曲?这我倒没准备。不过假如我唱上一首"这就是爱,稀里又糊涂……"岂不是对我一辈子严肃、认真、执著、专一爱情的亵渎么?(掌声、笑声)我老伴儿听了,肯定要抗议的?(掌声、笑声)假如我喊上一嗓子"悄悄蒙上我的眼睛,让我猜猜你是谁",不把在座的少男少女吓趴下才怪呢?(掌声、笑声)假如我唱上一首"让我一次爱个够,给你我所有……"诸君会把我送进疯人院的。(掌声、笑声)对于这些爱情歌曲,我既无相适应的年龄与潇洒,也缺少那软绵绵甜丝丝的嗓音,是不能也,亦是不为也,为此,美好的爱情歌曲,还是留给风华正茂的年轻朋友唱吧。

老同志幽默风趣的语言婉转谢绝了对方的要求,又制造了欢快的气氛,非常精彩。

(五) 诚

诚,指诚心诚意,真诚,坦诚。人人都渴望真感情,人人都需要尊敬和关爱,这是每一个交际中人都应掌握的准则,更是演讲主体应牢记的。即兴演讲中用诚挚的感情去感染人较之用纯粹的思想去说服人效果会更好。

美国总统克林顿访华时曾参观了上海金汇花园小区,他用普通话对欢迎他的市民说:"恭喜,恭喜!"迎得了大家热情的掌声,面对人们幸福满意的微笑,克林顿深情地说:

> 在20多年前我第一次买了自己的屋。我买那屋,是因为我女朋友要我买,(引起台下一阵笑声)买了那屋后,我就对我女朋友说,"你喜欢的屋子我已替你买下来,现在你得嫁给我了"。(引来一阵笑声和掌声)结果她真的嫁给了我,所以我希望你们的新房,能像我20多年前买下的新房那样,带来一样多的幸福和愉快。

一旦听众觉得你是在欺骗他时,听众就会完全放弃你。坦诚是你赢得听众的最好方式。

(六) 合

合,即合时,合地,合情,合理。即兴演讲的基调、风格、语言、措词应适合当时的语言环境,和当时的气氛、活动主题、听众情绪相吻合。"合"可以从三个方面着手：

（1）听众本身，谈论自己的听众，说说他们是谁，正在做什么，所做的这件事的意义，并使用一个明确的实例来证明你所说的话。

（2）场合，以大家共处的场合做话题，讲这次聚会的情况、缘由和自己的感受。

（3）对你前面的演讲者所谈及的某一特殊事物发表自己的见解。

著名演讲家林肯在谈到他的成功秘诀时说："我争取听众和赢得一场论战的方法，就是从演讲一开始就寻找与他们有共同语言的地方。"林肯讲的共同语言就是要寻找与听众的"共鸣点"，适合听众的胃口。无数事实证明，只要激起了听众心中的共鸣，就能成功地对演讲现场进行调控。

五、即兴演讲中失误的补救

即兴演讲由于时间仓促，演讲者只能打腹稿或者列一个简单的提纲，难免会出现由于一时的紧张而不知所云，讲了上句忘了下句，甚至颠三倒四，用错词语等问题，每一个演讲者都应掌握适当的补救方法，以弥补即兴演讲中的过失。

一次，美国总统里根访问巴西，由于旅途疲乏，年岁又大，在欢迎宴会上，他不由脱口说道："女士们，先生们！今天，我为能访问玻利维亚人民而感到非常高兴。"有人低声提醒他，里根忙改口道："很抑歉，我们不久前访问过玻利维亚。"这种将说错的话，加以巧妙更正的方法，在一定程度上避免了当众丢丑。有时候演讲者说完了上句不知道下句该说什么时，可以用一种关爱的口吻问最后几排的听众是否听得见他的声音，在得到短暂的停顿后，他可能会想起要说的话。或者运用连锁思考法重复前面一句话的最后一个词，把这最后一个词或句作新句子或新段落的开头，从而造成一个新的句子和段落。

有一位演讲者讲道："一般职员之所以无法获得升迁，主要是因为，他对他的工作没有真正的兴趣，表现不出进取的精神。"说完这段话后，他发现自己脑中突然一无所有，空白一片。于是他以"进取精神"作为开头造出了一个新句子，并把这个内容延续下去，使演讲顺利进行。

"进取的精神就是主动性，自己主动去做某件事，而不是等待别人的吩咐。"

"不断吩咐，批示及驱使那些拒绝从事任何主动及进取思考的公司职员，是最令人感到愤怒的事，也是令人难以想像的事。"

连锁思考法对于因为遗忘而暂时找不着下句的演讲者是一种最佳的急救方法。

即兴演讲中的补救方法很多，常见的有：

1. 将错就错，即兴发挥。即兴演讲的现场效果要受演讲者和听众两个方面的制约，无论是主观因素还是客观条件，一旦发生干扰，就可能造成演讲者无法预料的语言差错，而使自己陷入尴尬的境地。倘若出现这种情况，演讲者不妨将错就错，来一番即兴发挥，消除窘困，弥补过失。一位节目主持人参加海南省狮子楼京剧团的建团庆典，当她用充满激情的语言介绍京剧、剧团、来宾的时候，由于事先不了解情况，错把原来是花白头发的老汉——海南师范学院党委书记南新燕介绍成了"小姐"，面对"全场哗然"的意外，她先向被介绍人真诚地道歉，然后侃侃而谈：

您的名字实在是太有诗意了。我一见这三个字，立即想起了两句古诗："旧时王榭堂前燕，飞入寻常百姓家。"这是一幅多么美的图画啊。今天，这里出现了类似的情景：京剧一度是流行在北方的戏曲，而现在，它跨过琼州海峡，飞到了海南，而且在这里安家落户，这又是幅多么美好的图画呀！

这位主持人在表示"对不起，我是望文生义了"的道歉之后，语意一转，就即兴发挥起来，由自己的语言失误引出活动的意义，并进行了富有诗意的生动描述。这一将错就错的补救方式，赢得了全场观众异乎寻常的热烈喝彩。

2. 以正改错，巧作辨析。即兴演讲中，演讲者有时会因为过于紧张或过于激动而造成一时的口误，在这种情况下，演讲者既不可为了面子而置之不理，也不能因为自尊而掩饰错误，"最好的办法是按正确的讲法再讲一遍"（邵守义语），也就是把错误改正过来。倘若能够根据现场的实际情况，有针对性地将正误对照巧作辨析，给听众的印象反而会更加深刻。例如，一位师范学校的班主任在新生入学后的第一次班会上即兴演讲，他说：

同学们，大家好！你们从四面八方来到这所师范学校，开始新的学习生活，我相信同学们一定会刻苦学习，不断进步。将来希望每一个同学都能成为合格的小学教师。不，应当这样说——希望将来每一个同学都能成为合格的小学教师。因为这希望是现实的，它表达的是我此刻的真实心情，而你们将来才会真正走上讲台，开始从事太阳底下最光辉的职业……

3. 化错为正，自圆其说。在即席讲话中，演讲者一旦觉察自己的语言错误，往往会因为心理障碍而产生思维障碍，无法继续讲下去。倘若出现这种情况，演讲者应立即针对自己的失误，进行一番合乎情理的阐释，只要能够自圆其说，也不失为一种化错为正的补救方法。例如，在一个婚礼上，主持人热情地邀请来宾讲话，一位职业中学的教师上台即兴致辞，他说：

  今天，是职业中学的夏明先生和经贸公司的叶红小姐喜结良缘的好日子……也许有人以为我说错了，夏先生和叶小姐不是同在一个公司上班吗？是的，夏明从商了，但一个月前，他还是职中的一名优秀的青年教师。在我的心目中，他永远是我们的好同事。我愿借此机会，代表职中全体教职工，向这对新人表示最真挚的祝福！……

  显然，这位来宾由于一时激动，把新郎现在供职的单位介绍错了。也许他从听众异样的表情上觉察到自己的口误，于是，稍稍停顿之后，巧妙地进行了阐释。演讲者这一化错为正的表白，不仅可以自圆其说，而且增强了抒情的真切感，产生了独特的现场效果。

  4. 续错成正，随机应变。进行即兴演讲，有时会出现这样的情况：演讲者自己也不知为什么，竟说出一句错话，而且马上就意识到了。遇上这种失误，演讲者不妨采用调整语意、改换语气等续接方式予以补救。只要反应敏捷，应变及时，就可以收到不露痕迹的纠错效果。例如，一位公司经理在开业庆典上发表即兴演讲，他这样强调纪律的重要性：

  公司是统一的整体，它有严格的规章制度，这是铁的纪律，每一个员工都必须自觉遵守。上班迟到、早退、闲聊、乱逛、办事推诿、拖沓、消极、懈怠，都是违反纪律的行为。我们允许这些现象的存在——就等于允许有人拆公司的台，我们能够这样吗？

  当演讲者意识到自己把本来想说的"我们决不允许这些现象的存在"一句话中的"决不"二字漏掉之后，马上循着语言表达的逻辑思路，续补了一句提示其后果的话，同时用一个反问句结束，增强了演讲的启发性和警示力。这样的续接补救，真可谓顺理成章，天衣无缝。

  六、常见的即兴演讲练习
  （一）自我介绍
  在人际交往和演讲活动中，自我介绍和介绍常常被使用，它是经过自己主动沟通或者通过第三人从中沟通，使双方相互认识，增进了解，建立联系的一种最基本、最常用的方式。

  自我介绍的目的，就是让对方记住自己，对自己留下良好的、深刻的印象。

"它就是人际交往的第一张有声名片"。除了讲清自己的姓名、单位、身份外，要根据不同的场合，确定介绍的内容和技巧，做到几点：

1. 注重礼仪，表情生动。自我介绍场合上，最先给人印象的，不是言辞，而是礼仪和脸孔、态度、服饰等。首先，学会用握手礼、点头礼、注目礼首先给对以尊重。其次，面带微笑，平静温和，落落大方地表现自己的真诚和热情。

2. 肯定的言辞，明朗的语调。这是精神饱满，充满自信，对自我充分认识的表现。肯定自我的成绩和优势并不是夸耀，否定自己的优点也不是谦虚。我们看到中央电视台《挑战主持人》和《绝对挑战》以及其他节目中的自我介绍都是对自我的充分肯定，对个性的适当张扬。在人才招聘和面试中，自我介绍更需要把自己的能力、干劲、志向、愿望展现出来。例如：

  您好，我是某大学经济系四年级的学生王浩，请多多指教。我所研究的课题是国际经济。此外，也在一个税务研究会里学习税金问题，并且取得了税务师的资格。我的专长是书法，获得过各种书法奖励。人生需要磨练，才干才有用武之地，希望能在贵公司做点事情得到更好的锻炼。

3. 生动幽默，蕴涵深意。自我介绍要求简洁而有新意，常常从名字籍贯和个人特点出发，采用释意和自嘲的方法，增强幽默感和趣味性。例如，四川才子魏明伦如此自报家门：

  三尺童子，一介书生，忽智忽愚，且贫且病，屠龙有术，缚鸡无力，或钩或剑，可屈可伸。我比拿破伦个子矮，同鲁迅曹禺相当，反复衡量，没力气玩枪，有条件摸笔，于是操起了文字。

台湾著名节目主持人凌峰自我介绍：

  在下凌峰，我和文章不一样，虽然我们都得过"金钟奖"和"最佳男歌星"称号，但是，我是以长得难看而出名的。两年多来，我们大江南北走了一趟——拍摄《八千里路云和月》，所到之处，观众给我们很多的支持，尤其是男观众对我的印象特别好。因为他们认为本人长得很中国。中国5 000年的沧桑和苦难写在我的脸上。一般来说，女观众对我的印象不太良好，有的女同胞对我的长相到了忍无可忍的地步，她们认为我"人比黄花瘦，脸比煤球黑"。但是，我要特别声明：这不是我的错，实在是家父母的错误，当初没经过我的同意就把我生成这个样子……

4. 使用辅助材料，增强介绍的全面性，形象性。名片、自我推荐表、照片、图片、成果资料等等都可以帮助他人了解自己。

（二）竞聘演讲

人们在工作和生活中，为了获取某一职位、工种，充分展示自己的水平，使"英雄有用武之地"而进行的一种竞赛性的演讲，强烈的竞争性是它最突出的特点。其实质就是要充分展示自己的优势，吸引听众，争取听众，让听众更加全面、深入地了解自己、信赖自己，壮大自己的支持者的阵营，最终实现获得职位的理想。它不是纯粹性的即兴演讲，通常有一定的准备。竞聘演讲的内容包含：

（1）自我介绍，张扬个性，展示优势，用事实说话；
（2）对竞聘工作提出自己独到的见解、打算和工作思路；
（3）表明态度，进一步突出个性，显示信心，表明决心。

竞聘演讲的要求及策略：

（1）竞聘职位要明确，有的放矢；
（2）表达自我要真诚，不讲大话；
（3）了解民心要认真，诚心诚意；
（4）认清工作要务实，不讲空话；
（5）语言表达讲技巧，突出个性。

请看以下的例文及分析：竞聘校科研室主任的演讲。

各位领导，各位同志：
　　大家好！
　　参加竞聘之前，我一直在想：我应不应该参加这次竞聘。思索再三，我想，我愿意把这次竞聘当成争取多尽一份责任的机遇，更愿意把这个竞聘过程当做我向各位老师学习，接受各位评判的一个难得的机会。因此，我是鼓着十二分的勇气，参加竞聘来的（开宗明义，点名竞聘的目的，而且谦虚得体）。
　　我知道，要成为一名合格的科研室干部不容易，要成为转型期的科研室干部更不容易。我之所以鼓起勇气参加科研室主任的竞聘，首先缘于我对教育科研事业的热爱和执着。我相信，一个人，只要他执着地爱自己的事业，他就一定能把他的事业做好。当然，如各位所知，我也有过一些科研管理工作经历，积累了一些工作经验。有人说，经历是一笔财富，而我更愿意把自己的经历当做一种资源，一种在我今后的工作中可以利用，可以共享，可以整合的资源。

当然，我更清楚，成绩也好，经验也罢，它只能说明过去，并不能证明未来。（对优势与成绩的阐述，简单而又不乏说服力，给听众留下不炫耀、不浮夸的好印象）

假如我能竞聘成功，我将努力扮演好以下几种角色：

一是以身作则，当好科研兴校的"领头雁"……

二是立足本职，当好领导决策的"参谋者"……

三是脚踏实地，当好教师科研的"服务员"……

四是与时俱进，当好学校科研的"管理员"……

五是甘为人梯，当好青年教师的"辅导员"……（对今后工作角色的总结体现出务实的态度和求实的精神，颇具感染里和说服力）。

说到这里，我想起了阿基米德的一句名言："给我一个支点，我可以撬起整个地球。"但在这里，我不敢高喊这类豪言壮语，我只想表达一个愿望，那就是：给我一个舞台，我会为学校的发展尽一份责任（结尾处充满激情和号召力，为竞聘演讲划上了一个圆满的句号）。

（三）生活、礼仪演讲

这是出现在节日、纪念日、庆典（生日、结婚日、校庆、开业、落成等）、聚会等场合中的演讲，以及迎来送往时的欢迎、欢送、答谢演讲。这类演讲的具体要求有以下几点：

1. 有非常浓厚的礼仪色彩。它十分注重称呼语（尤其是各种尊称）的使用，各种祝福语的不厌其烦地堆积，各种感谢言辞的反复罗列。

例如，2008年4月，胡锦涛会见国民党主席连战致欢迎辞的开头的称呼："尊敬的连战主席和夫人，尊敬的吴伯雄副主席，林澄枝副主席，江丙坤副主席，尊敬的中国国民党大陆访问团的全体成员"。

2. 注重吉祥、喜庆、和谐、快乐、幸福、美满、成功氛围的渲染。语言上的修饰充满热情，充满激情，充满感染力。

例如，《老师们，节日好》的演讲开头：

走过了夏天，迎来了秋天。在这金风送爽的季节，我们盼望，就像花蕾盼望绽放，就像孩子盼望过年，终于盼来了教师节。在这个让人仰慕的日子里，请允许我向全体老师表达我心中最最热诚的问候和祝愿——问候一声：辛勤培育我的老师们，你们辛苦了！祝愿一声：无悔奉献人生的老师们，你们节日好！

3. 以精练的文字，简要的概述将这类演讲主题的由来，它所蕴涵的意义，与现实的联系，与现场观众、与当事人的关系等讲明讲透，并借题发挥，对这个演讲主题作延伸性的阐发和拓展，尤其要注意唱好赞歌。生活礼仪类的演讲常常要借题发挥，拓展现实意义。生日可以引申出对人生的思考，婚庆日可拓展出对未来生活的向往，聚会可回顾过去、展望前程，等等。例如，庆祝"五四"青年节的演讲，一定要认识到：

> 虽然我们和"五四"运动时的青年不属于同一时代，但处在今天这样的新形势下，我们同样"今天是桃李芬芳，明天是社会的栋梁"，同样肩负着振兴中华，振兴祖国，振兴民族的重任，因此我们也必须具有"五四"青年那样的风采，也必须让奉献者的赞歌中有我们的音符，让奋斗者的进程中有我们的足迹，也要把我们的全部深情都献给这一方纯净的土地。

4. 风格：或轻松、活泼、幽默；或庄重、深刻、富有哲理。但不论是哪种演讲风格，用词用句都注重色彩明亮鲜活，力戒沉闷灰暗；格调要昂扬向上，热烈奔放。我们来看一段婚礼主持的借题发挥：

> 朋友们，新郎的名字叫海泉，新娘的名字叫涛。"海"、"泉"、"涛"三个字都与水有关，所以我们可以说，两位新人的名字就蕴涵着一种缘分。此外，水还孕育了生命，蕴涵着生机，凡是有水的地方都会呈现出一派蓬勃的景象。这两个名字的结合，预示着他们的爱情，会像大海一样的深厚与深沉；预示着他们的婚姻，会像泉水一样的清澈与甘甜；预示着他们的家庭，会永远充满着生机与欢乐！

课后阅读与研讨

麦凯恩败选演说（全文）

2008年美国大选，就像所有人预测的，奥巴马毫无悬念地轻松击败麦凯恩，当选为美国历史上第一位黑人总统。当所有的聚光灯都照向奥巴马时，很少有人注意到，麦凯恩发表了一篇第一流的败选演说。

他今年已经72岁了，这次竞选很可能是他人生中的最后一件大事。今晚过后，他长达半个世纪的公职生涯也许就结束了；那么这篇演说就是他在历史中留下的最后声音了。

麦凯恩演说的场地,是亚利桑那州凤凰城的一块空地,那里离他的家很近,开车只要10分钟。就是在这块场地上,他办过结婚时的露天宴会,以及许多次参议员选举获胜的庆祝晚会。

我的朋友们,我们已经走完了这次漫长的旅程。

感谢各位。非常感谢你们,我的朋友们。感谢你们在这个美好的夜晚,来到这里。

我的朋友们,我们已经,已经走完了这次漫长的旅程。美国人民已经说出了他们的决定,说得非常清楚。

刚才,我非常荣幸地给奥巴马参议员打电话,向他表示祝贺。祝贺他当选为这个国家的下一任总统,这个我们两个都无比热爱的国家的下一任总统。

我明白这次选举对于非洲裔美国人的特殊意义。这是一次历史性的选举。我明白这次选举对于非洲裔美国人的特殊意义,感受到了此刻他们心中油然而生的自豪感。

我始终深信不疑,对于任何一个勤奋努力、勇于开拓的人,美国都会给予他机会。奥巴马参议员也深信这一点。

但是,我们两个也都不曾忘记,历史上有过一段黑暗的日子,一些美国人被剥夺了完整的公民权,这样的不公正令我们的国家蒙羞。虽然它早已成为了历史,但是伤痛的记忆依然存在。

一个世纪前,西奥多·罗斯福总统邀请 Booker T. Washington(注:黑人教育家)到白宫共进晚餐。全国各地有许多人,认为这是一个骇人听闻的事件。

今天的美国已经是一个完全不同的世界了,骇人的残忍和可怕的偏执一去不复返了。最好的证据就是,今晚一个非洲裔美国人当选为美利坚合众国的总统。

我将尽我所能帮助他。

我们的国家正处在艰难时刻。奥巴马参议员将领导我们迎接挑战。今晚,我向他保证,我将尽我所能帮助他。

我呼吁所有支持我的美国人,一起加入我,不仅向我们的下一任总统表示祝贺,而且将我们良好的愿望和不懈的努力都提供给他,一起构筑沟通的桥梁,一起找到恢复繁荣的道路,在这个危险的世界中确保我们的安全,让我们的子孙生活在一个更强大、更美好的国家。

失败是我的,不是你们的。

今晚,很自然地,我们会感到一些失望。但是明天,我们还要继续前进,还要并肩工作,让我们的国家不断向前。

我们努力过了,尽了我们所能。虽然最后我们没有成功,但是失败是我的,不是你们的。

我要对你们所有人表示深切的感谢，你们的支持和你们为我所做的一切，是我的莫大荣耀。我的朋友们，我多么希望，我们有一个不一样的结果。

从第一天起，这就是一条艰难的道路，但是你们的支持和努力从未动摇。我无法用言语表达，我对你们是多么感激。

我的心中只有感激。

我不知道。不知道我们还要再做什么，才能赢得这场选举。我想把这个问题，留给其他人来思考。每个候选人都会犯错误，我很肯定我也是如此。但是，我不会再花一分钟，对那些可能发生的事情懊恼不已。

这场选举已经是，并且将一直是我生命中的莫大光荣。虽然，美国人民最后决定，将未来四年领导美国的光荣使命，交给了奥巴马参议员和我的老朋友拜登参议员，但是对于这段选举的经历，我的心中只有感激。我要感谢美国人民给予我公平的机会，倾听了我的主张。

今晚，就是在此刻，我的心中比任何一个夜晚都充满了对这个国家和她的全体人民的爱，不管美国人民选择支持我或者奥巴马参议员。

我们绝不会从历史中消失。

对于我从前的竞选对手和未来的总统，我表示祝福。就像在竞选中我一再说过的，我呼吁全体美国人民，不要对现在的困难处境感到绝望，我们要永远地对这个国家的前途和伟大抱有信心。

美国人民从来不会放弃。我们从不认输。

我们绝不会从历史中消失。我们创造历史。

感谢你们。上帝保佑你们。上帝保佑美国。衷心地感谢你们所有人。

爱迪生欺骗了世界

马云

今天是我第一次和雅虎的朋友们面对面交流。我希望把我成功的经验和大家分享，尽管我认为你们其中的绝大多数勤劳聪明的人都无法从中获益，但我坚信，一定有个别懒得去判断我讲的是否正确就效仿的人，可以获益匪浅。让我们开启今天的话题吧！

世界上很多非常聪明并且受过高等教育的人，无法成功。就是因为他们从小就受到了错误的教育，他们养成了勤劳的恶习。很多人都记得爱迪生说的那句话吧：天才就是99%的汗水加上1%的灵感，并且被这句话误导了一生。他们勤勤恳恳的奋斗，最终却碌碌无为。其实爱迪生是因为懒得想他成功的真正原因，所以就编了这句话来误导我们。

很多人可能认为我是在胡说八道，好，让我用100个例子来证实你们的错误吧！事实胜于雄辩。

世界上最富有的人——比尔盖茨，他是个程序员，懒得读书，他就退学了。他又懒得记那些复杂的dos命令，于是，他就编了个图形的界面程序，叫什么来着？我忘了，懒得记这些东西。于是，全世界的电脑都长着相同的脸，而他也成了世界首富。

世界上最值钱的品牌——可口可乐。他的老板更懒，尽管中国的茶文化历史悠久，巴西的咖啡香味浓郁，但他实在太懒了。弄点糖精加上凉水，装瓶就卖。于是全世界有人的地方，大家都在喝那种像血一样的液体。

世界上最好的足球运动员——罗纳尔多，他在场上连动都懒得动，就在对方的门前站着。等球砸到他的时候，踢一脚。这就是全世界身价最高的运动员了。有的人说，他带球的速度惊人，那是废话，别人一场跑90分钟，他就跑15秒，当然要快些了。

世界上最厉害的餐饮企业——麦当劳。他的老板也是懒得出奇，懒得学习法国大餐的精美，懒得掌握中餐的复杂技巧。弄两片破面包夹块牛肉就卖，结果全世界都能看到那个M的标志。必胜客的老板，懒得把馅饼的馅装进去，直接撒在发面饼上边就卖，结果大家管那叫PIZZA，比10张馅饼还贵。

还有更聪明的懒人：

懒得爬楼，于是他们发明了电梯；

懒得走路，于是他们制造出汽车、火车，和飞机；

懒得一个一个的杀人，于是他们发明了原子弹；

懒得每次去计算，于是他们发明了数学公式；

懒得出去听音乐会，于是他们发明了唱片、磁带和CD；

这样的例子太多了，我都懒得再说了。

还有那句废话也要提一下，生命在于运动，你见过哪个运动员长寿了？世界上最长寿的人还不是那些连肉都懒得吃的和尚？

如果没有这些懒人，我们现在生活在什么样的环境里，我都懒得想！

人是这样，动物也如此。世界上最长寿的动物叫乌龟，他们一辈子几乎不怎么动，就趴在那里，结果能活1 000年。他们懒得走，但和勤劳好动的兔子赛跑，谁赢了？牛最勤劳，结果人们给它吃草，却还要挤它的奶。熊猫傻了吧唧的，什么也不干，抱着根竹子能啃一天，人们亲昵的称它为"国宝"。

回到我们的工作中，看看你公司里每天最早来最晚走，一天像发条一样忙个不停的人，他是不是工资最低的？那个每天游手好闲，没事就发呆的家伙，是不是工资最高，据说还有不少公司的股票呢！

我以上所举的例子，只是想说明一个问题，这个世界实际上是靠懒人来支撑的。世界如此的精彩都是拜懒人所赐。现在你应该知道你不成功的主要原因了吧！

懒不是傻懒，如果你想少干，就要想出懒的方法。要懒出风格，懒出境界。像我从小就懒，连长肉都懒得长，这就是境界。

再次感谢大家！

点评马云：

马云1988年~1995年　杭州电子工学院英文及国际贸易讲师。

1995年~1997年　创办"中国黄页"，是中国第一家互联网商业信息发布站。

1997年~1999年　加盟外经贸部中国国际电子商务中心，开发外经贸部官方站点及网上中国商品交易市场。

1999年　在杭州设立研究开发中心，以香港为总部，创办阿里巴巴网站。

2003年　进军C2C领域，推出个人网上交易平台淘宝网（Taobao.com），并在2年时间内成长为国内最大的个人拍卖网站。同年，进军电子支付领域，成立支付宝公司，推出独立的第三方电子支付平台，发展迅猛。

马云是最早在中国开拓电子商务应用并坚守在互联网领域的企业家，他和他的团队创造了中国互联网商务中的众多第一，是"中国人要做世界上最好的站点"和最独创的商业模式的理想者和实干家。他一直以来在互联网商务领域的富有创意的概念和作品，丰富了全球和中国商人的商业内容和行为，并在20世纪末为全球商人贡献了一款经典站点：阿里巴巴（Alibaba.com）。

马云是中国大陆第一位登上美国权威财经杂志《福布斯》封面的企业家，2000年10月被"世界经济论坛"评为2001年度全球100位"未来领袖"之一。马云在1995年4月创办了"中国黄页"网站，这是国内第一家网上中文商业信息站点，同时也在国内最早形成主页发布的互联网商业模式，成功地发布了浙江省"金鸽工程"、无锡小天鹅、北京国安足球俱乐部等中国第一批互联网主页。他付出极大的时间、热情、胆识和智慧，在中国宣传互联网知识和应用，为互联网商务应用播下最初的火种。

第三节 比赛演讲

一、比赛演讲的概念及分类

比赛演讲是具有观摩、竞赛性质的演讲活动。这种演讲活动对主题、内容、形式都有特定的要求，并遵循一定的规则。

根据目的的不同比赛演讲分为宣教型、训练型和测试型。而以宣教型最为普遍。

宣教型的比赛演讲是政治演讲的一种类型，以宣传教育为主。例如，国庆节学校举行的"我与祖国"演讲比赛，"五四"青年节举行的"青年与未来"以及以"学雷锋"为主题的演讲比赛，等等，它常是某项大型活动的一个组成部分，以体现参加者的精神风貌和思想境界。

训练型演讲比赛以体现演讲技能为主，注重演讲的形式和技巧，以及演讲者的风度、气质、台风等。如大学生风采演讲比赛、普通话演讲比赛等。

测试型演讲比赛以考核演讲能力为主，如招聘面试时招聘者让应聘者所做的3分钟演讲，以及目前非常流行的竞选演讲和演讲课的考试等都属于此类演讲。这类演讲意在考查演讲者的综合素质，如语言表达能力、组织能力、应变能力、控场能力、思想修养、风度气质等各方面，既有很强的实用性又有很高的技巧性。

二、比赛演讲的特征

1. 规范性。演讲比赛一般都有严格的规则，并在规则范围内做了许多的限定，例如，时间限定，较多的有5分钟演讲、7分钟演讲、10分钟演讲，在这个有限的时间里，演讲者怎样讲、讲什么都需要认真的组织和考虑。又如，题材的限制，选手只有在规定的范围内去组织材料，并有所创新才能出奇制胜，正如体育比赛一样，在规则范围内你可以挥洒自如，犯规就有可能被红牌罚下。

2. 竞争性。既然是比赛必然存在竞争，虽然常说重在参与，但每一个参与比赛的演讲者都希望获得好的名次，所以演讲者要在规则的要求下认真准备，狠抓得分点。

3. 可比性。比赛演讲是众多演讲者在同等条件下进行的一种竞赛活动，大家在同一语境下围绕同样的命题发表演讲，评委或裁判要在演讲者之间比较优劣，以确定名次，参赛者的优缺点也在比较中暴露无疑。

4. 公平性。演讲比赛像所有比赛活动一样公平竞争，要在公开和公正的情况下裁决和评分。

三、比赛演讲的评判标准和评判方法

（一）比赛演讲的评判标准

比赛演讲的评判是对演讲者的综合认识和评价，是演讲赛的一个重要环节。演讲比赛应该有一个统一的评判标准。美国演讲理论家约翰·哈斯林在《演讲入门》一书中分析了评价演讲的三个标准：

（1）艺术标准。主要指形式。例如，构思巧妙、富有想象力的材料安排、词语选择和语言修辞等。

（2）知识标准。主要指演讲的内容。演讲题目的意义、观点的正确性和论证的可靠性。

（3）演讲效果。指选手把信息传递给听众的方法。对演讲效果的评价是建立在如下基础之上的：语言的清晰度，时间的安排，语气的变化，语势、姿态、手势的效果，与听众的交流以及吸引听众注意力的程度，等等。

约翰·哈斯林同时把演讲赛划分为一般演讲、中级演讲和高级演讲三种类型，并对它们分别提出了不同的要求：

（1）一般演讲仅仅为了满足听众思想的需要，讨论有意义的题目，仿效一种人们普遍接受的结构，有十分明确的、固定的论点，并脱离讲稿演讲。

（2）中级演讲除了听众感兴趣的因素外，还应包括能充分展开的开场白和结尾，结构严密的正文，诚恳的演讲态度，良好的演讲技巧。

（3）高级演讲包括上面所有的要素，另外它还应提供经过深入研究的论证和独到的见解。高级演讲应讨论有争议的问题，并对问题显示出深刻的洞察力，能熟练地驾驭语言，打动听众并具有一定的风格。

由于演讲赛的宗旨、要求及评价的角度不同，演讲赛的评判标准也各不相同，但归纳起来大致可以从思想内容、表达技巧及整体效果三个方面来判定。思想内容包括主题正确、鲜明，材料真实、典型、新颖。表达技巧包括语言生动、态势自然、结构严谨、条理清楚、情感真挚、手法得体。整体效果指各方面的和谐统一，包括听众的反应、演讲的感染力、演讲者与听众之间的情感交流等。

表1 爱国主义演讲比赛

项目	具体标准	得分
演讲内容	以爱国主义为主题，结合本职工作，条理清晰、感情真挚	4分
语言表达	清晰、准确、流畅、富有感染力	3分
精神风貌		2分
服饰着装		1分
精神气质		1分
现场效果		1分

续表:

项目	具体标准	得分
听众反应		
评委签名		

表2　我与改革开放三十年

演讲者		评分项目	应得分	实得分
	演讲内容 （60分）	1. 观点正确、立意新颖		
		2. 内容充实、说理透彻		
		3. 语言精炼、逻辑性强演讲技巧		
	演讲技巧 （40分）	1. 语言规范、口齿清楚		
		2. 感情真挚、风度自然		
		3. 交流呼应、感染力强		
合计得分（100分）				
评委签名				

表3　纪念"五四"青年节演讲赛评分表

	序号			
内容（60分）：观点新颖、内容充实、正确				
形式（30分）：结构、手法、语言				
效果（10分）：听众反应				
总分（100分）				
评委签名				

（二）评判方法

有了明确的评判标准,还要有正确的评判方法,才能对演讲作出准确的评价。

首先,要求评委们对评判标准有个统一的认识,不能各搞一套。评委们历来争议最大的莫过于对"演讲表演化"的评价,判的分数极为悬殊。演讲表演化的倾向在演讲赛中体现为多方面:

（1）在发音方面。有的朗诵味太浓,表面上看来感情很充沛,其实失去了真实感;有的话剧腔十足,拿腔拿调,听众感到很不自然,很不舒服。

（2）在态势方面。有的动作"舞台化",给人虚假的感觉;有的手势频繁,想以此来增强演讲的效果,却弄得听众眼花缭乱。

（3）在内容方面。有的通过"合理想像"来虚构生动的情节,结果弄巧成拙,造成不良影响;有的请人代写讲稿,自己"不知所云"。

造成"评判悬殊"的原因:①有些评委和犯有演讲表演化的演讲者一样,以为"演讲、演讲,就是一演二讲";②有时演讲比赛的评分标准不太合理。目前,社会上演讲的评分标准一般都分为思想内容、表达技巧和演讲效果三大部分,而比分往往偏重于表达技巧,于是一些演讲者和评委过分强调演讲的表达技巧,从而把演讲比赛导向"表演化"。

其次,在评判时还要注意一些问题。①评分项目不要定得过细、过死,弄得评委应接不暇。评判项目仅供评委参考,评委打个总分即可。②为了使评委们判的分数不致相差太远,评委们可对前2~5名演讲者的得分进行讨论并试评。③对某个评委来说,分数判得比其他评委偏高或偏低都无关紧要,关键在于对所有演讲参赛者的判分标准要前后一致,切忌忽高忽低。

四、比赛演讲的组织

大型的演讲赛应该成立组委会,设主任1人,副主任1~3人,委员若干人,负责整个演讲赛的领导和组织工作。组委会应该根据演讲赛的宗旨和具体情况事先制订好演讲赛的计划,指派专人分别负责各项工作,保证演讲赛的顺利进行。

比赛计划工作有如下内容:

(1) 确立演讲赛的宗旨、要求。
(2) 确立比赛的题目或题目范围。
(3) 以讲座的形式,向参赛者讲授有关演讲的知识。
(4) 制定比赛规则。
(5) 制定评分标准和方法。
(6) 组织评委会。
(7) 制定奖励办法。
(8) 确定主持人、记分员和报分员。
(9) 确定比赛的时间、地点、场所和听众人数。
(10) 确定比赛程序。

比赛计划应和举办比赛的通知一并下达,以便参赛者早做准备,提高演讲赛的整体水平。此外,组委会下面还可设立秘书组和赛务组协助工作。

五、比赛演讲的技巧运用

比赛演讲是在充分准备和一定的规则条件下进行的,参赛者要根据组织者限定的主题、时间、规则去设计自己的演讲。

(一) 有激情

一个学者说过:"现实生活中太缺少激情,我们去听演讲,听论辩,从某种意义上来说就是为了感受那份激情。"我国著名的演讲家李燕杰曾形象地概括道:"演讲应有诗一样的激情。"有了能够感动自己并能感动别人的激情,才能产生共鸣效应,才能发挥使人知、使人感、使人动的作用,才会出现如下感人的场面:"喜形于色"的演讲使听众眉飞色舞,欣欣然欲神往;声泪俱下的演讲使听众掩涕呜咽,泣不成声;激昂愤怒的演说,使听众怒发冲冠,切齿扼腕;惊心动魄的演讲使听众毛骨悚然,意欲难遏;风趣幽默的演讲使听众喜不自禁,捧腹大笑。当然,这一切不是装腔作势、海阔天空的神侃和声嘶力竭的呼喊所能奏效的,它来自演讲者对事业生活等方面的情感体验和人生感悟,是演讲者真情实感的流露,以及和听众以心交心、以情动情在双方心灵深处产生碰撞而闪现出的火花。

(二)有个性

比赛演讲最忌讳老生常谈,人云亦云,把自己埋没在众多的选手之中。

曾获长春市某年度大学生电影节"中国电影如何走向世界"演讲大赛一等奖的一位同学,如此体现他的个性。他是第七位演讲者,前六位同学都是登台便向评委、听众分别敬礼,而他却登台便开始演讲:

影视界的老师,热衷于电影艺术的朋友们:
我不是学艺术的,是学政治的,站在这里自己深知对电影知识知之甚少,真不敢妄言。可我有一颗对祖国文化事业的赤诚之心,因此,我有巨大的勇气来表达我对中国电影如何走向世界的卑微之见。

然后向评委敬礼,向听众敬礼,赢得一片热烈掌声。之后从几个方面阐明中国电影走向世界的积极和消极因素。

一开始在态势语上就别出心裁,然后又坦诚地以一个学政治的学生的身份来讲述自己对电影艺术的看法,选取的角度比较个性化,因此脱颖而出。

在许多演讲比赛中都出现风格单一的倾向,即众多的演讲者不分主题,不看对象,不管场合,老是慷慨激昂,似乎不如此就不足以显示自己的激情,不如此就不足以打动听众,结果讲者吃力,听者紧张,而且普遍节奏偏快又缺少变化,给人声嘶力竭之感。演讲赛上参赛选手应根据自己所讲的内容和声音、性格特点,表现出自己的风格,或刚或柔,或娓娓道来,或急风暴雨,明显的表现出自己区别于别人的风格和个性,才能受到评委和听众的青睐。

(三)有控制力

控制力,指选手的控场能力,它包括对演讲整个过程的把握和调度。对参赛者自身来说,控制力是克服怯场、忘词等突发事件的手段;对于听众来说,控制力是使听众始终集中注意力、情绪高度兴奋地沉浸在演讲者所创造的氛围中的调节器。

演讲中的控制力从选手一出场就开始了。一般来说在赛场上任何一位新选手的出现都能吸引听众的注意力,这时候选手的服饰、相貌、步态、站姿、手势等都成了控制力的一部分。选手走上台应以静止的状态站好，使听众对你产生一种泰然自若的感觉。不要急急忙忙开口，先深深的吸一口气，注视听众，等到一切平静后，再用响亮而清脆的声音说出你的第一句话。

有效的控制力还体现在应变能力上。赛场上的"变"有以下几个方面：

1. 演讲的时间不够。选手应严格控制演讲的时间，在预定的时间以内完成演讲，不要拖延时间，让听众反感以免失分。有时感觉时间不够，必须果断地压缩内容，删除某些段落或事例，把详叙改为概述，但仍需保持演讲的完整体系，不要"拦腰一刀"，也不要"虎头蛇尾"。

2. 听众情绪不佳。听众情绪不佳的原因很多，演讲者应该摸准情况，以便有的放矢，对症下药。如果是演讲内容引不起听众的兴趣，可以临时组织些生动活泼、幽默风趣的句子调动听众的情绪，也可以讲一个小故事或者向听众提一个问题，让听众于思考中重新回到你的演讲中来。

3. 听众质疑。对于听众口头或书面提出的质疑，演讲者应持欢迎态度，它说明听众已关注你的演讲，选手要坦诚相待，并根据具体情况结合演讲内容机智地给予回答。对于质疑中观点对立或者不够友善的情况则要善于诱导。或者说"我们下去以后共同探讨这个问题好不好？"一般不要采取批评、严辞反驳等方法，以免引起听众的逆反心理和对立情绪，导致演讲失败。

4. 选手的自身失误。选手在演讲时由于过度紧张和怯场会导致忘词或失言等失误，这时不要惊慌失措，丧失信心，失去勇气。中途忘词的应急方法有二：①强使自己集中精力，争取在两三秒钟内记起下面的内容；②万一一时想不起下一句的内容，千万不要僵持不语，而应根据原来的意思另换词语，或者干脆另起一行，把下一个内容提上来讲。

（四）富有文采，重逻辑

考查选手的文字表达能力和逻辑思维能力也是演讲比赛的一个重要方面，很难想像一篇枯燥乏味、平淡无奇、语无伦次、逻辑混乱的演讲会取得好名次。优秀的演讲不外乎这样两个方面：严密的逻辑和精炼的语言。逻辑解决了思想对不对的问题，语言表达则解决了准不准、美不美的问题，两者的完美结合，才能使演讲达到科学性和艺术性的高度统一。演讲比赛中凝炼的语言和慎密的逻辑会使你赢得评委和听众。

六、比赛演讲的训练

（一）思考与记忆

作为选手，准备演讲前首先要熟悉规则并准确把握演讲内容，然后收集材料，拟定提纲，写讲稿。演讲比赛应尽量做到脱稿，对于演讲材料中涉及的人名、地名、书名以及各种具体数字和关键性词语要准确无误地牢固掌握。这样演讲中才不至于因记不准出现口误而让听众对你失去信心。

写讲稿之前，选手都应写出一个很完整的提纲，演讲提纲可以帮助选手理清思路，使零散的材料系统化、完整化，并由此找出表达主体思想的线索和方法。有经验的选手都有这样的体会，如果背演讲稿就会约束自己的思维，一旦忘词，会很难堪，而顺着事先理好的思路侃侃而谈，则会变得轻松自如，并能充分发挥自己的知识积累，随机应变地巧夺反馈。

（二）练习

练习可以根据选手的不同情况因人而异，有的人从口语发音入手进行练习，有的人侧重于态势语的练习，有的人通过练习以培养感情，有的人通过练习以预测演讲的效果和所需要的时间，等等。演讲练习可分独自练习和公开试讲两步。

1. 独自练习。独自练习分为口语练习、情感培养、态势设计三步。

（1）口语练习包括发音、语气等内容，它是演讲练习的基础。演讲者应该在理解演讲内容和掌握准确发音的前提下，进行语气轻重快慢、抑扬顿挫的练习。有些选手，通过在演讲稿上标注各种有关声情的符号，以提醒自己练习时注意，也不失为一个好办法，如：

感情激动？ 感情平稳——
速度渐慢＞ 速度渐快＜
短停顿｜长停顿‖
重音·升调↗降调↘

在口语练习中，录音机是得力的辅助工具，演讲者可以对着录音机作演讲，然后把录音重放几遍，仔细揣摩其中存在的问题并加以纠正。

（2）情感培养。演讲者的情感控制直接关系到演讲的成败，要想使演讲具有丰富的情感首先应该在演讲内容的理解上狠下功夫，自己对演讲内容都把握不准，或者理解不够，就很难去说服、感动听众。

情感培养需要选手的亲身经历和体验，更要调动平时的经验和积累，如对正义的呼唤，对罪恶的憎恨，对弱者的同情，对强者的称赞，等等，演讲者可以通过设身处地、换位思考、将心比心等方法唤起自己的感情，并把它传达给听众。

（3）态势设计。态势语运用的原则是自然、得体、协调。态势设计主要是对自然动作的精选和加工，既要有助于表情达意，又要美观大方。进行态势设计，可以借助于镜子，站在镜子前面去把握自己的举手投足。

2. 公开试讲。公开试讲是赛前的模拟练习，对于选手来说有两个作用：①锻炼胆量。一个从未在大庭广众之下说过话的人一下子要在众目睽睽之下"手舞足蹈,夸夸其谈"难免会产生紧张情绪,甚至会惊慌失措,但随着实践和临场经验的增多,演讲者的胆量也会增加,怯场现象会自然而然地消失。公开试讲是最好的演练机会,试讲在锻炼胆量的同时,可以使成功率大大提高。②便于改进。中国有一句俗语"旁观者清"。公开试讲可以让听众对演讲中出现的问题一一指正,并使演讲逐渐改进。

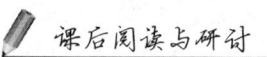

"庆国庆 颂祖国" 演讲比赛演说稿

1949年10月1日,一个振聋发聩的声音响彻北京,荡破了东方的天空——世纪伟人毛泽东站在天安门城楼上向全世界庄严宣告:"中华人民共和国成立了!"也就是从这一天开始,在世界的东方大地上树起了一面令世人瞩目的旗帜——五星红旗。从此,野蛮的舞台在摇晃中缥缈,文明的强音在奋进中升腾。

今天,我们在这里共同讴歌祖国成立56周年,我感到心潮激荡,感慨万千,由衷地呼喊:"祖国,我要为你歌唱!"

古老萌动了青春,进步窒息了腐朽;地球在浩渺的银河中巡天遥看,人类在广袤的原野上向星展望。曾几何时,五星红旗,在人类的旗海里闪烁起独树一帜的绚丽!曾几何时,五星红旗,在地球的脸庞中照耀起绝无仅有的光辉!

朋友,面对高山,也许你感谓她的巍峨气势;放眼大海,也许你惊叹她的汹涌不凡;仰望劲松,也许你赞美她的高大和苍翠;俯看小草,也许你称颂她的坚韧和伟大……然而,这许许多多的"也许"隐含着什么?孕育着什么?记载着什么?说明着什么?回答当然是:她们隐含了中华民族数百年的不屈精神!她们孕育了中华民族几千年的悠久文明!她们记载了中华民族毅然抗战的斗志!她们说明了中华民族奋然前进的心声!

这是祖国的感召!民族精神之力作!五星红旗的辉映!

在爬满甲骨文的钟鼎之上,读祖国童年的灵性;在布满烽火的长城上,读祖国青春的豪放;在缀满诗歌与科学的大地上,读祖国壮年的成熟……

想说又不愿说,我也曾看到祖国的孱弱。在圆明园烧焦的废墟上,我看见祖国是一滩血;在邓世昌勇猛的"致远舰"上,我看见祖国是一团火。但我的祖国并没有沉没,在亚细亚东部,用宽厚的臂膀挽起高山大海,将炎黄子孙揽于怀中。用茅草和土砖修复残缺的岁月,用野菜和稀粥喂养饥饿的生活。中山先生,在黑夜里开始规划治国方略；毛泽东在贫瘠的土地上，支撑民族的血肉与骨骼；邓小平把饱经沧桑的瞳仁放大，指引多灾多难的祖国，从世纪的风雨中神奇地走过！

掀开捧捧发黄的历史，在白骨累累的中国近代史上，我们看到一个个举着明晃晃钢刀的刽子手，一只只满嘴鲜血的吸血蝙蝠，一头头咬着血淋淋心肺的豺狼，一群群叼着头颅的鹰犬和一淌淌鲜艳刺目的血！这是民族的耻辱！让受苦受难，受辱受虐的中国人的血不再白流，是老一辈仁人志士的不懈追求，他们奇迹般地走过了二万五千里长征，经历了八年抗战，迎来了新中国的成立……

曾记否，红旗漫舞亮神州，光彩普照；人民欢欣中华，容颜喜开；雷锋精神飞渡玉门关，铸就时代历史；铁人气质传扬北大荒，恩泽社会国家；松辽石油万条河，黑光粼粼，映得工厂千家亮；洪湖稻菽千重浪，漫馨袅袅，醉得农村万户香；"鞍钢"奔腾铁水流，沐浴火红的年代；"东方红一号"钻云破雾巡天遥看，大显民族智慧；"蘑菇状如云"惊山震海拔地展望，更壮中华神威！

敬爱的老师，亲爱的同学，跨入21世纪的钟声已经敲响，更洪亮、更美妙、更动听的歌声已经在960万平方公里的大地上唱开了。看！神州在涌动，"四化"在滚动，而地球在为之震动，这一切都是因为我们有一个繁荣富强的祖国！

祖国，我为你骄傲！

祖国，我为你自豪！

龙腾九洲，壮我中华

尊敬的老师们，亲爱的同学们：

大家晚上好！

今天我演讲的题目是"龙腾九洲，壮我中华"。

遥远的东方有一条龙，他的名字叫中国。王力宏的这首歌大家一定都听过。没错，自古以来龙都是我们伟大祖国的象征。而在100余年前，西方人是如何来称呼我们中国的呢？没错，是雄狮，不过前面要加上一个形容词——沉睡的雄狮。从1840年鸦片战争到1949年新中国成立，中国这个曾经的巨龙，备受凌辱，凄惨至极。"我愿天公重抖擞，不拘一格降人才"，在祖国受辱之际，无数仁人志士开始踏上寻找富国强民之术的漫漫长路。这其中既有"我自横刀向天笑，去留肝胆两昆仑"的苍凉，亦有"问苍茫大地，谁主沉浮"的豪迈，更有"踏遍青山人未老，风景这边独好"的喜悦。

在如此动荡的100年间，一个名叫刘长春的人，他既没有实业救国的理想，亦没有改造世界的宏愿，但他却以运动员的身份挺起了中国之龙的脊梁，成为了我们民族的骄傲！

1932年，千疮百孔的中华大地，正在被日本侵略者的铁蹄肆意践踏。西方的帝国主义列强们此刻正在嘲笑中国，讥讽中国，甚至给我们冠以"东亚病夫"的称号。

在这样的环境下，大丈夫刘长春，带着四亿人们的重托，踏上了通往洛杉矶的航船，参加了第十届奥运会。一个月的水上颠簸，无数次的晕船呕吐，这个热血男儿早就体力不支了，可是在下船后的第二天，摆在他面前的就是百米短跑比赛。结果可想而知——他，失败了。有的朋友会说，他可以提前去美国啊！这样就有充分的时间用来休息了啊！的确，他是该早点去的，和其他国家的运动员一样，早早地来到奥林匹克村，在那里接受专业教练的指导，在那里循规蹈矩地练习，在那里顺应时差，在那里以逸待劳。可是，我亲爱的朋友们，他不能，因为他的国家，正在被日本人踩躏啊。满心壮志的他多么想跻身三甲来鼓舞国人的士气啊。可是国家的孱弱实在难以给他提供足够的训练条件和赛程保证。"巧妇难为无米之炊"，身为中国奥运第一人的他也只能空留遗恨了。

历史的车轮匆匆碾过，转眼间来到了上个世纪80年代。改革开放的春风吹醒了国人尘封多年的斗志，正在发生着翻天覆地变化的中华儿女，以崭新的面貌回归到奥林匹克大家庭，使得世界为之一震。将历史的耻辱藏埋于心底，转化为拼搏的动力，让世界领略我们的中华之魂。

同样的洛杉矶，大不相同的结果。这次的奥运会带给我们的是惊喜，是振奋，是欢呼，是雀跃，是初生牛犊不怕虎的锐气，是敢打敢拼，为国争光的信念，更是相信自己，傲立于世界之林的铮铮铁骨！

566环，携带着许海峰的名字成为了国人心中永恒的记忆。作为中国奥运会历史上的首位奥运冠军，许海峰打破了中国奥运史上金牌"零"的纪录，成为了中国奥运历史上的英雄。当许海峰获得冠军，实现零的突破的那一刻，多少中国人激动得热泪盈眶。是啊，这一刻我们等得太久了。那60声枪响，多少年后仍旧在耳边回荡，那是我们大声的向世界宣告：中国之龙正在飞翔！

同样是在这一年，一个叫李宁的小伙子为我们取得了三金二银一铜的好成绩，他的表现让世界刮目相看。当他强健的身躯一次次以优美的弧线从观众们的眼前滑过，一向自视甚高的美国人也不得不为我们中国人竖起大拇指。没错，这就是如今的中华儿女，"东亚病夫"的称号我们早已远远的甩去。

让我们把目光锁定在1996年，中国男篮的黄金一代们在蒋兴全教练的带领下力克世界劲旅西班牙昂首挺进世界前八。这是中国男篮历史性的突破，更是一次强有力的证明：在强对抗性竞技运动中，我们中国人一点也不比西方人差！

正所谓"巾帼不让须眉",在亚特兰大的土地上,东方神鹿王军霞,以14分59秒88的成绩获得女子5 000米金牌,并获女子10 000米银牌,成为中国第一位获奥运会长跑金牌的运动员。

2004年将是永载中国奥运史册的一年。

这一年中国速度刘翔以12秒91的成绩平了由英国名将科林·杰克逊保持的世界纪录。这枚金牌是中国男选手在奥运会上夺得的第一枚田径金牌,书写了中国田径新的历史!

犹然记得那一晚,深夜2点,多少中国人聚集在电视机旁,等待着发令枪响的那一刻。枪声响起,来不及思考,目光紧紧地盯在屏幕上。短短的13秒内,国人的心中有多少波涛翻滚,在民族英雄刘翔撞线的那一刻,就有多少的激动不已。今夜无眠,一向无所斩获的短跑项目,在雅典得到了突破。

2003年,当SARS病毒肆虐于中华大地的时候,我们让世界领略到了中国人民众志成城、同舟共济的民族气概。

在雅典,在女排决赛上,我们再次用胜利向世界宣告,我们是一个团结的民族,一个奋发向上的民族,一个永不服输、永不放弃的民族。

当俄罗斯人以2:0的大比分把我们逼上绝境的时候,中国姑娘们再也忍不住了,陈忠和教练的鼓舞话语,再一次激发出了她们坚持不懈、为国争光的昂扬斗志。没错,这就是事实,直落三盘,以总比分3比2战胜劲敌俄罗斯队,时隔20年再次登上奥运之巅。这次关键性的胜利使得我们中国队在金牌总数上仅落后于美国,雄踞世界第二。

从1932年洛杉矶的受尽嘲笑,到2004年雅典的风光无限。72年间,世界领略了我们的和平崛起。可是我们不应该被眼前的种种光环所蒙蔽。

要知道,发展的道路不可能是一帆风顺的。身为祖国栋梁之才,我们应当做些什么呢?

难道是沉迷于网游而不能自拔吗?

难道是夜不归宿而夜夜寻欢吗?

难道是以"必修课选逃,选修课必逃"为信仰而每日无所事事吗?

不,这些都不是我们当代大学生该给出的答案。

正所谓"国家兴亡,匹夫有责",从小事做起踏踏实实地为奥运做贡献才是我们应当做的。

这个夏天固然很热,可是我们拒绝了家里舒服的大床,而选择了宿舍的小床,因为我们明白"不积跬步,无以至千里。不积小流,无以成江海",奥运的成功举办需要我们志愿者每一个人的努力。

这个夏天固然很珍贵,可是我们放弃了游玩,放弃了观赏,因为我们明白让世界看到中国大学生的朝气与微笑，比什么都重要。

这个夏天固然很短暂，可是当我们用责任浇灌心灵，用微笑修饰脸庞，用认真诠释工作，用汗水凝结硕果后，2008年的这个夏天将成为我们心里的永久回忆。

同学们，人生数十载，得逢盛世，怎可独善其身而不兼济天下？让我们携起手来，站在21世纪的伊始，为我们的祖国开创出更加灿烂的明天，正所谓"心存鸿鹄志，勤勉壮中华"。

第四节 法庭演讲

一、法庭演讲的概念

根据我国口才学上通用的标准，法庭演讲指依法出庭参与法庭审判的国家的法律工作者，在人民法院审理案件的法庭调查结束后，法庭辩论开始阶段的第一轮发言，即当庭发表的公诉词、辩护词和诉讼代理词。

在英美法系，法庭演讲被称为法庭陈述，它由两个部分组成：①是法庭审判开始的"开庭陈述"，由控诉方开始，双方律师简单而完整地向陪审团和法官讲述自己的基本观点；②直接询问和交叉询问之后，双方律师对陪审团所作的"最后陈述"，这是整个法庭审判过程中最重要也是最激动人心的时刻，法庭调查中，法官听到的都是零碎的证据，此时通过律师的拼装和完整的讲述，他们才看到一幅完整的图画。

法庭演讲和一般的集会演讲有明显不同，集会演讲的听众只是想知道演讲者要说什么，演讲者的命题愈明确，观点愈鲜明，愈容易为听众所接受，演讲的效果也就愈好。在法庭演讲中演讲主体的阐述绝大部分必须服从于事实和证据——对事实和证据的叙述和解释，就事论事发表的评论和看法。

由于诉讼过程中，情况千变万化，事实和证据都有待确认，因此，法庭演讲主体作陈述时必须小心翼翼、严谨适度，以免百虑一失造成危局。

法庭演讲具有明显的论辩色彩，所以演讲主体发表意见时，绝不能像集会演讲那样，把自己的观点和论据一泻无余地全部抛出，而要选择法庭调查中确认的证据、可靠的事实、有力准确的论据来发表自己的意见。法庭演讲可谓险象环生、危机四伏，任何的胆怯懦弱，任何的粗心大意，任何的欠缺周到的考虑，都是十分危险的。

和英美法系比较起来，我国对法庭演讲的研究尚处于初级阶段，经验较少，所以在目前的法庭上人们看到和听到的法庭演讲总有许多读的成分，而缺少随机应变、流畅自如的讲述。

二、法庭演讲的特征

和一般演讲比较起来，法庭演讲有其个性特征。

（一）主体的法定性

法庭演讲的主体是依法出席法庭参与法庭审判的法律工作者。从身份上看，是出庭支持公诉、担任公诉人的检察员和出庭履行职责、担任辩护人、诉讼代理人的律师，他们都是以执法代言人的身份出庭的，除了具备马克思主义世界观、高尚的道德情操和广博的知识外，丰富的法律知识、法定的资格是保证他们享有法定权利、义务的前提。法庭演讲的主体是一种法律化了的形象，体现着正义和道德的力量，这种主体特征决定法庭演讲者应具备刚直严谨的气质和良好的控制能力，并对法庭演讲做大量的、充分的准备，包括调查取证，会见被告人、当事人和证人，熟悉相关法律等。这种法定的主体排除了被告人、被害人、其他诉讼参与人在法庭上所作的陈述和辩解，以及古今中外历史上一些政治家、社会活动家在法庭上为维护自己的政治主张、宣传自己的学说所作的政治演讲。

（二）内容形式的规范性

法律对法庭演讲的时间、内容、方式、任务、目的都作了明确的限定。从其发表的阶段来看，它是在法庭审理案件的法庭调查阶段结束，法庭论辩开始阶段所作的公开讲话，是一种遵守严格规范的专业性活动，演讲主体只能按照审判本身的规律和程序的要求确定自己的演讲内容和演讲方式。从法庭演讲的结构来看，呼告语、开头、主体、结尾都具有程式化的痕迹。在词语的选择上也要求使用法律术语、合乎语法规则、典雅、庄重。

（三）语境的特定性

法庭演讲是在法庭这个特定的场合进行的，审判台上高悬的国徽，审判人员、公诉人的统一服饰，以及审判席、公诉人、辩护人、证人、被告人席位井然有序的排列都让人肃然起敬。庭审的时间、场面的大小、合议庭成员、庭审方式、旁听者的成分等所有庭审语境的设置和操作都是为了保障法庭审理的公正性与合法性。严肃庄重的风格和严谨准确的措词成为这种特殊语境下的特殊要求。

（四）效能的实用性

法庭演讲是实用性、目的性很强的一种口语活动，演讲主体希望通过自己的演讲赢得对己方有利的判决。同时参与法庭审判的旁听者对演讲主体和演讲内容都非常关注，并寄托着很大的希望，他们或者希望公诉人指控、惩罚犯罪有力，或者希望辩护人为被告人洗清冤屈，或者希望诉讼代理人表明案件真相，这些实用性的目的促使演讲主体从法律的立场出发，专心致力于说服法官，任何游离于目的之外的说道都是画蛇添足。

法庭演讲是演讲主体根据庭审情况和自己所掌握的证据材料发表的内容相对

独立、显示完整的论证过程，符合演讲主体思维习惯和语言习惯的个体独白，它可以充分展示演讲主体所具有的法律知识、庭前准备、演讲技巧、人格修养和责任感与公平心，正因为如此，法庭演讲才被稳稳地定格在演讲的殿堂上，在演讲史上占据一席之地。

三、法庭演讲的分类

按法庭演讲主体的职责、地位、目的的不同，法庭演讲可分为公诉演讲、辩护演讲和代理演讲三类。

（一）公诉演讲

公诉演讲，是指公诉人在法庭上发表的公诉词，它是公诉人代表国家，并根据庭审调查的具体情况，在法庭上所作的揭露犯罪、宣传法律的一种公开讲话，是对人民检察院提出的起诉书的进一步补充和阐述。

公诉演讲和起诉书的宣读有着明显不同的性质。公诉演讲全面系统详尽地分析、论证起诉书所指控的罪名、犯罪事实、法庭调查、质证的情况、适用法律和犯罪所造成的社会危害性。由于它包括对案件所涉及法理的论述、犯罪根源的分析、法律的宣传等丰富内容，具有较强的社会教育作用。它是对检察机关对刑事被告人提出的起诉书的主旨所作的进一步的阐述和补充。和辩护演讲与代理演讲相比，公诉演讲具有明确的揭露性的特点，它最主要的任务是从各个方面、各个角度把被告人的犯罪行为、手段、结果、危害等大白于法庭之上，让法官和旁听群众彻底了解和掌握案情，以达到惩罚犯罪、教育人民的目的，它是立论一方。

公诉演讲的目的在于更深入地分析被告人犯罪行为的性质、危害和后果，以揭露和惩戒罪犯，同时帮助法庭进一步明确被告的犯罪事实、罪行性质及应采取的量刑标准。公诉演讲的内容一般包括以下几方面：①对法庭调查的简要概括；②进行证据分析，认定被告人的罪行；③进行案情分析，概括案件的全貌，揭露被告人犯罪的社会危害性；④分析被告人犯罪的思想根源和社会根源；⑤进行法律上的论证，指明被告人触犯的《刑法》条款，阐明被告人应负的法律责任。公诉演讲的重点部分在于深入分析被告人犯罪行为的性质和造成的严重危害两部分。就公诉演讲的社会效应而言，公诉词的受众面有四个：被告人、辩护人、审判人员、旁听群众。他们出于不同的目的、不同的心理状态，甚至带着固执的偏见和利害情绪来面对和收听公诉演讲，要想使他们接受公诉意见，就必须注重全面发挥公诉词的社会效应。

（1）公诉演讲的内容要有真理的启迪性和情感的激发性。公诉人发表公诉词，目的是揭露和指控犯罪，使被告人认罪服法并受到法律的处罚，使辩护人无可辩驳，使群众受到法治教育，使合议庭审判人员最终作出公正的判决。要达到此目的，公诉演讲的内容就必须要具有真理的启迪性。即在充分列举犯罪事实的基础上,要认真、深刻阐明认定犯罪的法律依据,准确适用有关法律法规及相关条款,剖析和论述被告人之行为的违法性、社会危害性及应受刑罚处罚性。要摆事实讲法理,有理、有据、有节,以理服人。

(2) 公诉演讲的内容要有情感的激发性。公诉词是公诉人在法庭上声态并作的直观性表达。其表达的内容,不但要有深刻的法理知识,还要有浓厚的情感。诚然,法律是无情的,但打击犯罪是为了保护国家、集体和公民的财产和生命安全。作为公诉人,在公诉演讲中,就应站在人民大众的立场上,饱含情感地为人民大众说话,以充满正义的情感去激发群众情绪,引起旁听者的共鸣,从而能收到意想不到的社会效果。

运用刑法打击犯罪,处罚犯罪分子,也是教育和挽救犯罪分子的一种特殊形式。因此,公诉演讲的情感激发作用不仅表现在打动旁听群众上,还表现为打动被告人的心。一篇充满法理和情感的公诉词,能使被告人一颗冰冷的心为之融化,能使被告人顽抗固执的情绪转为愧疚,能使一个沉沦的被告人萌生走向新生的向往。公诉演讲的情感激发性,关键在于使公诉人与诸听众建立起情感联系,达到心理上的沟通和理解。通过公诉演讲所产生的情感激发效应,把真理的启迪作用推向更高境界,从而达到以情感人,实现以理服人。例如,张金柱案的公诉演讲:

审判长、审判员:

根据《刑事诉讼法》的有关规定,我们受郑州市人民检察院的指派,代表本院,以国家公诉人的身份,出席法庭支持公诉,并依法对刑事诉讼实行法律监督。现对本案证据和案件情况发表如下意见:

一、被告人张金柱所犯罪行事实清楚,证据确实、充分,足以认定。

本院起诉书指控,被告人张金柱于1997年8月24日晚在郑州市金水路违章驾驶,将被害人苏磊撞伤,致苏磊因急性失血性休克于次日死亡。该事实有被害人苏东海陈述,有张宝泽等6位证人的证言,有现场勘查笔录,有从肇事车前挡风玻璃上端提取的苏磊的头发及检验、鉴定结论所证实。起诉还指控,被告人张金柱驾车拖挂被害人苏东海行驶距离达1 500米,致苏东海重伤,该事实有被害人苏东海陈述,有张宝泽等12位证人的证言等其他证据佐证,上述大量证据收集程序合法,各证据相互印证,已形成证据体系。虽然被告人张金柱对起诉书指控的罪行拒不供认,但经过法庭当庭质证和认证,充分说明起诉书指控张金柱犯有交通肇事罪和故意伤害罪。

二、被告人张金柱所犯罪行,情节恶劣应予严惩。

张金柱一案发生后,社会反应极为强烈。上至领导,下至百姓,人们无不为之义愤，为在众目睽睽之下的繁华街道上发生这样的恶性案件感到震惊。张金柱肇事后没有设法挽救被害人的生命，以减轻肇事后果，而是为了逃避罪责全然不顾车下拖有一个活生生的人驾车逃逸。自行车与地面摩擦出的串串火星在夜色中格外醒目，正在遭受伤害的生命惨不忍睹。

张金柱故意伤害交通肇事一案最直接的受害方是被害人的家庭。

苏磊（死者），年仅11岁，他不仅是一名成绩优秀的小学四年级学生，还是一名小足球运动员，正处在学文化、长身体、享受快乐童年的黄金年龄。可一场飞来的横祸刹那间泯灭了童颜的天真烂漫，无情地击碎他对生活的幻想与渴望。苏磊被撞飞摔落在地之后，曾对一名在场的女同志说："阿姨，救救我！"然而惨遭飞来横祸的小苏磊，虽然被在场同志及时送到医院，医生竭尽全力，也没有挽留住他幼小的生命。"阿姨，救救我！"短短五个字的一句话，是孩子对生命的依恋，对人生的企盼。我们办案人员在看到这一情节时，也禁不住潸然泪下，而谁又能不对孩子的这句话感到灵魂的撞击和心灵的震颤呢？（公诉人哽咽，全场人哽咽，停顿1分钟）

苏东海在经历了那难以描述的1 500米的拖拉折磨之后，至今仍躺在医院的病榻上。身体上的剧烈疼痛他能够忍受，失去爱子的悲伤却让他痛不欲生。苏磊的母亲张菊花对自己的孩子倾注了满腔的母爱，10余年的含辛茹苦，10余年的疼爱教育，终于使苏磊成长为一个父母为之骄傲的好孩子、好学生，可昨天还天真烂漫、欢声笑语的儿子，刹那间却成了张金柱车轮下的冤魂。张菊花多次哭昏在苏磊的遗体旁，她整日整夜抚摸着儿子的照片，以泪洗面，无法自制。巨大的心灵创伤恐怕要伴随着这位母亲走完一生。

在这里，特别需要指出的是张金柱不是一名普通的群众，他是一名懂法的执法者，是一名在公安战线工作了几十年、曾经担任过领导职务的公安干警，他的犯罪行为，给我市的公安队伍造成了极为恶劣的社会影响。众所周知，近年来，我市的公安机关通过一系列为人民服务的具体措施，已经在人民心目中树立了崭新的形象，人们遇到困难，首先想到的是去找警察，而人民警察也用青春甚至生命，谱写了一曲曲的爱民之歌。"警民关系鱼水情"已不单单是一句空洞的话语。与此同时，人民警察在为民排忧解难中，也培养了高度的责任心、使命感和职业荣誉感。可身为公安人员的张金柱，不仅不能以身作则，率先垂范，反而为了逃避法律追究，掩盖自己的罪行，不惜伤害他人的身体，公然做出与人民利益、与公安干警的职业道德相悖的事情，走上了犯罪的道路。本案一出，群众为之义愤，舆论为之哗然。有的市民到外地出差时，常常会被当地人问及："你们郑州是不是出了个张金柱？"毫无疑问，张金柱的所作所为给我市政法机关尤其是公安机关的形象重重地抹上了一笔黑。当然，张金柱的犯罪行为只是其个人行为，并不能代表公安机关的形象，人民的公安队伍也决不能允许这种败类的存在。

此时此刻，面对着站在被告席上的张金柱，我们不禁要问，由于你的行为，一朵生命之花过早地凋谢，你就不感到痛心疾首吗？由于你的行为，一个家庭失去欢乐，你就不感到内疚和不安吗？由于你的行为，鲜红的党旗受到玷污，你就不感到羞愧和可耻吗？被告人张金柱在今天的法庭上，面对庄严的国徽，你要如实交待自己的罪行，真正悔过自新，不要再执迷不悟，在罪恶的泥潭里越陷越深了。

悲剧的发生，能引起人们的震惊；血的教训，能使人痛悔终生。但所有这些都不能弥合人们心灵的创伤，更不能唤回蒙难者的生命。我们只希望，人们能从活生生的案例、血淋淋的事实中，得到一些警醒和启示。

（二）辩护演讲

辩护演讲，指依照法律规定参与刑事诉讼庭审活动的律师和法律工作者，为维护法律的公正和被告人的合法权益，就案件事实、运用法律和客观证据等发表的有关被告人无罪、罪轻、从轻、减轻、免除处罚的一种独白式公开讲话，即法律上所说的发表辩护词。辩护演讲体现了一种对人及其权利的尊重。

辩护演讲有以下几层内容：

（1）辩护演讲必须是在刑事案件的法庭审理中发表。

（2）进行辩护演讲的主体必须是国家的法律工作者，主要是具有律师执照的执业律师。

（3）律师所作的法庭演讲必须合法，除了遵守实体法的规范之外，还要严格遵守程序法的规定，在公诉演讲之后发表。

（4）辩护演讲必须从保护被告人的合法权益这个角度，以被告人无罪、罪轻及从轻、减轻和免除处罚等为演讲内容。

辩护演讲的作用有如下几个方面：

（1）辩护演讲的存在是切实维护被告人合法权利，保证法律公正、准确实施的一种有效方式。

（2）辩护演讲促进了公诉人职业责任感的建立和执业道德的完善。由于公诉人是代表国家出庭支持公诉的，比辩护律师有优越感，但辩护演讲中对公诉演讲的反驳对抗迫使公诉人发表公诉演讲时要字斟句酌，依法有据，并使公诉人广泛深入地收集能够客观真实反映案件本来面目的证据材料，慎重地指控犯罪，保障了法律的公正实施。

（3）辩护演讲可以促使法官更加客观地认识案件的全貌，从正反两方面把握案情,保障了法院对刑事案件裁决的正确性。

(4)辩护演讲具有较强的宣传教育作用,它可以让旁听者辨别真伪,知道什么是犯罪,什么不是犯罪,从而领略法律的真谛,规范自己的行为。

如果说公诉演讲是立论的话,辩护演讲主要是反驳,公诉人在心理上占据优势,他首先发言,可以先发制人,而辩护律师则易做到有的放矢,以破代立。辩护演讲一般从证据、犯罪要素、罪名、刑罚、情感等几个方面着手。

辩护演讲最忌讳千篇一律,千人一面,要根据不同案件的不同阶段的侧重点确定辩护词的题目,例如,针对法官对受贿案普遍只重视数额而不重视其他情节的情况,可以发表"数额并不决定一切"的辩护词;针对二审量刑过重的情况,可以发表"只考虑从轻而不考虑减轻是不公正的"辩护词;根据犯罪团伙的主从关系可以发表题目为"XXX在共同犯罪中主、从关系分析"的演讲。

请看法庭演讲史上一个典型的例子。1858年,在英国剑桥城的重罪法庭公开审理皇家骑兵第一团中尉威廉·拉隆希尔被控企图强奸斯泰宁伯爵的女儿玛丽小姐一案。这个案件的主要证人是玛丽小姐。玛丽小姐指证被告人打碎窗户玻璃,潜入她的房间用手帕紧扼住她的脖子,用绳子捆住她的腰,强奸并殴打她。审判是公开进行的,听众满堂,连走道上都站满了人。听众里有大文豪查尔斯·狄更斯和他远道而来的法国朋友——乔治·桑、巴尔扎克和维克多·雨果。由于法官宣布要把所有站着听的人赶走,那些没有找到座位的有风度的人也只好屈身蹲着。

审判中,陪审团很快发表了意见:"面对这样小的一位受害者,她的控诉又是那么确凿,这位放荡无羁的中尉尽管矢口否认,也是没有什么价值的!"检察长也向法庭强调说:"你们必须在姑娘和骑兵中尉中作出抉择!"审判过程中,被告人拉隆希尔中尉显得很拘束,好像不会为自己辩护,还似乎有些内疚。一切情况表明,被告人似乎注定要面对10年监禁的厄运。

在一片要求严惩凶手的叫骂声中,被告的辩护律师,75岁的剑桥大学法学院院长皮特·克瓦洛克站到辩护席上。面对着四周沸腾的听众,年迈的大律师从容不迫地开始了他的辩护:

> 检察官们为什么会相信玛丽小姐的控诉呢?他们本来知道姑娘不正常,从一开始就应该对她有所怀疑。一些专门的鉴定人曾给姑娘作过检查,发现她曾患过梦游症和幻觉症。医生们了解到:"当她的病发作时,还伴有大脑和五官的神经官能症。"通过调查,我们还证实,她能编造出各种各样纯属虚构的事情。譬如,有一天她向母亲讲,她看见一个男人脱了大衣跳到河里,后来被船夫救起来了。其实在剑桥谁也没见过这件事。可见,如果检察

官们能表现出一点点儿分析精神，他们就会向法庭证实斯泰宁小姐是在说谎。

让我们想想看，玛丽小姐说，侵犯她的人是从窗子闯进来的。而她的房间在3楼，约有13米多高。这需要相当高的梯子，而这样的梯子至少需要3个人才能抬得动。按受害人的说法，拉隆希尔穿着军服。试想，他穿着军服，和另外两个帮手，搬着大梯子、往返穿过索缪尔大桥，而这个地方即使在夜间也是有很多人的，这些军人的行动不会引起人们的注意吗？再说，斯泰宁公馆的公务员、警卫队就在附近，作案人在安放那个大梯子的时候，就没有被他们发现吗？而这个又高又重的梯子，无论靠在房檐上也好，立在地上也好，怎么就没有留下一点痕迹呢？

恶意的叫骂声消失了，人们开始窃窃私语。皮特·克瓦洛克离开辩护律师座席，走到陪审团面前，用一种悠长缓慢，但坚定有力的动作举起双手：

有两项验证，足以推翻姑娘的控诉。对窗子的检查说明，破碎的地方离那个长插销很远，作案人从这里很难碰到它。还有，那些碎玻璃片都是落在外面的，没有一块掉在屋里，很显然这是从里面打碎的。所以，玛丽小姐显然是在说谎。再说，把写匿名信的事儿归咎于拉隆希尔也是荒谬的。为迁就这个起诉，就算是中尉真的要强奸玛丽，那么，他会冒着被监视的危险而事先做出声明吗？他又可能那样轻率地在作案现场留下自己的名字而引以为豪吗？请设想一下，这是正常的吗？如果他真的充好汉干这件事，又相信将军怕丢面子不会去报复，那么，在他被捕以后，他就很快会发现自己打错了算盘，很可能要因此被判处无期徒刑。可是，他在预审中坚决否认被控告的"罪行"，同时却继续写信吹嘘自己的所作所为。他在给阿伦的信中说："我进了玛丽的卧室……请烧掉这封信，我现在惟一的自卫是否认。"这次，他不再只是签上几个字母，而是签了全名……这一切都是可信的吗？

再看看技术上的问题。那些信是通过什么途径到了斯泰宁公馆的呢？控告中说得很明白，拉隆希尔是没有同谋的。可是在他被捕以后，信又不断地发出了。这似乎应该认为拉隆希尔在狱中收买了看守，或买通了某个密使，把信送到斯泰宁公馆。因为，这些信总是被放在公馆里或是剑桥的邮局里。要知道，拉隆希尔这时已负债累累，审讯证实了他当时只有卖手表得来的30英镑。监狱里的什么人愿意冒着失去工作，甚至失去自由的危险，去为一个到了穷途末路的实习军官效劳呢？同时，有4个司法鉴定人检查了那些信件，他们一致认为，信不是中尉写的。其中两位鉴定人原来不认识玛丽小姐的笔迹，但是他们证明这些信是女人写的。而另外两位鉴定人则研究了这位小姐的笔迹，他们肯定玛丽就是写信的人。

但是这一切都没有动摇那些审判官。他们认为鉴定人犯了错误，而像玛丽小姐那样有教养的无辜女子，要演出这么一场令人难以置信的戏则是荒谬的。

法庭里一片寂静。就像在法学院的课堂里一样，辩护大师的舌尖在每一个听众的心里跳舞。人们完全被皮特·克瓦洛克那无可置疑的开庭陈述打动了。

其实，不用请教笔迹学专家，只要认真读一读这些信，就足以证明那根本不是拉隆希尔干的。信里有这样的话："您的女儿和我发生了关系，我有确凿的证据。"很明显，一个16岁的姑娘也许认为被强奸后肯定会怀孕，而一个骑兵中尉就不会这样天真幼稚。人们对用过的信纸也做了检验，在拉隆希尔家中没有搜查出这种信纸，而在玛丽·斯泰宁家里却找到了这种信纸。你们会看到鉴定家杰克·威尔曼将在重罪法庭上宣布："引起争论的信纸和在姑娘家找到的是同一种纸。"还需要其他证据吗？

请看，拉隆希尔只受过初等教育，他很小就入了陆军学校，从下士开始，一步步地得到了现在的军衔。他的文书能力糟透了，没有学过英语中的时态配合。而玛丽·斯泰宁则不同，她懂得很多，知道时态配合，而信中的句子很漂亮，句法和书法都是无可挑剔的。假如一个有学问的人，他有写匿名信的怪癖，为了使猜疑者陷入歧途，他可能很容易变换笔迹或故意写错，但是，反过来一个无知的、近似文盲的人，写了大批匿名信，竟奇迹般地表现出完美的句法和书法。这样的逆命题能够成立吗？

一个想公正、客观地判案的法官，看到、听到一个引人入胜的题目，想不认真阅读和专心倾听都难；听到了其中的论点和论据，想不思考、不重视都难。如果你的辩护观点和代理观点有理有据，一定会被采纳。

随着法官队伍素质的提高，律师的辩护演讲和代理演讲在法官中产生的影响也越来越大。就像业务水平高的法官会在律师中传为佳话一样，法律素养高的律师也会在法官圈子中广为传扬，其法庭演讲也会更容易引起法官们的重视。

(三) 代理演讲

本书所说代理演讲，主要指国家的法律工作者，即律师在民事、行政案件的审理过程中，受当事人的委托就案件事实、是否违法、应该承担的责任以及赔偿请求等所作的全面、完整的独白式公开讲话。

如果说公诉演讲和辩护演讲主要运用在刑事案件中,表现为控、辩双方的言辞对抗的话,代理演讲则主要运用在民事、行政案件中,依照这些案件"谁主张、谁举证"的原则,代理演讲往往需要律师付出更多的心血和更繁杂的劳动。

代理演讲被法官称为对等辩论发言,即按照原告及其诉讼代理人,被告及其诉讼代理人,第三人及其诉讼代理人的顺序依序进行,演讲的原则是民主、平等、完整、自愿,演讲内容紧紧围绕案件事实、证据责任大小和运用法律等具体问题来进行。代理演讲常是有立有驳、立、驳交替使用。由于代理演讲中有寻求和解和案件本身调解结案的可能性,演讲口气较为和缓,措词委婉。

19世纪,在美国密苏里州的沃伦斯堡,有位波登先生,他养了一只名叫"老鼓"的猎犬。有一次它跑到邻居的后院,不幸被邻居打死。官司由地方法院打到最高法院。在最高法院,波登先生的代理人佛斯特先生,向法院陪审团作了一篇代理演讲。演讲深深打动了每一位陪审团成员,于是法院判决波登先生胜诉,获得高额赔偿。此后,这篇取名为"赞美爱犬"的陈述辞被人们广为传诵。演讲辞是这样的:

在这个世界上,一个人的好友,可能和他作对,变成敌人。他用慈爱培养起来的儿女,也可能变成忤逆不孝。那些我们最感密切、最感亲近的人,那些我们用全部幸福和名誉信托的人,都可能会舍忠心而成叛逆。一个人所拥有的钱财,可能会突然失去,很可能在最需要时散失殆尽。一个人的声誉,可能在考虑欠周的一瞬间,灰飞烟灭。那些习惯在我们成功时屈膝奉承的人,很可能就是当失败的阴云笼罩在我们头上时,掷第一块阴毒之石的人。在这个自私的世界上,唯一一个毫不自私的朋友,唯一一个不舍弃他的朋友,唯一一个不忘恩负义的朋友,就是他的爱狗。

各位陪审团,无论主人是贫困潦倒或飞黄腾达,无论主人是身体健康或身患疾病,狗都会守在主人身旁。只要能靠近主人,就算地面冷硬、寒风吹袭、大雪狂飘,它也会全不在意地躺在主人身边。纵使主人没有食物喂它,它仍会舔主人的手,以及主人手上因抵抗这个冷酷的世界而受到的创伤。纵然它的主人是乞丐,它也会像守着王子一样守着他。当所有的朋友都掉头而去,它却毫不动摇、坚定不移。当财富消失、声誉扫地时,它对主人的爱,仍如空中运行不息的太阳一样,永恒不变。假如因命运的作弄,它的主人变成一个无家可归的流浪者,这只忠诚的狗只要求陪伴主人,和主人共同应付危险,对抗敌人,别无奢求。当万物的结局来临,死亡夺取了主人的生命,他的尸体埋葬在冰凉的泥土之下时,纵然所有的亲友都各奔前程,这只高贵的狗仍然会独守墓旁。它仰首于两足之间,眼睛里虽然充满悲伤,但却机警地守着墓地，忠心耿耿，直到死亡。

有时候，仅仅以经济的或者物理的等刚性的尺度来作为衡量标准，会显得无力而且乏味。而一旦涂抹上人的感情色彩，即便是最普通的事物，也会变得生动感人。记住：代理演讲要用情感的力量打动人。例如，有位律师的一段代理演讲中讲到："当一个人提到委托金时，他就会联想到孤儿寡母以及已经去世的委托人，联想到他的嘱托里包含着的眷眷情意。"诚然，这句话对于律师承办的具体案件的观点是可有可无的。然而，它对于发挥法庭陈述的威力却是不可或缺的一部分。在这段话中，并列着"孤儿寡母、已经去世的委托人"，给听众以十分强烈的印象，胜诉的砝码无形之中加重了。

好的辩护词代理词，还须有一条主线贯穿其中，从而突出主题，像学术论文一样有自己的题目，有论点和论据。例如，一个土地使用权转让纠纷案，二审代理人法庭辩论中发现主办法官在归纳争论焦点时，将一些明白无误、不容置疑的问题作为焦点，而解决本案纠纷最关键的一个争议问题没有受到重视，就写了"本案的争议焦点是什么？"这样一篇代理词，提出"本案的争议焦点到底是什么"，后来，这篇代理词的观点被法院采纳，二审改判。

四、法庭演讲的语言特征

法庭演讲的终极目标是为了使自己的观点为审判官们接受，而生动的语言则是实现这个目标的重要手段。生动的语言具有一种诱人的魅力，使人得到美的享受，从而不知不觉为他的观点所折服。例如，某人"在晚年受到打击"来讲述某个事实固然可以，而律师如果换一种说法——"他在凄凉的晚年竟然遭受到如此沉重的打击"。就更能增添它所描述情境的严酷性，激起听众的怜悯心和同情心。

单调乏味的语言固然令人听而生厌，但过分追求语言的华美在法庭上也是不足取的，它只能使演讲主体的演讲意浮言散、繁琐冗长。律师必须像躲避瘟疫一样地逃避千篇一律的陈词滥调，公式化是法庭演讲的一大禁忌。词语的翻新更迭、修辞手法的千变万化、语序的转化改换，以及寓言典故的运用，永远都是激起听众兴趣、实现演讲目的的不可缺少的语言手段。

当然，公诉人和律师不是魔术师，他不应当使他的法庭陈述像耍魔术一样，使听众目不暇接、眼花缭乱而又不知所云。语言的多样性是为律师阐明事实、发表主张服务的，它不应当影响其表达意思的清晰度、明了度。

法庭演讲，是公诉人和律师辛勤劳动的凝聚，是他们聪明智慧的结晶。当他们巧妙出色的法庭演讲博得听众的啧啧赞美时，他们将感到一种胜利的喜悦，一种成功后的陶醉，而这种感情也许是从事其他职业的人难以获得的。

出色的法庭演讲，只有在实践中长期锻炼才能铸就。

（一）语言的准确性

准确是法庭演讲语言的生命。法庭演讲具有很强的论辩色彩，如果遣词不准，歧义别生，很容易使演讲主体处于被动的境地，并给对手提供可乘之机。甚至导致整个诉讼的失败。

法庭演讲中的准确和一般文学作品中所说的准确是有区别的，文学作品的准确仅限于审美的追求，人们对它的判断是看它美不美，神不神，而法庭演讲中的准确则是事实的准确和法律的准确，这种准确干系重大，有时一字之差，牵动全案，甚至决定当事人的命运。

1. 表达方式的准确性。在法庭演讲中语义含混模糊，存在歧义是不允许的。有说服力的演讲主体应该尽量避免大量使用形容词和程度副词。如"很"、"非常"等模棱两可的词，如"有点儿"或者"有几分"等不确定性词汇。

2. 语言的分寸感和词语褒贬色彩的准确性。在审理被告人王××杀人一案时，为激起民愤、引导法庭作出严厉判决，公诉演讲中有如下一段内容：

> 王居然在20××年×月×日暮夜降临之时，满脸杀气、咄咄逼人地身藏锋利的匕首，窜到了孤苦无助的亭亭玉立的妙龄少女田××家中，恶狼般凶狠地朝田××身上连刺九刀，田一下子栽倒在鲜血染红的坚硬的水泥地上昏死过去。苦命的田××啊，过早地告别欢乐，永远躺在了病榻上，终日与苦痛相伴，整天与寂寞为伍。杀人魔王的手段何其残忍，用心何其毒也！不仅葬送了无辜少女一生的幸福，也严重扰乱了社会治安秩序，不严惩不足以平民愤，不严惩不足以正视听！

此番演讲文采飞扬、艳丽多姿，公诉人对被告人的憎恨、对被害人的同情溢于言表，但煽情过火、分寸失当，缺少应有的说服力，以致旁听席上嗤笑之声不绝于耳，连严肃有余的法官也忍不住相视而笑，连连摇头。最终，公诉人虽竭尽全力，也未能达到预想的严惩结果。

词语的褒贬色彩体现出演讲主体的倾向性，是演讲主体实现其职责、权利、义务的一个途径。在法庭上，如果公诉人和辩护律师能够很好地辨别和使用褒贬词语。演讲效果将会大大提高。

3. 援引资料的准确性。在演讲论证的过程中，演讲主体必须援引具有确切出处的依据以支持自己的建议。应当记住，对于法官来说，演讲者从一个判决、一本教科书或一部法律中直接援引出的词句要比用自己的语言对之所作的复述更有说服力。

4. 法言法语运用的准确性。法言法语的准确适用也是法庭演讲语言准确性的一个方面。在一起特大走私案中，起诉书指控汪某与锗某等五人相互勾结进行走私犯罪，被告人汪某的辩护律师在辩护演讲中有这样一段：

辩护人翻遍了公诉人的全部案卷，也没有找到一条证实他们"相互勾结"的证据，或许公诉人愿意在法庭上出示这方面的证据，如果没有证据而主观臆断地把互不相识的人硬拉在一起说他们"相互勾结"这恐怕只能说是公诉人想像出来的天方夜谭了，辩护人并不想在起诉书的遣词用语上作什么文章——起诉书用词极不准确、极不客观的地方还有很多处。辩护人是想说明，公诉人在这里用"相互勾结"其实际含义是想说5个被告人有"共同故意"，这才是公诉人的真正落脚点。

（二）语言的严谨性

语言的严谨与准确，并不是两个相同的概念，而是两个相近的、有一定交叉包容性的概念。严谨和准确是有区别的，准确表现于选词用字的局部，而严谨则体现为句与句之间的意义联系和逻辑联系，它贯穿于整个演讲的全过程。

1. 主题的限定性。指法庭演讲必须围绕开庭审理的这个案件本身来进行，并要自始至终围绕主题展开，其核心是万变不离其宗，宗即事实和法律。

2. 分析的秩序性。演讲内容要安排得主次有序、详略得当、轻重分明，给听众层次感。一般来讲当人开始讲话时，听众注意力比较集中，演讲主体应把主要内容安排在演讲开头发表。对演讲的核心内容要讲深讲透，而次要问题则可以轻轻带过。演讲杂乱无章，致使听众特别是审判人员不得不吃力费神地重新梳理头绪，就会变成名符其实的讼累。让听众反感的法庭演讲其结果是可想而知的。

3. 论证推理的完整性。在生活语言中，为了求简，说话人会把大家都明白的一些语言成分省略掉，而在法庭演讲中为求严谨就要展示整个推理过程，不能在语言的逻辑结构上缺胳膊少腿。

例如：某律师在代理演讲中有这样一个"三段论"推理：

民事诉讼法规定，代理人代为或拒绝和解，必须有被代理人的特别授权（大前提）；

原告代理人没有得到特别授权（小前提）；

所以，原告代理人生硬拒绝法庭调解是违反程序法的（结论）。

这个三段论显得有几分刻板，它设置了大前提，而这个大前提似乎是律师法官的常识，但如果省略这个不常用的"常识"，而突然陈述小前提和结论，很容易让听众一时转不过弯来。所以，法庭演讲中涉及一些稍为复杂的推论，在逻辑形式上最好完整无缺。

4. 句式的规范性。法庭演讲要求句子成分完整，词语之间的搭配、词与词之间位置的安排合乎汉语口语的习惯。句子成分的省略、倒置，文学表现手段的使用要谨慎，文白夹杂、汉语欧化、不土不洋的句式应尽力避免。

（三）语言的平和性

法律语言的平和性在于公诉人和律师用语应庄重得体，在事实的基础上，做到对事实的清晰描述和分析，准确引用法律规范，阐明自己的观点，不要求其辞藻的华丽，如何的幽默和煽情。这样可以避免矛盾和冲突，维护律师的良好形象。

1. 公诉人和律师用语不要过分渲染和过分的夸张幽默。作为法律工作者，法庭演讲主体是依据事实和法律进行陈述，而绝不是慷慨陈词、哗众取宠。过分的炫耀，实际上是对法律工作者形象的亵渎。

2. 公诉人和律师在法庭演讲中的语言要注意平息当事人双方的矛盾。在一些刑事自诉、离婚纠纷、人身伤害等案件中，当事人双方本来已经积累了一定的矛盾，如果律师再使用刺激性的语言，很容易激化双方的矛盾，影响诉讼的进行和问题的解决，律师语言应该只就事实和法律加以叙述，无需就问题产生的原因再进行刺激性和夸张性的渲染。

当然，公诉人和律师语言的要求还有很多，法律工作者应当在实践中有意识地提高自身修养。

（四）语言的庄重性

法庭演讲语言的庄严性，包含三层含义：①诉讼的严谨准确性。法庭演讲的表述应以事实和法律为依据，客观公正地反映事物的本来面目，而不允许无谓的夸张、推测，它虽不完全排斥主观色彩的修饰，但是有限度。演讲主体在演讲中把主观的感受融入客观的叙述中去，同样能唤起听众的感觉。②诉讼的法语法言性。法庭演讲应遵循法律规范，胜也是因法而胜。因此，应对演讲中的人称、物称、事实、理由等以规范的法言法语和科学术语加以表达。某些专门名词令人费解，演讲者可作必要解释。③诉讼的平等公正性。演讲语言以平等的口吻，应一致于法，而不应屈服于外力私情。

庄重是法庭演讲的基调。这一要求就使法庭演讲远离了粗野、轻薄、戏谑、调侃、亵渎、诡辩和浮夸。1980年，最高人民法院特别法庭第一审判庭在审理"四人帮"之一的姚文元时，被告人姚文元的辩护律师韩学章的一节辩护发言就属于言辞庄重的典范：

一、本案是一个反革命集团案件,既要把主犯与从犯加以区别,又要把各主犯之间在反革命集团中所处的地位和所起的作用加以区别。江青是这个反革命集团的为首者,姚文元是这个反革命集团的主犯之一。姚文元的某些犯罪活动,是在江青指示下实施的。

二、关于策动上海武装叛乱问题,根据12月13日法庭调查中出示的证据和证人的证言,已经证明张春桥、王洪文是上海反革命武装叛乱的策动者,姚文元对这一罪行不应负刑事责任。

三、姚文元虽然在报批曹荻秋为叛徒的报告上也划了圈,要负一定的责任,但是从全部情况分析,张春桥在这一罪行当中,是起主要作用和决定作用的。这一事实也请法庭在量刑时予以考虑。

四、起诉书第34条所指控1967年5月,张春桥、姚文元在济南支持山东省革委会主任王效禹镇压群众的罪行,从法庭出示的证据看,姚文元事前没有表态。武斗事件后他祝贺打了一个胜仗,这当然要负一定的责任,但从犯罪的整个过程来看,张春桥对这一罪行负主要责任。

法庭演讲中尽量用明确的概念,造恰当的句子,它和一般演讲中通过各种积极的修辞手段创造气氛、大胆煽情,以引起听众情感的共鸣、产生美感效应是有区别的。

(五) 对象化

法庭演讲的外在语境是相似的,但对于每一个案件来说,演讲主体所面对的当事人、对手、听众和案情等都是有差异的,演讲主体要视案件的具体情况和实际需要调整语言风格和演讲方式。如果模式化地搬弄同样的风格,以不变应万变,就会影响法庭演讲的效果。如前面提到的张金柱案公诉演讲相对来说较情绪化,它通过一系列积极修辞手段大胆煽情,向人们描述了一幅惨不忍睹的画面,取得了非常好的演讲效果,这是由这个案件本身的特点决定的。张金柱本人是公安干部,是一个知法犯法者,再加上这个案件本身性质特别恶劣,引起了极大的民愤和新闻媒体的关注,公诉人血泪的控诉得到了听众的认可。除了公诉演讲和辩护演讲方式的不同外,刑事案件还是民事案件、当事人的文化层次也影响着演讲语言的运用,例如,在近年来越来越多的著作权纠纷案件中,双方当事人的文化水平一般来说都较高,作为代理律师用语上应精炼典雅一些。面对农民当事人语言就应尽量地追求通俗。

法庭演讲应避免方言、俚语和冷僻生涩的用词,少用书面语和复杂的句式等,否则,张口"之乎者也",闭口"杀无赦",玩弄艰涩生僻的词藻,无疑将影响法庭演讲的效果。例如，一公诉人在公诉演讲时这样提及被告人（乘公共汽车，下车时故意拥挤造成事故）实施犯罪的过程：

> 汽车尚未停稳，被告人陶××便凶神恶煞般推搡前面乘客，恰车门顿开，端立门侧的小学生李被挤倒地，一骑车者避之不及，人、车覆压于上。正欲下车的少妇黄×怀抱幼儿不堪一"挤"，失足踏空，幸一长者相携，方免遭蹈藉。孰料被告人竟丧心病狂地再度冲撞，致老人、少妇及幼儿倾倒于车下，头破股断。不过须臾，即造成男女老幼4人受伤，然被告人却一脸狞笑扬长遁去。

这段文白交错的演讲，说者咬文嚼字，煞费苦心；听者如坠云雾，不知所云，自然削弱了听众对被告人的声讨与对受害者的同情。

随着科学技术的日新月异，社会生活的丰富多彩，法庭审理的案件应有尽有。特别是涉及科学技术方面的案件日渐增多，诸如砖块的尺寸、排水管的直径、塑料的耐压力、金属的膨胀系数、环境污染标准、交通运输规则等，单靠感情和情绪的抒发，或者美妙动听的语言，已无法对案情进行准确的表达，没有相当的专业知识是很难领会的。法官不可能对各门学科都精通，所以律师对涉及的一些专业术语作相对通俗化的解释，是非常必要的。在一经济纠纷案件中，律师在代理演讲中对所涉及的术语作如下解释，听众听起来就明白多了：

> 固定资产是可供长期使用，并在使用过程中基本保持原实物形态的劳动资料和其他物质资料，如房屋、机器、运输工具等。折旧是指固有资产因损耗而转移到产品上去的那部分价值，折旧率和折旧年限一般是法定的。

五、法庭演讲的规范性特征及运用

（一）语言的规范性

规范性主要是指法庭演讲的主体在诉讼活动中使用的专门法律语词，即通常所说的"法言法语"，它显示了法律的专业性和法律的职业特点。

1. 演讲主体必须深刻理解相关的法律术语。在法律活动中做到准确的运用法律术语和清晰理解同一法律术语的不同意义，例如，"第三人"这一术语涉及民法中的第三人问题和诉讼法中的第三人问题，其在司法实践中有着不同的意义，律师必须能准确把握，才能在法律活动中做到清晰表达。又如，"从犯"是指在共同犯罪中起次要和辅助作用的犯罪分子，该术语表明了从犯有两种表现形式，其量刑的程度是不同的，如果律师在共同犯罪辩护中只辩其一，忽视其二，则不能很好地保护委托人的合法权益。

2. 演讲主体在法律活动中不能自造法律术语。在诉讼活动中，经常会出现律师乱用法律术语和自创法律术语的现象。在当事人看来律师专业性很强，在内行人看来，是天大的笑话。例如，法律关系分为直接法律关系和间接法律关系，只有存在与不存在问题，而有的律师在是否存在法律关系时竟然用形式法律关系和实际法律关系加以辩论，显示了律师法律功底的欠缺，还有的习惯于大众的用法，如"法人代表"、"犯罪团伙"、"嫌疑人"等，这些都是根本不存在的法律术语，显示了律师用语缺乏严谨性和规范性，有的律师在民事侵权的无过错责任辩论时，使用了"无过错受益人责任"，其实说的是公平责任或者是无过错责任，这属于律师自造法律术语的问题。

3. 演讲主体应当能用平白的语言解释法律术语。当律师面对当事人时，很多当事人对法律一无所知，对法律术语更不清楚，这就要求律师必须能用平白的语言向当事人来说明法律术语，比如，"法律关系"、"代位继承"、"转继承"、"第三人"、"诉讼时效"、"不当得利"、"相邻关系"等。而绝不能不顾及当事人的理解，为了显示自己的专业性或者为了应付当事人而一味地使用专业法律术语。

（二）规范性语言的应用

法庭演讲有自己的章法和规范性特征，这一方面是由于法律的规定，另一方面又有一些约定俗成的惯例，具体应用的时候，应当给予重视。

1. 呼告语、导语。呼告语、导语统称为开场白。如：

审判长、人民陪审员：

我受被告人刘××委托，担任本案的辩护人，我将依照《刑事诉讼法》第35条的规定，根据事实和法律，提出证明被告人无罪、罪轻或者减轻、免除其刑事责任的材料和意见，维护被告人的合法权益，履行我的职责。

"审判长、人民陪审员"作为呼告语，是形式上的要求，也是一种礼仪需要，并提请听众注意。接下来是导语，导语讲明辩护的目的、依据，同时也宣传了有关的法律知识，这对于法官来讲可能是一种套语，而对于诉讼参与人和旁听公民来说，可以让他们在较短的时间内了解辩护的基本内容，并巧妙设置一种氛围，让听众沿着辩护人的思路去思索，引领出正文。

审判长、人民陪审员：

在今天公开审理被告人王××玩忽职守的法庭上，我以国家公诉人的身份出席法庭支持公诉,通过刚刚结束的庭审调查,清楚地证实了本院起诉书认定的犯罪嫌疑人的犯罪事实是确凿的,证据是充分的,为进一步阐明公诉观点,特发表三点公诉意见,请合议庭在合议时予以考虑。

用短短的几句话讲明了演讲主体的出发点和主要观点,并交代了自己演讲的大体框架同时表明态度。开场白并非都是千人同腔,它要求材料精确,语言字斟句酌,结构简明严谨。

一个好的开场白具有重大意义。法庭演讲主体应当反复思考最初的几句话,直至不假思索就可以脱口而出为止。如果在头一两分钟就能打响,他的发言便成功了一半。

2. 正文即主体部分。主体部分的主要任务是阐明事实,并发表演讲主体对事实的分析。

演讲主体在正文中要根据自己的庭前准备,就案件发生的时间、地点、方式、方法,以及犯罪嫌疑人或当事人的主客观因素和条件等加以阐述,目的是尽量详细地重现案件的原貌,并用自己的叙述引领听众体会、思考、分析。

主文部分应尽量做到全面、精致。约翰·戴维斯把法庭演讲的主文概括为三个"C"——时序、坦诚和清晰。

时序,指把案件按照其发生的顺序告诉法庭,这符合人的思维习惯和听觉习惯,能给人一种自然明白之感。坦诚,指关于事实的陈述要精确,不妨引述原卷记录以表述各项具体事实,紧紧抓住棘手的问题和双方的分歧点,不要等你的对手首先提出不利于你的案情的重要事实。清晰是结构上的要求,如果事实陈述冗长,就使用小标题来吸引法庭的注意力,最好使用小段落,以一种引人注目的方式简明扼要地向听众介绍你的论证,在演讲中插入标题及小标题可使读者对整个论证有一个一目了然的概要性了解。

"二七"大罢工前夕,著名律师施洋为工人黄得发、江有才所作的辩护,虽然有别于今天的法庭演讲,却是依时序讲述案情的典范。

今天下午6时左右,江汉铁路机厂的工头胡大头跑到工人黄得发、江有才家里,用威逼利诱的办法,叫黄、江二人去车站替魏处长的父亲开压道车,魏处长的父亲因急于要去新市场看女伶凤骚泼旦"夜明珠"的上场,一上路就迫令黄、江二人加紧摇车,这时,迎面开来了一列军车,按铁路行车规章的惯例,压道车必须让火车,所以黄、江二人准备下车让路,但是魏处长的父亲因急于看"夜明珠"的上场,迫令黄、江二个继续往前开车。黄、江二人向魏处长的父亲委曲陈词,还扶他老人家下车,但是这个老人蛮不讲理，破口大骂，说什么"我的儿子魏学清，乃是京汉铁路总局的警务处长，手里捏着好几团人，任何车辆见了我魏老太爷一律得让路……"。他一面谩骂，一面用手杖猛击黄、江二人，这时眼看军车已经开近了压道车，黄得发不得已跳车逃命，江有才却被魏处长的父亲拖住了，一齐辗死在火车轮下。这就是全案的经过。

又如，前面提到的张金柱案公诉演讲，小标题的运用使其层次清晰，上下贯通，非常适合法庭演讲对清晰的要求。

在代理演讲中坦诚显得特别重要。以一个离婚案件为例，男女双方同意离婚，但对孩子的抚养权问题有争议。女方律师在代理演讲中讲道：

关于小孩的抚养问题，我想双方都应该了解这样一个前提，即不论双方哪方来抚养，孩子与父母的血缘关系都是不能割断的。在法律上，父女或母女的法律关系并不随父母的离异而消除。孩子永远是你们双方的，你们也永远是孩子的亲生父母。

因此，我建议你们双方在考虑孩子的抚养权归属时，多从有益于孩子的利益出发。鉴于本案婚姻双方的具体抚养条件，我认为将孩子给女方抚养较为合适。因为：

（1）女方有固定的工作，工资收入较高，有利于保障孩子的生活。男方无正式工作，收入不固定，也较低。

（2）女方所在城市，相对男方所在小镇，经济较发达，文化环境较优越，有利于孩子的教育。

（3）女方在家中系独女，上有刚退休的父母，有利于孩子的照看和保护。

我分析这些条件，丝毫没有歧视男方生活环境及条件的意思，仅仅是从现实环境条件是否有利孩子的抚养来考虑的。我这些话，不知作为孩子父亲的男方有无同感，如无则留待法庭判决，如有则建议你们调解离婚算了。这对于孩子的将来好一些，也会冲淡一点你们双方离婚后的心理阴影。你们双方都是有文化的人啊。

这篇演讲的特点在于：①没有任何生硬刺激的用语，甚至连"原告"、"被告"这样的法言法语都没有使用；②孩子是父母心头的肉，从有利于孩子前途的角度分析利弊得失，很容易引发离异双方的恻隐之心；③语言委婉温和，并带有征询的意味，有情有理，充分体现了法庭演讲中对坦诚的要求，它对于消除原被告双方的抵触情绪，达成和解协议是非常有利的。

3. 结语。法庭演讲的结语，是通过主体部分对事实的陈述和法律的分析以及证据的认定而自然得出的结论。它往往由反复呼告、论据复述（诉讼请求）两部分组成。如：

> 最后，本代理人代表被害人潘平谈两点意见：
> （1）（1993）沪中刑初字第 25 号刑事判决是正确的。
> （2）相信二审法院会根据本案事实和有关法律作出公正的裁决！
> 谢谢审判长。

六、法庭演讲中常用的表现方式

和一般演讲比较起来，法庭演讲受到了很多的限制，如主体、听众、语境等，这就使得法庭演讲的表现方式、语言形态、情感基调和一般演讲不同。

如果说一般演讲侧重于情感影响，侧重于由情及理的感染的话，法庭演讲则侧重于说理论法，它更多的是采用议论文和论述文客观、求实的风格，应用叙述、议论、夹叙夹议、对比反衬、说明等手法。

（一）议论

法庭演讲具有鲜明的论辩色彩，其间蕴含着一种不可战胜的逻辑力量。正因为如此，法庭演讲虽然有几分枯燥和呆板，但演讲主体展示的逻辑魅力却能够紧紧抓住听众，并一步步说服感染听众。

议论，指公诉人、辩护人或代理律师等演讲主体对案件中各种客观事实情况所进行的评论。议论在法庭演讲中运用最为普遍，一个完整的议论由论题（论点）、论据和论证过程三个要素构成。

（1）论题是演说论证的灵魂，具有主导性、决定性。法庭演讲中的议论，以论题始，以论题终。无论题，不成其为论证；论题不明，论证必然陷入混乱。

（2）论据是演说论证的依据，是基础性的要素。法庭演讲中全部的论证过程都要建立在坚实的论据（证据）基础上，无论据，无法进行论证；论据（证据）不可信，论证不能服人，法庭演讲中的论据应当为在质证阶段得到确证的真实可信的证据。

（3）论证方法是运用论据证明论题的方法，无严密的论证方法和论证过程，论据和论题无法建立联系，其存在也就毫无意义，如果论证过程中出现失误，最终由论据推导不出论点，整个演讲就难以显示它令人信服的力量。

鲜明的论题、确实可信的论据（证据）、正确无误的论证方法是使法庭演说达到有效、有力的三个必不可少的条件。

被告人王××、张××抢劫杀人的罪行经历了一年的精心策划（论点）。2007年初被告人王××首先提出抢银行，被告人张××表示赞同，从此二人多次密谋策划，商定在犯罪时间上选冬天，便于伪装；在犯罪地点上，选在地处偏僻、作案后能迅速逃跑而又不易被人抓获的地方；在犯罪工具上，私自制造了手枪；在犯罪行动上，先杀人，后抢劫，直到2008年1月31日作案，前后长达一年之久。

演讲主体一开始提出论点"被告人王××、张××抢劫杀人的罪行经历了一年的精心策划"，接着利用经过法庭调查证实的事实（证据）来证实自己的论点。整个论证过程是由个别到一般的归纳论证。

法庭演讲的说服力和感染力源于正确的推理和论证。无论是揭露还是辩护，也无论是证明还是反驳，说理过程必须严谨周密，论点论据须有内在的逻辑联系，从而使论证过程形成一个环环相扣、高度统一的有机整体。又如，一起侵害名誉权纠纷案原告代理人的代理演讲：

被告人刘××谈到，她侮辱王××的言词不过是引用别人说的话，意图以此为她的侵权行为开脱责任，这种辩解是站不住脚的。从侵害名誉权的主要行为特征来看，发表丑化他人人格，损害他人名誉的侮辱性语言无疑是对他人名誉权的侵害，而传播和散布这种侮辱性语言也是对他人名誉权的侵害。"引用"属于传播和散布的范畴，因此可以说，即使被告人刘××对王××的侮辱是"引用"别人的话，其性质仍然是侵权。

这段论证采用了逻辑学上的二难推理法，严谨周密，在法庭演讲中具有很强的说服力。

（一）说明

说明是揭示事物本质特征的一种表达方式，分为概括说明、定义说明、举例说明、数字说明和引用说明等。

1. 概括说明。概括说明是指对要表述的客观事实情况进行概括性地介绍，其好处和特点是给听众一个总体印象，常用在法庭演讲的导语中。

审判长、人民陪审员：

在今天公开审理被告人王××玩忽职守案的法庭上，我以国家公诉人的身份出庭支持公诉，通过刚刚结束的庭审调查，清楚地证实了本院起诉书认定的被告人的犯罪事实是确凿的，证据是充分的，为进一步阐明公诉观点，特发表三点公诉意见，请合议庭在合议时予以考虑。

这一段演讲概括说明了四个方面的情况：①公诉演讲的缘由和场所；②出庭的依据；③庭审调查的特点；④公诉演讲的内容。它给审判人员和旁听公民一个完整的轮廓，使他们大致了解公诉人对该案的态度。

2. 定义说明。定义说明是指用简洁而明确的语言指出被说明对象的性质特点，即下定义。法庭演讲要求概念明确，专业术语界定准确，并对关键概念的属性加以突出。通过明确地区分两种或几种概念的不同性质，表明演讲主体的态度和观点，是法庭演讲中常用的方法。

在一次公诉演讲中，演讲主体通过揭示"借用"和"诈骗"的内涵，再加上具体的事实论述揭露被告人的罪行。

"借"和"骗"虽只一字之差，但其含意却有本质的区别。所谓借用，是指经对方同意，暂时使用，并按时归还的行为。而诈骗是虚构事实、隐瞒真相，使对方上当，从而取得对方财物的行为。庭审调查证实，被告人陆××租用豪华轿车，假冒是××无线电联营厂经理，说"进货缺款"，对方信以为真，将9 000元人民币交给了陆××。确实，陆××在接款时打了"借条"，可这借条能说明什么呢？钱一到手，没几天功夫，陆便将其挥霍一空，他曾与同单位的王××讲过这样的话："××无线电联营厂经理真好说话，这钱等骆驼年再还他吧"。骆驼年是哪一年，十二属相里没有，显然是不想还，实际上陆××也无力偿还，更无意偿还。所以说，认定陆××诈骗犯罪的性质是正确的。

3. 举例说明。举例说明，即让事实说话，它比单纯的抽象概括，泛泛而谈更有具象性，更易于为听众接受和理解，同时也更加深了人们对事实真象的认识。如姚锦云案公诉演讲中就使用了举例说明的方式。

被告人姚××驾车故意撞死无辜群众5人，撞伤19人，其中重伤11人。

死者张××，女，现年26岁……
被撞死的北京卫戍区某部战士张××……
北京市百货批发公司储运科因公负伤的老工人魏××……
北京市第一机床厂退休女工李××……

从结构上讲，公诉人开始一段对整个案件死伤情况进行了概括说明，接着选择典型死伤者进行举例说明，详略得当。

4. 数字说明。用具体数字来说明案件中某一情况，显得准确、精细，并能体现出演讲主体认真负责的工作态度。

请看一个非法庭演讲的实例，它向我们说明了运用数字说明法所产生的强烈的震撼力和说服力。《粮鼠猖獗 6 年吞噬 2 000 亿》。

> 仅仅以数据而言，问题之严重还是远远超出了普通人大胆的猜想。
>
> 到 2008 年 3 月底，全国各地的粮食贷款余额——也就是尚未收回的贷款额高达 5 431 亿元，而查一查国家粮库的家底，粮食库存值加起来只有 3 291 亿元——两者之间，整整亏空 2 140 亿元！这意味着 2 140 亿元之巨的资金或者被亏掉了，或者因挤占挪用而流到了粮食收购系统之外。
>
> 不是几千万或几个亿，而是 2 140 亿，全国粮食收购贷款总额的 39.4%！偌大的粮款窟窿，这些钱都哪里去了？
>
> "要是不亏和不挤占这 2 000 多亿元，该能办多少事！" 2008 年 4 月 27 日，温家宝总理在全国粮食流通体制改革工作会议上发出这般感慨。
>
> 2 140 亿元有各种各样的算法，比如可以盖 100 万个希望小学，可以建上万个工厂，可以再修一个三峡工程等。

数字说明应注意的是要准确无误，有根有据。否则一数之错，会功败垂成。

5. 引用说明。引用当事人或者有关的语句、公认的名言来充分说明问题，能够增强法庭演讲的生动性和感染力。

一位公诉人在一杀害亲生女儿的故意杀人案中这样讲道：

> 可怜的韩×（被害者）在父亲死后，把母亲当成自己最亲的人，她多么希望得到母亲的爱呀！谁不疼爱自己的孩子？哪个父母不希望自己的孩子健康成长？中国有句俗话，叫做"虎毒不食子"，被告人崔××为了自己所谓的"幸福"，竟惨无人道地毒死了自己的亲生女儿韩×，这一灭绝人性的行径，简直令人发指，天理难容！

"虎毒不食子"的引用贴切、生动，把被告人崔××杀害亲生女儿的可恨、可悲形象生动地表现出来，极易引起听众的义愤，收到较好的效果。

(三) 叙述

叙述是反映人的活动和事物发展变化的一种表达方式。叙述的特点是同时具备时间、地点、行为人、原因、目的、结果几个要素。完善的法庭演讲不可能离开叙述，而且好的叙述可以达到不辩而辩的目的，演讲主体的倾向性和意图也会在叙述的过程中自然而然地流露出来。

法庭演讲主体应当是一个善于讲故事的人，他必须以能够吸引法官和听众注意的方式来讲他的故事。以适度的引人注意的方式进行陈述就等于案子胜了一半。

叙述的关键是清晰，能通过叙述展现出一幅幅画面，让听众设身处地地体会案发前后的事情。

叙述时要注意找一个线索，沿着这条线索展开情节，线索的选择可以是时间、地点，也可以是过程、中心人物等，施洋律师的叙述就是以时间为线索的。

(四) 抒情

法庭演讲是一种很严肃的行为，有人认为它是排斥抒情这种表达方式的，其实不然，古今中外成功的法庭演讲，能够真正引起人们共鸣和思索的法庭演讲都离不开抒情，只不过这种抒情和浪漫诗人的浪漫情调有其显著的不同罢了。

法庭演讲主体，在法庭上的言辞有职责上的要求和法律上的规定，但也有正常人的爱憎，也有演讲主体的正义感和道德心的流露，他们对犯罪分子的恨，对被害人的同情，总是要流露出来的，只不过这种流露的方式是克制的、理智的，是发而不露、放而不纵的。

在大兴安岭火灾案中，律师辩护演讲里有这样一段：

众所周知，图强是受害单位，来自漠河的，那么猛烈的大火，自始至终没有得到起火方面的通报，这算不算失职？何以无人追究？而庄学义则不同，他对友邻及时通报了火情，使之有备，这难道是玩忽职守者办得到的？图强受灾最重，图强领导人受到的待遇又最不公平，这不必讲法，连起码的公道都不讲了，我们怎敢赞同。

审判长！我们党和人民在复兴灾区的严重时刻极需人才，我们从庄学义的一贯政绩和救火事迹中绝不怀疑，这是林区的难得人才，一个党的儿子，在火海中尽了职责却被投入另一个"火海"，这怎么可以呢？我们还不得不指出，大兴安岭的这场大火，事后却让无辜的人承担如此重大的罪责，这合适吗？

说理论法都流露出演讲主体对被告人的同情和对不合理现象的指责，同时也体现出作为一个律师在办案中不畏权势，刚直不阿，真正做事实和法律的坚强卫士的高尚品质。

中国星华实业集团公司国际部经理龚永强先生在痛斥美国著名律师威勒、特里丝两人骗走该公司 310 万美元的经济诈骗案时，于西雅图法庭上有段陈词：

> 我们不远万里，远涉重洋，来到这陌生的国度，陌生的法庭，面对陌生的面孔，就是为了寻求正义。两个美国人骗走了我们 310 万美元，欺骗了我们的真诚感情，这对于中国人来说是一种极大的屈辱，而我们今天还要坐在这里，花钱、花精力和时间，来证明我们是怎样被欺骗的，这就如同在我们流血的伤口上撒盐。此时此刻，我的母亲还在住院（龚先生哽咽了，泪水模糊了双眼）……在中国，我们最崇敬两种人，一种是教师，他教人怎样读书，怎样做人；一种是律师，他教人什么是"是"，什么是"非"。然而，我们被骗了，欺骗我们的正是贵国很有名的两位律师，对此，我们不肯相信，所有善良的人都不愿相信，然而，这却是无法回避的现实。美国人民是伟大的，这样的人不属于这个伟大的民族；西雅图是美丽的，这样的人不属于这座美丽的城市。
>
> （龚先生语调骤然变得异常激愤）请想一想，310 万美元，相当于 3 000 万元人民币。这对于一些月薪只有 50～100 美元的普通中国人来说，是怎样一个天文数字。中国人民辛辛苦苦得来的血汗钱，被这两个黑心人轻而易举地骗走了，我们觉得这是很悲哀的事，一件不该发生的事，我不明白，人类之间为什么会存在欺骗？

龚先生巧妙、灵活地运用了语言的"传情"艺术，寓情于理，情真意切，深深地打动了陪审团成员的心。当他的陈述结束时，陪审团的 12 位成员有 10 位禁不住热泪滚滚，另外两位和法官眼里也都闪着泪光。显然，一场异常艰难的经济案得以胜诉，得力于龚先生这段"情理相容，以情动人"的演讲。

情理指在一定时期内符合多数公民的价值观念与道德标准的人情事理，论理抒情基于这种伦理道德的基础，即使对案件的定性没有多大帮助，但在量刑问题上也会有一定的作用。

七、法庭演讲过程

法庭演讲主体对事实的认识，对法律的理解，对人性的领悟，对时代观念的把握，他的推理能力，他对文字材料的领会，他在选择语言风格方面的技巧，他的道德品质，他对正义的热情都决定了他在口头演讲时能够达到的高度。

(一) 事实—语言—机智

对于法庭演讲来说，事实比语言更重要，因为从根本上说，法庭演讲并不是基于语言，而是基于语言所描述的事实。演讲主体要想对自己的演讲乃至辩论有把握，他就得掌握案件的全部事实，就必须如数家珍似地把他承办案件里的有关的人物、时间、地点、细节全部牢记于心。

语言是工具，又是心灵的声音和思维的衣裳，没有语言作工具，任何精深的学问和见解都将一筹莫展。善于驾驭语言的人，往往也是一个善于审时度势的人，他能够瞄准适当的时机，选择恰当的词语，抛出他想要讲的话语，达到他想达到的目的。

善于驾驭语言的演讲者在运用语言进行表述时，总是尽可能地使审判人员、辩论对手和听众不费脑筋，就能领会摆在他们面前的答案。正如有人所说，庭审过程就像一段航程，演讲主体应当把他经过的路线，描绘成一幅最佳的航线图，当审判员不必动多少脑筋就接受了律师为他理出的清晰明了的头绪时，律师也许就已经为他的当事人赢得了一半的成功。

(二) 记忆—联想—推理

法庭演讲离不开记忆。对于法庭演讲主体来说，大量的事实证据，有关的法律依据，都需要贮存于脑际，以便在陈述中呼之即出、随心调遣。演讲主体只有在真正的讲述事实而非读稿，他才可以随时留意听众的情绪，观察讲述的效果，以便及时调整表达的内容、言辞和语气。法庭演讲时眼睛只盯着讲稿，就很容易在自己和听众之间竖起一道栅栏。"一个讲稿的奴隶，永远不会成为一个有出息的律师。"

法庭演讲当然离不开记忆，论辩鼻祖昆提利安指出，一个论辩家，有五种素质是必不可少的，记忆便是其中的一种。巧妙地记住极少数具有统摄作用的词语，然后围绕这些词语调遣材料，安排内容，实在是一种十分简省而有效的方法，在法庭上发表陈述、阐明观点时，不少优秀的律师都是这样的。律师必须加强对法律理论的研究，以便时刻准备从法律理论的角度来回答他所要涉及的事实。

1837年，伟大的美国总统亚伯拉罕·林肯还在斯普林菲尔德当律师。一天，有一位在美国独立战争中阵亡的士兵的妻子来到他的事务所，哭诉一位抚恤金分发吏在她领400元抚恤金时，竟苛刻地勒索200元的手续费。林肯听罢大怒，并立即提起诉讼。开庭前，他特意读了一本华盛顿传记，一本美国独立战争史。

开庭那天，林肯先追述了当初美国人民所受的压迫，美国志士群情鼎沸为自由而战的热情。描述了当年独立战争中士兵们所经历的难以尽述的磨难——饥饿、流血、牺牲、赤足爬过冰雪……然后，林肯怒视被告，痛加斥责，继而又说道：

> 时间在向前迈进，1776 年的英雄已成过去，那位士兵已经安逝长眠，现在他的年老衰危而且眼盲的遗孀却来到你我的面前请求为她申冤。她以前也曾是美丽的少女，她的步履轻捷，声音曼妙。但现在她却贫穷无依，来向享受着英雄们挣下的自由的人们请求同情的帮助与人道的保护。所以，我要问的是，我们是不是应该援助她呢？

起诉胜利了。几天后，林肯的同事们在事务所里拾到一张破纸，上边写着此案的辩护大纲。他们读后不禁大笑起来，纸上写的是：并无合同——不应索手续费——不合理的勒索——描述锻铁谷惨状——原告的丈夫——怒斥被告——结尾。

（三）嗓音—声调—节奏

那种在政治集会上或者大型讨论会上所使用的嗓音，对法庭演讲完全不适用，造作的朗朗之声，宣言式的语调，也不适于进行法庭演讲。法庭演说最适合的嗓音是一种谈话的嗓音，这是因为：①法庭场面一般不算很大，听众也不多，一些案件，特别是民事经济案件要调解结案，谈话式的嗓音更易于创造温和的气氛；②演讲主体不是敌对双方，而是为了一个共同的目的走到了一起，双方的态度应是探讨而不是争吵，谈话式的嗓音对稳定双方情绪，客观公正地就事论事更为有利。当然这种谈话式的公开演讲不是漫不经心的、浅薄的和不连贯的，而是直率的和富于个性色彩的，它要求用简单的语言表述强烈的目的和崇高的思想，有极高的艺术性。

法庭演讲中最忌讳用一成不变的沉闷音调一个劲地往下说，不分析、不注意审判员在做什么，宣读或引用文字材料时不看审判员是否在听，书记员是否能记得上，无节制地大喊大叫，故意制造声势，而是应发挥节奏和速度的作用使演讲内容更加生动。

如施洋律师在陈述案件的经过时，首先是要把事件真相讲清楚，所以速度、节奏缓慢、平稳，尽管情况紧张，施洋律师心情极为激愤，但他必须不紧不慢地把时间、地点、人物、事件等交代得一清二楚，对内心的激动加以控制，保持节奏平稳，从案件中情况危险开始，速度和节奏随之变快，层层加急，而中间为了说清魏老头子的蛮横无理，又要适当放慢速度，使节奏有所变化。从"这时军车已经开近……"起，情况极端紧急，千钧一发，刻不容缓之时，演讲速度突快，节奏骤猛，显示出令人揪心的可怕气势，直到最后一句才又沉稳下来，犹如斩钉截铁一般地告一段落，这种节奏与速度既稳定又流畅，既顿挫相交，又环环相扣;既脉络清晰,又波澜起伏,所以这段演讲才会具有义正辞严,激动人心的力量。

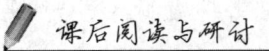课后阅读与研讨

陪审团面前的伟大喉舌
——经典辩护词赏析

梅尔温·贝利,被誉为美国当代伟大的辩护大师。他在1975年伊万斯法官主审的一件交通事故诉讼案中担任原告(一个6岁小孩的母亲)的诉讼代理人。在法庭上,面对12名陪审员,他用其略带沙哑的声调发表了上述最后陈述。

案中这名6岁的小孩正在校园里与他的同学打球。学校四周的街道上都停满了汽车。由于用力过猛,球被扔到街上,这位小孩像箭一般地紧追了出去。

陪审团的先生们和女士们,这个孩子是如此的柔弱幼小,因而满脑子想的是世间最重要的事情——把球尽快地弄回来,他想整个世界都在静静地等待着他去捡球,并会小心翼翼地不使他受到伤害或者不使他失去幼小的生命。以后,他会得到更多的评判,但让我们感谢万能的上帝,他赐予每个孩子一个还用不着面对生活现实的生命阶段,在此阶段他童稚般地笃信世界的善良。

在你们被选任陪审员时,在资格审查中,我曾问你们,是否碰到过一个小孩突然跑到你们的汽车前面的情况,还记得此事吗?当时许多人举起了手。接着我问了下一个问题,也是最为重要的问题:你们中有谁轧倒了这个小孩吗?没有一个人举手!

你们知道留心小孩,你们倍加小心,你们的速度如此适中,你们是如此善于控制汽车以至于在碰倒或者轧倒那个孩子之前,车就已经停下了。但被告并非如此。他并没有你们表现出来的那种小心、谨慎与苦心,当他停下车,只身走回来时,一个小孩已躺在马路上,生命的光泽从他的眼睛里消失了——永远地消失了!

这个孩子还没到选择职业的年龄。我们不知道他将在我们的社会上从事什么职业。他也许会当一名卡车司机或者其他的普通劳动者——哪种职业都

是维持生计的体面手段。他也有可能成为银行的董事长，或者他有可能成为一名律师，挣的钱跟代理被告的这些大律师一样多——我们是多么地希望他们站在我们一边，可他们对你们所作的案情描述又会是多么的迥然不同！他也许会成为一名医生，也许会在某个不幸的日子，站在一个你们心爱的人的床前。尽管你们心爱的人已经奄奄一息，可他也许能够作为万能的上帝的使者，把健康、力量和生命留给这个你心爱的人。

可是，陪审团的先生们和女士们，我们无须说可能会是什么——这永远也不会发生了。他幼小的生命夭折了，刚好结束于正向他展现其广阔画面的这个美妙世界的门槛处。所有口头的或者笔头的言词，最伤心的莫过于——有可能是！

法律允许我谈论某些问题，尽管这些问题与证据无关，却是些常识问题，如历史问题，庞大的泰坦尼克号船于1912年沉没，生命损失惨重；杰西·詹姆士行侠仗义于1865~1880年间，等等。所以，当我告诉你们1955年纽约市的各家日报登载的那张标着125.5万美元的价码签的赛马涅苏娃的照片时，我是毫不含糊的。稍稍想一想看！一匹赛马，其死后只能化为尘埃，而我们这儿的却是一个幼童——一个灵魂升天的人。在《圣经》时代，赞美诗作者大卫王仰望苍穹，向创世者问道：

人者何物，值得您挂在心上？

人之子何物，值得您看望？

回答来了——先知们记载下了——并沿着时间的长廊留芳至今：

你创造了他，

虽位居天使之下，

却赐予荣华。

这个家庭并不宽裕的幼童，是依上帝的样子造出来的，是被赐予了荣华的！我以我灵魂中真诚的激情对你们说，这个州中最可怜的黑人孩子或者白人孩子也要比曾经参赛过的具有最优秀血统的马有价值！

让我们来看看小孩子的家吧。在对衣服的爱护和房间的整理上，他总是有些马虎——几乎每个孩子都如此。常常在他上学后，他母亲来到他的卧室，从地板上捡起他的睡衣，平整铺盖，揉平有时扔在地上的枕头。

可现在，这是多大的变化啊！母亲走进房间，一切井井有条，衣服整齐地挂在他的小衣柜里，床铺整洁，枕头不打皱——昨晚没有小头倚枕。可等一等，我说一切都井井有条，是的，一切，可除了一件：母亲的心已经碎裂成千百片，就是把国王所有的马和所有的骑士都给她，也无法缝合她那颗破碎的心。

要是能够再一次走进这个房间，看到铺盖和睡衣都扔在地上，枕头由于睡过而变得七皱八皱，要是能够再一次整理小孩睡过的房间，哪怕付一笔国王才付得起的赎金，要是有的话，她也心甘情愿。她的曾经住在那里的小孩已经升入天国，再也不会用亲吻来向母亲道别或者问候。

陪审团的先生们、女士们，想到你们可怕的任务，即用金钱来衡量和表示一个小孩的生命价值，就几乎使我颤抖。这似乎大逆不道，俗不可耐，但我们所遵循的是这个国家的法律。金钱赔偿是我们向你们恳求的惟一东西。判决书关系到这个孩子的价值，当你们商讨要写进这个判决书的赔偿数额时，但愿有一个更加高超的力量能够给你们以启迪。

如果本案的证据足以让原告获得一个判决，我相信为原告作出一个适当数额的判决将是你们的义务。

正义就是正义——

因为上帝就是上帝，

今天正义必将取得胜利，

怀疑就是不忠，

畏缩就是罪过。

天国离尘世不过一箭之遥，

上帝离凡人也近在咫尺，

当义务之神降旨："法律，你要主持正义！"

回答说："我有能力。"

先生们，女士们，不管你们作何判决，我都真诚地祝愿，这个判决以后将使你们白天步履轻松愉快，晚上睡得香甜。

陪审团的先生们、女士们，谢谢！

三个小时后，重新回到法庭的陪审团作出了裁决：原告应该得到500万美元的高额赔偿。

最终陈述的作用，其目的在于通过对事实、证据以及情节等的总结，力图说服陪审团作出对本方有利的裁决。在美国的司法制度中，法官的判决基本上是以陪审团的最终裁决为基础的。所以，两造律师在法庭上的较量，主要体现在"谁更能说服陪审团"这一点上。本案中，陪审团最后仅用了三个小时便作出裁决："原告应得到500万美元赔偿"。那么，律师是如何运用自己雄辩的口才和精妙的演讲技巧说服陪审团的呢？

1. 虚实结合，让陪审团对小孩心怀同情。虚实结合，即在写作或谈话中恰当地处理虚写与实写的关系，使虚实相生，增强表现力的技法。"实"之直观性与"虚"之想象性的巧妙组合，可以收到很好的艺术效果。法庭辩论兼有演讲的性质和辩论的特点，必须围绕行为事实、危害结果、证据以及具体情节等方面进行论述总结，以说服陪审团作出有利于本方的裁决为根本目的。贝利为了让陪审团对小孩心怀同情心，从心理上偏向本方，在总结事实和危害结果时都运用了虚实结合的方法。

在回顾案发事实时，贝利实写"打球"、"扔球"和"追球"三场景，简洁生动，却又在"箭一般的追了出去"处戛然而止，取得了蒙太奇式的画面效果，让人联想无穷。紧接着又引导陪审团成员对小孩当时的心理活动进行想象，此为虚写。"把球尽快地弄回来"，"整个世界都在静静地等待着他去捡球，并会小心翼翼地不使他受到伤害或者不使他失去幼小的生命……"，这些源自想象的内容是对前面实写部分的延伸、补充、丰富和发展。虚实结合，强烈地表现出小孩的天真无邪。他的"童稚般地笃信世界的善良"表明，年仅6岁的小男孩不可能预见到自己可能会被车撞倒，也就不可能负有对路过车辆的注意义务，因而也就不可能对此交通事故存有过错而承担责任，他是无辜的。从而有效地唤起了陪审团成员对小孩的关爱、怜悯和同情之情。

在总结交通事故的危害结果时，贝利不直接从正面入手，而是"避实就虚"，从小孩将来可能从事的职业谈起。他"也许会当一名卡车司机或者其他的普通劳动者"，也许"可能成为银行的董事长，或者他有可能成为一名律师"，"他也许会成为一名医生……"，但这所有的想象都不可能实现了，因为小孩"幼小的生命夭折了"。先虚后实，让人从希望之巅一下跌入遗憾深谷，再次激起陪审团成员对小孩的同情之情。至此，陪审团成员至少在心理认可方面已经趋向原告方了。

2. 对比分析，让陪审团对被告心生厌恶。对比，即将两种相互矛盾、相互对立的事物或同一事物的两个不同方面对照比较，可收到观点突出语意鲜明的表达效果。在法庭辩论中，除了通过凸显本方的"善"以唤起陪审团对本方的同情和支持外，还有一个重要的方法就是通过揭露对方的"恶"以激起陪审团对对方的厌恶和否定。贝利在本次辩论发言中便体现了这点。

首先，贝利通过提及在资格审查中曾向陪审员的发问，阐明"许多陪审员都碰到过一个小孩突然跑到他们的汽车前面的情况，但没有谁表示轧倒了那个小孩"的事实，肯定了他们"知道留心小孩"，赞誉他们"倍加小心"、"善于控制汽车的速度"等，使陪审员内心产生一种自我满足感。接下来，贝利语锋一转，"但被告并非如此。他并没有你们表现出来的种种小心、谨慎与苦心，当他停下车，只身走回来时，一个小孩已躺在马路上……"。通过将被告的粗心大意与陪审员的小心谨慎作对比分析，既揭示被告对事故存有过失理应承担责任，又把被告置于与陪审员直接对立的立场，无形中激起了陪审员们对被告的厌恶情绪和否定态度。

然而，作为一个久经沙场的老将，贝利并没有就此止步，而是更进一步地说服陪审团。他开始描述被告的行为给小孩母亲带来的巨大精神伤害。在此过程中，他再次运用了对比分析这一方法。以前，小孩母亲"常常在他上学后，来到他的卧室，从地板上捡起他的睡衣，平整铺盖，揉平有时扔在地上的枕头"。作为一位母亲，这何尝不是种幸福呢？而现在，"母亲走进房间，一切井井有条，衣服整齐地挂在他的小衣柜里；床铺整洁；枕头不打皱"，"母亲的心已经碎裂成千百片……"通过对这两种前后迥异的情景作对比分析，鲜明地表现出小孩"离去"给母亲造成的巨大精神伤害。而这一切正是被告所造成的。小孩房间所透漫的凄凉，母亲永远无法缝合的破碎的心，必然会加深那些同样具有人类情感的陪审员对被告这种夺去小孩生命的行为的厌恶之情。

3. 演绎推理，让陪审团对自己心存正义。推理，就是根据一个或一些判断得出另一个判断的思维过程。演绎推理，就是前提与结论之间有必然性联系的推理。间接推理（三段论）及假言推理是人们在法律语言中经常使用的演绎推理类型。它可以准确说明事物间的联系，增强说服力。

贝利在论证"金钱与生命价值"时，便用了三段论的推理方法：

隐含的大前提："这个国家的法律规定，受害人家属有权通过法院请求金钱赔偿"；

小前提：母亲是受害人家属且"我们遵循这个国家的法律"；

结论是：我们有权请求金钱赔偿，即"金钱赔偿是我们向你们恳求的惟一东西"。

通过三段论的间接推理，论证了原告请求金钱赔偿的合法性与合理性，而非大逆不道，俗不可耐。

接着，贝利为了消除陪审员心中可能存在的种种顾虑，又运用了假言连锁推理。假言连锁推理的形式是：

如果 P，那么 Q；

如果 Q，那么 R；

所以，如果 P，那么 R。

在辩论发言中，贝利假言推理如下：

如果本案的证据足以让原告获得一个判决，那么你们"为原告作出一个适当数额的判决将是你们的义务"；

如果"义务之神降旨：'法律，你要主持正义！'"那么你要"回答说：'我有能力'（主持正义）"；

所以，如果你们陪审团认为"本案的证据足以让原告获得一个判决"，那么，你们要"回答说：'我有能力'（主持正义）"。

就把陪审团认定证据的充足与否以及作出最后的裁决归结为他们主持正义的一种能力，从而让陪审员心存正义，一种光荣的责任感和神圣的使命感油然而升，有效地消除了陪审员在作裁决时可能存在的犹豫和顾忌心理，为作出果断的裁决奠定了坚实的心理基础。

近年来，我国的法治建设取得了举世瞩目的成就。人们的法律意识和法治观念也不断增强，在司法实践中律师法庭辩护的重要性已为人们所共识。因此，通过对西方国家一些辩护大师的经典辩护词的学习研究，析其精华，博采他山之石，无疑对我们雕琢法庭之玉具有很强的借鉴意义。

周正龙案一审辩护词

尊敬的审判长、审判员：

根据《中华人民共和国刑事诉讼法》和《中华人民共和国律师法》的有关规定，陕西理衡律师事务所依法接受本案被告人周正龙的委托，指派张勇、刘新两位律师担任其辩护人。从6月30日签订委托合同至今，辩护人先后六次会见周正龙，查阅了案件全部材料，通过刚才的法庭调查，辩护人认为公诉机关对诈骗罪和非法持有××罪的指控是成立的。现发表以下辩护意见，供合议庭参考：

一、关于诈骗罪

公诉机关指控周正龙用老虎画拍摄假华南虎照片骗取奖金，并最终获得陕西省林业厅奖金2万元，因而，构成诈骗罪，对此，辩护人不持异议。但是请合议庭在量刑时除考虑2万元已被公安机关追回以外，还应考虑以下情节，酌定从轻处罚：

1. 诈骗之所以成功与林业部门未尽审查、鉴别职责有直接关系。卷内证据表明，林业部门没有组织有关专家按照相应程序对虎照认真鉴别，审慎地做出科学的鉴定结论；也没有组织有关专业技术人员按照技术要求，对拍摄现场进行认真核实，草率决定召开新闻发布会确认华南虎存在并对周正龙实施奖励，假如林业部门严格履行审查、鉴别职责，诈骗是不可能成功的。

2. 奖金2万元的形成过程。公诉机关出具了镇坪县林业局下发的《关于开展镇坪县华南虎调查有关问题的通知》和省虎调队于小平的证言，目的在于证明周正龙由此萌生诈骗故意，但是辩护人注意到林业局的《通知》和于小平的证言均未提及奖励的数额，而实际上周正龙在林业厅也未明确提出他所希望被奖励的数额。在2万元奖金的形成过程上，林业厅的王万云、关克、王伟峰三人的证言均证实：林业厅最初提出奖励1万元，镇坪县政府的有关领导提出省上奖励了，市县随后也要奖励，省上不能将标准定得太低，于是，林业厅最终决定奖励2万元。因此，奖金2万元是镇坪县政府与林业厅进行磋商的一个结果，具有相当大的随意性，周正龙对此只是被动接受而已。

3. 省林业厅是如何被骗的。从案卷材料看，只有县林业局在事前的《通知》中有过重奖承诺，而省林业厅并未就此做过相应承诺。周正龙拍摄的假华南虎照片到了县林业局，显然他要诈骗的目标应该是县林业局，但是照片在得到了县政府和林业局领导的认可后，林业局与林业厅进行了沟通，又安排周正龙去了林业厅，导致周正龙诈骗的目标一跃提升为省级林业部门，这个提升过程不是周正龙个人所能预料和完成的，但是在客观上由于这个过程的出现，增加了周正龙的诈骗实际所得，因为县林业局的奖励数额肯定小于省林业厅的奖励数额，假设不去省林业厅，即使县林业局给周正龙发了奖金，在数额上应该远远小于2万元。在此，辩护人想说明的是本案只有诈骗实际数额，而没有诈骗指向数额。从刑法理论上讲，实际数额反映的是行为的客观危害或者说社会危害性，指向数额则表现的是行为人的主观恶性或者说人身危险性。犯罪既然是主观恶性和客观危害的统一，那么，在量刑时就应充分考虑周正龙主观恶性较低，最终的诈骗实际数额形成与相关部门的失察和随意有直接关系这两方面因素，对周正龙予以从轻处罚。

4. 极坏的社会影响不是周正龙所致，不应作为量刑情节予以考虑。假华南虎事件确实在社会上造成了极坏的影响，但是我们应该客观地分析周正龙在这一事件中的作用，他造假骗取奖金属实，但其自身并不具备向社会进行扩散的意识，更不具备将个人行为上升为行政行为的能力，是相关行政部门在没有组织有关专家进行科学鉴定的情况下，逐级上报并草率召开新闻发布会向社会发布消息，以行政确认的方式认定镇坪县发现野生华南虎，其后又对媒体的强烈关注和公众的广泛质疑长期不予理会，方使政府公信力严重受损，从而造成极坏的社会影响，如果让周正龙来承担这一后果是没有理由的，也是不公正的。

二、关于非法持有枪支弹药罪

公诉机关指控周正龙非法持有军用子弹93发，构成非法持有枪支弹药罪，对此，辩护人不持异议。但是，辩护人认为在量刑时应该免除处罚。理由是：

1. 2001年5月15日，最高人民法院发布了《关于审理非法制造、买卖、运输枪支、弹药、爆炸物等刑事案件具体应用法律若干问题的解释》，该解释中包含有非法持有枪支、弹药罪的定罪量刑标准。

2. 2001年9月17日，最高人民法院又以法〔2001〕129号，发布了对执行《关于审理非法制造、买卖、运输枪支、弹药、爆炸物等刑事案件具体应用法律若干问题的解释》有关问题的通知，该通知指出：在《解释》施行后，行为人确因生产、生活所需而非法制造买卖、运输枪支、弹药、爆炸物，没有造成严重社会危害，经教育确有悔改表现的，可依法免除或者从轻处罚。

3. 最高人民法院的这一通知虽未涉及非法持有枪支、弹药，但在基本法理上是相同的，周正龙身为猎人，狩猎是其家庭生活的重要经济来源，而子弹又是其狩猎所必需的，其非法持有弹药并没有造成严重社会危害，对此也是有悔改表现的，这在今天的庭审过程中已有体现，在量刑时应该依照最高人民法院的通知，对周正龙免除处罚。

三、关于监视居住

按照《刑事诉讼法》第57条规定，监视居住的场所是犯罪嫌疑人的住处，对无固定住处的，在指定的居所执行，这一强制措施体现的是对犯罪嫌疑人人身自由的部分限制。而本案监视居住的场所并不在镇坪县境，周正龙在那里由办案民警看守和审讯，直至被依法逮捕，在这段时间内周正龙被完全限制人身自由，与羁押并无实质区别。根据最高人民法院《关于依法监视居住期间可否折抵刑期问题的批复》，辩护人认为本案的刑期应从周正龙被监视居住之日开始起算。

四、关于本案的社会意义

本案只是一起普通的刑事案件，轰动全国是因为从案件中暴露出很多令人关注的问题，这些问题表明我们在打造透明政府、责任政府、诚信政府等方面还存在一些不尽人意之处，亟待完善和加强。如果通过本案的审理能对推动这些问题的解决起到一点作用，则受益的将是整个国家和全体国民。为此，辩护人非常赞同媒体就本案的很多观点：应当尊重事实，完善纠错机制而不是在出现错误时绕着走；应当尊重法律，依法行政而不是草率行政；应当尊重科学，科学论证而不是视专家论证为形式和点缀；应当尊重民意和舆论，重视公众热点问题而不是对民意和舆论不加理会。

综上所述，辩护人建议合议庭就诈骗罪从轻处罚，非法持有××罪免除处罚。

辩护人：陕西理衡律师事务所　张　勇　刘　新
2008年9月27日

许霆盗窃案公诉意见书

审判长、审判员：

被告人许霆盗窃一案，今天在这里依法开庭审理。根据《中华人民共和国刑事诉讼法》第153条及《中华人民共和国人民检察院组织法》第15条的规定，我们受××人民检察院指派，以国家公诉人的身份出席法庭，支持公诉，并依法履行法律监督职责。经庭审调查，现发表公诉意见如下：

我们认为，本案的争议焦点在于：①被告人许霆的行为是否属于"秘密窃取"；②ATM是否属于金融机构。前一问题关系到许的定罪，后一个问题关系到许的量刑。

一、关于"秘密窃取"的问题。举个例子：行为人化装成电信公司工作人员，以维修为掩护，公开窃取通信电缆，这算不算"秘密窃取"呢？如果不算，这样的行为应当定什么罪名呢？我们认为，所谓的"秘密窃取"不能单纯地理解为"暗中地"。在许恶意取款时，实际上是以银行客户身份作为掩护，利用ATM取款机故障，公开地用银行卡这一犯罪工具，窃取不属于本人的钱款。许在主观上具有非法占有的故意，客观上实施了窃取的行为，其行为侵害了银行的财产所有权，其本人具有完全的刑事责任能力，故应当构成盗窃罪。

二、ATM取款机是否属于金融机构？毋庸置疑，ATM取款机的所有人和管理人是银行，在ATM取款机内的钱款受到银行的监控保护。ATM取款机上提供的查询、存取款服务实际上是银行在其经营地址以外为客户提供的金融服务，具有地理位置上的延伸性。因此，被告人窃取ATM取款机内的钱款应当属于窃取金融机构的情形。

综上所述，本案事实清楚，证据确实充分。被告人许霆以非法占有为目的，利用金融机构ATM取款机故障之机，窃取人民币数额特别巨大，其行为已经触犯了《中华人民共和国刑法》第264条之规定，构成盗窃罪。请法庭注意的是，在刚才的庭审中，被告人许霆仍然未能认识到其行为的社会危害性，认罪态度相当恶劣，我们建议法庭从重处罚被告人许霆，判处其死刑，缓期2年执行。

公诉人：×××
2008年2月22日

许霆案再审辩护词

审判长、审判员：

广东经纶律师事务所接受被告人许霆及其家人的委托，指派杨振平、吴义春律师担任其重审的辩护人，为其提供辩护。《刑事诉讼法》第35条规定，"辩护人的责任是根据事实与法律，提出证明犯罪嫌疑人、被告人无罪、罪轻或者减轻、免除其刑事责任的材料和意见,维护犯罪嫌疑人、被告人的合法权益",辩护人将本着以事实为依据,以法律为准绳的原则履行自己的职责。

经过全面阅卷,多次会见被告人,现发表如下辩护意见,请法院以事实为基础,以法律为准绳,作出经得起考验的判决来:

一、本案事实不清,相关证据未能证实自动柜员机是如何出错、如何出现取款 1 000 元只扣款 1 元转化过程这一基本事实,无法必然得出被告人是在自己的银行借记卡内余额不足的情况下从自动柜员机取款 17 万多元的结论。

全面分析本案证据,对于最关键的取款过程,实际上仅有两方面的证明材料,即被害人的陈述与被告人供述与辩解,对这两方面的证明材料,其证明效力也应该是同样的,而且依照《刑事诉讼法》第 46 条规定"只有被告人供述,没有其他证据的,不能认定被告人有罪和处以刑罚"精神,被告人的供述的证明效力应当更低。

(一)被告人的供述与辩解。被告人的多次供述辩解均只承认自己的借记卡里有 170 多元,而到底 170 多多少,他并不清楚。

(二)被告人的陈述与报案材料。

1. 2006 年 4 月 25 日的《关于持卡人许霆、刘阳在我行 ATM 恶意操作盗取我行资金的情况报告》。该报告仅说明由于系统升级后出现异常,被告人与另一同事共取款 186 笔,涉及多占金额 193 806 元。

2. 2006 年 4 月 24 日的《报案材料一、事件过程描述》。该描述同样只是说明由于系统升级出现异常,自动柜员机共短款 196 004 元,其中被告人许霆商行卡累计取款 17.5 万元。

3. 《非法交易卡交易流水帐》。说明取走 173 笔,共取款 173 000 元。

4. 《报案材料二、案发后银行安保部和设备供应商处理过程》。该材料说明银行发现问题后曾经查找被告人许霆。

5. 《报案材料三、涉案帐户取款交易明细》。银行承认该材料系"从流水记录中手工统计"而成,说明被告人取款 171 笔,共取款 175 000 元。

6. 《广州市商业银行帐户流水清单》。该材料意图证实被告人许霆借记卡内当时仅有 176.97 元,其中其在自动柜员机上共操作 171 笔,除后 4 次每次扣款 2 元外,其他每次都只扣款 1 元。

但是该流水清单号称原始生成,次序却非常混乱,由于银行承认升级后系统已经出现异常无法正常运行,所以该材料是否原始生成,数据是否仍然真实可信,是否经过程序人员修改处理,也就存在疑问,这些疑点,银行方并没有做出任何专家说明,侦查机关同样没有独立进行分析评估,从而并不可信。

7. 《DOS 情况下的原始取款数据》。该材料仅说明自动柜员机当时每次吐款

1 000 元，没有每次扣款记录，且每次交易时间与上一份证据相差十几分钟。

结合补充证据材料中，2008 年 1 月 28 日，银行职员黄敏穗在询问笔录中承认的"流水帐单的记录时间是比较混乱的"这一点，辩护人认为，作为银行，其自始至终都回避了系统升级后是如何出现异常这一关键点的，而由于这一回避，必然使得本案中，其自行组织提供的所谓原始数据的不可信，缺乏权威性，虽然可以得出被告人确实每次取款 1 000 元，却不能得出被告人的借记卡中到底是否只有 176.97 元、是否被告人许霆每笔取款 1 000 元，系统确实只扣款 1 元的必然性结论。

二、被告人许霆的行为不构成犯罪，重审应当作出无罪的判决。

（一）被告人许霆的行为不构成盗窃罪，原审判决以盗窃罪对其判处无期徒刑显系定性与适用法律错误。

《刑法》第 264 条规定的盗窃罪是指以非法占有为目的，秘密窃取公私财物数额较大或者多次盗窃财物的行为。该罪在客观方面表现为行为人实施了秘密窃取的行为，即行为人采取自认为不被财物所有者、保管者发觉的办法，暗中窃取公私财物，也即是行为人的行为包含"秘密"与"窃取"两个方面。

所谓秘密，必须具有以下三点特征：

1. 行为人自认为没有被所有者、保管者发觉。
2. 秘密具有针对性，即是针对财物的所有者、保管者而言。
3. 秘密必须贯穿于行为的始终。

在本案中，被告人许霆是用自己的实名工资卡到被银行严密保安监控下的自动柜员机上取款，输入的也是自己预留在银行的密码，自始至终在取款时都认为其行为完全被银行掌握，并能适时发现并马上根据银行卡的开户资料提供的联系方式，采取行动追回多取款项，这样的行为相对于银行而言，只能说是"公开"，不存在"秘密"可言。

同样，被告人许霆的行为也不是"窃取"。

所谓窃取，是指行为人以隐秘手段非法占有他人财物的行为，即采取隐秘的手段排除他人对财物的支配而建立自己的非法支配关系。

被告人许霆在本案中，虽然对 17.5 万也确实建立了一种并非依法的占有关系，但是却不能叫做"窃取"，因为许霆是以一个正常客户的身份操作该自动柜员机，既没有篡改密码，也没有破坏机器功能，一切按照正常程序即能获取款项。

需要说明的是，盗窃行为的实施只是单方面的，而本案中，被告人许霆取款行为始终是双方完成的，被告人提出申请，自动柜员机同意后才予以交付。

目前无论是理论界还是在广大民众中，对上述法律条文的理解，确实存在着重大的分歧。辩护人认为，从本质上讲，法律条文制定出来的目的是要让所有人遵守，而要让人遵守，得到所有人认同，符合社会心理冀望就是前提，所以对刑法条文的理解，最大众化的理解才是最符合立法原意的，现在当大多数普通民众都认为被告人许霆的行为不能属于秘密窃取，如果我们的执法者仍旧扩大解释，以此罪名入罪，最终刑法规范的有效性也就是无法得到维持的。

因此，被告人许霆的行为不符合盗窃罪的上述客观方面的特征，显然不能构成盗窃罪。

（二）被告人许霆所实施行为的社会危害性显著轻微，且行为本身也不符合其他任何法定侵财犯罪的形式特征，应严格依据罪刑法定、法无明文规定不为罪、不处罚的原则，对其作出无罪判决，以体现刑法所追求的实体公平与程序正义。

一种行为是否构成犯罪，本质特征是该行为是否具有刑法意义上的社会危害性，正于《刑法》第13条第2款所规定的，如果情节显著轻微危害不大的，就不认为是犯罪。随着刑法理论研究的深入，目前理论界进一步认为，社会危害性准确地说就是对刑法法益侵害性，即行为人对刑法法益侵害已经达到了使用一般法律制裁（民事、行政等）方法不足以保护法益，而非动用刑罚不可的程度。刑法作为后盾法，是所有违法与犯罪防控的"堤坝"群中的最后一道"堤坝"，它保护的是其他法律保护不了的利益。

本案中，被告人许霆的行为是否到了非动用刑罚不可的程度呢？

显然不是。因为许霆首先是在出错的自动柜员机诱惑下实施了两次共计171笔的取款行为，其这种占有故意也是在自动柜员机错误程序的引诱下一步步生成，带有不可思议、令人深感意外的偶然性，与其他侵犯财产型犯罪先期就生成的主观占有故意、行为人积极追求非法占有的目的相比，更多的还是面对突如其来的诱惑，来自道德层面上的意志薄弱和贪利心理使然。

其次，被告人的行为是在出错柜员机的"主动"配合下完成的，从一定意义上讲，该自动柜员机在本案中实际上出错在先，被告人许霆在本案中实施并得以成功的这种行为与日常所见的各类侵财型犯罪相比，本身就是不可复制、不可模仿的，其机率与中福利彩票头奖相当，所以在社会上也根本不存在其他种类犯罪可能带来的示范效应而必须动用刑罚手段进行严厉防范、严厉打击。

第三，作为被害人面目出现的广州商业银行，在发现后的第三天即2007年4月27日即马上通过相应的民事方式由自动柜员机的系统维护商处得到了全额的赔偿，确保了金融运作安全，这一方面说明其所受的实际损失已减小甚至完全得到了弥补，另一方面从及时能得到赔偿本身也说明通过非刑事方式就已经足以维护其合法权益，从而也有力地证实本案的社会危害性确实能以非刑罚的方式就可以基本消除，根本没有达到非动用刑罚不可的激烈程度。

况且，即使将社会危害性大小先放在一边不去研究，1997年制定的《刑法》由于本身具有滞后性，也并没有于当年就对这种新形式下出现的行为，作出明确的、有预见性的规定，更没有据此规定课以相应的刑罚，同时《刑法》又全面废除了类推原则，严格规定罪刑法定、法无明文规定不为罪、不处罚的原则，那么，在这种基本原则之下，现今若非要去惩罚这类《刑法》中并没有规定的行为，本身即是违法，而理应宁纵勿枉，对被告人许霆作出无罪的处罚。

（三）被告人许霆的行为只是民法上的不当得利，因该不当得利行为所取得的财产，应当通过民事诉讼程序返还给实际受损害的一方。

本案中，被告人理应在与银行全面核实清楚后，将多取得的现金返还给受损失的银行，同样，鉴于自动柜员机出错就属于银行的过错，其过错具有诱导被告人许霆实施民事违法行为的客观效果，银行也应当承担其相应的法律责任。当然，这都不属于本案需要解决的，二审要做的就是撤销一审判决，重新判决被告人无罪，这才能体现刑法的公正与谦抑原则，符合人道。至于向被告人许霆的民事追偿，或者由于银行实际已经得到赔偿后出现的追偿权转移，那是银行与其他债权人自己的事情，刑事审判程序本身无权主动干预民事，更不能与某一方合谋共同对付另一方，相对于被告人许霆个人来说，银行作为金融机构本身就是强势利益一方，司法权站在银行一边，即使没有被滥用，也足以让民众觉得不公、感到畏惧。

综上所述，辩护人认为本案不仅事实不清，证据不足，而且被告人所实施的行为也根本不能构成犯罪，重审理应对其作出无罪判决。

此致
敬礼

广东经纶律师事务所律师： 杨振平　吴义春
2008年2月22日

第五章

论 辩

第一节 论辩概述

一、论辩的概念

论辩是用一定理由来说明自己对事物或问题的见解，揭露对方的矛盾，以便取得最后的认识或共同的意见，其目的是为了探寻真理、分清是非、统一认识，辩论双方没有对错之分，它是一种双向的或多向的群体思维活动和言语交际形式。

论辩，也叫辩论。《说文解字》中说："辩，治也，从言，在辛辛之间。"这里的"治"是判断的意思，"辛"指罪犯，两"辛"合在一起是"相讼"的意思。这说明"辩"的最初含义是评判争吵双方的是非。在《墨子·经上说》中对"辩"有另一种解释："辩，争彼也；辩胜，当也。"意思是说：辩论就是人们相互间的争论，谁正确谁胜。在《墨子·经下说》中对此又有进一步的说明："辩也者，或谓之是，或谓之非；当者，胜也。"意思是说：之所以有辩论是因为有的人认为对，有的人认为不对，辩论的结果应该是正确的意见取得胜利。这里的"辩"就包含了辩解、辩驳的意思。论，在《说文解字》中说："论，议也。"即论就是议论。把两者合起来。论，是指论述、论证；辩，是指辩解、辩驳。论辩就是人们对同一个对象持相互对立的立场，从而展开争论的过程。它包括两方面的内容：①要阐述、论证自己观点的正确性；②要反驳、批驳对方观点的错误之处。

辩论有深刻的文化历史背景，是一种普遍存在的社会现象。在社会生活的各种场合里，经常有辩论，从国家政治决策到科学研究、经济管理，甚至日常生活小事，在观点不一致的时候，就会出现辩论。辩论是人类交往中最具说服力、最具逻辑力量和最能明辨是非的一种口语表达形式，它是口才在特定条件下的最有效能的应用。一个人只有掌握了丰富的知识，又具有敏捷而严密的逻辑思维能力，方能面对论敌，辩而胜之。所以，论辩是口才的最高表现形式。

二、论辩的要素

1. 辩论中存在持不同意见的双方或多方。有不同意见的双方或多方存在才能实现思想交锋。一个人不可能自己同自己辩论，一个人头脑中几种方案或做法的权衡和比较，那是思考或思辨，而不是辩论。

2. 辩论必须针对同一事物或同一问题，即存在同一论题。如果各方谈论的论题不同，就不能实现有意义的辩论。例如，一个人说"法律是有阶级性的"，一个人说"市场经济就是法制经济"，由于两人所认识的对象不同，因此两个观点不能构成辩论。只有当一个人说"法律是有阶级性的"，另一个人说"法律是没有阶级性的"，这样的两个判断才构成辩论。因为这两个判断所认识的对象相同，又是相互对立的思想，而这两个判断至多只能有一个为真，不可能都真。这样就有了谁是谁非的问题，就必然要引起辩论。

3. 辩论的诸方有或多或少的共同认识或共同承认的前提，如思维的同一律、不矛盾律、排中律、充足理由律和正确推理的方法，以及如社会公理、科学规律等是非真伪标准和价值取向。没有这些共同承认的东西，辩论只会是一场混战，不可能得出结论。总之，辩论诸方有共同的话题，而又有不同的意见。从哲学观点看，辩论的诸方是一种对立统一的关系。

三、论辩的特点

1. 辩论人员的双边性。辩论是双边活动，最少两人参加，单一方面只能是议论而已。

2. 观点的对立性。对同一事物或同一问题，论辩各方所持观点正好相反或者基本上矛盾、不能相容。没有观点的对立，就没有论辩的必要，论辩者既要千方百计证明自己观点的正确性，又要针锋相对地批驳对方观点的错误之处。双方的立场态度是不可调和的，双方都试图在气势上压倒对方，在理论上驳倒对方，并针锋相对地通过各种有效的方法和技巧去求得听众对自己观点的理解和支持，如果一方态度含糊或者妥协，那就意味着论辩的失败和结束。这就决定了各方立场的鲜明对立性。对立性是论辩的基础和前提。

3. 机会的均等性。机会均等性是社会论辩活动的一项基本原则。首先，论辩双方在整个论辩活动中地位是平等的。不管社会地位多高，是工人、学生，还是教授、政府官员，只要参与论辩，那么，其论辩地位就始终与对方是同等的。在论辩中，想要得到对方的尊重，就必须同样尊重对方。任何以势压人、专横跋扈的表现都是论辩的死敌。其次，论辩各方在论辩中发言的机会是均等的，这种均等性体现为双方在同等的次数、时间限制内，一来一往，轮换着单个发言，不能抢着说或者随意打断别人的发言。总而言之，论辩的均等性和对抗性一样都必须在统一性的制约下才能得到保证。

4. 论理的严密性。双方在论证中所使用的判断、推理的思维形式必须符合逻辑规律，即双方都应该在科学的形式逻辑指导下进行思维，绝不能让违反逻辑的诡辩术有立足之地，否则，是辩不出真理来的。

论辩既然是持不同观点各方的唇枪舌战，那么，论辩各方一方面就必须使自己的观点正确鲜明，论据充分有力，阐述合乎逻辑，战术灵活适当，使本方坚如磐石，令对方无懈可击；另一方面，又要善于从对方的阐述中寻找漏洞，抓住破绽，打开辩驳的突破口。这一切都决定了论辩较之一般的阐述要有更强的严密性，否则，说理不周、破绽百出，就容易被对方抓住辫子，使本方陷入窘境，遭到失败。

5. 表达的现场性。论辩与演讲不同，论辩双方摆开阵势，唇枪舌剑，各不相让，其风云变幻、刻不容缓之势并不亚于生死搏斗的战场。虽然辩前各方都有充分准备，但任何准备都不可能完全估计到变幻莫测的辩场风云，都难以事先完全把握对方的论点和论据，洞悉对方的战略和战术，所以必须根据现场的情况，随时调整自己表达的内容。如果你考虑 5 分钟以后想出了绝妙的回答，再旧话重提，那时情过境迁，其效果不会是乐观的。论辩中对于对方妙语连珠式即兴而作的攻击性的反驳，必须随时作出针锋相对又恰如其分的应对，不可延误瞬息的进攻机会。如果只是像演讲一样一味地照读事先准备的辩词，就不能随机应变，把握辩机，取得胜利，而只能陷入被动之中。

6. 强烈的说服力。就口语表达形式而言，论辩者在论辩中的每一次发言实际上都是一次论辩性的演讲。因此，论辩活动除了自身的特征外，它还具有演讲活动的临场性、有声性、感染性等全部特征。应该说，论辩口才必须首先具备演讲家临场当众夺势、侃侃述理、慷慨陈词、以情动人的高超技艺，从而达到强烈的感染力去感动听众、折服对手，从而取得胜利。所以论辩具有雄辩美和强烈的说服力。

四、论辩的类型

论辩有广义狭义之分。凡是人们为了某一目的而展开的论争都可以称之为广义的论辩，而按照一定的规则、程序，在相对固定的场所展开的论辩则可以称之为狭义的论辩。本书的论辩指的是狭义的论辩。论辩，因划分的标准不同而可以有不同的划分结果。

（一）按论辩的目的，可以分为应用论辩和赛场论辩

1. 应用论辩，即针对现实生活中某种特定需要而进行的论辩，论辩的目的是要解决实际问题。有的还带有明确的功利目的，论辩的结果将直接影响参辩各方的切身利益。根据论辩的具体内容和目的，又可分为法庭论辩、外交论辩、学术论辩、决策论辩、商业谈判等。

2. 赛场论辩，即以培养辩才、培养机辩能力为目的组织的论辩竞赛。论辩的目的是为决出胜负，而不是为解决现实生活中的实际问题。

（二）按论辩中有待于分辨的内容，可分为真伪辩和优劣辩

1. 真伪辩，即通过辩论，分辨出谁是谁非，哪个真哪个假。如法庭论辩，就是要辩明罪与非罪，罚与不罚，或罚多罚少、责任大小的问题，这里有"非此即彼"的意思。

2. 优劣辩，即在不同长处和短处的综合比较中，说明哪一种优些，哪一种劣些，哪一种有得，哪一种有失。如医生会诊中常常发生的辩论，对某种疾病的治疗，哪一种医疗方案更有效，往往没有绝对的好坏之分，而是综合比较优劣得失，即"或此或彼"，没有绝对的统一标准。

（三）按论辩对手的性质，可以分为敌我之间的论辩、朋友之间的论辩和自己人内部的论辩

敌对的双方或交战的国家与国家之间、国家与地区之间、地区与地区之间，为打击、战胜对方，从而获得自身的利益，所进行的谈判、交涉及宣传等方面的针锋相对的交锋，属于敌我之间的论辩。如美国与北约和南联盟之间关于停止轰炸的论辩。

朋友之间为解决矛盾、纠纷或因对某些事物、现象有不同的意见和见解所发生的争辩，是朋友之间的论辩。如一些民事、经济诉讼案件中当事人之间的论辩，以及一些论辩竞赛。属于朋友之间的论辩。

单位、团体、组织关于工作、生产或经营等方面的论辩，属于自己人内部的论辩。如一些企业内部关于经营思想、经营方向等的论辩。

五、论辩者的素质和能力

论辩的素质主要是指论辩者的心理素质和文化素质。但是心理稳定状态是因人因事因时因地而异的，许多人在台下生龙活虎，一旦上了辩台就畏首畏尾、战战兢兢。而在某方面见识越广知识越丰富，在辩论这方面的问题时其心理状态就越稳定，越容易发挥出辩论水平。可见，心理素质是以文化素质为依靠、为基础的，论辩者只有具备了某方面丰富卓越的知识和见识，有这方面的稳定的心理素质，在论辩中才会临阵不乱、镇静从容，或豪气冲天，或掷地有声，正所谓"胸藏万汇、口才千钧"！

论辩能力，就是论辩者应具备的参加论辩并在论辩中获胜的主观条件。作为一名合格的论辩者，除了要提高自己的文化素质外，还应具备以下能力：

（一）语感能力

语感能力指对语言的敏锐的感应能力，也就是对语言的触发功夫。一个人语言感应能力强，心里想到什么，就能用语言表达出来；语言感应能力差，就会像俗话说的"茶壶里煮饺子——肚子里有货却倒不出来"。

语感能力是论辩最重要的能力，它主要表现在三个方面：

(1) 鲜明，即能旗帜鲜明地阐明自己的观点和主张。

(2) 准确，即对对方的观点能准确地把握和反驳，并能准确把握听众的反应。

(3) 精美，即辩驳也好，反击也好，陈述意见也好，都要有理、有利、有节、有礼貌，给人以美感，让人容易接受，使别人抓不到辫子。

如民主人士沈钧儒在法庭上对敌人的一场舌战：

法官：你赞成共产主义吗？

沈：赞不赞成什么主义，这是很滑稽的。我请审判长注意这一点，就是我们救国会从来不谈什么主义，一定要说我们宣传了什么主义的话，那么，我们的主义就抗日主义，就是爱国主义。

法官：抗日救国不是共产党的口号吗？

沈：共产党吃饭，我们也吃饭，难道共产党抗日，我们就不能抗日吗？

法官：你知道你被共产党利用了吗？

沈：假如共产党利用我们抗日，我甘愿为他们利用，而且谁都可以利用我，只要他抗日，我是甘愿被利用的。

这里沈先生的一番话就做到了鲜明、准确和精美。他既表现了自己抗日救国的主张，又反驳了对方强加于己的罪名，使对方无话可答。

(二) 记忆能力

记忆能力就是一个人储备信息的能力。记忆时要求概念要记得准确，数字要记得精确，事实要记得正确，绝对不能似是而非。只有记得准确、精确、正确，运用起来才能得心应手，不会出现失误或笑话。对于平时积累的卡片要经常翻看，以帮助记忆。但在论辩过程中要尽量少看卡片，否则就说明对自己准备的发言提要记不清楚，而记忆能力差，会直接影响论辩效果。

(三) 逻辑思维能力

论辩者的逻辑思维能力应体现在两个方面：

1. 自己阐述问题时，说话要力求有条理，事例、观点都要尽量表达得清清楚楚。一方面，对客观事物、对事实的陈述要符合事物的发展规律，符合逻辑；另一方面，自己的认识也要符合逻辑，不能违反逻辑思维规律。

例如，辩论"商品经济的发展使我国妇女地位下降"，反方一位同学举出山区自家状况的例子：祖母不识字，母亲小学毕业，姐姐高中毕业，妹妹大学毕业。这个事例固然真实，但却引起听众一片哄笑，因为其家女性文化程度的提高与商品经济的发展之间没有必然的内在联系，即其思维违反了事物发展的逻辑规律。所以尽管事例是真实的，却不能用来证明自己观点的正确性。

2. 要善于发现对方论述中的逻辑错误，从逻辑的角度去驳斥对方。

例如，20世纪50年代的美国，反共势力强大，即使在议会的辩论上，只要谁能先声夺人指出对方"有共产党嫌疑"，就可能赢得辩论胜利。有一次，一个议员指责另一个议员说："共产党主张阶级斗争，而你也大谈阶级斗争，你是共产党无疑了。"被指责的议员发现了对方的逻辑错误，就用对方所用的机械类推的方法回击道："所有的羊都吃白菜，按照你的逻辑，你吃白菜，你也是一头愚蠢的羊了。"一句话揭露了对方违反逻辑的地方，说得对方张口结舌，毫无应对之力。

（四）判断能力

判断能力是一种分辨是非的能力。论辩的胜负，基础在于判断是非。正如一个军事指挥员，如果判断失误，可能会导致全军覆灭；一个企业家如果对商业信息判断失误，也可能会倾家荡产，使公司倒闭，工厂关门。

判断能力的基础，是对客观事物深刻的认识。就一辩题来说，是赞成还是反对，是全盘赞成还是全盘反对，是部分赞成还是部分反对，赞成和反对的原因是什么，都应有较高的思想认识水平和分析能力。这样，才能深刻地认识客观事物，确保自己的判断正确无误，为论辩胜利打下坚实的基础。

例如，美国前总统尼克松因"水门"事件下台之前，美国一次论辩竞赛冠军决赛的辩题是："尼克松值得我们同情"。论辩的反方觉得自己稳操胜券，因为大量的事实都证明尼克松知道甚至参与了"水门"丑闻，反方判断正方一定会认为尼克松值得同情而辩护，认为他清白无辜，无论他那一伙人干了什么，他都不知道也没有纵容。基于这种判断，反方准备了大量证明尼克松明知并参与了丑闻的材料。

面对这样一个危险的辩题，正方深知，只有出奇制胜才是惟一出路。在英语中"同情"一词至少有六种含义，正方选择了"怜悯"这个含义，他们对这一辩题的解释是"人们应当对尼克松感到惋惜"，但前提是并不辩解说他清白无罪。辩论一开始，他们就用"非常"这个词打头：

  理查德·尼克松已经被指控从事了违法和不道德的活动，要求将他撵出白宫的呼声日益高涨。非常可能这些指控是真实的，非常可能尼克松已经被牵连进去包庇这些违法活动，非常可能他对美国人民撒谎，非常可能他犯了罪并因此可能被依法治罪。

听了这开场白，反方的队员惊讶地你看看我，我看看你，疯狂地窃窃私语，显然不能理解正方想干什么。这时正方继续说：

> 但是，那不是这次辩论所要谈论的问题。可能，对某个表现很糟的人应感到怜悯；可能，一个犯了卑鄙罪行的人仍然值得同情。我们认为，尼克松就是一个值得同情的人，因为他是历史上第一个受到传播媒介审判的人，他所孤注一掷的，是他视为世上最宝贵的东西：美国总统的职位。无人曾在数百万人的众目睽睽之下，被如此毫不留情地纠缠、烦扰和折磨，每天追逐这位世界上最有权势的人物的，是一群嗜血成性的饿狼，不是数以百计，而是数以百万计，甚至数以千万计，他是只落入平川之虎，不论他犯了什么罪，都是使这位顶天立地的人物蒙受耻辱的悲剧，他身上的肉被恶人们一块块地割下来，他将慢慢地在极度痛苦中死去，这是不公正的。这不是在遵循法律的原则，而是暴民用私刑的处罚，是被传播媒介在全球范围内审判。正是因为这些，因为他遭受私刑处罚到了异乎寻常的程度，因为他正被从权利的顶峰拖下来踩在人们脚下，因为他已经如同古希腊悲剧人物了。所以，我们说，他值得我们和你们同情。

这条思路使反方惊讶不已、措手不及，他们陷入了无法摆脱的混乱之中，不知如何去反驳正方。因为他们准备的整个方案，都是设想正方会为尼克松的清白辩解，但现在正方也同意尼克松可能有罪，使他们失去了攻击的目标，于是阵脚大乱，最终输了这场本以为一定能赢的论辩赛。他们失败的原因就在于判断失误。

（五）攻守能力

论辩如同打仗一样，存在攻和守的矛盾。《孙子兵法》说："防守不完备，就会给攻者留下余地；善于防守的人，要守得十分隐蔽，使人看不出破绽来；善于进攻的人，要攻击得巧妙，使人防不胜防。"论辩者如果能处理好攻守的矛盾，能以善守，就会使自己的战斗力增强。如上举正方，他们一方面承认尼克松非常可能犯了新闻媒介所指控的罪名，先守住自己的阵地，使反方无从攻击；另一方面，从人性中善的一面，从人们容易同情弱者的心理出发，攻击新闻媒介对尼克松的声讨，指明审判已超出了尼克松应承担的罪责，是罚不当罪。这样，把尼克松放在弱者的地位，攻击新闻媒体使他受到了不公正待遇，从而使反方防不胜防。正是由于正方策略运用得当，攻守结合得好，从而能够最终摆脱窘境，大获全胜。

（六）应变能力

应变能力指随机应变的思想准备能力。它的特点是能迅速接受信息、处理信息，思考并产生出新的信息。论辩者的应变能力，是观察、感受、思考、辨析以及对策设计等一系列智力能力的综合运用。要求观察要细、感觉要深、思考要快、辨析要准、对策设计要巧，而且这一系列思维过程要在短时间内，甚至一刹那间来完成。

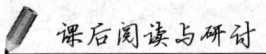 课后阅读与研讨

如何为辩论练习、做准备？

1. 日常的积累。其包括如下方面：

（1）关注国内外新闻。理解是起点，关键要自己动手分析，形成自己的论证，也可积累一些有价值的论据。

（2）培养辩证思维的逻辑感。阅读一些经典的议论文篇章，可以提高自己的逻辑感。

（3）坚持不懈的练习。辩论是练出来的。几人一组，每周组织一场辩论，题目涉及政治、经济、文化、哲学、社会问题等各个领域。可以挑出其中难度适合的作为辩论的辩题。每次辩论之后都要进行总结和反思，互相点评，也可邀请老师观看。

2. 训练的方法。包括如下几点：

（1）朗读训练。目的是拥有优美、严谨、风格独特的语言。要求能有一口流利的普通话，发音准确，在说话时能根据内容加入感情，声情并茂。这里男女有些区别，男的要如滔滔江水，气势磅礴、声音浑厚。女的则要如山泉叮咚、娓娓道来、清爽悦耳。但并非绝对，主要是根据自己的声音特点和语言习惯加以改进，能让人赏心悦耳就可以。

主要的训练方法为清晨朗读、背诵诗歌。多读一些抒情类的散文，可以让自己的语言丰富，并能抑扬顿挫，富有变化。快读，能够练习自己对于语速的控制能力。

（2）手势训练。在形体和气质训练中，主要是手势和仪态训练。最好先对着镜子训练并慢慢纠正，还要在日常生活中注意自己的一举一动。

（3）讲故事训练。给出不相关的几个词语，像化石、计算机、西电等，马上讲出一个故事，并且把所有的词都包含进去，逻辑清晰，故事可信。一般从10个开始慢慢往上加，时间从1分钟加到3分钟。必须全说完，并且要求控制好时间。

(4) 演讲。这个是只给一个题目，准备1分钟。然后发表一个3分钟的演讲，要求条理清楚，说明的问题能被听众清晰地了解，而且能让自己的观点被大家接受。分为论理和抒情两种，无论是以理服人还是以情动人都必须由听众来评判。这个训练可以在公开场合做，以锻炼自己的心理素质。

(5) 反向论证。对于一个人们在常识中都认为是正确的事情作出相反的判断并论证。如论证地球是方的等。主要是训练反应和对于诡辩的理解，更进一步就是在实战辩论中证明常理的错误，例如某人就是猪、人不吃饭等。要特别注意的一点是，不能强辩，一定要说理。不能我认为是就是，而是要有理论的支持，这个理论必须是大家公认的。论断要强调严密，反方要知道如何对付这种方法。

(6) 演绎推论。给出一个前提，就可以根据前提得出无数个结论，并且能证明结论是由前提推出的。例如，说笔可以用来写字，那么可以推出笔能用来记录，笔不但可以用来写字还可以有其他用途等。然后反方向推出荒谬的结论，练习归谬能力。

(7) 打比方。将一个道理用通俗的方法说出来，同一个理论，用不同的方法表达出来。要越形象、越生动、越容易接受越好。

(8) 综合能力。此处的综合能力是将一篇文章或一段文字总结起来的能力。是听力训练的一个重要部分，读出一大段文字后，听者必须马上用一句很精炼的话总结刚才听到的内容，并且在提问到一些文章内容的时候可以清楚地回答，比如数字、年份、人物等。训练的目的不是让你一字不漏的记下对方说的话，而是在最短的时间知道对方想说什么，他说了什么，他的问题在哪里，我如何将他说的内容总结并告诉他人。

(9) 心理训练。这也是一个重要的内容，例如，站在路上唱歌、讲笑话，在大庭广众面前发表议论等，能让自己在任何场所都能谈笑风生。

(10) 游戏训练。游戏训练主要是培养大家配合的默契程度，一起参加一些集体游戏活动，如打球、团体表演、拓展游戏等都可以。

(11) 知识积累。每两个人一周看两本相同的书，然后将书中的精华总结出来，用一个小时讲给大家，两个人一人讲一本，互相补充一下。

第二节　竞赛论辩

论辩竞赛在世界上是一种广为应用、经久不衰的、有组织的文化活动。竞赛论辩中，双方辩论的立场是由抽签决定的，是着意扮演的。论辩的目的不是为分出辩题本身的是非对错，而是要评出参赛各队辩论技术的高低优劣。它没有直接的功利主义目的，而是一种较高层次的智力游戏，具有一定的表演性。它要求参赛者具有丰厚的知识积累、敏捷的思维能力、机智的应变能力和娴熟的口语表达技巧。所以，论辩赛是培养参赛者综合知识、能力的良好课堂，同时也是发现、选拔、培养人才的良好途径，而观众通过论辩比赛，既可以学到论辩的技法，获得精神的愉悦，也可以受到思想的启迪和情操的陶冶。近年来，随着教育界、文化界、新闻界的宣传和推广，论辩竞赛被赋予了现代文明的新色彩；作为增强民主意识、体现个体价值的社会活动，论辩竞赛已迅速为广大群众所接受，尤其是大、中学生，他们不仅爱看、爱听，而且有强烈的参与欲望，可以说论辩赛正处于方兴未艾的最好发展时期，论辩竞赛已成了个个关心、人人欲试的一项极有影响、极具魅力的群体活动。

一、竞赛论辩的概念和特点

（一）竞赛论辩的概念

竞赛论辩指在论辩比赛主持者的组织下，围绕一个事先拟定的辩题，依据一定的规则，由扮演为观点截然相反的双方，即正题方（正方）和反题方（反方）各寻论据、各施技法进行论辩，以决胜负的论辩赛事，他是一种有组织、有评判的论辩。如果说一般意义上的论辩是为真理而辩的话，竞赛论辩则是为观点而辩，为己方所站的立场而辩，是为辩而辩。

在辩论赛中的辩手或辩论队除了用大量的事实、充足的理由、合理的价值标准证明本方立场正确外，还要用自身的道德风貌、言谈举止、人格修养去影响评委和观众。

（二）竞赛论辩的特点

论辩赛除了具有论辩的一般特点之外，由于其特殊的形式，它还具有如下的一些特点：

1. 组织的规范性。论辩赛既然是一种比赛，就必定要遵循一定的比赛规则，如参赛队员的人数、抽签的规则、辩论的顺序、发言的时间、以及评判的标准等。这些规则保证竞赛在对等的原则下公平、公正地进行，比赛时必须严格按照规则进行，如果违反规则，就会影响比赛成绩，甚至被淘汰出局。

2. 辩论的逻辑性。论辩赛与一般的论辩不同，从破题、立论，到底线的设置、技巧的运用，都必须以逻辑为基础，论辩赛实际上就是逻辑之战。在辩题立场对参赛双方基本公平的前提下，论辩水平的高低主要取决于逻辑能力的强弱，能否赢得比赛的胜利，和论辩所在逻辑层次的高低、逻辑严谨与否、推理演绎是否流畅密切相关。如果在逻辑上出了错，论辩的基础就不牢，就容易被对手抓住漏洞，使自己全军覆没。

辩论的逻辑具体体现在：①立论要有逻辑上的高度，而且要层次分明、条理清楚；②逻辑框架合理、严密、无矛盾；③演绎过程思路清晰，材料运用得当。

例如，"克隆技术是否为人类带来福音"，正方的逻辑框架：

确立一个论证轴心：克隆技术的应用必然像任何现代技术一样，在总体上、总量上、趋势上带给人类幸福。

强调基本事实：截止目前为止，克隆技术的应用都造福于人，丝毫未殃及人类。

指出造福必然趋势：①它将有助改善人类生存所需的物质条件；②它将有助提高人类的生存质量；③它将有助改善人类的知行方式。

指出趋利避害、造福防祸三大屏障：①科学家的良知；②周密化的制度；③人类趋利避害的天性。

建立一个论证体系：以克隆技术早已造福人类为坚强的事实依据，以三大造福趋势为进一步造福的有力依托，以三大屏障为趋利避害、造福防祸的可靠保障，以技术史、社会史为宏观支持背景，对己方论点给予充分的论证。

3. 心理的适应性。论辩赛是一种融知识、智慧、语言、应变能力为一体的，具有强对抗性的综合性比赛。由于赛场气氛的紧张，双方对抗的激烈，要求辩手具有较强的心理适应能力，在三四十分钟的竞智较量过程中，辩手必须始终保持清醒的头脑，用超常的速度收集、分析、处理来自各方的信息，并作出最快、最恰当的反应。只有将心理调整到最佳状态，临场才能发挥最好的战术、技术；才能营造有利的赛场氛围，取得控制赛场的主动权。没有稳定的、良好的心理状况作保证，就不可能取得论辩赛的成功。所以说，论辩赛也是心理对抗赛。

4. 语言的综合性。论辩赛是以知识为中心的各类信息高度密集的竞赛，对己方立场观点的准确陈述，对对方立场观点的犀利反驳都要靠语言表达出来。论辩语言的基本要求是：口齿清晰，词能达意，言简意赅，让人听得懂，知道讲些什么；条理清晰，紧扣主题，言而有序，语言修饰适度，成语、典故运用得当，气氛渲染恰到好处；能言善辩，持之有故，言之成理，说服力强；语调抑扬顿挫，语速错落有致，语言幽默，恰到好处的幽默，必然使论证取得极好的效果。此外，还要充分运用体态语、手势语、面目表情等无声语言来辅助传情达意，做到声情并茂。

例如，"温饱是谈道德的必要条件"反方一辩陈词，就具体体现了论辩赛的语言美：

第一，温饱绝不是谈道德的必要条件。古往今来，没有解决衣食之困的社会比比皆是，都不谈道德了吗？今天在衣不蔽体、食不裹腹的埃塞俄比亚就不谈道德了吗？在国困民乏、战火连绵的索马里就不谈道德了吗？古语说，"人无是非好恶之心，非人也"。人有理性，可以谈道德，这正是人与动物的区别所在。无论是饥寒交迫还是丰衣足食，无论是金玉满堂还是家徒四壁，人都能够而且应该谈道德。

　　第二，道德是调节人们行为的规范，由社会舆论和良心加以支持。众所周知，谈道德实际包括个人修养、社会弘扬和政府提倡三层含义。我们从个人看，有衣食之困但仍然坚持品德修养的例子，实在是不胜枚举。孔老夫子的好学生颜回，他只有一箪食，一瓢饮，不仍然"忠信，行笃敬"吗？杜甫的茅屋为秋风所破的时候，他不还是想着"安得广厦千万间，大庇天下寒士俱欢颜"吗？说到政府，新加坡也曾筚路褴褛。李光耀先生就告诫国人：我们一无所有，除了我们自己。他强调道德是使竞争胜人一等的重要因素。试想，如果没有政府倡导美德，新加坡哪里有今天的繁荣昌盛、国富民强？

　　第三，……

　　雨果说过："善良的道德是社会的基础"。道德是石，敲出希望之火；道德是火，点燃希望之灯；道德是灯，照亮人类之路；道德是路，引我们走向灿烂的明天。

5. 队员的整体配合性。论辩赛，除了一对一的对抗以外，二人以上组成辩论队，就需要互相配合，发挥整体作用。每位队员准确而自觉地定位、不突出个人、互相支持、相互补台的团队精神是取胜的必要保证。论辩赛的参赛队员要有集体思维能力：对同一个问题，辩论队内部要达成共识，出现分歧时，能在较短时间里相互协调，统一思想，统一行动，做到知人、知性、互相主动配合。个人的能力固然重要，但只有发挥团队的集体力量，才能赢得论辩的胜利。

　　例如，"治愚比治贫更重要"，自由辩论：

　　　　正方：模糊不清的是对方同学。对方同学以迫切性衡量重要性。那我倒要告诉你，我现在肚子饿得很，十万火急地需要食物来充饥，但我还是要辩下去，因为我意识到辩论比充饥更重要。（掌声）

　　　　反方：对方辩友，我认为"无饭可吃"和"有饭不吃"是两码事。比如我，我也在节食，但是我觉得我并不贫呐！（掌声）

　　　　正方：如果像对方同学这样，只想给穷人吃饱吃好就了事，那么"希望工程"的希望，就会从希望变成失望，再从失望变成绝望呀！

　　　　反方：对方讲的是"扶贫"，扶贫是治贫的一种手段。"希望工程"假如不是在温饱基础上进行，希望工程就会变成"失望工程"。（掌声）

　　　　正方：刚才对方同学谈到索马里儿童问题。请问对方同学，30年前我们看到索马里儿童在挨饿，为什么在30年后的今天，更多的索马里儿童在

挨饿?请正面回答。(掌声)

反方:索马里的治贫效果确实不理想,但是治愚的效果确实很不错,但也并没有改变贫的状况啊!索马里的识字率由70年代的5%,上升到80年代的60%,可是它还是那么穷。(掌声)

6. 论辩过程的可观性。论辩赛本身是智慧的较量,是一种比知识、比谋略、比机敏、比心理、比逻辑、比智慧的综合型比赛,自始至终充满机智和幽默。由于它符合人们喜欢"悬念"、偏爱"智斗"的心理特点,所以具有较强的可观性,能使人在愉悦中得到智慧的启迪,高尚情操的熏陶。不同年龄、不同文化层次、不同行业的人都可以从不同角度去欣赏,可谓各有所需、各有所得,所以,论辩赛是一种高雅的艺术,具有较高的美学欣赏价值。

二、竞赛论辩的模式

论辩赛是一种"纯理性"的竞智比赛,根据参加人数的多少,基本上分为"个人赛"和"团体赛"两大类。不同的竞赛规则规定了不同的竞赛模式。下面介绍一些国内外比较流行的论辩赛模式。

(一)个人赛

这是一对一的个人间的论辩比赛。比较有名的是"林肯—道格拉斯"辩论赛。1858年,林肯与美国南部坚持黑奴制度的法官道格拉斯展开了一场大辩论。辩论先后进行了7次,每次持续时间近3小时。辩论吸引了成千上万的美国人观战。为纪念这位美国南北战争的英雄,这种一对一的辩论赛模式就以林肯的名字命名。自1979年开始,该模式被列为美国中学生论辩赛的正式比赛项目。

林肯—道格拉斯辩论赛:

(一对一)

1. 正方结构性发言6分钟;反方盘问3分钟。
2. 反方结构性发言7分钟;正方盘问3分钟。
3. 正方辩驳性发言4分钟。
4. 反方辩驳性发言6分钟。
5. 正方辩驳性发言3分钟。

总计耗时32分钟。

(二)团体赛

团体赛的模式较多,有2:2阵式、3:3阵式、4:4阵式。论辩的方式也多样:有无陈述直接进入辩论的,有先陈述然后进行辩论的,有坐着辩论的,也有站着辩论的，等等。下面列出三种较流行的团体论辩赛模式。

1. 俄勒冈模式。这种辩论赛的特点是：每位辩手在结构性发言之后都要接受对方的盘问。规则要求，被盘问者只能回答问题，不能反问对方，盘问的一方则可以随时中断对方的回答，提出新的问题。但是，不能反驳对方的发言。

俄勒冈式辩论赛：
（二对二）
1. 正方一辩结构性发言 8 分钟；反方二辩盘问正方一辩 3 分钟。
2. 反方一辩结构性发言 8 分钟；正方二辩盘问反方一辩 3 分钟。
3. 正方二辩结构性发言 8 分钟；反方一辩盘问正方二辩 3 分钟。
4. 反方二辩结构性发言 8 分钟；正方一辩盘问反方二辩 3 分钟。
5. 反方一辩辩驳性发言 4 分钟。
6. 正方一辩辩驳性发言 4 分钟。
7. 反方二辩辩驳性发言 4 分钟。
8. 正方二辩辩驳性发言 4 分钟。
共计耗时 60 分钟。

2. 新加坡模式。自 1986 年北京大学代表队参加第一届"新加坡亚洲大专辩论会"后，新加坡辩论赛模式传播到我国。之后，复旦大学、南京大学两次代表中国参加"亚洲大专辩论会"或"国际（华语）大专辩论会"。再加上宣传媒体的广泛宣传，"新加坡模式"广为流传，成为国内各种辩论赛竞相采用的一种模式。

新加坡辩论赛
（四对四）
1. 陈词阶段共 18 分钟。
（1）正方一辩陈词 3 分钟；反方一辩陈词 3 分钟。
（2）正方二辩陈词 3 分钟；反方二辩陈词 3 分钟。
（3）正方三辩陈词 3 分钟；反方三辩陈词 3 分钟。
2. 自由辩论阶段共 8 分钟。正方任一辩手先发言，然后反方发言……辩论双方依次轮流发言，各方累积用时 4 分钟。
3. 总结陈词阶段共 8 分钟。
（1）反方四辩陈词 4 分钟。
（2）正方四辩陈词 4 分钟。

共计耗时34分钟。

四位辩手各有各的任务，分别起着"启、承、转、合"的作用。

双方一辩的任务是"启"：他要全面、准确地向观众和评委陈述本方主要的观点和理由，为全队下一步论辩作好开启和铺垫，因此在语言上要特别强调清晰明白、准确严密，同时又不能把话讲得太直、太透，以免过早暴露火力，为对方提供辩驳的缺口。

二辩、三辩的任务是"承"和"转"：他们既要对本方观点进行深入阐发，强化本方的陈述，又要对对方的观点进行有力的反击。强调语言的战斗性、论辩力和幽默感。

四辩的职责是"合"，又称"结辩"：既要透彻、尖锐地反攻对方，又要巧妙地强化、补充和修正本方的观点。结辩是论辩的高潮，成功与否往往关系到论辩的胜负。

团体的作用表现得最充分的是在自由辩论阶段，这也是新加坡模式的精华。辩论双方的技术、战术在自由辩论阶段得到最充分的发挥，而辩手的个人素质在这一阶段，也得到最充分的体现。自由辩论是新加坡模式辩论赛的高潮，也是最具观赏性和最能调动观众情绪引起观众兴趣的阶段。

3. 上海新模式。上海新模式是在新加坡模式的基础上，经过调整、修订而成的。因为新加坡模式最精彩的是自由辩论，最难把握的也是自由辩论。没有一定的文化积累，没有广博的知识结构体系，没有较好的逻辑思维判断能力，就很难把握好自由辩论的内容和节奏。所以新加坡模式并不适合于文化层次较低、选手年龄较小的辩论赛使用。上海教育电视台、复旦大学、同济大学、华东理工大学和华东师范大学的有关人员成立了课题研究小组，在研究、分析、比较各种辩论赛模式的基础上，制定了"辩论赛新模式"，并由上海教育电视台在中国名校大学生辩论邀请赛中推出，取得了较好的效果。

中国名校大学生辩论邀请赛
（三对三）
（一）赛前辩论方案介绍共8分钟
1. 正方教练作辩论方案介绍4分钟。
2. 反方教练作辩论方案介绍4分钟。
（二）正式比赛
1. 陈词阶段14分钟。
（1）正方一辩陈词4分钟。

(2) 反方一辩陈词 4 分钟。
(3) 正方二辩陈词 3 分钟。
(4) 反方二辩陈词 3 分钟。

2. 盘问阶段共 3 分钟。
(1) 反方三辩向正方三辩提问 10 秒。
(2) 正方三辩回答。回答结束后向反方一辩提问 30 秒。
(3) 反方一辩回答。回答结束后向正方一辩提问 30 秒。
(4) 正方一辩回答。回答结束后向反方二辩提问 30 秒。
(5) 反方二辩回答。回答结束后向正方二辩提问 30 秒。
(6) 正方二辩回答。回答结束后向反方三辩提问 30 秒。
(7) 反方三辩回答 20 秒。

3. 自由辩论阶段 8 分钟。
(1) 正方任一辩手发言。
(2) 反方任一辩手发言。
……
双方轮流发言，分别计时，每方累计用时 4 分钟。

4. 总结陈词阶段共 8 分钟。
(1) 反方三辩陈词 4 分钟。
(2) 正方三辩陈词 4 分钟。
总计耗时 33 分钟。

这种新模式与其他一些模式相比，有一些重大的改进，主要表现在：①在辩论队员正式上场辩论之前，由双方教练"背靠背"地分别介绍本方辩论方案，让评委和观众了解，这样，可以使评委和观众在赛前了解双方取胜策略，对辩论的势态发展作初步的预测，从而使评判的结果更加公正合理，也有利于提高观众的欣赏水平，从而更好地发挥论辩赛的社会效应；②新模式在保留"新加坡模式"的精华——自由辩论的基础上，增加了有问必答的"盘问"阶段，目的在于：采取强制的手段，迫使辩论双方交锋，从而增加辩的激烈程度，提高舌战的观赏价值；③参赛辩手由每队 4 人改为每队 3 人，一方面使比赛时间不至拖得过长；另一方面也可以使辩手在场上发挥水平的机会基本相当，在一定程度上改变了上场辩手多、个别辩手依赖性大、分工过散、发挥不平衡的弊端，使辩论赛更加紧凑、精彩。

三、辩题的选定

一般来说，辩题可分为事实命题、价值命题和政策命题三种。事实命题是讨论某件事是不是真的，类似法律辩论，侧重举证；价值命题是讨论某件事是否较好，类似先验的学术论证，很难例举实证，主要靠推理论证，这就要求对辩题的背景知识有全面深入的了解；政策命题是讨论某件事该不该做，比较注重理论与实践的结合。

辩题是论辩赛软件中的第一要件，是论辩赛的纲，一场论辩是否精彩激烈，是否具有理论深度，是否能够给观众以思想的启迪和认识的提高，重要之处在于拟制和选定一个好的辩题，并不是什么问题都可以作为论辩赛的辩题，辩题需要通过专家的论证，基本要达到以下要求：

1. 社会（或团体）关注的热点问题。因论辩赛的群众性和社会性不同于一般的辩论，与之相适应，论辩赛的辩题应具有较强的社会性和相应的教化作用。所以，应该根据论辩赛的目的、宗旨及其基本观众来确定辩题。要选择社会（或所涉及团体）关心的热点问题，辩题本身对观众有了吸引力，大家想看、爱看并且认真看，才谈得上有宣传教育作用。如新加坡1993国际大专辩论会的辩题"人性本善"是先哲们讨论了几千年而尚未获得解决的问题；"爱滋病是医疗问题还是社会问题"则是20世纪90年代以来逐渐引起人们普遍关注的热门问题；上海1997第三届中国名校大学生辩论邀请赛的辩题"克隆技术能否为人类带来福音"更是20世纪末引起人类大震动、大讨论的有关人类自身发展的重大课题。这样的辩题既能激发辩手的热情，也能引起观众的广泛注意，是设计得较好的辩题。

此外，在一组辩题中安排1~2个有理论或哲学深度的辩题，引起广大青年学生的深入思考，激发忧患意识，进而增强社会责任感、历史使命感也是需要的。如上海1997第三届中国名校大学生辩论邀请赛就选择了"人口问题是不是未来社会发展的成败关键"、"现代社会竞争与合作哪个重要"等问题作为辩题。

2. 可辩性。顾名思义，可辩性是指辩题必须具有两面性，即辩题必须可能包含两种认识，而且正反两方必须轻重相等。一方面，由辩题规定的正反方所持立场有较大的反差，能形成对立，能导致辩论交锋，而这种立场上的对立又是合理的、符合客观实际的。所以，早有定论的命题、错误的命题或正在试验探测的命题都不应选作辩论题。例如"月亮是行星"、"火星上有生命存在"、"精神文明建设和物质文明建设必须两手抓，两手都要硬"等都不宜作为论辩赛的辩题。另一方面，辩题中双方又有一定的共同认识作为基础，使之有话可说。例如，"人性本善"的共同认识是：人性与兽性是有本质区别的；人性中有善的一面，也有恶的一面。而不同的是，人性中与生俱来的是"善"还是"恶"？在人类发展的历史长河中，有很多"善""恶"的事例可以用来支持双方不同的观点，所以双方机会是均等的，都能有很多话可说。

3. 平等性。所谓平等性是对辩论双方而言的。平等性要求辩题对于参赛的双方，在理论、事实和逻辑等方面没有倾向性，是公平的。保证正反两方的辩论能在立论平等的基础上有效展开。这种辩题立场的平等性质使论辩能交锋、有争论、有欣赏价值。如果以"改革开放对经济发展利大于弊"为辩题，反方持对立立场，即"改革开放对经济发展弊大于利"就无法进行辩论，这样的辩题不符合平等性的要求，不能作为论辩赛的辩题。

4. 准确性。辩题的用字、用词必须经过严格的推敲。因为辩题是辩论的出发点和论辩的归宿，辩论队在准备辩论方案的时候，对辩题要"咬文嚼字"地一个字一个字、一个词一个词地分析界定。辩题用字、用词的疏忽，可能导致无法收拾的局面，所以对辩题本身要有一定的语法要求，即在句式和语气上要有所限制。①一般采用肯定判断句式，例如，"外来文化对民族文化的发展利大于弊"，而不采用否定判断句式，例如，"儒家思想不能抵御西方歪风"。可采用中性的、无倾向性的疑问句式，如"人是大自然的保护者还是破坏者"。②不采用倾向鲜明的诘问语气，如"谁说儒家思想可以抵御西方歪风？"

四、竞赛论辩技巧

论辩比赛有如棋赛，需要有较高的发散型思维能力。要想赢得竞赛的胜利，除了参赛辩手要有广博的知识，对辩题有深入的分析、研究，设计好逻辑框架的底线，对对手有充分的了解之外，技巧的运用也是至关重要的。

（一）陈词：选取最佳的角度

辩手上场，首先要陈述己方对辩题的看法，即亮明自己的观点，为论辩的展开做好铺垫。由于双方的立场是抽签决定的，一般来说，如果抽到的立场对己方有利，则可以正面阐述己方观点，并尽可能使己方立论严谨、周密，不给对方以可乘之机；如果抽到对己方不利的立场时，就要想方设法避开不利因素，另辟蹊径，选取一个最佳的角度来立论，以使自己的立场能得到评判团及观众的认可。例如，1986年亚洲大专辩论赛决赛的题目是"发展旅游业利多于弊"，北大队抽到反方的立场，要论证的观点是"发展旅游业弊多于利"。论辩赛是在新加坡举行的，而旅游业正是新加坡得以迅速崛起、发展的支柱产业之一，北大队的立场对于赢得新加坡的听众是非常不利的。针对新加坡的现实情况及观众心理和评委倾向，北大队选取了一个最佳角度：避免直接攻击旅游业，而是在"发展"前面加一个限制条件，即"如果不分时间、环境，盲目地发展旅游业则是有害的"，并在陈词中列举大量事实支持己方论点：

> 我方并没有否认旅游业有促进文化交流的积极作用，但是如果这样盲目地、无节制地发展旅游业，那么就会给民族的传统文化带来冲击和破坏。

……如果是无节制地、盲目地发展旅游业，就会导致招揽游客不择手段。许多国家招揽游客，并不是靠他的优美的风景和所谓的便宜商品，他们的旅游业得以发展，主要是靠他们的色情业。澳门的旅游业发达，但他们为了满足赌客们，让赌客们在赌场里领略到湖光山色的风云变幻。……马来西亚的天顶赌场，泰国的人妖艳舞，不都可以算是举世闻名的吗？如果是这样发展下去，说发展旅游业利多于弊不就会变成发展色情业、赌博业利多于弊了吗（笑）？如果是这样发展下去，它给社会的精神文化带来的损害更是无法估量的。举个例子，佛寺历来是人们寄托精神信仰的地方，可我就亲眼看见，寺院里的和尚不是在忙着念经，而是在忙着做生意，招揽游客（笑）……

由于北大队的策略得当，加上队员的出色表现，终于变不利为有利，赢得了论辩赛的冠军。

（二）提问：组织积极的进攻

提问，是辩论的常见形式，提问的方法有很多，如两难提问法、陷阱提问法、反诘提问法等，有时一个巧妙的问题能直接影响辩论的态势变化，辩手往往借助于提问来确立本方的主攻方向，控制辩论赛的进程。因此，问什么，怎么问，何时问，谁来问，都是很有讲究的。例如，1993 国际大专辩论赛决赛的题目是"人性本善"，复旦队抽到反方立场，要坚持"人性本恶"的观点，而辩论所在地的新加坡是以华人为主的国家，现代化后的新加坡力求用华夏文化传统的精华来抵制西方的纵欲主义、个人主义等消极影响。华夏文化的主流是儒家思想学说，其核心是伦理道德。在人性问题上，儒家的基本思想是"人之初，性本善"，所以复旦队的立场不太有利。为了打破这种劣势，以组织积极的进攻，复旦队设计了一个巧妙的问题"善花是如何结出恶果的"，在台北队一辩陈词说：
"正因为人性本善，所以人随时随地都可以放下屠刀，立地成佛。我主张人性本善，就是主张人性的根源点是善的，有善端才会有善行"之后，复旦队一辩首先有针对性地提出问题："对方同学请你摘下玫瑰色的眼镜看看这个现实的世界，就在你陈辞的这三分钟当中，这个世界又发生了多少战争、暴力、抢劫、强奸。如果人性真是善的话，那么这些罪恶行为到底是从何而来的？"

在自由辩论阶段，复旦队辩手又把这一问题简化为"善花是如何结出恶果的"，并互相配合，一连追问了五次，充分体现了提问的高超技巧。而主张"人性本善"的台北队对这一问题无法自圆其说，显得被动，失去了其本来所具有的优势，最终败北。

（三）回答：反守为攻，争取主动

辩论中提出问题，意味着进攻，是主动的表现，而回答问题，是防卫，实际是为本方的论点作辩护，如果处理得当，表面上是回答，是防卫，事实上却是进攻，是反守为攻。回答的方法也很多，如设定条件回答法、以问代答法、模糊回答法、自问自答法等。例如，青年欧提德穆斯曾向大哲学家苏格拉底请教什么是善，什么是恶：

  欧：请问，什么是善？什么是恶？
  苏反问道：盗窃、欺骗是恶吗？
  欧：当然是，把它说成善，我可从未听说过。
  苏：盗窃敌人的武器，欺骗敌人是恶吗？
  欧：这不能算恶，不过我说的是朋友，没说敌人。
  苏：您认为盗窃对朋友来说是恶，假如您的朋友打算自杀，您盗窃了他准备用以自杀的剑，使他自杀不成，这也算是恶吗？
  欧：……（无言以对）
  苏：您说欺骗朋友是恶，一个小孩子生了病又不肯吃药，他的父亲欺骗他说"药是很好吃的"，哄他吃了，救了他的命，这种欺骗又怎么样？
  欧：哎呀，苏格拉底，我对我刚才的话已丧失信心了。

在这里，苏格拉底运用的就是以问代答法。苏并不赞成机械地、绝对地划分善与恶，但他没有正面回答欧的问话，而是举出实例来反问，通过一系列的反问，使欧无法再坚持自己的观点，从而达到了反守为攻的目的。

（四）反驳：针锋相对，克敌制胜

反驳是确定某一论题虚假或论证其不能成立的思维过程，与论证不同，反驳在于确定对方的立场不能成立。而不是证明己方的立场成立。反驳的作用是：揭露错误，驳斥谬误，而不是阐明真理。如果能针对对方的漏洞或错误予以有力的反驳，就可以使己方处于主动地位，从而克敌制胜。反驳的方法很多，可以直接反驳，也可以间接反驳；可以反驳对方的论据、论点，也可以反驳其论证方法。例如，在"艾滋病是医学问题，不是社会问题"的辩论中，正方举出反方所属国家的资料来证实己方的观点："所以，我倒要告诉对方，1987年中国预防医学科学院副院长就告诉我们，他们的研究人员已经分离出一种艾滋病毒，已经开展艾滋病源和分子生物学研究，已经得出了结果，而且是有效的。"对这一资料，反方在准备论辩时也看到了，并对其"有效性"专门请教了权威教授，所以当对手抛出该材料时立即予以反驳："著名的中国艾滋病研究专家康来仪先生说，刚才那个结果到现在没有办法可以证明。"由于反驳及时，有效地遏制了对方的进攻。

五、竞赛论辩的评判标准

论辩赛既然是一种竞赛，就有输有赢，既有输赢，就应有判断输赢的规则和标准。一般来说，应从以下五个方面进行评判：

1. 看对本方观点的阐述是否言之成理，无懈可击。论辩赛双方的观点全凭抽签决定，它不以辩清真理为目的，因此在评判中就不能以是否具有真理性而决定胜负。即使如此，也必须使本方的观点言之成理，并且阐述得充分有力，有不可辩驳的力量，又不会给对方留下反击的把柄和缝隙。

2. 看对对方的反驳是否犀利、入木三分。这主要看在论辩中是否善于捕捉辩机，准确地抓住对方话语中的要害，迅速地组织论据反击，并且有不容再辩的力量。犀利的反驳是评判胜负的重要条件。

3. 看队员间配合、协作是否默契、协调。论辩尽管有不同的阵式，但它大多是团体对团体的集团行为，这就要求辩手之间紧密配合，协同作战，既要出色地完成自己承担的任务，又要在风云变幻的情况下抓住战机，互补互济而不能相互矛盾，自起内讧。

4. 看语言是否科学、优美、富有论辩力。论辩是口语的艺术，辩手的学识、才思、机敏，都是以口语作为载体和媒介的，因此，辩手的语言修养是评判论辩胜负的重要因素。论辩的语言要言简意赅、尖锐犀利、出语幽默、特色纷呈。它不仅要有制胜对手的力量，又要有欢愉观众的情趣。

5. 看风度，看辩德。孟子说："以德服人者，中心悦而诚服也。"辩论强调的是以德服人，辩论赛中，气质与风度是辩手个人综合素质的一种外在表现，具体通过辩手的语言、德行、表情、姿势等表现出来。由于辩论赛的团体赛性质，辩论队集体的道德风貌、言谈举止、人格修养又体现为辩论队集体的气质与风度。论辩既然是口语竞技艺术活动，而不是真正的敌我对垒，那就要求参辩双方讲究文明礼貌，既要讲究外在仪表，又要讲究辩德。不能语言粗野，出口不逊，恶语伤人。这是评判的重要依据，也是取得评委和观众好感的重要方面。

具体评分标准如下：

> 新加坡辩论赛评判标准：
> （1）个人分标准：
> 辩论技巧40分；
> 内容、材料30分；
> 风度、幽默感15分；
> 自由辩论15分；
> 四位辩手总分400分。

（2）整体配合 40 分。
总分 440 分。

此评分标准将重点放在辩手个人得分上，可以称之为以个人表现为主的评价体系。

上海新模式辩论赛评判标准
（1）团体评分部分。
审题 20 分；
论证 20 分；
辩驳 20 分；
配合 20 分；
辩风 20 分；
总分 100 分。
（2）个人评分部分。
论 25 分；
辩 25 分；
总分 50 分。

此评分标准重点放在团体得分上，可以称之为以辩论队整体表现为主的评价体系。

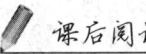 课后阅读与研讨

1993 国际大专辩论赛决赛辩论词

辩题正方：台湾大学队：人性本善
反方：复旦大学队：人性本恶
主席：黎学平
时间：1993 年 8 月 29 日下午
主席：观众朋友，欢迎光临 1993 年国际大专辩论会大决赛。这个国际大专辩论会是由新加坡广播电视局和中国中央电视台联合举办的。过去的一个星期，辩论会的 8 支队伍经过 4 场初赛、两场半决赛之后，其中的 6 支队伍被淘汰了。

今天进入大决赛的两支队伍可说是辩论经验丰富的精英，他们肯定会在今天的比赛中大展辩才，给大家带来场"劲"的（比赛），让大家大饱耳福。今天我们非常荣幸地邀请到新加坡副总理李显龙准将出席我们的大决赛。（掌声）国际大专辩论会的冠军队将获得10 000元的现金奖，亚军队可获得5 000元。另外，我们也将在过去几场和今天的辩论群英会中选出一位最佳辩论员，他可以获得2 000元的现金奖励。现在向您介绍参加今天大决赛的两支队伍，台湾大学和复旦大学。在我右手边的是正方台湾大学的代表，第一位是吴淑燕，政治系二年级；第二位是蔡仲达，会计系二年级；第三位是许金龙，政治系二年级；第四位是王信国，哲学系二年级。（掌声）在我左手边的是反方复旦大学的代表：第一位是姜丰，中文系中国语言文学研究生二年级；第二位是季翔，法律系二年级；第三位是严嘉，法律系四年级；第四位是蒋昌建，国际政治系硕士班三年级。（掌声）

今天我们的评判团阵容也特别强大。五人评判团是由本地和海外专业人士组成的。他们是：郭振羽教授，他是南洋理工大学传播学院院长；（掌声）第二位是吴德耀教授，他是前东亚哲学研究所所长；（掌声）第三位是查良镛先生，他是香港《明报》创办人，也是著名武侠小说家，笔名金庸；（掌声）第四位是杜维明教授，他是美国哈佛大学东方语言及文明学系教授；（掌声）第五位是许廷芳律师，他是新加坡广播局董事。（掌声）

今晚的辩题是"人性本善"，反方的立场是"人性本恶"。双方的立场是由抽签决定的。现在我宣布1993年国际大专辩论会大决赛正式开始。首先将由正方一辩吴淑燕同学表明立场和发言，时间为3分钟。（掌声）

吴淑燕：大家好！哲学家康德主张，人不分聪明才智、贫富美丑都具有理性。孟子认为人性本善，所以进一步又加了一句，每个人都有恻隐之心。而佛家说，一心迷是真身，一心觉则是佛。正因为人性本善，所以人随时随地都可以放下屠刀、立地成佛。我方主张人性本善，就是主张人性的根源点是善的，有善端才会有善行。我方不否认在人类社会中存在有恶行，但是恶行的产生则是由外在环境所造成，所以恶是结果而不是原因。如果硬要说恶是因不是果，也就是说人性本恶，那么人世间根本不能产生真正的道德。虽然英国哲学家霍布斯极力主张在人性本恶的前提下人类可以形成道德。但是想想看，如果人性本恶，人类一切道德规范都是作为人类最大的利己手段。当道德成为手段时，道德还是道德吗？也就是说，人一旦违犯道德而不会受到处罚，人就不会遵守道德的约束了。深夜两点我走在道路上看到红灯，如果人性本恶我就会闯过去，因为不过是为了个人方便。但事实上并不是如此，仍然有许多人遵守交通规则。而根据人性本恶的前提假设，霍布斯认为必须有一个绝对的、无所不在的权威监督每个人履行道德规约。如果人性本恶，没有一个人会心甘情愿地遵守道德规约，但是事实证明：人还是有善行、人还是有道德、还是有利他的行为。如果人性本恶，（时间警示）那么我们只有两种选择：第一个是活在一个"老大哥"无时不刻不监督我们的世界当中；第二个是我们人类社会将是彼此不再相信。如果这样的话，我就会看到一个老太太跌倒了有人把她扶起来，人们则说他居心不良，而我们在辩论会中建立起来的友谊都是虚假的装腔作势。但是我们会发现，在人类历史社会当中，没有一个绝对权威的君主曾经产生过，但是舍己为人的事情在不断地发生。而在生活当中，为善不为人知的生徒小民更是比比皆是。泰丽莎修女的善行，大乘佛教中所说的"众生永远不得渡，则已终身不作佛"的慈悲宏愿，难道不正是人性本善的最佳引证吗？（时间到）谢谢！（掌声）

主席：谢谢吴淑燕同学，接下来请反方第一位代表姜丰同学表明立场和发言，时间也是3分钟。（掌声）

姜丰：谢谢主席，大家好！我先要指出一点的是，康德并不是一个性善论者。康德也说过这样一句话："恶折磨我们的人，时而是因为人的本性，时而是因为人的残忍的自私性。"对方不要断章取义。另外对方所讲到的种种善行，那完全是后天的，又怎么能够说明我们命题当中的"本"呢？神话归神话，现实归现实。对方同学请你们摘下玫瑰色的眼镜看看这个现实的世界，就在你陈辞的这3分钟当中，这个世界又发生了多少战争、暴力、抢劫、强奸。如果人性真是善的话，那么这些罪恶行为到底从何而来呢？对方为什么在他们的陈辞当中，自始至终对这个问题避而不答呢？我方立场是：人性本恶。

第一，人性是由社会属性和自然属性组成的，自然属性指的就是无节制的本能和欲望，这是人的天性，是与生俱来的，而社会属性则是通过社会生活、社会教化所获得的，它是后天属性。我们说人性本恶当然指的是人性本来的、先天的就是恶的。

第二，提到善恶，正如一千个观点会有一千个"哈姆雷特"，一千个人心目当中也许会有一千个善恶标准。但是，归根到底恶指的就是本能和欲望的无节制地扩张，而善则是对本能的合理节制。我们说人性本恶正是基于人的自然倾向的无限扩张的趋势。那个曹操不是说过："宁可我负天下人，不可天下人负我"吗？那个路易十五世不是也说过："在我死后哪怕洪水滔天"。还有一个英国男孩，他为了得到一辆自行车竟然卖掉自己3岁的妹妹。这些对方还能说人性本善吗？

第三，虽然人性本恶，但是我们这个世界并没有在人欲横流中毁灭掉，这是因为人有理性。（时间警示）人性可以通过后天教化加以改造。当人的自然倾向无限向外扩张的时候，如果社会属性按照同一方面推波助澜，那么人性就会更加堕落；相反，如果我们整个社会倡导扬善避恶，那么人性就有可能向善的方向发展,这一点也不正说明了儒家思想所倡导的修齐、治平、内圣、外王是何等重要吗!对方辩友,如果真的是人性本善的话,那么孔老夫子何必还诲人不倦呢?

今天,对方辩友所犯的错误就在于以理想代替现实,以价值评判代替了事实评判。从感情上讲我们同所有善良的人一样也是希望人性是善的。但是历史、现实和理性都告诉我们,人性是恶的!这是一个事实,我们只有正视这个事实,才有可能扬善避恶。(时间到)谢谢各位!(掌声)

主席:谢谢姜丰同学,接下来我们听听正方第二位代表蔡仲达同学的发言,时间三分钟。(掌声)

蔡仲达:大家好!刚才对方同学谈得很多,我们就一一来检视到底善是本还是恶是本?到底善是表象还是恶是表象?我们先举一个例子来说吧。如果我们今天要吃西瓜,是不是先要种西瓜种子呢?如果我们种红豆、绿豆,长得出西瓜吗!所以人世间为什么这么多善行呢?当然是在人的本性中就有着善的种子嘛。那人世中为什么有恶的表象呢?很简单嘛,我们都知道我们种西瓜只要丢西瓜种子就好了吗?我们还要施肥,还要浇水啊,而且一不小心,万一再下了十几天的大雨,那么西瓜不仅长不好,而且还会烂掉。所以同样的嘛,我们在人类充满污染的环境中,我们承认有些人他虽然有善根,但是呢他长不出善果。他是长得不好,但是这并不是说他的人性中没有善的种子啊!所以我们发现很多犯罪人到最后他们都良心发现。我们说他是良心未泯,那么想想看,如果人的良心自始就不存在于人的本性中的话,那么我们怎样去解释人有后悔的行为呢?大家不都曾经后悔过吗?

好的,对方同学又指出了另外一点,说人的恶是因为人有欲望,人有这样的本质,那我就不懂了,为什么欲望一定带来恶呢?我今天喜欢一个女生,这个女生也喜欢我,我们都想跟对方结婚,我们组成美好家庭,这是恶吗?(笑声、掌声)再说吧,人有本能,人肚子饿了就想吃饭,那人跟狮子不就是一样了吗?对方同学您如何解释呢?另外我们再想一想吧,对方同学说人的本性可以教育,所以恶的本性可以教育成善,我们就来想一想,为什么人的本性可以被教育成善呢?我们说小鸟会飞,它只要学了飞就可以飞,为什么我们人怎么教,我们都不会自己飞呢?因为我们本性中没有飞的本性嘛,(时间警示)那么人为什么被教成行善呢?就是因为我们相信人的本性中有善性嘛。如果说人的本性是恶的而能够教成善的,那我们就觉得很奇怪了。如果人的本性没有善性为什么我们一学就知道什么是善,一教就知道怎么行善,而教怎么飞再怎么教你都不会呢?就算如果本性是恶,那到底谁来教我们,是本恶的人来教我们本恶的人吗?他们为什么要教我们呢?他们到底有什么动机,我们能够信任他吗?他们教育我们行善,孔夫子要教育我们行善,他们背后是不是有一个更大的恶的动机呢?(笑声、掌声）我们觉得很奇怪，对不对？比如说吧，一个老人跌倒了，我们把他扶起来；我们来新加坡，交这么多朋友，以辩会友，我们情意真挚；我们看到非洲饥民，人人心中都有孤独、悲哀、悯天地不悯的心情，如果说扶老人就是沽名钓誉；交朋友这是虚伪矫情……（时间到）谢谢！（掌声）

主席：谢谢蔡仲达同学。接下来我们听听反方第二位代表季翔同学怎么反驳，时间三分钟。（掌声）

季翔：谢谢主席，各位好！对方辩友我倒真想请问你这样一个问题，既然社会是由人构成的，对方却认为社会环境中的恶和人之恶没有关系，那请问：外界环境中的恶是从哪里来的呢？你的善又是怎样导出恶的呢？我方从来不认为本能和欲望就是恶，本能和欲望的无节制地扩展才是恶。（掌声）对方辩友，孔子早就告诉过我们："道听途说，德之弃也。"我方认为，人性本恶主要基于如下理由：

第一，人性本恶是古往今来人类理性认识的结晶。早在2 000年前，所谓人类文明的轴心时代，荀子的性恶论与犹太教的原罪说便遥相呼应。而到近代，从马基雅维里到弗洛伊德，无一不主张人性本恶，这难道仅是历史的巧合吗？不！伟大的哲学家黑格尔一语道破天机，"人们以为当他们说人性本善时是说出了一种伟大的思想，但他们忘记了。当他们说人性本恶时，他们是说出了一种伟大的多的思想"。（掌声）令人遗憾的是，对方辩友面对这样的真知灼见，至今未能幡然醒悟，这不由得使我想起乔西·比林斯的那句话，"真理尽管稀少，却总是供过于求"。（掌声）

第二，人性本恶是日常生活一再向我们显示的道理。从李尔王的不孝女儿们到《联合早报》上拳击妻子脸部的丈夫们，从倒卖血浆的联合国维和部队到杀人不眨眼的拉美毒枭，恶人恶事真可谓横贯古今，不胜枚举。对方辩友，难道你还要对着《天龙八部》中恶贯满盈、无恶不做、凶神恶煞、穷凶极恶这四大恶人谈什么人性本善吗？（掌声、笑声）

第三，尽管我们承认人性本恶，（时间警示）但并不意味着人类前途一片黑暗，人之所以成为宇宙之精华、万物之灵长，并不因为他白璧无瑕，完美无缺，而在于能有认识自己的勇气，承认人性本恶；人有判断是非的理性，能够扬善弃恶。为了矫治本恶的人性，人们不仅制定法律以平息暴力、规范道德以减少争斗、设立政府以处罚叛逆，而且倡导坚贞以反对意乱行迷、编写童话去诅咒忘恩负义。（掌声）真可谓苦心孤诣、殚精竭虑。而对方辩友却坚持人性本善，言下之意人类所有的道德教化都是多此一举了！心痛之余我不禁请问对方辩友，如果人性本善，那么我们要道德法律、交通规则干什么呢？如果人性本善的话，个人修养、社会教化还有存在的必要吗？（时间到）谢谢！（长时间掌声）

主席：谢谢季翔同学，接下来我们请正方第三位代表许金龙同学发言，时间三分钟。（掌声）

许金龙：孔老夫子孜孜不倦，因为他是个勤于灌溉善根的人。对方辩友，大家好！我想请问对方辩友，今天提出了这么多，如果说人性真的是本恶的，我们来请问下面几个问题：如果说呀，驯兽师可以改变狮子的本性的话，那么我们想想看，我们可以教狮子敬礼，也可以教狮子行善吗？我再想请问对方辩友，如果说今天是人性本恶的话，对方辩友说的种种教育，那可能实行吗？谁会信任谁，由哪一个性善的人来教，还是性恶的人来教呢？如果说性恶的人来教的话，那谁会服谁呢？他教的凭什么就是善的呢？今天对方辩友最根本的关键的矛盾错误就在于说，他相信人性本恶，但本恶的人会摒弃恶的价值吗？本恶的人会喜欢恶吧？

他讨厌的是什么呢？讨厌的是某一个人加在他身上的恶行。所以说，本恶的人应当是非常快乐地去行恶才对，他最讨厌、难过的是别人的恶加在他身上才对。所以说，今天对方辩友在这样的错误矛盾之下，怎么能告诉我们说，人性本恶，但人又会摒弃恶的价值呢？既然人性本恶，人就会欢欢喜喜地接受恶的价值。接下来我们再来看对方辩友今天说的什么？对方辩友，今天说啊，人性有两层，一种是自然属性，是天性，再一种是社会属性，那种是后天的。自然属性就是说人的天性就跟动物一样，有欲望的本能。对了，对方辩友说得好，自然属性，人就只有自然属性，本能的欲望而已吗？那人跟动物有什么差别呢？跟狮子老虎又有什么差别呢？对方辩友，请您待会儿要解释给大家听。（笑声）那么再说到人的社会属性，我就不懂了，人的社会属性，为什么就是后天的，不是本性？人的社会属性就是说人可以被教，人有善根，人有善端，那这不就是人的本性了？对方辩友，如果说今天本性可以移来移去，从恶换到善，从善换到恶，那我想请问，本来的性到底是什么？（掌声）如果对方辩友说今天坚信，历史演进过程当中都是往恶的方向移动的话，我方今天没有话说。今天就在于说，整个历史过程都是往善的去移动，所以我们相信，对方辩友也相信，该往善的方向去移动，可是谁会相信，社会该往善的方向去移动呢？是那些本恶的人吗？如果说对方辩友真的坚信本恶的话，那我就要称赞对方辩友一句：你是泯灭天性，没有天良的人了！（笑声、掌声）因为那就是您顺性而为，顺乎自然，应乎天理，顺乎人心了吗？所以，我们再来想想看，如果说我们建立起来一个本恶的世界的话，我们的社会会是怎么样？相信我，我们在这里谈，不是谈输赢，是谈真理。如果说人性本恶，我们彼此无法信任。你坐在那里，我坐在这里，我们彼此有什么样的语言可以进行沟通。因为你会怀疑我，我会猜忌你，如果没有本，如果没有善良的端行，没有善良种子，我们怎么在这里进行流畅的沟通呢？在这里，我方要

一再地强调的是说，今天对方辩友，如果今天（时间到）相信人性本恶的话，就不会有我们这群和善的人群了。（掌声）

主席：接下来我们听听反方第三位代表严嘉同学怎么反驳，时间三分钟。（掌声）

严嘉：谢谢主席，各位好！对方一辩说，有的人是"放下屠刀，立地成佛"的，这不错，但我请问，如果人都是本善的话，谁会拿起屠刀呢？（掌声）第二，对方二辩说，人一教一学就能够会善，那我们看到好多人他们做恶事的时候，是不要教、不要学，就会去做的。（笑声、掌声）我们再看到，对方辩友认为恶都是外因，但我请问，如果鸡蛋没有缝的话，苍蝇会去叮它吗？所以，还是它有内因在起作用的。至于说到，善端是从哪儿来的？我告诉对方辩友，如果人人皆自私的话，那么人人都不能自私。因此制约、权衡中产生节制，这就是最早的善源。至于后天的教化，它自然而然形成了。对方辩友不要对历史事实视而不见。好，下面我从现实和历史的层面进一步阐述我方观点。

第一，人类在诞生之初，就已经把本恶的人性充分地显示出来。人类学研究表明，周口店猿人就已经懂得用火来把同类的头骨烤着吃，这种生猛烧烤，是何等凶残啊！而《人类的起源》一书中告诉我们，当一个土人的小孩不小心，把一筐海胆掉进海里的时候，土人竟把他活活地摔死在石崖上。面对着原始人这种凶残的天性，对方辩友，难道还告诉我们，人性本善吗？

第二，正是由于人性本恶的存在，所以，在人类社会沧海桑田的演进过程之中，教化才显得尤其重要，而且也相当艰巨。"十年树木，百年树人"，我方从来不否认，通过后天的教化和修养，人是可以对他的人性加以改变，甚至形成伟大的人格的。但是，正因为有本恶的人性存在，所以，我们要知道，学好三年，学坏三天，（时间警示）"病来如山倒，病去如抽丝"呀。请大家想一想，看暴力片、色情片，是从来没有什么公开的倡导和鼓励的，但为什么总有那么多人要趋之若鹜呢？（笑声、掌声）

第三，认识到人性本恶，其实并不是人类的羞耻。真正应该反省的，是面对着真理，却不敢去正视它。其实，人类社会演进的过程，从某种意义上也就是人的尊严这种虚假的虚荣被不断剥去的过程。我们看到在神学灵光笼罩之下，人类曾经是相当地夜郎自大。但是，哥白尼的"日心说"，抹去了人在宇宙中的中心地位；达尔文的"进化论"揭示人与动物之间必然的内在联系，而弗洛伊德则披露了在理性的冰山尖之下，人的巨大的本能的冲动与欲望。今天，我们也只有真正地认识到人性本恶这一基础，（时间到）才能做到抑恶扬善。谢谢！（掌声）

主席：谢谢严嘉同学。听过双方代表对善恶的陈辞，现在是他们大展辩才的时候。在自由辩论开始之前先提醒双方代表，你们每队各有4分钟发言时间，正

方同学必须先发言。好，现在自由辩论开始！（掌声）

王信国：我想首先请问对方辩友，既然人性本恶，世界上为什么会有善行的发生？

蒋昌建：我方一辩已经解释了。我倒想请问对方辩友，在评选模范丈夫时，你能告诉我，这个模范丈夫本性是好的，就是经不起美色的诱惑吧？（笑声、掌声）

许金龙：对方辩友，他要有人勤加于灌溉，我想请问对方辩友，请您正面回答我，您喜不喜欢杀人放火？（笑声）

季翔：我当然不喜欢，因为我受过了教化。但我并不以我的人性本恶为耻辱。我想请问对方，你们的善花是如何结出恶果的？（掌声）

吴淑燕：我想先请问对方同学，您的教育能够使你一辈子不流露本性吗？如果您不小心流露本性，那我们大家可要遭殃了。

严嘉：所以我要不断地注意修身自己呀！曾子为什么说"吾日三省吾身"呢？所以，我再次想请问对方辩友，你们说内因没有的话，那恶花为什么会从善果里产生呢？

王信国：我来告诉大家为什么会有，这是因为教育跟环境的影响嘛！我倒请对方辩友直接回答我们问题嘛，到底人世间为什么会有善行的发生，请你告诉大家。

姜丰：我方明明回答过了，为什么对方辩友就是对此听而不闻呢？到底是没听见，还是没听懂啊？（笑声、掌声）

许金龙：你有本事再说一遍，为什么我们听了，从来没有听懂过呢？我想请问对方辩友，您说荀子说性恶，但是所有的学者都知道荀子是无善无恶说。

蒋昌建：我第三次请问对方辩友，善花如何开出恶果呢？第一个所谓恶的老师从哪来呢？

吴淑燕：我倒想请问对方同学了，如果人性本恶，是谁第一个教导人性要本善的？这第一个到底为什么会自我觉醒？

季翔：我方三辩早就解释过了，我想第四次请问对方辩友，善花是如何结出恶果的？

王信国：我再说一次，善花为什么结出恶果，人虽有善端，但是因为后天的环境跟教育的影响，使他做出恶行。对方辩友应该听清楚了吧？我再想请问对方辩友，今天泰丽莎修女的行为，世界上盛行好的行为，为什么她会做出善行呢？

季翔：如果恶都是由外部环境造成的，那外部环境中的恶又是从何而来的呢？

蔡仲达：对方辩友，请你们不要回避问题，台湾的正严法师救济安徽的大水，按你们的推论不就是泯灭人性吗？

严嘉：但是对方要注意到，8月28号《联合早报》也告诉我们这两天新加坡游客要当心，因为台湾出现了千面迷魂这种大盗。（笑声、掌声）

许金龙：我们就很担心人性本恶如果成立的话，那样不过是顺性而为，有什么需要惩罚的呢？

蒋昌建：对方终于模糊了，我倒想请问，你们开来开去善花如何开出恶果，第五次了啊！（笑声、掌声）

吴淑燕：我方已经说过了，是因为外在环境的限制，我倒想请问对方同学了，对方同学告诉我们，人有欲望就是本恶，那么对方同学想不想赢这场比赛呢？如果想的话，您可真是恶啊！（笑声、掌声）

姜丰：对方辩友口口声声说，因为没有善端就没有善。我们要问的是，都是善的话，那第一个恶人从哪里来？又哪里有你们所说的那种环境呢？

许金龙：环境天险，天险狡恶。对方辩友，您没有听说过吗？环境会让人去行恶的。

严嘉：对方似乎认为有了外部恶的环境，人就会变恶。请问在南极，在一种非常艰难的沙漠之中，人就会变坏了吗？

王信国：我方没有这样说，对方又在第二次栽赃，我是要告诉大家，是说人有善端，你在哪个环境，好的环境会变好，坏的环境会变坏。

季翔：如果都如对方所说的那样，人性本善，都是阳光普照，雨水充足，那还要培育它干什么呢？让它自生自灭好了。（笑声、掌声）

许金龙：照对方辩友那样说的话，人性本恶，我们要教育干什么？因为"师傅领进门，修行在个人"，这句话早就不成立，应该是"师傅领进门，教鞭跟你一辈子"。（笑声、掌声）

严嘉：按照对方辩友的这种逻辑，那么教化应该是非常容易的，每个人都是"心有灵犀不点通"了？（笑声、掌声）

王信国：我倒想请问对方辩友，在人性本恶之下，我们为什么要法律，为什么要惩治的制度呢？

姜丰：对呀，这不正好论证了我方观点嘛！（笑声、掌声）如果人性都是善的还要法律和规范干什么？（掌声）

蔡仲达：犯错、犯罪都是人性本恶，就符合您本恶的立场了吗？那么犯罪干嘛要处罚他呢？

蒋昌建：我还没听清楚，你们论述人性是本善的，是在进化论原始社会的本，还是人一生下来的本，请回答！

许金龙：我方早就说过的嘛！孟子说良心啊，你有没有恻隐之心，你有没有

不安不忍之心，这就是良心嘛！你怎么不听清楚了呢？（笑声、掌声）

蒋昌建：如果人生来就是善的话，那我想那个"宝贝"纸尿布怎么那么畅销啊？（笑声、掌声）

吴淑燕：我想请问对方同学，再次请问你，如果人性本恶的话，到底是谁第一个去教导人要行善的呢？

季翔：我方已经不想再次回答同样一个问题了！我倒想请问孟子不也说过"形色，天性也"嘛？请问什么叫天性呀？

许金龙：您讲得吞吞吐吐，我实在听不懂。对方辩友，请您回答我们荀子说的是性恶说，还是性无善无恶说。

严嘉：这点都搞不清楚，还来辩论性善性恶？（笑声、掌声）我想请问，孔子说："七十而从心所欲，不逾矩。"像这样的圣人都要修炼到古稀之年，何况我们凡夫俗子呢？（掌声）

王信国：对方辩友，所有的问题，所有的问题都不告诉我们答案。我倒想请问对方辩友的是，康德的主张到底是有没有道德？

姜丰：不是我们不告诉对方，是我们一再一再地告诉，你们都不懂。（笑声、掌声）

许金龙：对方辩友这句话回答的什么，我们实在没有听出来。不过我想告诉对方辩友解决一下性恶的问题吧！荀子说："无为则性不能自美"。说性像泥巴一样，它塑成砖就塑成砖，塑成房子就塑成房子，这是无恶无善说啊！对方辩友。

蒋昌建：荀子也说，后天的所谓善是在"注错习之所积耳"，什么叫"注错习之所积耳"呀？请回答。

许金龙：荀子说错了！荀子说他看到什么是恶的，还是说没有看到善，你就说是恶的。没有看到善是不善，不是恶，对方辩友。

蒋昌建：你说荀子说错了就说错了吗？那要那么多儒学家干什么？（笑声、掌声）

许金龙：儒学就是来研究荀子到底是说了性恶还是性善嘛！

季翔：荀子明明白白地告诉我们："人性恶，其善者伪也。"（掌声）

蔡仲达：对方同学，如果说，荀子说恶就是恶的话，那我们今天还要辩什么呢？

严嘉：对方辩友不要一再地引语录了，我们看看事实吧！历史上那么多林林总总的真龙天子们，他们有几个不是后宫嫔妃三千，但为什么自己消费不了，却还要囤积居奇，到最后暴殄天物呢？（笑声、掌声）

王信国：那也想请对方辩友看看历史上展示的仁人志士的善行，对方辩友如何来解释呢?

姜丰:没有规矩不成方圆,到底何为善?何为恶?

吴淑燕:要谈现实,就来谈现实吧!如果人性本恶,我和对方同学订立契约,对方可千万不能相信哪,因为我可能会占你便宜呀!(笑声)

蒋昌建:对方说,有人的话那就是人性善的,拳击场上没有恻隐之心,没有慈让之心,那些观众,那些拳击者就不是人了?请回答。

许金龙:拳击场上是比竞技,有竞赛规则,又不是拿刀子来互相砍杀,对方辩友。(笑声)我们看看伊索比亚的难民,谁不会掉泪,谁不会动心忍性呢?

季翔:那当然会动心忍性了,因为人都受过教化了嘛。

许金龙:对方辩友,如果人都受过教化的话,但本在哪里呢?本为什么移来移去,可以从善变到恶,从恶变到善,本在哪里?

严嘉:佛祖释伽牟尼可算是至德至善之人了吧,但他在释伽族做王子的时候,不也曾六根不清静过吗?

王信国:所以他最后变好了,为什么?因为他的本心,他的根源是善的。(掌声)

姜丰:如果我们光说本的话,我们只要说人性恶就行了,你们论证本了吗?

许金龙:我们当然论证本了,良心就是本哪!对方辩友,您才没有论证本呢!您说的那是跟动物一样啊!(掌声)

蒋昌建:那我就不知道了,哪个人过马路的时候,是捧着这个良心过去的吗?我倒听说过孤胆英雄,却没有听说过"孤心英雄"啊!(笑声、掌声)

许金龙:人过马路当然是捧着良心过去的。而且,看到老弱病残的时候,我们还要扶他一下。对方辩友,人是带着良心过去的。

严嘉:为什么我们要进行交通法则教育呢?这不是后天让他向善吗?

王信国:因为有人要变坏,所以要纠正他,纠正他是因为他会变好。

季翔:对方始终没有告诉我们,既然人性都是本善的,怎么会有人变坏呢?

吴淑燕:请对方同学正面回答如何利用教育来把人性恶改过去?

姜丰:我方早已回答,倒是请对方正面回答,按照种瓜得瓜的逻辑……(时间到)

主席:对不起……

许金龙:对方辩友,从来没有回答过问题,就说回答过。我们来看看对方辩友,对方辩友一辩说人是理性的动物,那么如果说这个社会上人有一个智障的,那人就不理性了。(掌声)

主席:经过了精彩激烈的自由辩论之后,我们的节目到这里暂时告一个段落,广告过后我们再见。

主席：欢迎各位回到辩论会现场，现在我们请反方第四位代表蒋昌建同学总结陈词，时间4分钟。（掌声）

蒋昌建：谢谢各位，一个严肃的辩论场需要一个严肃的概念。对方多次问我们人性怎么样？人性怎么样？始终没有问我们人性本怎么样？我想请问对方，人性是什么和人性本是什么是同样的一个概念吗？你们如果连这个概念都没有根本建立基础的话，那你们的立论从何而来呢？我们多次问对方的善花里面如何结出恶果，对方说要浇水，要施肥呀。那我就不懂了，大家都承蒙这个阳光雨露的话，为何有那么多罪行横遍这个世界呢？难道这个水、那个肥还情有独钟吗？为何要跟恶的人作一个潇洒的"吻别"呢？（笑声、掌声）

今天我们本着对真理的追求来同对方一起探讨这个千年探讨不完的话题。无论是性善论的孟子也好还是性恶论的荀子也好，又有哪一家哪一派不要我们抑恶扬善呢？抑恶扬善是我方今天确立立场的一个根本出发点。下面我再一次总结我方的观点。

第一，只有认识人性本恶，才能正视历史和现实。回顾历史的时候，我的内心总感到痛苦而颤抖。从希波战争到十字军东征，从希特勒的奥斯维辛集中营到日寇在华北的细菌试验场，真可谓是"色情与贪婪齐飞，野心共暴力一色"。以往的人类历史，可以说是交织着满足人类无限贪欲而展开的狼烟与铁血啊！可见，本恶的人性如果不加以控制的话，将会给这个世界带来什么呢？

第二，只有认识人性本恶，才能重视道德、法律教化的作用，才能重视人类文明引导的结果，培养健全而又向上的人格。在历史的坎坷当中，人类并没有自取灭亡。尤其是在面对彬彬有礼、亲切友善的新加坡朋友面前，我们更有理由相信，人类明天会更好，这其中我们要感谢新加坡孜孜不倦地建立起他们优良的社会教化系统。人类文明是在人类智慧之光照耀下不断茁壮成长的。饮水思源，借此我们要感谢那些在人类教化路途中洒进他们含辛茹苦汗水的这些中西先哲们。正因为从他们的理论智慧当中，从他们的身体力行当中，人们才有可能从外在的强制走上埋性的自约，自约人的本性的恶，从而培养一个健全而又向善的人格。可见，人性本恶，并不意味着人终生成为恶，只要通过社会的教化系统就可以弃恶扬善，化性弃伪啊！

第三，只有认识人性本恶，才能调动一切社会教化的手段来扬善避恶。光阴荏苒，逝者如斯，在物质和科学技术突飞猛进的同时，而人类的精神家园可谓是花果飘零。在这个时候，我们要警惕，人性本恶这个基本的命题。可喜的是，在东方的大地上，我们说传统文化的发扬光大，已经从一阳来复开始走向了新的春天。我们也相信，通过传统文化的精华，必将使人类从无节制的欲望中合理地扼制并加以引导，从他律走向自律，从执法走向立法。人类才可能挽狂澜于既倒，

扶大厦于将倾。"黑夜给了我黑色的眼睛，而我却要用它来寻找光明!"谢谢各位!(掌声)

主席：谢谢蒋昌建同学，最后我们请正方第四位代表王信国同学总结陈辞，时间也是4分钟。(掌声)

王信国：大家好!让我们先回到对方所建构的一个恶的世界来看看这个世界里边到底发生了什么事情。对方辩友告诉我们人性本恶，首先就犯了三大错误。

第一大错误就是从经验事实的法则里面归纳出来的错误。对方辩友举出了人世间很多的恶事，告诉我们因此人性本恶，这是错的!为什么呢?对方辩友的立论告诉我们欲望，人是有欲望而来的。但是我们想，我方已经论证过了，欲望是有好有坏，今天我喜欢你，我想要跟你结婚，这是一个不好的欲望吗?所以最终我们知道了，今天对方辩友是看到人世间的恶行，某些恶行，然后告诉我们说人性本恶。那为什么对方辩友忽略了经验事实上面呈现的善行呢?人世间的很多善行，你一定听过了，有人跌在地上你把他扶起来，你在汽车上让座给老人，或者是，你定也听过无名氏的指教。这些难道不是人世间的善行吗?这是对方辩友犯的第一大错误。

第二大错误，对方辩友犯的是倒果为因的错误。对方辩友借用一种经验事实的法则告诉我们说，我们有恶的果，所以导出来恶就是因。如果真的这样说的话，我们发现是什么呢?每一个人都是恶，尤其对方辩友口口声声告诉我们要教育，要道德教育，你如何去教育呢?每一个人都是恶，由此来定出真正的法律，而定出的法律就是善法吗?恶人定出来的是恶法。如果你定出了法律，如何去遵循，每一个人都恶，我为什么要信任你，好像大家在这个地方，我为什么要相信你呢?你可能在骗我，于是我们这里所有的人都戴上面具。大家互相欺骗，互相蒙蔽，这样的世界是对方辩友所建构出来的。他告诉我们由于有欲望就建构出来个恶的世界。

对方辩友犯的第三个错误是什么呢?他告诉我们人性的性就是欲望，我们根本就晓得说，我方一开始就论证了，人性就是人的心。孟子告诉我们："人有四端之心。"这是一个善的种子，我们从来没有否认过说，人世间没有恶行。你有善苗，不见得你就不会有恶行。为什么呢?我们发现了，因为外在环境，因为资源缺乏，所以我们人在无形之中会做出一些恶的行为来伤害别人，这是不得已的。所以，我们教育跟法律就在于纠正人的行为。如果按照对方辩友告诉我们是恶行的话，你为什么去纠正它?人性本恶，人纠正的结果还是回到本。我们的人是性本善，因为我们知道每一个人都有一颗向善的心，于是你透过道德，透过教育，透过法律，他有可能会转变为好。教育跟法律的功能就是要辅导，辅导他走上善途，于是乎，教育就在这个地方茁壮了。对方辩友举了个例子告诉我们说，原始人如何地烧杀虏掠，原始人如何地生灵涂炭。我们告诉大家的是，原始人民，他一开始那个求生的欲望，这跟本性是要区分的。因为当你如果说有五个人同时是饥饿的状态下，有一块面包在那边，一个人跑过去吃，这个时候绝对不会有人用道德来非难他。因为这个时候生存是立于道德之上的。你没有个人的生命，你没有生存的欲望，你如何来谈道德呢？所以原始人那个状况是一种动物性的本能。（掌声）所以，开始对方辩友犯的错误就是告诉我们说，人性是欲望，如果真的是欲望的话，人跟动物怎么分呢？人之异于禽兽者，己心就是一个本心的问题。所以我们说过人有善苗。今天对方辩友告诉我们说都是阳光雨露，没有错！但是有风吹雨打，因为你的风吹雨打，你的外在环境影响，你当然会做出恶的行为。所以，我们要纠正他，让他走向善的世界大同。所以，我们来看看世界上所有善行的发生吧！从历史上，从目前经验事实上面，我们发现，古往今来，志士仁人杀身成仁，等等之类。还有目前，泰丽莎修女等等之类，甚至说，大陆发生了安徽水荒，正严法师的慈济行为，对方辩友如何来解释呢？孟子就告诉我们了，"见孺子，掉落于井"，在这么一刹那之间你都会救他，你不可能把他推下去。为什么？人的本性是善的，你不要告诉我说，原来你救那个小孩子是为了虚名。原来你过马路遵守交通规则你是不得已的，你是虚假的。原来，泰丽莎修女救了你，那是一个骗人的行为。到最后，你会发现，只有浅水湾的鲨鱼才是一个大善人。（时间到）这是一个什么样的世界，这是一个恐怖的世界，这个世界之所以能够存在，就是因为我们有善根。谢谢！（掌声）

主席：谢谢王信国同学。在这一片善恶声中，人性到底是什么呢？还是让评判专家们去伤脑筋吧！接下来我们请评判团退席！我们稍后见（休息、评判团评决）。

主席：各位来宾，观众朋友，欢迎大家回到辩论会现场。在宣布成绩之前，先让我邀请评判团代表杜维明教授给我们分析今晚的赛情。杜教授请！

杜维明：主席，评判同仁，台大和复旦的辩论员，各位来宾。作为一个海外华人，并且是关切文化中国发展前景的学术工作者，我谨代表评判团向举办1993年国际华语大专辩论赛的新加坡广播局和中国中央电视台表示恭贺和感激。他们从世界各地，亚洲、澳大利亚、西欧和北美的著名大学邀请到8队30多位口若悬河的青年才俊，在一周之间，针锋相对，辩论了大众传播、现代化、环保、经济、道德，乃至生老病死，种种既有宏观的全球视野，又有切身的现实意义的课题，充分体现了华语国际化的精神。

还值得提出的是，昨天休会，主办单位又通过轻松愉快的旅游，为参赛朋友们提供了交谈和沟通的机会，也让大家对这个在企业竞争上勇猛如狮，而在自然环境方面又艳丽如花的星洲留下了深刻的印象。对了，新加坡建国以来的第一位

民选总统王鼎昌先生和今天特别前来颁奖的李显龙副总理都是华校出身的辩才无障的政治领导,给我们很大的鼓舞和勉励。(掌声)

过去六天,台湾大学成功地建构了"现代化不等于西方化"和"安乐死应该合法化"两个命题;复旦大学也说服了评判员,"温饱不是谈道德的必要条件","艾滋病是社会问题"。今天呢,从正反两方来辩论人性本善,究竟鹿死谁手哇?今天下午正反两队似乎都直接或间接地采取了在古文章法里的启承转合这种策略。正方一辩站在高屋建瓴的方式引述康德、孟子和佛教,建立了性善为本,恶行为果的基本理论,脱俗不凡,条理简洁。我好像已经被说服了。但是,这个交通规则的比喻不甚恰当。反方一辩呢,有这个排山倒海之势,坚持"人性本恶,其外者伪也"的观点,分辨自然属性和社会属性,简洁明了,很有震撼力。而且,用词精炼,有条不紊。我好像又被她说服了。(笑声)正方二辩呢,承接了一辩论述,又以西瓜种子为例,很贴切。认为欲望本身不是恶,也有理趣,使观点作了进一步的深入展开,还作了一些实证的补充。反方二辩呢,妙语如珠,既承接了一辩的观点加以发挥又猛攻正方二辩的经验基础,并且旁征博引,荀子、犹太教、黑格尔,甚至《天龙八部》,(笑声)使正方好像陷入了防御的态势。那么,正方三辩作了一个转折,很有新意,但是没有充分地发挥。反方三辩大有异军突起之势,从新的思维角度展示了一些观点,比如说"放下屠刀",屠刀何来呀,也很恰当地引用了达尔文、弗洛伊德各方面的观点。在资料运用方面,大家都能引经据典,而且也可以说妙语如珠吧。那么,似反方的知识结构比较谨严,也比较全面。在语气方面,正方是严厉质问,恳切坦诚,有的时候情绪比较激动。(笑声)那么反方呢,有点排山倒海,义正辞严,有时候嘛,轻松活泼,而且引逗幽默。但是,用词显得有点华丽,也许可以向平实方面再努力。

自由辩论期间,双方短兵相接,此起彼落,好像双方都从金庸先生武侠小说中学到了出奇制胜的新招。(笑声)我们觉得双方似乎是势均力敌,用了先发制人哪,连续发问哪,分而治之,乃至巧设陷阱哪,声东击西等各种策略。那么,反方四辩文字流畅,好像行云流水。在结论这方面可以说是缝隙不留,圆而不滑。正方四辩呢?很有理据,特别是举出原始人的凶残是为了求生欲望,也很有说服力。但是,我提到了情绪有点激动。那么,一般说来,反方颇能显示一种流动的整体意识,整个队伍运用一种整体配合的作战方略,加强了一种整体的攻击力,保证了对重点攻击目标的一种优势。也增强了整个辩论队伍的气势,显得中心课题比较明确,活而不乱,而且呢,错落有致。

最后呢,让我发表一点感想,中国传统文化的儒释道都强调体会、体验、体味这种体之于身、身体力行的具体真知。在这个思想导引之下呢,目明耳聪,也就是明察秋毫的视德和从善如流的听德，才是雄辩的基础。能说善道固然很好，巧言令色就背离了仁厚的核心价值了。因此，这次华语的辩论，虽然常有排山倒海，甚至咄咄逼人的气势，但却一再地体现出同情、坦诚的美德，树立了非常良好的风气，值得我们效仿。谢谢大家！（掌声）

主席：谢谢杜教授为我们的大决赛所作的分析。在宣布评决之前，先让我邀请我国副总理李显龙准将上台为我们颁发参赛证书。李准将请！（热烈掌声）我们首先颁发参赛证书给剑桥大学的代表，（掌声）马来亚大学的代表，（掌声）悉尼大学的代表，（掌声）香港大学的代表，（掌声）新加坡国立大学的代表，（掌声）英属哥伦比亚大学代表。（掌声）接下来我们看看谁是那位辞锋锐利、反应敏捷的最佳辩论员。从过去的四场初赛，两场半决赛和今天的大决赛当中，评判团一致认为全场最佳辩论员是：复旦大学的蒋昌建。（热烈掌声）现在是大家屏息以待的紧张时刻，究竟是台湾大学还是复旦大学能够荣登冠军宝座呢？评判团经过慎重考虑之后，一致同意：优胜队伍是——反方复旦大学。（经久不息的掌声）

谢谢！谢谢各位！首先我们颁发参赛证书和奖品给亚军队伍，就是台湾大学。请台湾大学领队林火旺教授和辩论代表上台。（掌声）请领队，（掌声）亚军队伍，他们获得奖杯一座和5 000元的现金。现在我们请冠军队伍复旦大学的领队俞吾金教授和辩论队代表上台领奖。（热烈掌声）冠军队伍获得奖杯一座和现金10 000元。我们谢谢李显龙准将、副总理。（掌声）

讨论：北京大学队的四位队员是如何配合的？在辩论中都运用了哪些技巧？

以下辩论赛题目任选两个进行练习：

正方	反方
个人的命运是由个人掌握	个人的命运是由社会掌握
发掘人才需要考试	发掘人才不需要考试
网络对大学生的影响利大于弊	网络对大学生的影响弊大于利
金钱的追求与道德可以并行	金钱的追求与道德不可以并行
外来文明对中国文明利大于弊	外来文明对中国文明弊大于利
审判时参考判例在我国利大于弊	审判时参考判例在我国弊大于利
天灾比人祸更可怕	人祸比天灾更可怕
相爱容易相处难	相处容易相爱难

第三节 法庭论辩

一、法庭论辩的概念

法庭论辩指在法院审理案件的法庭辩论阶段，按照法定的程序，在审判长的主持下，依法行使诉讼权利的原告、公诉人、被告和享有诉讼权利的诉讼参与人，当庭就本案的事实依据和法律适用等问题进行的辩论。在实践当中，按现行的司法体制，往往采取边举证边质证的庭审方式进行，即采用了质证合一的审判方式。在这种情况下实际上法庭论辩在法庭调查阶段就已经开始，在这个过程中，调查和辩论是不能截然分开的。因此，法庭辩论是在法庭审理过程中，公诉人、当事人（原被告双方、第三人）、辩护人、诉讼代理人围绕事实能否认定、是否合法有效等问题，对证据和案件情况及适用法律发表各自的意见，相互进行辩论，双方展开辩论的机会是均等的。在庭审过程中应当注意以下几个问题：

（1）法庭辩论时，合议庭成员不得对案件性质、是非责任发表意见，不得与任何一方当事人进行辩论。

（2）法庭辩论时，当事人又提出新的事实和证据，审判长可视情况宣布中止辩论，恢复法庭调查。

（3）审判长根据辩论情况征询各方当事人，如无补充意见，宣布辩论结束。

（4）审判长按原告、被告、第三人的顺序要求各方陈述最后意见。

（一）公诉人的论辩

公诉机关的检察员是在刑事案件中代表国家行使诉讼权利，对犯罪嫌疑人提起控诉的公诉人。公诉人综合素质的全面体现，直接决定出庭效果，直接影响检察机关的形象和威信。其特征是：①公诉人的诉讼权利是国家赋予的，其诉讼地位是独立的，是代表国家行使对犯罪的追诉职权；②公诉人参加法庭论辩的目的是论证被告人的行为已构成犯罪，应依法给予惩罚，以维护国家的利益和人民的生命财产安全；③公诉人可以撤诉，但不得与被告人自行和解，法院也不得进行调解。

（二）刑事诉讼的律师论辩

按照《中华人民共和国刑事诉讼法》的规定，律师可以接受犯罪嫌疑人或被告人的委托或者人民法院的指定担任犯罪嫌疑人或被告人的辩护人。其特征是：①律师担任辩护人的途径，可以是犯罪嫌疑人或被告人的委托，也可以是人民法院的指定。法院指定的，应征得被告人的同意。②刑事诉讼的律师执行的是辩护职能，其责任是提出证明犯罪嫌疑人或被告人无罪、罪轻或减轻、免除刑事责任的材料和意见。③在刑事诉讼中，辩护律师的诉讼地位是独立的，其活动依照法定程序进行，不受司法机关和其他部门或者任何个人的非法干涉；其观点不受犯罪嫌疑人或被告人的影响，只依据事实，服从法律。如果犯罪嫌疑人或被告人不如实陈述案情，律师可以拒绝为其辩护。

（三）民事、经济、行政诉讼的律师论辩

是指律师以被代理人的名义，在代理期间和代理权限内，为被代理人的利益进行论辩，实施诉讼行为，以实现、履行被代理人的诉讼权利和诉讼义务。其主要特征是：①律师接受当事人的委托后，成为委托代理人的一种，既可以作为原告的代理人，也可以作为被告的代理人。②律师论辩的目的是帮助当事人向法院提出对其有利的事实证据，反驳虚假证据，以便依法确立原被告之间的民事、行政上的权利义务关系。③律师没有独立的诉讼地位，他们一般要尊重被代理人的意志，尽量与当事人的意见保持一致。律师的诉讼意见，不是以自己的名义，而是以被代理人的名义提出。④律师论辩的对象比较广泛，既可以是律师，也可以是其他法律工作者，还可以是公民或对方当事人。⑤律师可以参加调解工作，协商解决纠纷。

二、法庭论辩的特点

法庭论辩是双方当事人为了辩明是非而进行的面对面的口语交锋活动，除了具有论辩的一般特点之外，它还具有如下特点：

（一）口语性和公开性

所谓口语性，就是说无论是发表公诉词、辩护词、代理词或第二、三轮辩论，都要用口讲，即使有事先写好的书面公诉词、辩护词等，也要当庭用口语宣读出来，并且要求用普通话讲。语言表达要简明朴实、流畅顺当，不能用打手势或无声语言进行辩论。

所谓公开性，是指法庭论辩除法律规定涉及国家机密、个人隐私或未成年人犯罪的案件外，都要一律公开进行，允许群众旁听，允许记者采访、录音、录像甚至实况转播。论辩的公开性特点，有利于增加案件审理的透明度，接受群众监督，有利于维护法律公平、公正原则。

（二）预见性和针对性

预见性，就是常说的要有准备，做到知己知彼，当事人要有可能会"半路上杀出程咬金"的思想准备。在出庭辩论之前，要认真阅卷，深入调查，收集证据熟悉案情，对疑难问题还要进行集体讨论，要预测对方可能会提出哪些问题、哪些论点和论据，会碰上哪些争论，在思想上、材料上和语言表达上做出准备并定出对策，做到胸有成竹，有备无患。

针对性，就是要有的放矢。由于双方对案件的事实和适用法律存在着认识上的分歧，为了获得辩论的胜利，就需要正面阐述自己的观点，并且针锋相对地反击对方的批驳。辩论中不仅要雄辩有力，能证实自己观点的正确，而且要针对对方的观点予以有力的反驳，以期彻底否定对方。

辩论的预见性是为了迎接对方的挑战，所以预见是针对的前提；而针对性则是以预见为基础的。两者是一个问题的两个方面，是互有联系的。

（三）临庭性和灵活性

所谓临庭性，就是说辩论应在审判长的指挥下，在法庭上进行，不能离开法庭而谈什么法庭辩论。辩论双方都是在法庭上用口语直接进行面对面的唇枪舌战的交锋，在交锋中要面对法庭提出各自的请求和主张。

所谓灵活性，就是说在法庭辩论时碰到新情况，出现新问题时，不能呆板，要善于机智应变，迅速作出反应。在辩论过程中遇到难以预料的情况时，就要灵活及时地调整自己的论点、材料或改变辩论的方式或策略，而不能只按预先准备的辩论稿"照本宣科"。

（四）均等性和反复性

所谓均等性，就是说在法庭辩论中无论是什么性质的案件，双方的辩论发言次数是同等的，不允许某一方搞一言堂，审判长也不能任意剥夺或者削弱其中一方的辩论权，双方的辩论次数是相等的。

所谓反复性，就是在法庭辩论过程中，一方发言后，另一方有不同意其发言的内容的，可以当场进行辩驳；被辩驳的一方不同意反驳的内容的，仍可以就反驳的内容进行反驳。以此类推，以辩明事实，说明真相。

均等性和反复性，一方面说明了当事人双方法律地位的平等性，同时也表明了诉讼案件内容的复杂性。

（五）职责性和严肃性

职责性指的是法庭辩论中各方的职责是法律明确规定的。如公诉人的职责是揭露、证实被告人犯罪，并请求法院惩罚犯罪；辩护人的职责是为犯罪嫌疑人、被告人辩护，维护其合法权益。在这里，公诉人不能为被告人辩护，相反，辩护人也不能代替公诉人对被告人进行指控。在刑事附带民事案件中，辩护人不负责涉及民事附带部分的辩护，代理第三人要求索赔的代理人也不能代替公诉人对被告人进行指控。

严肃性是对辩论双方的辩论态度而言的。要求辩论者发言要严肃认真，讲话谨慎，不能不负责任随心所欲地乱讲，不能强词夺理，文过饰非，一定要言必依法，言必有据，对自己的片言只语也要斟酌和推敲，做到一丝不苟。

职责性和严肃性，要求辩论双方明确职责，各司其职，责无旁贷，实事求是，严肃认真，不能玩忽职守，否则就会与法庭辩论的宗旨相违背。

（六）策略性和铿锵性

策略性指辩论时要讲究谋略和艺术，注意方式方法。法庭辩论是面对面的唇枪舌战，当面交锋犹如战场一样是千变万化的，必须观察对方，做到知己知彼，恰到好处地运用辩论策略，抓住对方的要害，出奇制胜。

铿锵性指的是发言要理直气壮，语言要铿锵有力、掷地有声，要运用普通话和有利于口语表达的言辞。发言要清脆响亮，如果气势不足，发言有气无力，就会有损辩论的效果，并有损辩论者的总体形象。

三、法庭论辩的内容

根据我国《刑事诉讼法》、《民事诉讼法》、《行政诉讼法》和《人民法院组织法》、《人民检察院组织法》、《律师法》的规定，法庭辩论的主要内容是：

（一）辩清事实

事实能否成立，是非曲直如何，是每个案件能否成立，如何判决的根据，也是辩论的主要内容。事实决定着官司能否打赢，因为法律的适用是以事实为基础的，掌握了事实，就会胸有成竹，有助于树立胜诉的信心。审判人员审理案件是凭借事实进行裁决的，倘若事实不清楚，辩论者就会在法庭上表现得含糊其词，审判人员也就会产生疑问。所以，辩论案件的事实是法庭辩论的首要任务。

（二）辩明证据

证据是证明案件的事实材料，是法院依法作出公正裁判的根据，没有证据证明事实的案件是不能成立的。对证据具体要辩论：

1. 证据的证明力。一切不真实的证据和与案件不相关联的证据都没有任何证明力，都不能作为定案的依据。如一起交通肇事事故，被告人提出出事那天雾很大，并提供气象台的天气预报作为证据。但雾大与肇事之间没有必然的因果联系，所以该证据与案件无关，没有证明力。

2. 证据与证据之间能否相互印证和互相协调。有的证据独立地看，可能是真实的，但互相印证，则有矛盾之处，即不能构成一个完整的证据链。在辩论时就要抓住证据间相互矛盾的地方给以反驳。

3. 证人的证明力。对证人，要看他与案件的当事人之间，与案件的审理结果之间有无利害关系，从而判断其证明力。如果证人与当事人或犯罪嫌疑人、被告人是直系亲属或亲戚朋友，则其所作的证言的证明力就要减弱，只有无利害关系人的证明才可采信，并且还须有其他旁证。

4. 鉴定结论的证明力。要着眼于鉴定的材料是否真实，鉴定单位是否具备鉴定资格，鉴定人是否具有鉴定的专门知识，鉴定方法是否科学等。

如果通过辩论，法院确认一方提供的证据没有证明力，则该方就要承担因证据不足败诉的后果。所以对于证据的辩论也是很重要的。

(三) 辩准法律适用

法律适用的正确与否直接影响到法院裁判的正确与否，因此，在辩明事实的同时还应当辩明应适用哪条法律，从轻从重的法律，是否漏引应当适用的法律等问题。

(四) 辩正诉讼程序

审理案件的诉讼程序是否合法，也是法庭辩论的中心任务之一。因为如果程序不合法，必将影响案件的公正审判。所以可以对不符合法定程序的案件提出辩论，以维护法律的正确实施。如对管辖权的辩论，对是否应中止审理的辩论等。

四、公诉人的法庭论辩

人民检察机关参与刑事诉讼活动时，是以代表国家的公诉机关的身份出庭的，在法庭上，检察机关所派出的人员——检察长、检察员或助理检察员作为公诉人在支持公诉活动中，不仅要宣读起诉书，参与法庭调查和辩论，而且还要履行法律监督职责。支持公诉是法律赋予人民检察机关的一项重要权力及义务，而公诉人的法庭论辩，是指在支持公诉过程中，庭审活动进入辩论阶段时，公诉人为了指控犯罪，揭露、证实、惩治犯罪行为而发表的公诉意见以及针对辩护意见所进行的答辩等。

(一) 公诉意见书

公诉意见书，是人民检察机关派员出席法庭支持公诉、进行法庭论辩时发表的重要文书。它既是以事实为依据，以法律为准绳，充分论罪的证词，又是震慑犯罪、宣传法制的演说词。在法庭论辩中，公诉人发表公诉意见书，代表国家严正陈词，形成先声夺人、势不可挡的攻势，从而占据庭审辩论的主动权。

公诉意见书的内容不应当是起诉书的简单重复，而是应当突出依法论罪、依法论罚，叙事清楚、说理透彻、分寸得当，是起诉书的进一步说明和发挥。按检察机关的要求，公诉意见书的内容主要包括以下几个方面：①出庭支持公诉的法律依据和职责；②对庭审调查情况进行简要评述；③围绕案件的事实、证据、犯罪性质和社会危害性等进行论述和剖析；④就被告人的犯罪行为提出适用刑罚的建议。

(二) 答辩提纲

为了在法庭论辩中处于主动地位，圆满地完成支持公诉的任务，担任出庭支持公诉的检察员、助理检察员必须熟悉案情，并且针对被告人、辩护人提出的辩护意见，拟好答辩提纲。在拟制答辩提纲的过程中，不仅要掌握有关法律且熟练运用，吃透案情，了解证据，使证据能形成证据链，足以证实犯罪，而且要充分估计到被告人和辩护人可能提出的辩解意见，尤其是案件的关键情节、关键证据，是否会发生变化，都会影响定罪。公诉人必须做好充分准备，切实防变应

变,遇到变故也成竹在胸、方寸不乱、沉着应付、据理答辩。在法庭论辩中,被告人和辩护人往往提出以下问题进行辩解和辩护:

(1) 起诉书所叙述的犯罪经过与实际情况有出入——事实不清。

(2) 起诉书认定的被告人的出生年月与被告人的实际年龄不符——重新确认被告人的刑事责任年龄。

(3) 被告人在作案时主观恶念不确定,没想那么多,甚至没有犯罪故意。

(4) 被告人患有间歇性精神病——患精神病期间作案不负刑事责任或可以从轻或减轻刑罚。

(5) 认定犯罪事实的证据不足,适用法律不当等。

对于以上种种辩解和辩护意见,公诉人在开庭之前就要有所预料,做好准备;在法庭辩论阶段,公诉人要根据庭审情况和辩论情况灵活机动地修改答辩提纲,调整答辩的思路。

(三) 论辩的要领

公诉人的法庭论辩主要是答辩。答辩是公诉人立足于维护起诉书所认定的犯罪事实、犯罪性质和应适用的刑罚,面对被告人和辩护人所作辩护或辩解的驳斥和回答。答辩的目的说到底是为了指控和证实犯罪,通过判决惩罚犯罪。同时,对旁听的人起到法制宣传和教育的作用,使被告人认罪服法。公诉人论辩应掌握如下要领:

1. 把握主动,灵活答辩。掌握辩论的主动,就是要有效地控制辩论场面。由于辩护人以及被告人力求在辩护阶段就案件的事实、性质、量刑等方面提出许多不同的观点,来争取法庭和旁观者的理解。对此,公诉人既不必一一反击,也不能漠视不理,而是要以有力的答辩来控制辩题的方向,争取主动。公诉人要根据庭审情况及时调整答辩提纲,选择有利时机,灵活选择答辩方式进行答辩。公诉人在答辩中,要做到"五不":不装腔作势压人;不空话大话唬人;不讽刺挖苦辱人;不污言秽语损人;不以歪理谬论惑人。这要求公诉人客观公正,论理充分,以法教育人,以事实说服人,以真情打动人。在论辩中,公诉人要掌握好火候,如果有下列情形之一,应该答辩:①辩方对犯罪的事实和证据提出与起诉书指控的犯罪有出入或怀疑的;②辩方否定起诉书的指控,有罪辩无罪,此罪辩彼罪,数罪辩一罪的;③辩方对起诉书的认定犯罪和适用刑罚的法律提出异议的;④辩方对被告人犯罪的主观动机避而不谈,只谈客观外因,企图减轻或逃避罪责的;⑤辩方颠倒黑白,歪曲事实又诬陷司法工作人员逼供诱供的;⑥辩方把依法审理案件,按照法定程序审理案件反诬为违法的,等等。有时候,对于不需要答辩的,公诉人就没必要事无巨细一一作答。有以下情形之一的,公诉人可不予答辩:①辩方离开案件的事实、性质、危害,扯到纯粹的法学理论问题时;②辩方在纯属枝节性问题上纠缠，实际与案件的定罪和对被告人的量刑无关时；③公诉人在起诉书和公诉意见书中已阐明，成为不争的事实，而辩方却一而再、再而三地作诡辩时；④辩方所提的问题超出庭审范围与法定的职权范围时，等等。

2. 抓住关键，认真答辩。在法庭论辩中，公诉人答辩也和处理日常问题一样，要注意抓主要矛盾，牢牢牵住牛鼻子。由于庭审辩论涉及问题的广泛性和多变性，这就要求公诉人沉着冷静，抓住主要问题进行答辩，达到突破重点，全局主动的效果。对于被告人和辩护人来说，他们往往在法庭上进行无罪辩护，其实质就是否定起诉书的犯罪指控。否定的表现形式：①从否定犯罪事实、证据的客观性、真实性入手，力辩无罪；②对其犯罪行为造成的社会危害性轻描淡写，进而把犯罪辩为一般违法或错误；③在被告人犯罪的主观故意上作文章，把故意说成是过失，或干脆说成是意外事件；④在犯罪主体上千方百计辩解，如不具备特殊犯罪主体的要件，或称被告人患有精神病或智力障碍等，不该负刑事责任。对于以上辩护意见，由于涉及面广，答辩难度大，这就要求公诉人抓住主要矛盾，利用自己熟悉案情，了解证据，准备充分的优势，从容答辩，认真驳辩，步步进逼，全面突破。

3. 针对多辩，少言答辩。在法庭论辩中，被告人，尤其是专业辩护人往往采取倾盆大雨的方式，宣读冗长的辩护词，企图以华丽的辞藻，多多益善的辩护意见，哗众取宠。面对这种夸夸其谈、言不及义的辩护，公诉人没必要和辩护人争长论短，而是要抓住三个环节：①辩论的重点或焦点；②辩护人的辩解中的自相矛盾点；③辩护中的薄弱点。只要抓住关键环节，以不可辩驳的事实和证据迅速反击，该先答的先答，该简答的简答，不需答的坚决不答，以铿锵有力的语言和斩钉截铁的气势，威慑庭审的辩论气氛。这种答辩方式，往往运用在共同犯罪中多人犯罪、多人辩护的案件中。

例如：许××等人非法拘禁致死人命一案，涉及六个被告人。在庭审中，6名辩护人先后发表辩护意见，公诉人针对辩护人的辩护词的自相矛盾，以及辩护人辩称被告人由于工作认真负责、方法不当而非法拘禁造成严重后果，严厉驳斥其荒唐逻辑，进而将辩护人自相矛盾的辩护意见予以批驳，结果辩护人之间也互相攻击，互相埋怨，这样巧妙地利用矛盾，使答辩显得异常精彩，效果很好。

4. 避实就虚，巧妙答辩。在法庭论辩中，辩护人往往凭"想当然"进行辩护，甚至将无据的所谓事实绘声绘色地说一通，这里一方面是由于被告人伪造事实环节，辩护人偏听偏信，另方面则是由于个别律师存在主观片面的思想方法和求胜心态。例如在刘××强奸一案的法庭辩论中，辩护人不重视刘××违背妇女意志，实施强奸犯罪的事实、证据，却想当然地将被害人与恋人亲吻过演绎为该女作风不正派，从而质疑刘××是否构成强奸犯罪。公诉人针对辩护人的荒唐推理，反问：辩护人有什么证据证明被害人作风不正派？有什么证据证明被害人愿意与被告人刘××发生性关系？简短有力的反问，使辩护人张口结舌，无言以对。

  5. 摆脱纠缠，及时解脱。在辩护人纠缠不休，或自己处于被动时，公诉人要尽力解脱答辩。其方法有：一是作同意性表态。辩护意见符合事实和法律规定，起诉书又未认定的，公诉人应表明同意辩护意见，建议法庭予以认定。二是作说明性表态。对于起诉书已作认定或公诉意见已阐明的问题，辩护人再次提出，公诉人只需说明控辩双方意见一致，不需再作答辩。对于某个有欠缺的证据，辩护人抓住不放时，公诉人要敢于承认欠缺的存在，并说明欠缺存在的原因，然后阐明此证据虽有欠缺，但全案证据相互印证，足以证实犯罪的理由。这样一来，不仅轻而易举地从纠缠中和被动中解脱出来，而且也能表现出公诉人客观公正的态度和风度。

  6. 补救失误的技巧。补救是指公诉人在法庭辩论中，发觉有表达不完整或不正确时，适时、巧妙地进行修正、补全。由于法庭辩论是控辩双方直接就案件的实体、程序等一系列问题而展开，辩论的内容往往涉及面广，即使是一名优秀的公诉人也不能保证在具体的、细节的或突然出现的问题上一点不漏。因此，如何对应呢？有的认为应不吭声、不承认，但这不是好办法。不吭声，辩护人会纠缠不放，一轮一轮地逼近，最后公诉人会更加难堪；不承认，讲死理，也会有损公诉人形象。对于错答，公诉人应有一个正确态度，可以从两个方面来补救：①对于在前一轮的错误，在庭上有能力纠正过来的，可委婉地承认答错了。比如说"本公诉人的观点在前一轮未能阐述清楚，现就辩护人的观点作如下答辩"，接着再阐述正确的观点。②在庭上由于手头上的资料不全或其他因素，不能对辩护人的观点予以有力的回答，则可以这样表述："刚才辩护人的观点，公诉人也充分了解，我的观点也已经全面阐述，不再赘述，这两种观点虽严重对立，难以统一，请合议庭据事实和法律在评议时一并予以充分考虑。"言外之意，是不再纠缠，如辩护人冉要纠缠，法庭也会制止。再一种情况就是对于漏答的补救：一是有意漏答，即公诉人先回避后补救。辩护人提出四点辩护理由，在第一轮答辩时，有一观点不好答辩而又不能不答，在答辩时，可先归纳一下，将辩护人的观点分为几点，先行答辩，继续思考答辩另一观点的方法。在第二轮时，辩护人再提出，第二轮公诉人可再从容答辩。二是无意漏答，即答辩时，对辩护人提出的某一观点没有注意而没有答辩。当辩护人再提出时，公诉人则可以这样表述："刚才可能公诉人没有听清楚，或辩护人没有说清楚，现在公诉人就这个问题作如下答辩。"这样就很委婉，也能收到很好的庭审效果。

  此外，在答辩时还要注意：

（1）答辩要切题。所谓切题，就是明确答辩必须有的放矢，针对辩护的内容进行答辩和反驳。在答辩中，要认真听对方的辩护意见，尤其是辩护的重点和关键点，就像打靶一样，一定要看清靶的位置。在答辩时，这样不能离开辩护意见而放空炮，离题越远，答辩越不着边际，答辩就越无意义。

（2）答辩要重证据。公诉人的答辩不是空口说白话，而是要依据事实、证据证实犯罪，所以，证据如同子弹，只有证据充足，论罪才有力，才能服人。在答辩中，公诉人要充分利用证据，用证据说话，而不是强词夺理，这样才能树立公诉人的良好形象。

（3）答辩要集中。公诉人在答辩中，不仅需要有充足的证据，而且还要有正确的表达方式，要把充分的理由表达清楚，做到抓住要害，中心突出，针对性强，言简意赅。这就要求锤炼语言，表达流畅。

（4）答辩要刚柔并济。柔与刚是事物对立的两个方面，刚柔并济，就是要求两者有机统一。所谓柔，就是要求答辩时语言可以柔和一些，常言说的有理不在声高，不需要趾高气扬、声色俱厉。这样做会得到旁听观众的舆论同情和支持。讲柔，绝不是要公诉人在原则问题上让步，不是要低声下气答辩。所谓刚，就是要在实质性问题上要正义在胸，真理在握，理直气壮地进行答辩和反驳。就是说在定罪、论罪等原则问题上寸步不让。在答辩中，巧妙地把刚柔结合起来，也是答辩的一种艺术。

（四）论辩的技巧

公诉人，由于其所处的特殊地位，往往较容易掌握案件的证据，在庭审中处于较主动的地位，如果在辩论阶段能适时运用一些技巧，则更容易达到支持公诉，惩治犯罪的目的。

1. 先声夺人法。这种方法犹如打仗，公诉人在充分准备的基础上，战端一开，首先抢占有利地形，造成泰山压顶的态势。采用这种方法，必须熟悉整个案情，掌握充分的犯罪证据，经过充分准备，在发表公诉意见书和首轮答辩时，就以无可辩驳或无可置疑的事实、证据，如雨倾盆，论证到位，论罪到位。这种方法，长公诉人和国家检察机关的威风，灭犯罪分子的焰气，一气呵成，取得胜利。如姚锦云危害公共安全一案，公诉人在首轮辩论中发言：

> 被告人姚锦云是个司机，她是一个有完全责任能力的人，她十分清楚，驾驶汽车高速向人群猛撞会发生什么样的后果，而被告人姚锦云恰恰是选择了用汽车作为犯罪工具，这样一个极其残忍又极其危险的手段，实施犯罪活动的。1月10日，被告人姚锦云驾驶的是"华沙"牌轿车。该车的车速在10多秒钟内可提到每小时60公里，最高时速可达80至90公里。上午11时

许，被告人姚锦云驾车由金水桥驶向广场西侧路，闯入广场，又从纪念碑西侧直对天安门金水桥方向开足马力向密集的人群猛冲。仅仅几秒钟的时间，被告人姚锦云故意制造的一场悲剧发生了。据在场的目击者证实，汽车开得非常快，车速不低于 70 公里，眼看着有的人被挑了起来，有的人被撞飞了。顷刻之间广场旗杆下边死伤多达 20 余人。解放军战士张德明、陈文昌以及张亚丽、魏泽华等 4 人被撞得血肉横飞，当即死亡。解放军战士农德海因伤势极其严重，经送医院抢救无效，也于 19 日死亡。当时旗杆附近到处是血迹斑斑，受害者的衣物被撞飞后散落一地，金水桥正桥西侧汉白玉栏杆被撞坏，汽车左前轮被撞出 2 米多远，车被撞翻。这些事实证明被告人姚锦云的犯罪手段是极其残忍、危险的，情节是极为恶劣的！

2. 循序渐进法。这种答辩方法，犹如平常说的"老婆婆纺花，慢慢上劲"。公诉人在答辩中做到轻重有序，有条不紊。对整个案情，按犯罪大小，从重到轻，体现出轻重有序；按犯罪时间排列，体现出先后有序；按答辩反驳的分工，答辩人可以第一个要强，中间稍弱，最后要强，体现出分工明确，答驳有序。这种方法要求公诉人在法庭辩论中严密组织，分工明确，使整个答辩活动在有序中进行。例如：一起盗窃案件的论辩：

  公诉人：被告人否认盗窃保险柜内的巨额现金，提出案发时不曾到过现场。但是，现场提取的步法痕迹足以证明，被告人所穿的鞋和其体态特征是与现场痕迹相吻合的，足以证明被告人到过现场，此案系被告人所为。
  被告人：不错，现场只留下一个人的足迹，但并不能证明就是我的。能够进入现场的人很多，与我同体态，穿同样鞋的也不少……
  面对被告人的狡辩，另一名公诉人马上接着问道：能够进入现场，与你同体态，穿同样鞋的人中，他们行走起来都正常吗？
  被：……都正常吧。
  公：有没有像你这样跛足呢？
  被：那没有。
  公：那么，现在鉴定证明，现场提取的步法痕迹，在步态特征上恰恰表现为跛足，你又作何解释？

在二位公诉人的共同努力下，被告人被迫承认了犯罪事实。
3. 重点突破法。任何案件，无论是一案多罪的案件，还是一案一罪的案件，都有一个重点的问题：多罪的案件中，并不是每罪都是半斤八两一样重，一罪的案件中，也并不是所有犯罪情节都一样。例如盗窃案，就要把数额大、情节重的盗窃作为重点。杀人案，就要抓住被告人犯罪预谋，准备凶器和实施杀人行为时的残暴、凶狠为重点。

例如：一起故意杀人（未遂）案，被告人方×与被害人贺×恋爱，后贺提出与方终止恋爱关系，方紧缠不放，贺拒不答应，方于是将贺撞下路边15米深的山沟，贺落在山下的炉灰堆上，造成多处受伤。在法庭辩论时，辩护人提出：被告人的行为不构成故意杀人罪，而构成故意伤害罪；被告人实施的故意伤害行为没有造成严重后果，应从轻或减轻处罚。公诉人听后认为，双方分歧的关键是对被告人犯罪性质的认定，于是，抓住被告人主观犯意的认识，作为辩论的重点："故意杀人罪和故意伤害罪都是侵犯他人人身权利的行为，主观罪过都是故意。但二者侵犯的客体和主观故意的内容不同。故意杀人罪是以非法剥夺他人生命为目的，其行为指向他人的生命，而故意伤害罪则以非法侵害他人身体健康为目的，其行为指向他人的身体健康。从本案的具体情况看，首先，被告人方×在被害人贺×提出终止恋爱关系后，曾多次纠缠贺，威逼贺，对贺说：'不如一块去死。'还对贺的父亲扬言道：'走着瞧，贺×出了什么事，你就找我。'这些事实说明被告人对被害人与其终止恋爱关系怀恨在心，有报复意图。正是在这种心理支配下，当被告人最终看到与贺恋爱无望，便走向极端，实施了把被害人撞下深沟摔死的犯罪行为。其次，被告人对作案现场的环境是十分清楚的，山上的小路，路旁是一条笔直的深达15米的山沟，方明知将贺撞下去会致其死亡，却乘贺不备之机将其撞下山沟，这充分说明其在主观上具有致贺死亡的犯罪故意。最后，从被告人事后的言行看，方×作案后，在家换衣时，和其母亲有这样一段对话：

   方：贺撞沟了，那沟深啦。方母：怎么撞下去的？方：我用肩膀一撞，就把她撞下去了。方母听后便大骂方，方说：'可惜没有摔死。'

这段对话，充分暴露了被告人故意杀人的主观故意。至于被告人杀人的目的之所以没有得逞，那是因为被害人恰巧摔在炉灰堆上，是由于被告人意志以外的因素，并不影响对被告人杀人故意的认定。"由于公诉人抓住了重点，辩明了被告人犯罪的性质，法庭最终采纳了公诉人意见。

4. 迂回取胜法。公诉人在法庭辩论中，应当讲究战术，有时根据情况，答辩不宜直接交锋，而是兜个圈子，让被告人或辩护人误入公诉人的套中，形成其行动上的被动，然后公诉人再巧妙出击，攻取自如，从而获胜。例如：某盗窃案，甲乙二被告人合伙作案。某乙在法庭上提出他不知道某甲约他一起是去偷东西，所以也没有盗窃的故意。公诉人并没有直接答辩，而是向某乙发问。

  公诉人：你跟某甲拉东西时，某甲给你说什么没有？
  某乙：没有。
  公诉人：你们进去和出来时为什么要躲避门岗？
  某乙：某甲给我说怕遇到麻烦。
  公诉人：你怎样理解"麻烦"二字？
  某乙：想去偷东西又怕被发现。

至此，问题不辩自明。

公诉人法庭论辩的技巧还有很多，其中有些与律师的论辩技巧也有相同相通之处，可参考后面的内容。

五、律师的法庭论辩

律师论辩不同于一般的辩论，它必须遵守法律程序，围绕着本案事实展开，目的是维护当事人的合法权益。因此，律师论辩包括两个阶段：其一，法庭调查阶段，律师通过交叉发问，为进一步巩固自己的论辩观点，打下牢固的基石；其二，法庭辩论阶段，律师在法庭辩论阶段全面论证自己的诉讼观点，驳斥对方的诉讼观点。这两个阶段的论辩，作用不同，技巧各异，但核心目的一致，论辩就会胜券在握。

（一）论辩的要领

1. 抓住要害，突出重点。对一件案件，首先要弄清其中主要的法律关系，围绕这一法律关系所产生的矛盾纠纷就是该案的主要矛盾纠纷，抓住了这一要害问题，在辩论中就能够重点突出，不被枝节问题所纠缠。尤其是面对一个复杂的案件时，要善于透过纷繁的现象抓住其主要矛盾，这样，在辩论中就能够在有限的庭审时间内突出重点，而不是面面俱到，被对方牵着鼻子走。

例如：一起因承包经营而被指控犯罪的案件。被告人被关押了5年半，起诉书指控他贪污近40万元，诈骗近40万元，再加行贿共3个罪名，案件历时长达7年。该案检察院侦查了3年多，起诉到法庭后又拖1年多，而辩护律师接受委托后离开庭则只有7天的时间，除了会见被告、调取证据之外，阅卷的时间只有3天，3 860多页的卷宗，就是不睡觉也看不完。律师通过对一些主要线索的分析，终于找到了关键问题。该案的关键是承包合同的性质和方式，只要把个人承包的基本性质和"大包干"的承包方式弄清楚了，就足以否定贪污和诈骗的问题。要害抓住以后，对其他一些次要问题就可以泛泛地翻阅，甚至可以略过不看。这样一来，不足3天，律师就已经把案件全部吃透了。在法庭辩论中，律师就紧紧抓住承包合同的性质和方式这个要害问题不放，对涉及的其他枝节问题一律不予纠缠，最终从根本上否定了犯罪性质。而从开庭情况来看，公诉人和审判长对案情却没有吃得很透，尽管他们研究、调查了几年时间。为什么？因为他们没有抓住要害，没有理清法律关系。法院最终采纳了律师的意见，宣判被告无罪。

2. 善于争取主动。要想在辩论中处于主动地位，就要做到：辩论前善于设题，辩论中善于出击。所谓善于设题，就是在案件处理的一般范围内，自己为对方设想可能要进行辩论的题目。在通常情况下，设题内容包括：事实、证据、定性、量刑、适用法律条款和程序等六大范围。善于设题者往往比较主动，而那些不事先设题，对方说什么自己就反驳什么的人，容易不自觉地陷入对方设置好的辩论圈套之中，无法发挥自己思维的独立性。所谓善于出击，就是在已经开始的辩论中，一方面要将自己的观点看法千方百计地表达出来；另一方面就对方的错误症结所在，千方百计予以点破，使对方陷入被动的境地。

例如：一起133名客户集团诉农业银行的期货纠纷案。基本案情是农行与外商合作搞非法外汇金融期货交易，结果农行挪用的133名客户的存款被外商全骗走了。开庭前被告方农行没有提交答辩状，原告方律师估计到他们可能要搞突然袭击，但袭击的方式和内容却无法预料。果然，答辩一开始被告方就企图转移话题。原告起诉被告非法经营外汇期货，经营中有大量欺诈行为。可被告一开口就讲他们根本没有经营外汇金融期货，他们搞的是外汇见证业务，然后就大谈见证业务的内容，见证业务与金融期货的区别，简直就像作学术报告。原告方有的律师一时反应不过来，就想顺着这个话题去同他辩。但有一位律师立即识破了对方的意图是想改变主题，金蝉脱壳。于是在辩论时该律师立即跳出了外汇见证业务的圈子，针锋相对地直奔主题。他首先宣读了有关部门的几份文件，指出这些文件已经明确认定了农行非法经营外汇期货的基本性质，所以，关于被告开展业务的性质和内容已经不存在争议。然后指出，关于外汇见证业务的内容及其与外汇期货业务的区别问题与本案无关，如果作为学术探讨可以专门安排时间，但在法庭辩论中无此必要，除非法庭同意把开庭变成学术讨论会。这样一来，终于破了对方突然袭击、避实就虚的招数，使辩论的基调回到了主题上，争取了主动。

3. 善于使用第一手材料。所谓第一手材料，就是律师在办案过程中亲自收集到且经核实过的事实和证据。在法庭审理过程中，要及时、适时地把这些材料当庭举证，在辩论阶段要充分利用这些确凿的证据来支持、证明自己的观点，如果不善于使用辛苦收集来的第一手材料，只是泛泛地提一下，在辩论时不加以强调，或表达不清，就不能给人以信任感，不能发挥第一手材料的重要作用。

例如：一起指控一位企业家贪污受贿的案子。辩护律师发现其中有一笔贪污

1.6万元的证据有问题，就深入调查，取得了关键的反证。在法庭调查时，律师坚持要求法庭传公司出纳员出庭作证，出纳员说这 1.6 万元是她分成若干次送给被告的，每次都是被告指示出纳员到银行取款，取款后不许让别人知道，单独交给被告。律师抓住出纳员证词中前后矛盾的地方，穷追不舍地向其发问，慌乱中她的回答破绽百出，无言以对。这时，律师又拿出了关键性的反证：这个出纳员最后一次取款的时间是在被告被抓起来之后，举证之后，律题当即向法庭指出："很显然，作为证人的出纳员是不可能到看守所去送钱供被告贪污的。因此，贪污这笔钱的真正罪犯是谁，已经不言自明。"通过质证、辩论，被告贪污这 1.6 万元的事实被否定了，而作为证人的出纳员却被抓起来了。

4. 善于利用对方言词信息。法庭论辩是辩论双方的口语交锋，交锋的权利机会是均等的。因此，对方讲话时自己要认真地听，最好还能记上一点重要的原话。善于运用对方言词信息，①从对方讲话中捕捉到主旨是什么，意图是什么；②判断对方的话是否合理合法，漏洞或不当在哪里；③对方的话中有无要反驳的信息，该如何反驳；④对方的话与其他人员的话如审判人员、证人、被害人等的话有无矛盾。若能善于抓住对方这些言词信息，针锋相对地以其矛攻其盾，就能使对方陷入被动局面。

例如：李×诉贵州遵义公安局的行政诉讼案。李×是中国政法大学的教师、××律师事务所的兼职律师。他代理一个经济纠纷案件时，因为遵义公安局非法干预经济纠纷，把他的委托人抓了，他向公安部和最高检等部门反映了情况，告了公安局。结果公安局恼羞成怒，索性把他也给抓了起来，非法拘禁 16 个小时，打成轻伤害。一审法院缺席判公安局败诉，公安局不服上诉。二审开庭时，公安局精心策划制造了一个抓李×律师的借口，说李×唆使委托人进行诈骗，但在法庭质证时，这个谎言被揭穿了。在法庭调查中李×的代理律师问了几个问题：首先，公安局对李×立案的时间，对方回答是 1993 年 3 月 31 日。其次，公安局认定李×涉嫌诈骗的根据是什么？对方回答是李×唆使委托人转移赃款。最后，认定李×唆使委托人转移赃款的根据是什么？对方回答是根据他的委托人韩××的供述，说韩××供认是李×让他转移的。对方在回答时犯了一个无法挽回的错误，即李×的委托人被抓走的时间是 1993 年 4 月 7 日，而对李×立案的时间却是 3 月 31 日，也就是说，委托人供述李×唆使转移赃款在后，对李×立案在前。这一错误的时间差被律师及时抓住，在法庭辩论阶段，律师首先就这一点进行了分析和批驳：

> 李×律师是双方当事人的纠纷发生之后才接受委托、代理本案的，事前与委托人素不相识。那么，假定李×的委托人实施了诈骗，李×如何会在其

诈骗行为完成之后再去涉嫌或者参与诈骗呢？难道诈骗行为也可以后补吗？更为可笑的是，上诉人在法庭调查中声称，该局在1993年3月31日对韩××等人立案时就已包括了李×，那就是说，李×于1993年3月26日第一次见到韩××，接受委托，3月31日才第二次与韩见面，在第二次见面的同一天，就被远在贵州的遵义公安局作为诈骗嫌疑犯立了案，此时上诉人怎么会知道有个李×也参与了诈骗呢？贵局即使在这一天听说李×接受了委托又有什么证据证明李×参与了诈骗呢？上诉人在法庭调查中明确表示，认定李×参与诈骗的惟一根据是在将韩××收审以后，韩承认说李×唆使其转移了所谓的赃款，可事实上，韩1993年4月7日才被上诉人抓走，那么，在韩被抓之前对李×立案的根据又是什么呢？这种不攻自破的谎言难道可以自圆其说吗？

面对律师的责难，公安局无言以对，二审最终维持原判。

5. 善于拒绝无谓的论辩。论辩时间是十分宝贵的，因此，发现对方出现揪着不放或死不认账等情况，就要善于拒绝论辩。所谓拒绝无谓的论辩，一是不重复地说，二是在对方抓住一些无碍案件处理的枝节问题不放时，则采取"对这个问题不予辩论"或"发言到此结束"的办法。这种近似于沉默的不辩，在一定的时机对法庭有较大的震动力，而且在辩论技巧上嘎然而止，干脆有力，听上去是退一步，实质上是进两步。

6. 善于补救失误。双方直接用口语进行论辩，有时会说漏了嘴，讲错了话，这时需要补救失误。善于补救失误，一是对已说出的无碍根本性问题的不适当的话，能够在下一轮发言中说得周全一些。如果没有再补说的机会，待法庭辩论终结以后，在休庭时向对方或审判长解释清楚即可。二是说了直接影响案件处理的错话，必须善于立即纠正，但要注意方法。在更正时不必声明"刚才我的话讲错了"等，而是用"审判长、审判员，请允许我更完整、更准确地说明一下我刚才的发言"。作为辩论的对方或主持人，一般能够理解你这句话的含义。如果对方抓住你说错的话进行反诘，你可以主动地答复对方"请××人明白或理解我说明的话"。到此，对方一般不会再揪住不放。如果真有人还要继续纠缠的话，则重复一下更正后的原话，绝不多作解释。三是说了不该说的话，能够善于马上用理智控制自己，在可能的条件下，尽快转换口气或适时主动赔礼道歉。

（二）论辩的技巧

1. 交叉问话法。交叉问话就是指一问一答的问话方式。法庭论辩不仅仅是发生在法庭辩论阶段，在我国审判实践中，目前采用的是质证合一的审判方式，也就是在法庭调查阶段，采用的是边举证边质证的庭审方式。讼辩者在法庭调查阶段为查清案件事实对证人或因质证需要而对其他诉讼当事人进行发问。此时，虽然还没到法庭辩论阶段，但实际上双方的交锋已经以一问一答的方式展开了。这为后面的法庭辩论向对方发起进攻作铺垫，建立牢固基础。由此可知，交叉问话开始时，论辩实质上已经展开。交叉问话的目的，一方面是为本方已建立的观点，找到更加可信、更容易被理解、被采纳的牢不可破的证词；另一方面是为破坏、推翻对方观点，寻找证人证言的破绽及虚假成分，以降低证人证词的可信度，或使证人证言无效，或促使法官对该证人证言持怀疑态度，从而达到推翻对方诉讼主张的目的。可见交叉问话可以起到釜底抽薪的作用。交叉问话法的技巧主要表现在如下几个方面。

（1）简明扼要，直击要害。律师在法庭上，应注意根据庭审情况，准确地抓住机会，敏捷地找到突破口，用简洁明确的语言，向问话对象发问。这种问话方法适用于事实不清、关键情节不明、证人证言起着"一言九鼎"的重要作用的案件。

例如：被告人程××被控告犯有强迫交易罪一案。开庭审理时，管××既是被告方提供的证人，也是公诉机关提供的被害人及证人。在法庭调查过程中，被告的辩护律师抓住时机，手里拿着有被告人程××与被害人管××签字的购买合同问：

辩：管××，这份合同上的签名是你亲自签的吗？
管：是的，是我亲自签的。
辩：合同上约定的总价是75万元，程××是否已经支付给你了？
管：分两次给的，已经全部给我。
辩（提高声音）：管××，请你面对庄严的法庭作出如实陈述，你到底是否是自愿将坑口卖给程××？
管（大声回答）：我不仅是自愿的！而且我还感谢程××，他不买，根本就没有人要。

强迫交易罪是指一方不愿出卖货物，另一方以武力威逼，迫使卖方违背意愿与之交易的行为。上述实例，辩护律师以简洁明了的语言，围绕被害人是否出于自愿把坑口卖给被告人，进行一环扣一环的发问，通过被害人的回答，还案件事实的本来面貌，使公诉机关的指控不攻自破，问话目的得以实现。

（2）抓住矛盾，批驳虚假。律师在问话中，如能熟练地掌握汉语言的特殊功能，灵活巧妙地遣词、造句，可以达到"此时无声胜有声"的境界，大大增强本方攻击的力度。

例如：被告人刘××被指控犯强奸罪，律师在阅卷时发现被害人的陈述多处矛盾，被告人的供述也是矛盾百出，于是向法庭请求被害人出庭作证。在法庭上，辩护律师巧妙地利用语言的功能，以不同的方式，从不同的角度向证人（即受害人）发问：

  辩：他怎样把你带上山的？
  证：他抓我的手。
  辩：抓哪里？
  证：抓我的手掌。
  辩：谁走在前面？
  证：挨着走。
  辩：你说的挨着走是不是并排走？
  证：是的。
  辩：到山坡上后，他怎么对你？
  证：他叫我躺下。
  辩：你躺下了吗？
  证：没有。我说山上石头太多，会刺破身子的。
  辩：他怎么说？
  证：他就说，他去找些草来垫。
  辩：他去哪里找草？
  证：到山脚下村民的草堆上要。
  辩：当时你干什么吗？
  证：我坐在一块大石头上。
  辩：是等他吗？
  证：是的。
  辩：他去拿草，来回多长时间？
  证：有一袋烟的功夫。
  辩：一袋烟的功夫有四五分钟的时间，那你为什么不跑？
  证：我……
  辩：为什么不跑？
  证：我见他身体强壮，模样也好，就喜欢他了。

  以上的问答，不仅充分反映受害人与被告人刘××发生性关系，并非是被强迫，而是出于自愿。而且，也向法庭巧妙展现了案件事实的本质，为辩护人作无罪辩护打下扎实的基础。

（3）乘胜追问，迫其吐真。发问者，根据自己心中暗藏不露的目的，根据问话对象语言的表面的意思，不断追问，迫使对方不能自圆其说，露出破绽，继而破之。

例如：黄××与覃××借款纠纷一案，在法庭上，被告代理律师根据调查掌握的情况，代理被告覃××答辩说，借条是被逼写的。律师如此认定的理由是覃××是一家小饭店的老板，黄××是无业游民，黄××哪来的2万元借给覃××？这其中一定有猫腻。于是精心设计问话提纲，巧用诘语进行发问，迫使原告招架不住，说出事件的原委，使本案真相大白于天下，从而使覃××免遭一劫。

代：你说你借了2万元给覃××，是吗？

原：是的。

代：你每月有多少钱的收入？

原：我没有固定的工作，也没有固定的工资，如果找到活干，每月可有300到400元的收入。

代：一年到头，每个月你都有活干吗？

原：没有那么好。有些年只有七八个月的活干。

代：你有别的经济来源吗？

原：没有。

代：你一年在银行存多少钱？

原：连吃饭的钱都不够，哪有钱存银行？

代：这么说，你没有银行存折，是吗？

原：是的。

代：你没有存折，怎么能从存折上直接取出2万元给覃××呢？

原：我……我是取朋友的钱借给他的。

代：你朋友叫什么名字？当时存折上有多少钱？存折现在在哪里？

原：不记得了。

代：你在哪家银行取钱的？什么时候去取？当时银行存取钱的人多吗？

原（满头大汗）：我不知道。

代：你亲自去取钱，怎么会不知道呢？如果你说了谎话，用假的借条来骗别人的钱，你这是犯诈骗罪，知道吗？

原：我说，我说实话。我和覃××的大女儿谈朋友，谈不到1个月，她嫌弃我穷，就不和我谈了。我去她家找她，她又躲起来。她爸爸还骂我，我生气就叫她爸爸给我2万元钱，否则就不让他女儿好过。她爸爸说没有钱，我就逼她爸写了张欠我2万元的借条,后来我拿着借条几次叫她爸还钱,她爸就是不理。听别人说如有借条法院就会按借条上写的来判,所以,我就到法院起诉他还钱……。

2. 迂回问话法。一般来说,提问应当开门见山,想知道什么就问什么,但是,由于生活的复杂化,人的思想和性格的复杂性,有时为了了解真实情况,还得讲究提问的艺术。所谓迂回问话实际也叫诱问,是指发问者根据自己心中暗藏不露的目的,不直接向对方提出明确的问题,而是绕着弯子,让对方在不自觉的回答中陷入矛盾的境地,最终出其不意地战胜对方。

例如:香港电视连续剧《流氓大亨》中有一段精彩的法庭辩论。食品公司经理的养子钟伟舜,贪图富贵,竟用小汽车撞死亲生父亲,然后到电影院看电影,散场时故意调戏妇女,与人大打出手,被警察扣留,以借此制造不在犯罪现场的假象。钟最终被指控杀人。在法庭上,主控律师为攻破这一假象,采用诱问否定法:

律:请问,你能不能再一次肯定,你当晚确实是9点20分进电影院看电影?

钟:我记得十分清楚,我肯定是9点20分进场的。

律:好,我再问你,你入场的时候电影开映了没有?

钟:唔……我觉得……好像开始了一阵。

律:这就怪了,我到该电影院调查过,该电影院一向习惯9点25分开映,你9点20分入场,为什么电影已经开始放映了呢?

钟:这……或许我看错表,当时可能是9点25分。

律:好,就算你当时看错表,你是9点25分入场的,据我调查所知,该电影院习惯在正片放映前先放3分钟广告片、2分钟预告片。那么,请问,当晚电影院放了哪些广告片?

钟:对不起,我对广告片没有兴趣。

律:难道你对赞美食品公司的广告都没有兴趣?

钟:(迟疑了一会儿)哦,我记起来了,是放了赞美食品公司的广告。总之,关于我公司的广告太多了,我一时记不清楚是不是那晚放的了。

律:那又错了,我去该电影院调查过,他们素来与赞美食品公司没有任何联系,素来未放映过有关赞美食品公司的广告,而当晚也不例外,我再问你,当晚放映了哪些预告片?

钟:我不记得了。

律：你对广告片没兴趣，难道对预告片也没兴趣？

这里律师通过巧妙的诱问，将钟伟舜诱得团团转，逼使其回答自相矛盾，让法官和听众看出破绽，从而为下一步论证钟可能先杀父，再入电影院打下了有力的基础。

使用诱问否定法，最关键是要把辩论的目的深藏不露，不能让对方查明诱问的意图，尤其是第一个问，一定要让对方"自投罗网"，只要他入了圈套，下面一个接一个地提问，就由不得他不回答了。等到对方感到不能自圆其说时，已经后悔不及了。另外，在诱问前应有全盘计划，预先设计好诱问的步骤，预计对方回答的可能性，这样才能诱敌上钩。

3. 逻辑辨别法，就是通过比较和区分不同的判断，达到某种目的的辩论方法。它要求律师有较强的逻辑思维能力，善于抓住对方判断中的错误，并可由此打开缺口，找到案件的证据。

例如：一起照相机盗窃案。原告说，他的照相机有一暗钮，不熟悉的人是打不开照相机的，而被告人却坚持说，他5年来一直在使用这架照相机。在法庭上审判长请被告人把照相机打开，于是被告人与原告代理人有如下一段对话：

被：审判长，假如我把照相机打开，那就证明照相机是我的，是吗？
律：不对，打开了，并不证明它一定是你的，而打不开，那就证明一定不是你的。
法警把照相机递给被告，他颠来倒去拨弄了3到5分钟，没有打开，顿时显得神色慌乱，手足无措。
律：被告，你究竟能不能打开？
被：唔……我现在忘了，不过照相机肯定是我的。
律：你刚才说，5年来一直使用这架照相机，现在又不能把它打开，这怎么解释？
被告人低下头，无言以对，而原告接这照相机，"咔嚓"一声就打开了，被告脸色煞白，冷汗涔涔，狼狈不堪。

以上事实起码可以肯定照相机不是被告的。当被告说："假如我把照相机打开，那就证明照相机是我的"时，律师敏锐地发现了这句话的逻辑错误："能打开照相机"和"照相机是我的"之间是一个必要条件关系，即"有之不必然，无之必不然"，所以律师当即针锋相对地予以反驳："不对！打开了并不证明它一定是你的，而打不开，那就证明一定不是你的。"并且事实（被告打不开照相机）也证明了被告的谎言，从而制服了狡诈的犯罪分子。

4. 顺水推舟法，是指顺着对方的话头或观点（顺水），把对方攻击你的话转变为攻击他自己的话或观点（推舟），以达到回击对方的目的。在法庭论辩中运用此法，有时会产生意想不到的效果。

例如：我国著名书法家黄绮有幅八尺楹联的书法作品，他委托王某装裱。不料，时隔数月，王某告知黄绮楹联丢失。这一作品是黄绮毕生的精品，双方协商未果，黄绮即诉至法院，要求被告王某赔偿。在赔偿问题上，双方均无异议，但赔多少，双方意见相距甚远。被告王某的代理律师提出：全国书画极具权威的"荣宝斋"出证，中国书法界名望最高的启功先生一幅作品可达1万元。赵朴初先生的作品可达9千元，而黄绮的字只值几百元一幅。而后，又列举了一个事例，中国书协几位副主席的作品在1991年赈灾义卖时，价格最高为800元，黄绮则排于中国书协副主席的最末位。

面对被告方的上述论点，黄绮的代理律师答辩道：中国书协副主席的排列名次并非作品价值的排列顺序，两者无因果关系。如果以价格来论作品的价值，那么，日本有人曾出20万元愿购买该联；黄绮的作品在日本展出时，标价均在360万日元至600万日元之间，其中有幅高达一丈有余的"鹰"字作品，标价为4 800万日元，折合人民币240万元（此为顺水）。然后律师进一指出：用他人作品的售价来鉴定艺术作品的价值并非科学，倘若如此，日本人称黄绮先生为现代中国书法界之第一人者该当何论？艺术是无价的。该楹联是黄绮先生在30多岁时因梦触发灵感而得。抗战期间，楹联被毁，铁联难望，数十年来，此情不已。其创作经历独特，富有传奇色彩。无疑，这幅作品是黄绮先生晚年创作的精品，精品当然要好于一般作品，几位书协主席义卖作品是否为精品？不得而知。更何况，艺术创作不具重复性，艺术创作需要灵感，灵感又不久存。所以，世上惟有一幅达芬奇的"最后的晚餐"，惟有一幅王羲之的"兰亭集序"（此为推舟）。在这里，律师先顺着对方以价格来看作品的价值的观点进行举证，说明黄绮的作品，最高价格可达240万元；接着话锋一转，指出艺术作品创作不具重复性，需要艺术灵感，从而反驳了价格决定作品价值的观点，把"舟"推向自己的论证目标——艺术是无价的。由于律师成功地运用了顺水推舟法，最后，法院采纳了黄绮代理律师的意见，判决黄绮书法作品归黄绮所有，保留黄绮对原作品的追索权，判令王某付黄绮8 000元人民币作保证金，并负责继续查找原作品下落。

5. 上树去梯法。上树去梯的意思是送人家上了树，却搬掉梯子，比喻诱人上前而断其退路。此法运用于律师论辩中，一般应掌握三个环节：①"选梯"，即根据对手的客观条件及心理需求选择合适的"梯子"。②"置梯"，即在适当的时候安置"梯子"，既让对手知道它的存在，又不致引起怀疑，律师"置梯"

的过程,也就是对手"上树"的过程。③"抽梯",即待对手"上树"后及时抽去"梯子",断其退路,从而使对手的观点不攻自破,达到预期的目的。

例如:某医院妇产科曾发生一起严重的医疗事故。该科主任(女)对责任人主治大夫(女)进行了严肃的批评。这位主治大夫不仅不虚心接受意见,在争吵中,反而打了主任一耳光。主任的两个在校读医学研究生的儿子出于激愤,把主治大夫痛打了一顿。当地报纸以"两个研究生毒打女医生"为题,作了非客观的片面报道,在社会上引起很大反响。公诉人以伤害罪对他们起诉。在法庭辩护中,辩护律师没有直接为被告的行为作辩护,而是采取了"上树去梯"的谋略,并选择了起诉书中"有知识、有教养的人(研究生)不该打人"这一指控作为"梯子",首先阐明一切打人行为都是错误的,而有知识、有教养的人打人更不应该,因此被告人的打人行为不能原谅。这些公正的论述得到听众和论辩对手的认可,清除了他们听取辩护发言的心理障碍,取得了他们对律师所阐述的观点的赞同,这实际上已经完成了"置梯"和"上树"的过程。紧接着,律师严肃地指出:主治大夫不仅受过高等教育,而且辈长位尊,从事救死扶伤的高尚职业,更应懂得文明礼貌,遵守职业道德。可是她在出了严重的医疗事故后,不仅拒绝批评,反而殴打科室主任,这种行为同样是不可原谅的。事实证明,正是这种行为导致了被告对她的伤害。律师这段发言,一下子抽去了"梯子",使主治大夫处在了被指责的地位,这也使公诉人的指控失去了应有的力量,从而收到了较好的辩护效果。

6. 声东击西法。声东击西,是兵家出奇制胜的"兵不厌诈"的最典型的策略。兵法有云"声言击东,其实击西"。目的在于转移敌人目标,使人疏于防范,然后出其不意,攻其不备。运用此法,关键在于"声东"之妙,既能让人看出不合理之处,又不能让这种不合理与对方原来的错误联系过于明显;同时,转换的思维要敏捷,不给对方仔细考虑的余地,自然造成对方自我否定的效果。

例如:周某诉王某人身损害赔偿案。周某是6岁多的幼儿园学生,某年4月26日下午2时许,在校外压水井旁喝水时,被王某搁置的石棉瓦压塌墙头砸成重伤,因此诉至法院要求王某赔偿。在法庭上,被告王某辩称墙头倒塌系原告身体靠倚、撞击所致,否认其是被石棉瓦压塌,并当庭提交了自称是惟一目击证人(卖雪糕人)的证词。这是原告代理律师没有料到的,却是本案的关键证词。在质证时,律师发现了该证人证言的破绽,即卖雪糕人证明案发时间是农村俗语讲的"提镰割麦时"。于是律师遂确定以此为突破口,设计了一段精彩的对话:

律:请法庭允许我向被告提出一个问题,可以吗?
审判长:可以。

律：请问被告，你所提供的惟一目击证人（卖雪糕人）有多少岁了？

被告：43 岁。

律：请问证人是什么职业？

被：农民。

律：也就是说，卖雪糕人是个地地道道的中年农民，对吗？

被：是的。

（以上是律师故意设计的"声东"）

由此，律师即向法庭提出了该证人的陈述的虚假性，并当庭提请法庭注意：农民俗称的"提镰割麦时"是指每年阳历 6 月 6 日左右，即农历 24 节气中的"芒种"日，而本案公认的案发时间为 4 月 26 日，其时麦子尚未抽穗，青青一片。两者时间相差 1 个多月，故被告提出的证人陈述是虚假的，系明显伪证。（这是律师"声东"以后的"击西"，是真正的目的所在。）此时，被告辩称：证人是个文盲，时间概念不强，系记忆偏差，用语模糊所致。原告律师马上反驳道：该证人难道不同时也是一个地地道道的农民吗？而职业农民，对一年 24 节气和各种季节农活时间是熟知和有着敏锐感觉的，他应清楚地知道"提镰割麦时"的时间指向。

通过以上原告律师"声东击西"的质证，明显削弱了该证人证言在法官心目中的可信程度，从而降低或破坏了该证据的价值，为该案的胜诉奠定了有利的基础。

7. 步步为营法。以毒攻毒，是一种面对面的斗智表现。律师在办理案件中，原、被告双方有攻有防，如果采用此法，可以针锋相对，兵来将挡，水来土屯，攻防兼顾，从而步步领先，步步进逼，最终战胜对手。

例如：一起相邻权索赔案。南京某公司在建设华荣大厦的基础工程期间，因大量抽排地下水，致使相距 20 米的《新华日报》印刷厂地面下沉，厂内 3 台进口印刷机和 4 台国产印刷机的基础移位，印刷机受到严重损坏。为此，报社向法院起诉，要求某公司赔偿巨额损失 1 388 万元。在一审辩论中，针对被告提出的各种观点，原告代理律师作了如下精彩的辩论：

被告：在本案中，华荣大厦的施工单位是中新公司，损坏是中新公司在大厦基础施工时大量抽排地下水所致，因此应由中新公司承担赔偿责任。

原告律师：被告的这种观点混淆了两种不同的法律关系。原告与被告是相邻关系，而被告与中新公司是合同关系。原告所有的不动产因被告进行建设施工而受到损害，只能根据法律关于相邻关系的规定要求被告承担侵权民事责任。被告可以根据其与中新公司签订的合同和有关法律规定去追究该公司应负的违约责任。

被：南京市建委、市建工局（91）第453号文件明确了事故的责任方是中新公司，而不是我方。

原：被告在这里又混淆了行政管理与司法管辖这两种不同的职能。建委和建工局的文件不能解决本案原、被告间的侵权责任问题，原告不受上述文件约束。

被：一个木工为业主盖房子，由于使用斧头不慎，结果伤及第三人，难道这个责任不该由木工自己来承担吗？

原：如果泥工在挖墙基时挖塌了邻居的山墙，如果泥瓦匠砌的墙壁遮挡了邻居的阳光，妨碍了邻居的通风，那邻居是找泥瓦匠还是找业主？答案显然是后者，这不是十分清楚吗？

被：我方与中新公司签订的"工程承包合同附言"中有"因施工引起的民事纠纷，承包方应及时处理"的条款，因此，原告方应找中新公司索赔。

原：不知道被告有什么理由要求原告也来遵守你们双方的约定？

被：我方作为发包方在当初仅仅发包桩基工程，当时仅是施工现场，尚未形成动产，我方更不具备不动产所有人资格。因此，原告将我方列为不动产引起的相邻权案的被告，显然是违背事实，违反诉讼法律要件的，引用法律属张冠李戴。

原：被告作为一个房地产开发商竟然不懂得不动产的含义。如果说被告投资建造的房子在没有建成时，被告就不具备不动产所有人的资格，人们不禁要问：建房所使用的土地难道是动产不成？虽说土地所有权属国家所有，但在我国当前的土地管理体制下，房地产商用上亿元人民币取得的土地使用权能说不是一笔财产吗？

被：根据《建筑工程质量责任暂行规定》第33条的规定，原告起诉时已超过1年的诉讼时效，因此，原告方已丧失了胜诉权。

原：从这个规定的第1、3、21这3条中可以看出，该规定主要是调整建筑建设施工单位与"用户"即建设单位之间以及建材供应商与施工单位间的关系，也就是如何保证质量，如何对用户实行工程保修、产品保换、保退并赔偿经济损失等。再从该规定的第3、18、31条可以看出，它调整的是合同关系，因此这个规定与本案无关。更重要的是，这个规定的发布和实施均在《民法通则》生效以前，其中关于诉讼时效的规定与《民法通则》相抵触。《民法通则》是基本法，上述规定只是国务院的部门规章，所以1年时效期限根本无效。

在本例中，原告律师针对被告律师提出的种种观点，针锋相对逐一反驳，步步紧追，一追到底，体现了步步为营法的力量。

8. 二难制胜法，是指在诉讼过程中，只列出两种可能性的情况，迫使对方从中作出选择，不论对方选择哪一种，得出的结果都对对方不利，除此以外又别无选择，这就必然使对方陷入进退维谷、左右为难的境地，完全落入己方的控制之中，从而使己方获得诉讼胜利。

例如：一起保险索赔案。原告（投保人）投保的歌舞厅因发生火灾而毁损，向被告（保险人）索赔，被告以原告存在重大过失为由拒绝赔偿。根据被告向原告签发的财产保险合同条款的规定，由于投保人的重大过失造成的保险事故，保险人不承担赔偿责任。因此，本案争议的焦点在于：原告是否存在重大过失。被告认为原告存在重大过失的理由是：原告对歌舞厅的装修（该行为发生在保险合同订立前）严重违反消防法规，不符合防火要求。原告律师仔细研究了被告的答辩理由，认为其不能成立。理由是：所谓投保人的重大过失，应是指在保险合同有效期内，投保人对自己行为可能引发保险事故应该预见而没有预见，或者已经预见而轻信能够避免的主观心理态度。本案原告违法装修舞厅的行为发生在要约前，其所导致的后果是使投保财产在投保时便处于一种危险状态，这种危险状态埋下了火灾隐患，很容易酿成火灾。被告在承保时对被保财产进行了查看，对保险财产所处的危险状态是明了的，也就是说，保险人是愿意承保这种高危险的，并据以确定了保险费率。

有了必胜的法理依据，怎样在法庭上论证得更有效果呢？律师就设计了一个二难问题，并在法庭辩论时抛给了对方：如果此次火灾发生在原告投保后的当天，被告是否予以赔偿？对方意识到了这个问题的二难答案，以与"本案无关"拒绝回答，这恰恰在律师的意料之中。律师在第二轮发言时，对这个问题造成被告的两难境地进行了剖析："这个问题不是与本案无关，而是关系太大了，被告受不了。如果被告承认应该赔，被告就不应拒绝原告今天的索赔请求。因为除了时间推移了以外，并没有别的什么不同，原告在投保后并没有任何可以称之为'重大过失'的行为。而时间的推移，并没有超出保险合同的有效期，不能成为被告拒赔的根据。如果被告说不赔，那么被告等于在宣布自己对原告财产的承保是一种欺诈行为。因为他在承保时就不打算对可能出现的保险事故理赔。这样，被告所标榜的'平安'，并不是投保人的平安，而是保险人自己的绝对平安。没有发生保险事故，保险人依法无偿取得保险费收入，无需支付保险金；如发生保险事故，保险人则可以自己早已知晓的投保人在投保前就存在的所谓'重大过失'为由拒赔。真是绝妙的如意算盘！只是，法律不允许欺诈，本代理人以为，被告大概也并不愿意承认自己所从事的保险事业是一种欺诈业吧！"

本案中，原告律师利用"二难制敌法"，将被告意图逃避保险责任的心理在法庭上暴露无遗。面对律师的雄辩，被告理屈词穷，无以为对，该案以原告胜诉而告结束。

9. 咬文嚼字法。咬文嚼字的本义是指过分地斟酌字句，死抠字眼儿而不领会精神实质。但在律师办案中，有时却需要运用咬文嚼字法来准确地理解、解释法律的含义，准确地把握、阐述事实，以求得案件的公正审理。特别是对那些事关案件关键的词句，更需要逐字逐句加以阐述、辨析，以防对方钻空子抓辫子，陷自己于不利境地。

例如：某制药厂诉云山制药厂商标注册不当一案。云山制药厂与某药物研究所历时数载，耗资百万，研制成功"前列康"花粉制剂，主治男性前列腺增生、前列腺炎。由于疗效显著，在国内外赢得很高声誉，并取得可观的经济效益。一些厂商垂涎三尺，假冒产品纷纷面世。为保护自己的知识产权，云山制药厂将"前列康"作为商标申请注册，得到国家工商局的批准。谁知，某制药厂却以"前列康"商标注册不当为由，向国家工商局商标评审委员会申请裁定不予注册。主要理由是："前列康"是事实上的商品通用名，按《商标法》的规定，商标不得使用本商品的通用名称和图形。对此无理指控，云山制药厂代理律师答辩道："前列康"商标是"前列"和"康"两个词的组合词，它体现了云山制药厂"一切为了人类康复保健服务"的宗旨，和"站在人类康复保健事业前列"的目标。它不仅高度概括了企业的形象，综合反映了企业和产品的特点，而且符合文字简洁、通俗、易懂、易记的特点，并能造成联想的商标设计要求。"前列康"这一组合词是云山制药厂于1985年创造的，在此之前，国内外医药书籍上尚无人使用这个组合词。某制药厂认为"前列康"商标直接表示了商品的功能和用途，这是把"前列"与"前列腺"故意混同起来。"前列"和"前列腺"分属不同的词性，"前列"是副词，表示方位，"前列腺"是名词。"前列康"作为治疗前列腺疾病的药品的商标，它并不是直接表示商品功能的文字。因此，"前列康"作为商标，与《商标法》没有任何相悖之处，完全是合法商标。

由于律师的咬文嚼字，阐明了"前列康"与"前列腺"的根本区别，驳斥了某制药厂的无理指控，维护了"前列康"商标的合法性。国家工商局商标评审委员会最终驳回了某制药厂的申请，终局裁定"前列康"商标应予注册。此案虽然最终没有诉到法院，但律师所运用的辩论技法在法庭论辩中是同样适用的。

10. 举例比喻法。法庭辩论有时会涉及到一些复杂、疑难的理论问题，同时，由于辩论的对手不同，有时候简单的问题也会变得复杂化，在这种情况下，在有限的时间内能够有针对性地运用形象的比较，就可使复杂的理论问题深入浅出，从而收到明显的效果。

例如：一起涉嫌诈骗案。公诉人指控被告制造两个假文件实施诈骗。所谓假文件其实是两封便函，其内容是完全真实的，唯独查不清的就是这两封便函是怎么出来的。被告说是单位的一把手让他写的，起草后打印并盖章，公章也确实是真的，只是没有备案，文印室没有底稿。而且巧的是，一把手已经死了，没有人能证明确是一把手让他写的，所以公诉人和法官都一口咬定这是假文件。就这么一个问题，法庭调查了近一个上午，还是说不清楚。退一步讲，即使是他私自搞的，但他没作假，是真实的，这就不能说是"伪造"，不能说是假文件，所以不能作为认定诈骗的根据。在法庭辩论中，任凭律师从事实、法律和理论上怎么反复论证，还是无法说服对方。无可奈何之时，律师急中生智，打了一个比喻说："私生子是不是假孩子？如果公诉人认为私生子就是假孩子，那么认定这两个文件是假文件似乎情有可原，否则就没有理由认定这两个文件是假文件。私生子无非是程序不合法，但生出来的仍然还是人，除非是狸猫换太子，才能说是假孩子，只要生出来的是人，你就不能说孩子是假的。"出乎律师的意料，这句话真的起了作用，法庭上的真假文件之争就此结束。法官认为这个比喻用得好，采纳了律师的辩护理由。可见生动形象的比喻往往能起到意想不到的效果，它能使一些理论较强的问题深入浅出，通俗易懂，从而使法官容易理解并接受。

11. 纲举目张法。纲，本义是指网上的大绳；目，即网眼。意思是说，提起鱼网的总绳一撒，所有的网眼就都张开。比喻抓住事物的主要环节，就可以带动一切。在论辩中运用纲举目张法，就是通过分析，判断双方讼争的主要所在，抓住案件关键问题、主要矛盾，攻其根本，使对方的事实理由不能成立。代理诉讼同作战，根本任务是破对方不能成立的事实、理由和请求，立自己认为应该成立的事实、理由和请求，以达到战胜对方的目的。所以在诉讼中"纲举"才能"目张"，才能取得预期的良好效果。

例如：一起货车营运承包合同纠纷。某汽车运输公司诉张某单方终止大货车营运承包合同，请求法院判令张某赔偿因此造成停车1年的经济损失3.5万元。张某提出该大货车已经原告同意转包给了马某，此后由马某单方将车辆开进原告的车库，一搁就是1年，并且"三证"丢失。张某表示，他本人欠公司的承包款应由自己归还，但停车造成的损失应由马某承担。对这些事实马某也予承认，法院遂追加马某为第二被告。马某的代理律师接案后进行了调查，据马某说，该车接手时车况就不好，几乎不能跑，所以他才把车停在车库。律师于是向几位曾经开过此车的司机调查了解，司机们都反映该大货车车况很差，油耗过大，排污超标。经查阅有关机动车的油耗、排污指标，该车均在报废时间内。那就是说，两被告所承包的这辆大货车，在承包期内就该报废了。马某的律师掌握了这些情况后，向法庭申请，对大货车是否属于强制报废进行鉴定。经鉴定，大货车确应强制报废。庭审中马某的律师以鉴定结论为依据，提出承包合同无效；造成合同不能履行，责任在运输公司，马某不应承担赔偿责任。

由于律师抓住了本案的"纲"——承包的大货车属于强制报废车，于是扭转了整个案子的局势，使原告所诉的事实不能成立，法院判决马某不承担赔偿责任。

六、法庭论辩中的诡辩与反诡辩

（一）诡辩的概念

诡，就是欺诈，诡辩有广义和狭义之分。广义的"诡辩"，是指哲学意义上的诡辩理论，它与不正确的立场、观点相系；狭义上的"诡辩"，是指出于某种不正当的需要，有意地违反逻辑规律、规则，颠倒黑白，混淆是非，以假乱真，为某种谬论所进行的似是而非的论证，是违背常识和逻辑的似是而非的论辩。论辩中的诡辩是从狭义意义上理解的。我们不妨先看下面两个故事：

第一，两个中学生去请教他们的逻辑老师。

"老师，究竟什么叫诡辩呢？"

老师沉思了一会儿，说："有两个人到我这里来作客，一个人很爱干净，一个很脏。我请这两个人洗澡，你们想想，他们两人中谁会洗呢？"

"那还用说，当然是那个脏的。"学生脱口而出。

"不对，是干净的去洗，因为他养成了爱清洁的习惯；脏人却不当一回事，根本不想洗。再想想看，是谁洗澡了呢？"

"爱干净的！"学生改口说。

"不对，是脏人，因为他需要洗澡。"老师又反驳说，然后再次问学生："这么看来，谁洗澡了呢？"

"脏人！"学生只好又改回开始的答案。

"又错了，当然是两人都洗了。"老师说："干净人有洗的习惯，脏人有洗澡的必要，怎么样，到底谁洗澡了呢？"

"那看来就是两人都洗了。"学生犹豫不决地回答。

"也错了，两个人都没有洗，因为脏人不爱洗澡，干净人不需要洗澡。"

"那……老师，你好像每次都说得有道理，可每次的答案都不一样，我该怎样理解呢？"

"很简单，你们看，这就是诡辩。"

这个例子里的逻辑老师非常生动、形象地说明了诡辩的一些特点。老师对学生几次答问的评判，孤立地粗看起来，似乎都合乎道理，所以，学生觉得"好像都有道理"。但为什么同样的答案，老师说出来时总能"自圆其说"，而学生说出来时，似乎都被老师驳倒了呢？这就是老师在向学生搞诡辩。老师对于"谁去洗澡"的解答有两条标准：一条是"需要洗"；另一条是"有洗的习惯"。因为两个人当中，那个脏的需要洗而没有洗的习惯，那个干净的有洗的习惯，而又不需要洗，老师对同一个人用上不同的标准，所以，就会得出不同的结论。老师像是"耍把戏"那样，四次评判用了四种排列组合的不同标准，所以，无论是哪种答案，他都既可以随时肯定它，又可以随时否定它。实际上，这种"把戏"就是诡辩。因为它虽貌似演绎推理，但却是违反了同一律和矛盾律的。同一律要求在同一思维过程中，必须保持思维的同一性和确定性，即要求我们在同一思维过程中，对同一事物的判断，应坚持同一标准。老师的回答，故意不定出明确的标准，后面的四次评判又四次运用了不同的标准，这就违反了同一律。而前后四次评判对同一事物作出了自相矛盾的判断，这又违反了矛盾律。

第二，有一篇《包律师的妙论》的文章，论述了一个"能包揽诉讼，包打赢官司"的包律师，为一桩行凶打人并恶意用粪便泼浇他人的刑事自诉案件的被告人辩护而发的"妙论"：

……本律师认为，纵然被告人动手打人，但系事出有因。因为被告人发现原告人在争吵时也虎着脸庞，气势汹汹，大有企图打人的预兆，故为了防止出现自己被动挨打的局面，被告人果断地先发制人，以迅雷不及掩耳之势，抢先突然袭击，掌握住这场殴斗的主动权，这完全是一种临危不惧，攻其不备的针锋相对的举动，虽然不能算作法律上的'正当防卫'，但鉴于情有可原，姑且称作'准正当防卫'也未尝不可。同时，任何问题都要一分为二来看，原告人脸部挨打固然疼痛不已，然而，被告人迅猛出击的拳头也是血肉之躯，有道是'十指连心痛'嘛！在原告人脸部肌肉与骨骼的强大反作用力碰撞下，被告人手上所承受的创伤也丝毫不逊色。这个道理很简单，即是物理上力与反作用力完全相等。实际上双方都是受害者，而不能单指本案原告人。至于用粪便泼浇一事，就更不必大惊小怪了！众所周知，粪便乃是农家之宝，种植庄稼全靠它。我们日常吃的从粮食到蔬菜，哪样能离开它……

这位包打赢官司的包律师集强辩、诡辩于一体，从他的这些妙论中，我们就不难发现诡辩的"奥妙"了。

诡辩论者，在思想方法上不是客观地、全面地分析或认识事物，而总是从主观意图出发，任意挑选事物的某一侧面作借口，视次要为主要，把现象当本质，认偶然为必然，把支流当主流，或是以事物的表面相似为依据，作似是而非的论证，以达到迷惑他人、兜售自己错误观点的目的。德国古典哲学大家黑格尔对此做过一个非常精辟的概括："诡辩这个词，通常意味着以任意的方式，凭着虚假的证据，或者将一个真的道理否定了，弄得动摇了；或者将一个虚假的道理弄得非常好听，好像真的一样。"这是对诡辩的简要精确的诠释。

（二）诡辩的产生及其原因

远古时代，人类靠着简陋的生产工具同残酷无情的大自然作斗争而维持着茹毛饮血、饥寒交迫的生活，无暇顾及彼此之间的利益纷争。随着生产力的发展及剩余产品的出现，私有制产生了，形成了阶级分化，同时也开始了利益的纷争。统治者要维护自己的统治，不仅要以暴力作后盾，而且还需要舆论、说服和欺骗。古代许多帝国的国王都把自己说成是"神的儿子"、"太阳的儿子"；在中国，帝王是"真龙天子"，大都被赋予非凡的能力，其目的就是让百姓口服心服地接受他们的统治。由此可以推断，最初玩弄诡辩的是古代的统治者。随着社会的发展，社会组织日益复杂起来，统治阶级内部的斗争也愈演愈烈。古希腊罗马时代，要想被提名为某一"肥缺"的候选人，必须作充满着诡辩的精彩演说。摇唇鼓舌的结果，不仅可以欺骗法官，巧取豪夺他人财物，而且可以升官发财，诡辩就是在这样的气候下和土壤上形成和发展的。

诡辩究竟产生在何时，很难断定，但其迅速发展起来的时期，首先当推古希腊时代。这是一个泰勒斯、苏格拉底、亚里士多德等以语言为武器追求真理的哲学家诞生的时代，也是智者、雄辩家、修辞家和诡辩家辈出的时代。公元前5世纪中期，古希腊论辩之风日益兴盛，出现了许多学派。其中一些"教人知识与美德的职业教师"最先表示对客观现实的可知性的怀疑，他们自称为"索非士"，即智者，最初，这个词是指"智慧的人"，到了后来，才演变成"诡辩论"，把原先智者那种"使人在言语上有力"的艺术，变成了为争辩而争辩的艺术。而且在相对主义怀疑论的道路上愈走愈远。

在中国，诡辩盛兴于春秋战国时代。当时的诸侯国各自占领阵地，为了自己的利益和生存，培养了大批说客，这些人穿梭于各国之间，凭三寸不烂之舌频繁地开展外交活动，并不断提高说话技能，成了当时有名的"辩者"。发展下去，便从"辩者"中产生了"好治怪说、玩奇词"的名家。于是，庄子、惠施、公孙龙等一大批诡辩家在此土壤上迅速地成长起来。

诡辩产生的原因有以下三个方面：

（1）是主观上故意为之。论辩者为了达到某种目的，故意把谬谈说成真理，把丑的说成美的，把虚假的说成真实的，而且，往往在这些错误的观点上带上一层面具，使人真假难辨，这是论辩中出现诡辩的最主要的原因。

（2）从客观上来说，客观事物总是纷繁复杂的，人们总是站在一定的角度去看待某一事物，尤其是像法庭辩论这一类活动，直接涉及到当事人的生命、财产、权利及名誉，因此，人们往往会站在不同的角度看待一个问题，也就往往得出不同的结论。

（3）从认识论的角度来看。一方面人们对自然、对社会的认识终究在某一个阶段。另一方面，每一个人对自然、对社会的认识又是非常局限的，对于他所不了解的事物，往往凭着自己主观上的理解去解释，这就不免流于偏颇和荒谬，诡辩是论辩的副产物，只要存在论辩就会有诡辩。人类掌握自然、社会真理的行动是无止境的，为了寻求真理而进行的论辩也是无止境的，诡辩也将会根据论辩的具体情况而随时跳出来。

（三）诡辩与强辩、巧辩、谬论

1. 诡辩与强辩。要严格区分诡辩与强辩的界限似乎不太可能。但是，仔细推敲，二者又不尽相同。强词夺理、胡搅蛮缠的可以称之为强辩；多多少少运用一点逻辑或常识愚弄对方的是诡辩。形象一点说，强辩是赤裸裸的，它没有任何根据和装璜，只是一味地重复自己的观点，并强加于人。而诡辩却是穿着迷人的外衣，把虚假的道理弄得非常好听，好像真的一样。如果说强辩是强盗的话，那么，诡辩就是小偷。但是，诡辩和强辩这种区别是相对的，正像小偷逾越变成强盗一样，诡辩和强辩也是相互转换，甚至你中有我，我中有你，对于某些具体方法来说，既可认为是诡辩，也可认为是强辩。

2. 诡辩与巧辩。诡辩与巧辩这两个词，在古代似乎没有多大区别，可认为是"诡"中有"巧"，"巧"中有"诡"。但是，到后来，它们的语义有了明显的区别：通常认为诡辩是错误的议论，巧辩是正确的议论。但也有人不赞同这种划分法。诡辩与巧辩之间与其说是真假问题，莫若说是善恶与美丑问题。诡辩固然是假的，而巧辩未必都是真的。如果站在论辩者的立场上去评判，利用"诡辩"巧妙地制服了对方，我们不会认为是"诡辩"，反而认为是"巧辩"了。

例如：

一个夏天的夜晚，哲学家和天文学家泰勒斯仰望天空的星辰，边走边想天文学上的问题。一不小心，泰勒斯掉进了坑里，立刻引起周围人的哈哈大笑。其中一个饶舌汉奚落泰勒斯说："你自称能够认识天上的东西，却怎么连地上的坑也不认识而掉进去了呢？"泰勒斯从坑里爬出来，镇定地回答说：

"只有站得高的人,才有从高处跌进坑里的权利和自由。没有知识的人本来就躺在坑里,又怎能从上面跌进坑里呢?"饶舌汉哑口无言。

泰勒斯的反驳机智、幽默、风趣、有力,然而,其论辩手法却是反逻辑的。他通过转换"坑"这个概念(饶舌汉讲的"坑"是实实在在的地上的"坑",而泰勒斯讲的"坑"是指没有知识、站得不高、看得不远的"坑"),巧妙地击败了饶舌汉的奚落,摆脱了窘境。我们把这种为达到正当的辩论目的,借助于某种反逻辑手法,机智而巧妙的论辩形式称之为巧辩。

又如:俄国伟大诗人普希金年轻时,有一天在彼得堡参加一个公爵的家庭舞会。他邀请一位小姐跳舞,这位小姐傲慢地说:"我不能和小孩子一起跳舞!"普希金灵机一动,微笑着说:"对不起,我亲爱的小姐,我不知道你正怀着孩子。"说完,他很有礼貌地鞠一躬后离开了她。那位漂亮的小姐十分窘迫,无言以对,满脸绯红。普希金的答辩属于巧辩。他转换了"孩子"这个概念,机智地回击了那位姑娘的傲慢无礼,摆脱了自己难堪的局面,收到了较好的论辩效果。

不难看出,从论辩的逻辑手段看,诡辩与巧辩的共同特征都是故意违反逻辑,然而它们反逻辑的动机与效果是不同的。诡辩是论辩者采取反逻辑的手法,在论辩中掩人耳目,制造荒谬,否认真理,开脱自己;巧辩是论辩者借助反逻辑的手法,在论辩中置某些无聊的论敌于困境,或使自己从论辩的困境中解脱出来。诡辩暴露的是论辩者目的的卑劣和手段的低下,巧辩显示的则是论辩者的机智与聪明。在相声这种艺术领域里,许多有趣的"关子"就是利用"诡辩"术制造出来的,我们都不会觉得它诡,反而觉得它美。

3. 诡辩与谬论。诡辩与谬论的区分也相当困难。亚里士多德曾说过:诡辩是一种"谬误的论证"。可以肯定地说,凡诡辩从逻辑上看都是谬论,但谬论却未必都是诡辩。一般情况下,诡辩是故意的,是为了某种企图有意地违背逻辑或常识;而谬论则未必是有意的。事实上,诡辩是相对于逻辑而言的,谬论则是相对于真理而言的。这是两个不同的系列。从另一个角度说,诡辩和谬论的区别也只有相对的意义。有时,一个人的本意是好的,但却说了违背逻辑和常识的话,站在说话人的角度看,会认为这是"谬论",若站在对方来看,如果彼此之间无隔阂,也会认为是谬论,如果彼此之间有隔阂,也会被认为是诡辩。

法庭论辩是我国司法审判的必要程序,也是法律赋予当事人及司法工作者的法定权利,其核心在于切实维护诉讼者的合法权益,进而达到公正裁判的目的。在法庭论辩中,诉讼者若利用诡辩强词夺理,迷惑对方,就会影响和改变法庭审判人员对诉讼案件的正确裁判。因此,作为一名诉讼论辩者,假如不能识破对方这种诡辩，就会不自觉地陷入其圈套，使己方诉者的合法权益受到侵害。偷换论题、偷换概念、设置虚假前提、复杂问句、机械类比、自相矛盾、循环论证、遁词诡辩、断章取义等，这些是一些诉讼论辩者在庭辩中经常使用的诡辩手法，也是诡辩的表现形式。

（四）诡辩的表现形式

1. 偷换论题。所谓偷换论题，是指在论辩或论证过程中为了欺骗狡辩，不自始至终地保持论题的确定或统一，采用偷梁换柱的方法，用另一个论题暗中替代所要论辩的原论题，以达到混淆是非，扰乱视听目的的一种诡辩手法。其实质是违背了形式逻辑的同一律。如在庭辩时，辩护律师提出，被告一贯表现较好，要求在量刑时从轻处罚。公诉人反驳说："对违法犯罪的人，不管他资格多老，地位多高，都应该依法制裁。"这个公诉人就犯了偷换论题的逻辑错误。辩护律师要求"量刑时从轻处罚"，并不是说不处罚。结果是公诉人对需要反驳的（从轻处罚）没有反驳，而不需要反驳的（不处罚）却反驳了。又如在某杀人案的庭辩中，律师为被告辩护说："被告与被害人远隔几百里，素不相识，无冤无仇，其是偶然失足致人死亡的过失杀人。"这里辩护律师明显地在玩弄偷换论题的诡辩手法。而公诉人却大谈刑法规定的故意犯罪，指出有直接故意和间接故意两种形式以及直接故意杀人和间接故意杀人的区别等，而没有直截了当地对辩护律师的观点提出反驳。你说你的，我说我的，各执一端，实际上双方并没真正交锋，而是平行论证，这样的论辩是永远无结果的。

当对方论辩者偷换论题时，应如何驳斥呢？最好的方法是不断提醒对方论辩者，法庭论辩应按审判程序进行。按照审判长的要求在一个问题论辩清楚后，再论辩其他问题，而且只能论辩与案件有关的问题，不能节外生枝。

2. 偷换概念。概念是反映事物特有属性的思维形态。每一种特殊的事物，不论是抽象的还是具体的，都由一个相应的语言符号来表示，这个语言符号的含义是公认的、约定俗成的。如"法律"这个词语，它的含义是指国家的立法机关依照法定程序制定和颁布的规范性文件。概念的特定内涵是不允许悄悄地转移、更换或纂改的，这是同一律的要求。但是，在诉辩中，有些辩者为了掩饰窘迫或者扰乱视听，却故意更换它的含义。这有以下几种表现：

（1）利用一词多义偷换概念。例如：某离婚案件调解无效，辩论阶段比较激烈，其中一节讼辩就被偷换了概念：被告律师辩说："原告人身为共产党员、领导干部，却追求第三者，应该进行灵魂的自我净化。"原告律师驳道："社会主义律师是无神论者，不相信灵魂邪说，被告律师用词不当，应进行语言的自我净化。"这里，被告律师所用的"灵魂"一词，是指思想品德，原告律师说的"灵魂"一词却是指宗教迷信宣传的附在人体上作为主宰的一种非物质的东西。

一词二意,将前者偷换成后者加以批驳,实属诡辩。

(2) 将内涵和外延都完全不同的概念生拉硬扯在一起,互相混淆,来偷换概念。例如:某加工承揽合同纠纷案中,被告方不愿支付定作费而辩称:"依据辩证法原理,民事权利义务是矛盾统一的,即某项权利就同时又是义务。现我方超过1年没领取定作的设备,原告方有权在6个月法定期限后予以变卖而优先受偿,但原告当初并没行使这种法定权利,也可说是义务。现在无法变卖了,又来行使诉讼追索权,违背了权利与义务统一的原则,我方仅需以原定作物折抵其加工费,而不必另外给付定作费。"这段诡辩荒唐又机巧。法律上关于权利与义务是截然区别的,被告方竟以辩证法哲学的对立统一观为金字招牌,将可以行使的民事权利偷换成必然要履行的义务这一概念。

(3) 采用文字拆合法偷换概念。文字拆合式诡辩是通过对汉字结构进行随意拆合来混淆是非,颠倒黑白的诡辩手法。例如:

一天,清朝学者纪晓岚在宫中问其同僚说:"老头子(指乾隆)怎么还不回来?"这话正让乾隆皇帝听到,便问他:"老头子"三个字作何解释?纪晓岚回答:"皇上万寿无疆,所以叫作'老';皇上乃国家元首,所以叫作'头';皇上系真龙天子,所以叫作'子'。"纪晓岚采用文字拆合法进行诡辩,把原来对皇上不尊敬的称呼改变为"敬称"。

3. 设置虚假前提。三段论是逻辑推理中最常见的形式,在法庭讼辩中显得既简明又雄辩。因而,诡辩者常常在此大作文章,以搅扰、模糊讼辩视听,其中,最主要的诡辩术就是设置虚假前提。由于三段论在实际运用中常采用省略式,即并非以大小前提、结论具呈的完整程式出现,而总是藏头露尾地潜伏在习惯的语言表述中,这就为设置虚假前提提供了隐蔽的条件。尽管如此,在理性的逻辑意识面前,前提虚假的三段论依然是难以遁形的。

请看前提虚假的三段论:

省略式:法律并没有禁止境内机构向境外机构在境外贷款提供担保,该担保是有效的。

还原式:
法律没有禁止的行为都是有效的,(大前提)。
法律没有禁止境内机构向境外机构在境外贷款提供担保的行为(小前提)。
所以,该担保行为有效。

这个三段论的逻辑错误比较复杂,简单归纳起来就是前提虚假,而且大小前提均虚假。首先,大前提虚假,法律没有禁止的民事行为不一定都是有效行为,有些民事行为需要明确允许方才有效。其次,小前提也是虚假的,中国人民银行有关规定虽没有明确禁止某种担保行为,但该担保行为却不在明确允许的几种担保行为之内。最后,鉴于大小前提的虚假,这个三段论的结论当然就错了。逻辑上的"复杂问句"也属于设置虚假前提的范畴。

4. 复杂问句。所谓复杂问句,是指在提问中隐含着对方并未接受也不可能接受的假设而要求对方回答的问句。请看:"四人帮"在审讯张志新时的问话:"你能不能挖挖你的犯罪根源?"这里暗藏三段论是:犯罪者是需要挖挖犯罪根源的(大前提);你是犯罪者(小前提);所以,你需要挖挖犯罪根源(结论)。这个复杂问句是个诡辩圈套,无论你回答能或不能,都等于承认自己犯了罪。问句的要害就在于小前提是虚假的,张志新根本没有犯罪。

在庭辩中,驳斥诡辩论者的复杂问语的方法是:

(1) 无论案情多么复杂,法庭气氛多么紧张,作为诉讼论辩者都应保持清醒思维,合乎逻辑。

(2) 对于类似上述的复杂问语作另外的回答,直接否定问语中隐含的根本不能接受的假设。

(3) 对于复杂问语也可以拒绝回答,这并不违反逻辑。

5. 机械类比。所谓机械类比,就是把对象间的偶然相同或相似作为论据,或者对仅仅是表面上有些相似而实质上完全不同的两类对象进行类比,从而推出一个荒谬的或毫不相干但又是类比者所需要的结论来。

例如:大跃进时期一些人提出的"人有多大胆,地有多大产"的话就是机械类比。"人有多大胆"讲的是思维,思维想象力是没有界限的,可以任意驰骋;现实中有的东西可以想像,现实中没有的东西也可以想像。然而,"地有多大产"讲的却是物质生产领域的东西。土地产量的多少,不以人的意志为转移,而是要受到许多客观条件的制约,把思维领域特有的想象无界限类比到物质领域,认为土地产量也无界限,是犯了机械类比的错误,必然导致错误的结论。

又如,如下机械类比的"奇辩":"为期5年的联营合同,还不到1年就让被告方单方解除了,我方要求被告方赔偿未来联营4年的联营利润损失。以第一年已经获得的联营利润分红2万元为年利润基额,4年共计8万元,被告方应予赔偿。道理很简单,母鸡要生蛋的,打死母鸡人家不要你赔鸡已算宽容,要你赔几个蛋不算过分吧。"企业赢利与母鸡生蛋二者在逻辑上无本质联系。母鸡普遍生蛋,企业却未必普遍赢利,企业亏本的也并不罕见,如果联营企业在未来4年里年年亏本，原告方的 8 万元索赔的依据又在哪里呢？这就是机械类比的荒唐所在。

庭辩中对付机械类比这种诡辩的方法如下：

（1）指出对方诉讼论辩者所用类比推理对象间相同或相似属性过少，因而结论的可靠程度低。

（2）指出对方诉讼论辩者类比的相同属性与推出属性之间联系不紧密，因而推出结论不可靠。

（3）指出对方诉讼论辩者类比的两对象间相同或相似的属性仅仅表面相同，并非本质相同。

（4）提醒对方诉讼论辩者，你所运用的类比推理即使推理完全符合逻辑规则，但如果没有其他论证方法，也不能作为独立的论证手段，因为类比推理属于或然性推理。

6. 自相矛盾。自相矛盾是违反了矛盾律的逻辑错误，即在论证中包含了一个自相矛盾的前提，一会儿肯定某种事物的性质，一会儿又否定这种事物的这种性质，出尔反尔，不能自圆其说。如某公诉人说受害人被被告人"威逼致死（自杀）"，后在论辩中又表示"念其（指被告人）无意之错误，可以从轻处罚"。"威逼致死"是故意，"无意之错误"是过失，以"威逼致死"论罪，而以"无意之错误"从轻处罚，这显然是自相矛盾。

7. 循环论证。这是故意违反充足理由律的一种诡辩手法。形式逻辑的充足理由律要求我们在论证一个论题的真实性时，必须有充足的、并已被证明为真的论据，但在论证过程中，论辩者无从找到这些真实的论据，于是就故意用未被证实的"论据"去证明论题，反过来，又用这个论题去证明"论据"，这就是循环论证的诡辩手法。在法庭论辩中，用被告的行为来为被告定罪，又用罪名来证明其行为的存在，这就是循环论证在庭辩中重要表现形式之一。

例如：在某盗窃案的庭辩中，某公诉人说："被告张某进行盗窃不是偶犯，这是因为被告屡教不改，一犯再犯。"被告的辩护人问："有什么证据证明被告屡教不改，一犯再犯呢？"某公诉人说："因为他进行盗窃活动不是一次。"某公诉人在这里用"被告屡教不改，一犯再犯"这个论题，接着又用"被告盗窃活动不是一次"这个论题来论证"被告屡教不改，一犯再犯"这个论据。论题、论据互为论据、互为论题，实际上什么问题也没有论证。某公诉人在这里是通过循环论证来进行诡辩的。

又如：鲁迅在《辩论的灵魂》一文中，专门引用了反对派的一段原话来揭露他们的诡辩方式："卖国贼是说谎，所以你是卖国贼，我骂卖国贼，所以我是爱国者。爱国者的话是最有价值的，所以我的话是不错的，我的话既不错，你就是卖国贼无疑了!"在这段话中,"你是卖国贼"是论题,"我是爱国者"是论据。而"我是爱国者"的真实又依靠"你是卖国贼"来证明。这正是十足的典型的循环论证。

再如:有这样一个奇案,被告人实际上是在顶替其父的重伤犯罪行为,诳供自己是致害人,检察官以其口供提起公诉,辩护律师在讼辩中质问:"为何仅凭口供定罪?口供真实吗?"检察官却回答道:"不真实被告为什么承认呢?"这就犯了循环论证的错误。也许,这个循环论证是因疏忽而误入思维歧途,并非早有蓄意,但是在事关案件真伪的论证中,依然是不可原谅的。

在法庭论辩中,有时也会碰上强蛮意味相当明显的循环论证。请看一则某法院审理某被告的讼辩:

辩护律师:故意伤害罪在主观方面必须是直接故意,并必须具有故意伤害他人的目的。

公诉人:有没有这样的目的,被告人心里是很清楚的。

辩护律师:他心里清楚不清楚,你怎么知道?请拿出证据来。

从这段讼辩中我们可以看出,公诉人所要论证的论题是"被告有故意伤害的直接故意和目的"。这是属于主观臆念的范畴,它需要客观事实上的证据来证实。但是,公诉人并没有这样做,却说"他心里是很清楚的"这样一个主观的测断去证实那个本就属于主观臆念的"故意"和"目的",而形成了逻辑上的循环论证。

在法庭辩论中,尤其是对一些复杂的案件,假如对方诉讼论辩者在使用循环论证这种诡辩手法,那就比较棘手,对此我们应做如下驳斥:

(1) 作为一个诉讼论辩者无论在怎样纷纭复杂的情况下,都要保持冷静的头脑。

(2) 要让对方诉讼论辩者阐明在每个论辩程序中都要论证什么问题。

(3) 追问对方的上述论题都用哪些证据来论证,这些证据是真实的还是真假待证的。

8. 遁词诡辩。在论辩中,由于缺乏足够的事实和理由去证明或反驳某一论题,而采取了论证与本论题无关或无内在联系的论题,以此去逃避应该论证的论题,这就是遁词诡辩。遁词诡辩与偷换论题不同。偷换论题是已经对论题进行了论证,而在论证过程中用其他论题代换了原来的论题;遁词则是一开始就避开原论题而转论其他论题。如果说偷换论题是"明修栈道,暗渡陈仓"的话,那么"遁词"就是"避实就虚","弃此说彼"了。在法庭论辩中,遁词诡辩也是常见的。如有一个案件,起诉书认定是"斗殴致死",公诉词中又说是"伤害致死"。当辩护人提出的两种提法是自相矛盾时,公诉人却避而不谈二者之间有无矛盾的问题,却转而大谈其起诉书是"高度的概括"。这显然是用遁词手法搞诡辩。因为他避开了辩护人提出的问题,转论起诉书的概括性问题了。

9. 断章取义。在法庭论辩中,有人在引用他人语句或法律条文时,不顾上下文的联系,而只是孤立地引用或截取适合自己观点或需要的一两句,肆意歪曲他人的原意,以此来为其谬误作出似是而非的论证。这就是断章取义式的诡辩。如在首届国际大专辩论赛决赛时关于"人性本善"的辩论中,正方台湾大学队一辩为了论证其"人性本善"的观点,引用哲学家康德的话说道:"哲学家康德主张,人不分聪明才智、贫富美丑都具有理性。"事实上,康德并不是一个性善论者。台湾大学的辩手显然是在断章取义。对此,复旦大学队的一辩当即反驳:"我先要指出的一点是,康德并不是一个性善论者。康德也说过这样一句话:'恶折磨我们的人,时而是因为人的本性,时而是因为人的残忍的自私性'。对方不要断章取义。"

法庭论辩的诡辩,以上已经列举了多种情况。这些都是违反逻辑规律的诡辩。除此之外,还有不是利用逻辑方法而是诉诸其他因素的诡辩手法。诸如诉诸情感、诉诸怜悯、诉诸私利、诉诸公众、诉诸权威、诉诸传统、诉诸传闻以及强词夺理、以人为据,等等。

(五) 反诡辩的方法

诡辩是一本歪经,装璜漂亮,内容拙劣;形式圆滑,实质虚弱。我们必须撕掉它的画皮,点击它的要穴,使它瘫痪窒息,以使法庭论辩这个神圣的论坛沿着健康的轨道运行。

诡辩的形式多种多样,因此,反诡辩的方法也不能千篇一律或盲目选择。既然诡辩是歪曲事实与真理,曲解或回避法律和违背逻辑规律而做的似是而非、颠倒黑白或在词语上玩游戏的荒谬论证,那么驳击诡辩的方法自然也应像筑土挡水、放鸡啄米、撒鹰追兔那样,既针锋相对而又有所区别。根据讼辩的实践情况,除了我们掌握的反驳方法以外,我们认为抨击诡辩的有效方法还有事实例证、法律引据和逻辑解剖;此外还有诸如归谬法、矛盾法、类比法等。

1. 事实例证法。在法庭论辩中,尽管并不是所有的讼辩都牵涉到事实的真伪。但是,这类争议也为数不少,并且往往会成为争议的焦点。对待这类案件,我们就应该搬出确凿的事实来进行抨击。

例如:某经济合同纠纷案,履行地是甲地,签约地是乙地,依据法律,乙地法院有诉讼管辖权。但是,被告辩称,在该合同上注明的签约日期那一天,被告方签约代表人不在乙地,而在甲地,签约地点怎么可能是乙地呢?并且,被告人在签约日期的前三天才离开乙地,怎么可能在才离开乙地之后的第三天又到乙地呢?谁会干这种浪费交通费的傻事呢?因而辩称乙地法院无管辖权,应依法将案件移送甲地法院管辖审理。这是一个虚伪的陈述,也是一个诡辩。诡辩的要害在于设置虚假前提,即:某个人为节省经费,决不会在短期内两次重复到同一个地方去。要驳斥这个诡辩,在理论上并不是不可能,但很容易陷入理论上的纠缠不清。原告律师撇开这个前提虚假的诡辩不予理睬,讼辩快刀直插事实真伪之要害,立即出示了被告签约代表人的一张乙地旅馆长途电话费结算单,单上的日期与合同上的签约日期完全相同,原告律师继而不无讽刺地反问被告签约人:"你要不要核对一下清单的签名与合同上的签名在笔迹上是否一致呢?"被告人顿时无话可说,只好服从乙地法院的审判管辖。

事实胜于雄辩,真神面前烧不得假香。无论多么刁钻的诡辩者,在事实面前,都会尴尬自惭的。当然,这种驳击对抗,都是以有事实可出示为前提的。

2. 法律引据法。在有法可依,有章可循,而且这种法律规章又是无可争议的情况下,我们可以直接引用法律去对付诡辩者。

例如:某旅馆委托一工程队更换 10 间客房的卫生洁具,工程造价是 12 000 元,合同规定每延期竣工一天罚违约金 500 元。结果工程队因购置规定型号的卫生洁具遇上麻烦,延期 50 天方可竣工。此项经济纠纷诉至法院,旅馆作为原告要求被告工程队赔偿 25 000 元,理由是合同规定每延期一天竣工罚款 500 元,现延期 50 天,罚款 25 000 元;另外,即使按实际损失,10 间客房每天房价共 500 元,延误 50 天也损失 25 000 元房价收入,被告方工程队应予赔款。原告方实际上列出了一个简单的二难推理:

按照合同,被告方应支付 25 000 元违约金(假言前提 A);按照实际损失,被告方应支付房价 25 000 元(假言前提 B);无论按照合同或实际损失(选言前提),被告方都应赔偿 25 000 元(结论)。

其实,这个二难推理是个诡辩,因为其中两个假言前提都是假的。被告律师没有进行繁琐的逻辑解剖,仅是简单地引据一条法律进行对抗驳斥:

"原告索赔 25 000 元违约金违反法律,最高法院×号司法解释规定,违约金的数额一般以不超过合同未履行部分的价金总额为限,对超过部分,不予保护。现原告方索赔 25 000 元违约远远超过工程造价,该项索赔无理。另外,客房尚未收取的房价并非实际损失,这里有证明表明:该旅馆开房率常常不足 50%,常常空闲客房 20 来间,依此索赔也无实际损失依据。"

被告律师引据法律简洁有力，既避免了复杂的逻辑剖析，又使原告的二难推理不攻自破。

3. 逻辑解剖法。在法庭论辩中，诡辩者也清楚，对确凿的事实和明确的法律是难以对付的，因此，他们也竭力避免与之进行正面冲突，而是在概念、判断、推理、论证等纯思维形式方面布阵设战。遇到这类诡辩时，我们只有操起"解剖逻辑"这把利刃才能有效地进行抨击，以明辨是非、张扬正理。

例如：有一起对"特大走私"的刑事案件的审理。其中一节讼辩是：

公诉人：辩的重点应放在 A 公司是否走私问题上，这一案件的实质是法人犯罪问题。

辩护人：公诉人在第一轮辩论中发表的公诉意见所指控、论证的内容与公诉人署名的起诉书所指控的内容明显不符。起诉书所指控的是汪某等 5 名被告人以公民个人的身份犯有走私罪，并没涉及某公司的法人犯罪问题。应当明确，我们只能就同一个走私概念进行辩论，否则，我们的辩论就会失去其原来的意义了。因此，辩护人认为公诉人用逻辑学上最忌讳的"偷换概念"的做法是不合适的。我们不是某公司委托的辩护律师，而是受被告人个人委托担任辩护人。因此，对于公诉人的所谓"某公司走私犯罪"问题，辩护人没有答辩的义务。

在这个案例中，公诉人把"法人走私"和"个人走私"混为一谈，显然是偷换了概念。辩护人只好操起逻辑解剖法的快刀，直剖公诉人的逻辑"失误"，让公诉人自知这种"失误"与"偷换概念"的诡辩没有什么两样。

4. 归谬法。在法庭论辩中，有时会出现荒唐的诡辩。对于这些诡辩，正面的说理显得迂腐，直接的批判似乎无力。我们就可以运用归谬法去反驳。归谬法是间接反驳的一种方法。其步骤是：为了反驳某个论题，先假设这个论题是真的，然后从它推出一些非常明显的荒谬结论，从而证明这个论题不是真的，而是假的。

例如：1936 年，著名的沈钧儒等七君子因抗日罪名被捕入狱，检察官指控七君子与共产党勾结，证据是共产党给七君子写了公开信。针对这一诡论，七君子之一的邹韬奋以归谬法反驳道："我们打电报请张学良抗日，起诉书说我们勾结共产党；共产党也给蒋委员长和国民党发公开信，是不是蒋委员长和国民党也勾结共产党？"这段归谬击中了检察官的要害，他怎敢说蒋委员长也勾结共产党呢？

再例如某刑事案件的一节讼辩:

  辩护律师甲:我的被告人陈×在法庭审判调查中显得思维迟钝,表达不清,像他这样的人,平时是无法指使他人的。把他列为本案共同犯罪的主犯,使人不敢相信,本案主犯是汪××,因为……。

  刑事辩护律师乙:如果主、从犯之分是以思维能力、表达水平为标准的话,那么,本案胁从犯李××在今天的庭审中,思维反应最敏捷,语言表达最清楚,以此为标准,他就应该成为本案的第一号主犯。但是,这样认定显然是十分错误的,应该以犯罪事实为根据。

律师乙的发言无反诘、无质问、无嘲笑也无讽刺,语气平和,有理有节,但却使律师甲的发言显得荒唐无理。

5. 矛盾法。矛盾法和归谬法有相似的地方,但其实质是有区别的,不能将二者混淆。归谬法的两种推理结果都是荒谬的,它是以后一荒谬否定前一荒谬,可算是以毒攻毒。而矛盾法的两种推理结果却不是这样,而可能有一种是正确的。

例如:有一起关于房屋租赁的纠纷案,在庭审中,原被告双方的律师有以下讼辩:

  原告律师:30平米的一般民房,每月租金800元,不公平,请法庭判决更改此项约定,降低租金。

  被告律师:法律并无明确规定禁止约定高租金,这是两厢情愿的事。

  原告律师:那么,被告作为出租方为何要撵走原告请来暂住个把月的母亲呢?

  被告律师:合同无此项规定,法律也没有明确规定可以允许承租人之外的第二人住进承租房。

  原告律师:我归纳一下被告律师的观点,看看怎么样。关于租金,依你说,凡法律没有禁止的都是允许的,对吧?

  被告律师:对的。

  原告律师:关于被告母亲同住承租房,依你说,凡是法律没有明确允许的都是禁止的,对吧?

  被告律师:可以这么说。

  原告律师:法律并未明确允许你高价出租房屋,就是属于禁止的;法律并没有禁止承租人之外的第二人暂时陪住,这种暂时陪住就是允许的。怎么样,你自己的观点和自己的观点打架了吧。其实,法律没有禁止的都是允许的,这种观点是正确的,问题在于房价过高正是民法上的显失公平,是法律的公平原则所禁止的。

在这段讼辩中,被告律师是在玩弄文字游戏,是在搞诡辩。他任意取舍法律原则,凡对自己有利的就主张允许原则,而对自己不利的就主张禁止原则。在这种情况下,原告律师当然也可以用显失公平原则的规定简单驳斥被告方,但是为创造戏剧性场面以宣传法制文化,却采用了曲折的矛盾法,让被告律师自己否定自己的虚假逻辑防线,别有一种争锋较智的潇洒意味。

6. 类比法。机械类比是一种生拉硬扯,牵强附会的诡辩,前面已经分析过,但不能因此否定贴切合理的类比。其实,合理类比恰恰是反驳诡辩的一种积极方法。

例如:在某一经济合同经济纠纷的讼辩中,被告律师手持一本著名法学家的论著,喋喋不休地大段引据书中原文观点,并称这种权威观点可作为判案的依据。这时,原告律师就指出,法理解释不具有司法效力,不可作为判案的依据。但被告律师依然坚持自己的谬见。无奈,原告律师只好张起语言的硬弓,发起高调冲击了:"被告方坚持这种观点是实用主义的表现,如果今天坐在我这个代理位置上的不是我这位无名律师,而是你所崇拜的这位权威法学家,你是否就无言可辩而自认败诉了呢?"原告律师的发言包含了两种反驳技巧,一种是以其人之道还治其人之身的归谬法;另一种是类比法。两种技巧藤缠枝绕,交相合力,使被告律师的观点明显地虚弱了。

运用类比法需要注意的是,类比只有在形式相似、情况相通的两种事物之间才有可比性,如果仅是在形式相似但情理不通的两种事物之间生硬穿凿,就会变成诡辩范畴的机械类比了。

在法庭论辩中,作为一个诉讼论辩者无论在怎样纷繁复杂的情况下,都要保持冷静的头脑,要让对方诉讼论辩者阐明在每个论辩程序中要论证什么问题,都用哪些证据来论证,这些证据是真实的还是真假待证的。诉讼论辩者必须具有调节和控制自己情绪的能力,无论在什么情况下,都要做感情的主人。即使对方诉讼论辩者胡搅蛮缠、强词夺理,情绪也不能过于激昂。在庭辩中,如果跟着对方论辩者的情绪转,最容易犯"偷换论题"的逻辑错误。庭辩语言不能尖酸刻薄,更不能自恃清高,动辄退庭,否则,将会降低辩护主张的效果。对于与本案无关的言辞,及时请审判长制止。对于复杂问句的驳斥可以直接否定问语中隐含的根本不能接受的假设,也可以拒绝回答,这并不违反逻辑。在庭辩中违反逻辑,甚至玩弄诡辩手法的论辩者,由于他们手中无真理,又不敢面对事实和法律,只好求助于诡辩;所以要彻底驳斥诡辩,只限于逻辑方面还是不充分的,还要具有深厚的法学功底。

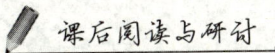
课后阅读与研讨

案例辩论

案例一:

张宏,男,48岁,汉族,高中文化,山城市人,住山城市某小区8号楼4单元2号。2004年6月6日张宏经城建部门同意在自家房屋平台上建简易房一间。张宏邻居王强(男,31岁,无业)以张家的简易房压了他家的房墙为由,将张家房屋多次毁坏,同时大骂张家并扬言,修多少次,就扒多少次,有关部门多次调解无效。8月18日下午,王强回到家看到张宏把房子修好,就伙同三弟王兵(男,27岁,营业员)上到自家阳台上,王强持铁棍捣坏张家房墙。张宏在房顶上鸣枪制止无效后,朝王强开了一枪,王强右脚被打成轻微伤,王兵接过铁棍又去捣张家房墙,张宏又朝王兵开了一枪,王兵右臂被打成轻伤。

要求:

(1) 以故意伤害罪起诉张宏;
(2) 控方拟好开庭辩论提纲和辩护意见;
(3) 辩方拟好辩护提纲和辩护意见。

案例二:

张虎,男,30岁,汉族,高中文化,洛城人,住洛城市某小区3号楼3单元8号。2006年8月8日,张虎在商店营业时,发现顾客张燕(女,29岁,某大学讲师)购物时将手提包(内有出国护照、驾驶证、身份证、银行卡及钥匙)遗忘在柜台上,随之将之藏匿。张燕回家后想起手提包遗忘在柜台上,即返回商店寻找时,张虎矢口否认。张燕告知手提包对自己十分重要,请其帮助寻找。数日后,张虎打来电话给张燕,谎称拾包人已找到,对方要人民币6 000元交换,否则不予归还。经多次讨价还价,最后张燕付给人民币3 000元将包要回。钱、包交换完毕后张燕即到公安局报案。

要求:

(1) 以敲诈勒索罪起诉张虎;
(2) 控方拟好开庭辩论提纲和辩护意见;
(3) 辩方拟好辩护提纲和辩护意见。

参考书目

1. 演讲与口才杂志社：《演讲与口才》。
2. 高玉成主编：《司法口才教程》，法律出版社 1992 年版。
3. 郑志林、袁之余：《司法口才学》，安徽人民出版社 1991 年版。
4. 高玉成：《司法口才学》，知识出版社 1986 年版。
5. 孙德强：《控辩式法庭论辩技巧》，中国检察出版社 1997 年版。
6. 林华章主编：《应用口才教程》，法律出版社 2005 年版。
7. 刘树孝主编：《法律工作口才学》，西安交通大学出版社 1989 年版。
8. 郭谷新、陈立明：《法庭论辩艺术》，中国检察出版社 1992 年版。
9. 王国庆主编：《辩论技巧》，中国国际广播出版社 1990 年版。
10. 秦甫：《律师实用口才》，法律出版社 2006 年版。
11. 周丕铉：《演讲与口才》，湖南大学出版社 1992 年版。
12. 朱锋主编：《论辩的实战技巧》，北京大学出版社 1995 年版。
13. 丁世杰：《警察语言艺术》，人民日报出版社 1996 年版。
14. 张霭珠：《谋略之战》，复旦大学出版社 1997 年版。
15. 奚必芳：《询问证人中的科学》，群众出版社 1992 年版。
16. 黄积祥、康忠睦：《法律逻辑学教程》，广东高等教育出版社 1986 年版。
17. 华玉洪、姜成林：《诡辩术》，延边大学出版社 1988 年版。
18. 刘源沥：《诡辩之谬》，蓝天出版社 1986 年版。
19. 肖沛雄：《口才要术》，广东高等教育出版社 1988 年版。
20. 中国修辞学会编：《修辞学论文集》（第 5 集），河南大学出版社 1981 年版。
21. 王双龙：《实用口才艺术》，大连出版社 1991 年版。
22. 刘德强：《现代演讲学》，上海社会科学院出版社 1996 年版。
23. ［美］戴尔·卡耐基：《语言的突破》，中国文联出版公司 2008 年版。
24. 景克宁、林柏麟：《演讲艺术概论》，山西人民出版社 1998 年版。
25. 林正：《哈佛辩护》，改革出版社 2000 年版。
26. 柳文：《实用口才》，宗教文化出版社 1997 年版。
27. 史尔顿：《哈佛智慧与口才》，宗教文化出版社 1997 年版。
28. 范芙华：《最著名的演说家，最精彩的演讲》，中国经济出版社 2006 年版。
29. 威廉尼、唐纳德·诺尼：《演讲其实很容易》，中山大学出版社 1998

年版。
30. 姜剑云：《言语学概论·说话的奥妙》，四川科学技术出版社 2008 年版。
31. 涂璋主编：《辩才学》，西南政法大学出版社 1999 年版。
32. 张锐、万里：《教师口语》，北京师范大学出版社 2009 年版。
33. 李晓华、赵林森：《实用口语技能》，河南人民出版社 1998 年版。
34. 张德明主编：《智慧之光》，复旦大学出版社 1998 年版。
35. 秦甫：《律师办案谋略》，法律出版社 1997 年版。
36. 李益民：《律师实务》，法律出版社 1996 年版。
37. 秦甫：《律师办案艺术》，法律出版社 1996 年版。
38. 王东、高永华：《口才艺术》，光明日报出版社 2001 年版。
39. 田文昌：《中国名律师辩护词、代理词精选》，法律出版社 2001 年版。
40. 王发荣、刘树孝：《法官的法庭宣读》，西安大学音像教材出版社 1998 年版。
41. 邢福义主编：《现代汉语》，高等教育出版社 2003 年版。
42. 周其华主编：《中国检察学》，中国检察出版社 2005 年版。
43. 何文辉主编：《辩术律师语言设计》，漓江出版社 1991 年版。
44. ［英］迪克·史密西斯：《口若悬河》，旅游教育出版社 1989 年版。

后 记

什么是你在交际场上必须具备的，答案是好口才；什么能让你得到朋友的欣赏和领导的青睐，答案是好口才；什么是你通往成功的通行证，答案还是好口才。人才不一定有好口才，但有了好口才，那他一定是个人才。现代人只有把口才这门学问学好，才能在生活和工作中游刃有余。

成功学家研究发现，在众多的成功因素中，口才举足轻重。《司法口才教程》从生活和工作两方面对应用口才进行了较为系统和详尽的解说与应用点拨，是提高口才综合素质和锻炼各方面口才的好助手。

口才属于应用性学科，本教材无论是理论导入和课后阅读与讨论的设计都是从学生的实际需要出发，在注重学理层面的体系建构和概念诠释的同时，更侧重于实践层面操作步骤的说明与引导，以图给学生灵活和创造性地使用本书留下空间。

司法口才，也是法律工作者素质的重要组成部分，因此，培养法律院校学生较强的司法口才表达能力显得十分重要。本书在编写时，特别突出、系统、完整地阐述了司法口才中"司法谈话"、"法庭演讲"、"司法宣读"、"法庭论辩"的基本概念、基本原理和基础知识，力求为法律院校的学生和广大法律工作者提高口语表达能力提供一个参考。

特别感谢陈秀梅、翟庆骥、唐明路老师为本书的编写所做的大量基础理论和实践论证工作，他们的辛苦劳动使本书有了基本框架，他们的诚挚奉献和指导使本书减少了许多瑕疵。

感谢校、系领导在本书编写过程中提供的大力支持。

感谢孔祥瑞副处长帮助做了很多的出版联络工作。

感谢中国政法大学出版社责任编辑为本书所付出的辛勤劳动。

由于编写时间仓促，疏漏之处在所难免，欢迎广大读者及同仁批评指正。本书在编写过程中，曾参阅、借鉴了有关报刊和专著的研究成果及实例，在此深表谢意。

本书由王泠和吕泓臣共同撰稿完成。其中第二章第一、二节，第二章，第三章由王泠完成；第一章，第二章第三节，第五章由吕泓臣完成。

王泠　吕泓臣
2009 年 9 月

图书在版编目（CIP）数据

司法口才教程/王泠等编著. —北京：中国政法大学出版社，2009.10
ISBN 978-7-5620-3585-5

Ⅰ.司... Ⅱ.王... Ⅲ.司法 - 口才学 - 高等学校 - 教材 Ⅳ.D90-055
中国版本图书馆CIP数据核字(2009)第179035号

出版发行	中国政法大学出版社
经　　销	全国各地新华书店
承　　印	固安华明印业有限公司

720mm×960mm　　16开本　　21.25印张　　390千字
2009年10月第1版　　2016年1月第5次印刷
ISBN 978-7-5620-3585-5/D•3545
定　价：32.00元

社　　址	北京市海淀区西土城路25号
电　　话	(010)58908435(编辑部)　58908325(发行部)　58908334(邮购部)
通信地址	北京100088信箱8034分箱　邮政编码 100088
电子信箱	fada.jc@sohu.com(编辑部)
网　　址	http://www.cuplpress.com　（网络实名：中国政法大学出版社）

声　　明　　1.版权所有，侵权必究。
　　　　　　2.如有缺页、倒装问题，由印刷厂负责退换。